DIE ZEIT
DER FÜCHSE

Heinz Droßel

VORWORT

Heinz Droßel und ich sind durch einzigartige Bande verbunden.
Wir lernten uns Anfang 1945 in einem Dorf ungefähr 40 km von Berlin entfernt kennen. Er war Oberleutnant der Infanterie auf Urlaub bei seinen Eltern, die in einem netten Häuschen in dem Dorf im Ruhestand lebten. Ich lebte im selben Dorf in einer primitiven Laube mit einer befreundeten Familie (meiner späteren Ehefrau und deren Eltern).
Wir vier waren „untergetauchte" Juden, die dort seit Januar 1943 mit gefälschten Ausweisen unter falschem Namen lebten, um der Deportation nach Auschwitz und der dortigen Ermordung zu entgehen. Wir waren unseren Nachbarn unter unserem adoptierten Namen bekannt und verkehrten miteinander gesellschaftlich, darunter auch Familie Droßel. Aus vielen Unterhaltungen war uns bekannt, daß alle drei Droßels kompromißlose Gegner der Nazis waren. Trotzdem hielten wir an unserem Beschluß fest, uns niemandem zu offenbaren. Ein solcher Schritt hätte nur eine unnötige Belastung für unsere Freunde bedeutet, ohne uns in irgendeiner Form zu nutzen. Ende März 1945 – nur ungefähr sechs Wochen vor unserer Befreiung – mußten wir über Nacht unser Quartier wechseln. Durch Zufall war uns ein im Ort kursierendes Gerücht zu Ohren gekommen, wonach wir angeblich Juden sein sollten. Unser Leben stand auf dem Spiel. In dieser Notlage entschieden wir uns, Familie Droßel einzuweihen und sie um Hilfe zu bitten. Die Reaktion der drei Familienmitglieder Droßel auf unseren Hilferuf steht mir noch heute lebhaft vor Augen. Sie boten uns ihre Hilfe ohne jegliches Zögern und in der wärmsten Form an. Sie überschütteten uns mit Lebensmitteln, obwohl wir hiervon nichts erwähnt hatten, und halfen uns in jeder nur möglichen Weise. Heinz Droßel versorgte meinen zukünftigen Schwiegervater und mich mit einer Unterkunft. Außerdem retteten seine Eltern die meisten unserer wenigen uns noch verbliebenen Habe. In seiner Beschreibung dieser Episode in seiner Autobiographie erwähnt Heinz Droßel nicht mit einem Wort, welches Risiko er und seine Eltern mit unserer Rettung eingingen. Ich kann heute ohne jede Einschränkung sagen, daß die selbstlose Hilfsbereitschaft der Familie Droßel für mich der freudigste Anblick in den ansonst schwarzen Jahren des Untergrundlebens war – und zwar nicht nur deshalb, weil hierdurch unser Leben gerettet wurde, sondern auch weil Heinz Droßel und seine Eltern meinen Glauben an die Menschheit wiedererweckt haben. In einem talmudischen Kommentar zur Bibel wird die Frage aufgeworfen, weshalb Gott am Anfang nur einen einzigen Menschen geschaffen habe. Als Antwort hierauf führte der Talmud aus, diese Tatsache lehre uns, daß, wenn jemand auch nur ein einziges Menschenleben zerstört, die Heilige Schrift es genauso ansehe, als habe er eine ganze Welt zerstört, und wenn jemand ein einziges Menschenleben rettet, die Schrift es ihm anrechne, als habe er eine ganze Welt gerettet.

Die vorliegende Autobiographie von Heinz Droßel stellt ein wertvolles zeitgeschichtliches Dokument dar und ruft bei den Lesern, die jene Jahre miterlebt haben, viele in der Zwischenzeit zum Teil verdrängte Ereignisse wieder ins Gedächtnis zurück. Sie ist nicht nur ein Augenzeugenbericht eines heranwachsenden jungen Mannes aus dem Berlin der zwanziger und dreißiger Jahre und danach eines Frontsoldaten im Zweiten Weltkrieg, sondern mehr noch gibt sie das Bild einer bürgerlichen Familie, die vom Anfang bis zum Ende in geistiger und moralischer Opposition zum Nationalsozialismus stand, niemals den Verlockungen des Opportunismus erlag und wenn nötig bereit war, die Konsequenzen ihrer Überzeugung zu tragen. So hätte der Verfasser zum Beispiel seine Einberufung zur Wehrmacht um den Zeitraum seiner Referendarzeit hinausschieben können, wenn er einer Gliederung der Partei beigetreten wäre. Als er diese Bedingungen ablehnte, erhielt er seine Einberufung innerhalb von 24 Stunden. Die vorliegende Autobiographie legt ein Zeugnis dafür ab, daß das Leben und Handeln von Heinz Droßel von einer tiefen, innerlichen Religiosität bestimmt waren, die ihm die innere Stärke gab, den Verlockungen des Nationalsozialismus zu widerstehen und zwar zu einer Zeit, als dieser noch unüberwindlich schien. Die damalige Atmosphäre beschreibt er treffend mit wenigen Worten: „...Menschen mit Charakter, die haben es schwer in diesem Land. Sie müssen lernen, mit der Angst zu leben, die Gefahr als ständigen Begleiter zu wissen. Wie paradox – die Charaktervollen müssen lernen, ihren Mitmenschen mit Mißtrauen zu begegnen“

Die wahren deutschen Helden jener teuflischen Zeit waren diejenigen, die wie Heinz Droßel unter Einsatz ihres Lebens das Unrecht und die Verbrechen der damaligen Regierung bekämpften und damit zur Aufrechterhaltung von Recht und Sittlichkeit beitrugen. Es waren Helden, die die deutsche Ehre in der Zeit der Füchse retteten. Dadurch sind die Retter von Verfolgten gleichzeitig die Retter von Deutschland geworden.

In dem bekannten Streit zwischen Gott und Abraham um die Zerstörung der Sündenstadt Sodom berichtet die Bibel:

Abraham sagte (zu Gott): „Willst Du wirklich den Gerechten zusammen mit dem Bösen vernichten? ...Sollte der Richter der Welt nicht gerecht handeln?“ ...„... Vielleicht können (nur) zehn Gerechte dort gefunden werden“ (Hierauf) erwiderte der Ewige: „Ich werde die Stadt um der zehn Willen nicht zerstören.“

Genesis XVIII, 23, 25, 32

Die vorliegende Biographie handelt von einem dieser zehn Gerechten.

Ann Arbor, Michigan/USA im März 1988

Ernest Günter Fontheim

VORWORT ZUR 2. AUFLAGE

Viel Zuspruch nach meiner Ehrung durch Yad Vashem hat mich den Entschluß fassen lassen eine Neuauflage der „Zeit der Füchse“ herauszugeben, eine erweiterte Auflage, für die ich eine Erklärung schulde. Diese Auflage enthält die denkwürdige Begegnung mit meiner späteren Frau auf der Jungfernbrücke in Berlin, bei der ich sie in hoffnungsloser Situation vor dem letzten Verzweiflungsschritt bewahren und ihr Hilfe für ihr weiteres Überleben geben konnte. Diese schwersten Minuten in ihrem Leben hatten bei ihr einen so schweren Schock ausgelöst, daß jede spätere Erwähnung sie an die Grenze eines Zusammenbruches brachte. Bei meiner Absicht, unsere Lebenserinnerungen aus dieser Zeit schriftlich niederzulegen habe ich ihr versprochen, sie in diesem Zusammenhang nicht zu erwähnen. Ich habe dieses Versprechen bis weit nach ihrem Tod (1981) gehalten. Vor der feierlichen Ehrung in der Israelischen Botschaft in Berlin habe ich mich aber verpflichtet gefühlt in Absprache mit meinen Töchtern – die bis zu diesem Tage auch nichts von dieser Begegnung gewußt haben – mein Schweigen zu brechen, weil wir der Meinung waren, daß meine Frau angesichts ihres überaus schweren Lebens als illegal lebende Jüdin in der Zeit des Nationalsozialismus es verdient hatte ihrer auch öffentlich zu gedenken und ihr Dank zu sagen für die Tapferkeit, mit der sie diese schweren Belastungen getragen hat.
Was hat sich nun geändert seit jenem verhängnisvollen 30. Januar 1933? Vieles ist vorangekommen in Technik und Medizin, der Mensch hat begonnen den Raum über uns zu erforschen, zu betreten. Doch andererseits lebt das Gift der Menschenverachtung und des Menschenhasses auch heute noch in Menschen des Volkes, dessen Staatsbürgerschaft ich habe.
Ist es denn nun besser geworden? Meine Antwort lautet – wie am Ende meiner Lebenserinnerungen – Ich habe da so meine Zweifel!
Mögen diese Zweifel durch eine von vielen getragene Diskussion und Verarbeitung und auch durch die Weitergabe meiner und anderer Erfahrungen aus jener unheilvollen Zeit vermindert werden oder gar schwinden. Dann würde das Leid meiner Frau Marianne, meiner Freunde Margot und Günter Fontheim, der Eltern Margots, Günters ermordeter Familie und der Millionen Opfer dieser Wahnsinnszeit nicht ganz umsonst gewesen sein. Diese Hoffnung bleibt mir.
Auf zahlreiche Anregungen und Bitten von Lesern habe ich einige Situationen eingehender beschrieben.

Immer war ich auf der Fahrt,
Immer Pilgersmann,
Wenig habe ich mir bewahrt,
Glück und Weh zerrann.

Unbekannt war Sinn und Ziel
Meiner Wanderschaft,
Tausend Male, daß ich fiel.
Neu mich aufgerafft!

Ach, es war der Liebe Stern,
Den ich suchen ging,
Der so heilig und so fern
In den Höhen hing.

Eh das Ziel mir war bewußt,
Wanderte ich leicht,
Habe manche Höhenlust,
Manches Glück erreicht.

Nun ich kaum den Stern erkannt,
Ist es schon zu spät,
Hat er sich schon abgewandt,
Morgenschauer weht.

Abschied nimmt die bunte Welt,
Die so lieb mir ward.
Hab ich auch das Ziel verfehlt,
Kühn war doch die Fahrt.

Herrmann Hesse

Von der Monarchie in die Republik

Ich stamme aus einer bürgerlichen Familie. Aber Menschen der verschiedensten Art waren unter meinen Vorfahren. Handwerker, Arbeiter, Glücksritter und auch wohl Abenteurer. Unter den Ahnen meines Vaters befanden sich Schweden, Polen, die Vorfahren mütterlicherseits waren Hugenotten, die ihrer Überzeugung wegen die Emigration auf sich genommen hatten.

Mein Vater hatte sich seinen Platz im Leben schwer erarbeitet und etwas erreicht, was ihn nicht stolz machte – aber ihn mit Befriedigung erfüllte. Er hat noch alles zerrinnen sehen im Zweiten Weltkrieg; die Menschheit numeriert ihre Kriege – der Ordnung wegen. Mein Vater war ein sehr beachtlicher Mann; doch das ist mir erst sehr spät aufgegangen, ganz vielleicht erst nach seinem Tode – in Armut, zermürbt und enttäuscht.

Lange Jahre habe ich eine engere Bindung zu meiner Mutter gehabt. Aber meine ersten Erinnerungen führen mich zu meinem Vater zurück – seltsam!

Ich stehe mit meinem Vater in seinem kleinen Garten und pflücke Erdbeeren, herrliche, große, rote Früchte; dort wo später die UFA in Tempelhof ein Aufnahmegelände hatte.

Ein zweites, frühes Bild; ich stehe – wieder neben meinem Vater – in eben diesem Garten und sammle Raupen von Kohlköpfen, dicke, große schillernde Raupen – Sic!

Mein Leben ist eine Welt für sich; eine Welt, in deren Mittelpunkt ich stehe und diese Welt ist reich an Ereignissen, Versuchungen, Erfahrungen und Irrtümern. Ich lebte und wurde gelebt. Viele Tage haben eine Bedeutung für mich. Ein Tag, zu dem ich in meinem Leben nie eine innere Beziehung gefunden habe, ist der 21. September 1916 – der Tag, an dem ich geboren wurde, mitten in einer Zeit, in der sich eine Weltenwende anzubahnen begann. Aus einer ruhigen Zeit war eine aufgeregte geworden, aus einer bürgerlichen, sicheren Welt eine voller Spannungen, eine revolutionsschwangere Welt geworden, die ihre Hektik niemals mehr verloren hat. Vielleicht hat alles dies mein Leben mitgeprägt – dann bestünde doch eine Beziehung zu diesem Tag, dem 21. September 1916, der Tag, an dem eine sehr lange Reise für den H. D. begann, der damals aus der Urtiefe des unbekannten Zeitlosen in die zeitbegrenzte Welt auftauchte, eine Reise voller Gefahren und Abenteuer, eine Reise des Glücks und unheilschwangerer Zeiten, eine Reise voller Irrtümer, Überraschungen, der Schönheit und des Grauens.

Der Übergang von der Monarchie zur Republik macht im allgemeinen keinen großen Eindruck auf mich. Immerhin läßt mich meine Erinnerung noch einen Blick in das verlorene Paradies tun. Ich sitze im Sonnenschein auf einem sehr schönen Balkon und spiele mit den Blumen. Eine Frau geht vorbei – ich rufe meiner Mutter zu „da geht die alte Hexe“. Meine Mutter war nicht sehr glücklich über meine Offenheit, die mir ein Leben lang geblieben ist.

Ich erinnere mich auch an eine sehr schöne Wohnung, nach damaliger Auffassung bürgerlich elegant – mein Vater war immer etwas extravagant – der ganze

Stolz und die Freude meiner Mutter. Ich habe diese Freude kurz vor der Ausweisung aus diesem Paradies dadurch etwas getrübt, daß ich während einer kurzen Abwesenheit meiner Mutter entdeckte, daß die Ofentür des Kachelofens geöffnet werden konnte und dann mehrere Zimmer der Wohnung gleichmäßig mit wunderbarer, feiner, silbergrauer Asche aus dem Ofenloch bedeckte. Über die Folgen weiß ich nichts mehr. Auch die Erinnerungen an meinen Vater fallen in diese Zeit – es muß etwas 1919 oder 1920 gewesen sein.

Ansonsten brachte die neue Zeit zwar manches Interessante und Erforschenswerte für einen heranwachsenden Knaben – aber sehr prächtig führte sich die neue Weltordnung nicht ein. Für uns gibt es – wie für viele – eine riesige, auch soziale, Veränderung, die meine Mutter tief getroffen hat und über die sie nie hinweggekommen ist.

Mein Vater ist in einer kleinbürgerlichen Handwerkerfamilie aufgewachsen als Ältester von acht Kindern. Mein Großvater, von Beruf Schneider, hatte nach dem Tode seiner ersten Frau wieder geheiratet. „Öming“ war einer der liebenswertesten und wertvollsten Menschen, denen ich in meinem Leben begegnet bin. So wie mein Großvater mütterlicherseits kein erfolgreicher – aber ein großer Mensch gewesen ist.

Vater ist in der Böttcherstraße in Stralsund aufgewachsen, in einem uralten, kleinen, schmalen Häuschen direkt unter dem Turm der machtvollen Jacobikirche – einem imposanten Backsteinbollwerk, in der Öming keine Morgenmesse versäumte. Vater war Kaufmannslehrling bei einem „Heringsbändiger“, einem kleinen Gemischtwarenladen. Nach der Lehre ging er nach Berlin, arbeitete sich in kurzer Zeit hoch und war mit 30 Jahren Prokurist einer der namhaftesten Berliner Wäschefabriken, der Firma M. & Th., in der meine Mutter – eine sehr schöne junge Frau – als Näherin beschäftigt war. Es gab eine Märchenhochzeit und das Paradies in Tempelhof, ein Paradies, das für meine Mutter ein Traum war. Sie hatten alles, was man sich damals wünschen konnte – einen glänzenden Bekanntenkreis, machten große Reisen und hatten ein eigenes, großes Kajütboot, mit dem sie bis nach Schweden fuhren.

Und dann kam der Krieg – und mitten in diesem Krieg kam ich. Vater war seit 1914 Soldat. Er war kein Nationalist und hielt den Krieg vom ersten Tag an für ein persönliches und nationales Unglück – aber als preußisch/deutscher Bürger tat er seine Pflicht – oder das, was die preußische Welt damals dafür hielt. Er war während des ganzen Krieges an der Ostfront – in Rußland, wo ihn meine Mutter an der Front besuchte – alle Widerstände beiseiteschiebend.

Und dann kam das Ende. Kaiser Wilhelm ging nach Holland, um dort Holz zu hacken und mein Vater stand vor dem Nichts – die Firma existierte nicht mehr. Er kratzte alles zusammen, was geblieben war und es gelang ihm in der Berliner Straße in Tempelhof einen an günstiger Stelle gelegenen Laden zu mieten. Vater machte sich selbständig und eröffnete ein Wäschegeschäft. Da sich hinter dem

Laden ein Zimmer und eine kleine Küche befanden, hatte er keinen Anspruch auf eine weitere Wohnung – es war Zwangswirtschaft. Die neuen Angestellten in den Behörden waren zwar bestechlich – aber Vater hatte keine Mittel mehr. So ging es aus einer hochherrschaftlichen Vierzimmerwohnung im besten Wohnviertel von Tempelhof in eine kleine Einzimmerwohnung hinter dem Laden, ohne Bad, mit Plumpsklo auf dem Hof hinter dem Haus unter den Blicken aller Bewohner des Hinterhauses. Und dort beginnt mein bewußtes Leben!

Das gutbürgerliche Tempelhof – aus einem entzückenden kleinen Dorf nach der Eingemeindung in Groß-Berlin im Jahre 1919 ein Dorado für Beamte, Angestellte und Pensionäre geworden – entwickelte sich zu einem Klein-Chicago.

Direkt vor dem Geschäft führen hinter einem Bürgersteig die Geleise der elektrischen Straßenbahn vorbei. Im Sommer ein Vergnügen, wenn die nach allen Seiten offenen Sommerwagen es auch sechsjährigen Stiften erlaubten bei der Annährung des Schaffners zum Kassieren mit einem kühnen „Seitensprung“ das Weite zu suchen. Für die zehn Pfennig Fahrgeld gibt es beim benachbarten Bäcker M. eine Riesentüte „Kuchenkrümel“. So lernte ich beizeiten Sparsamkeit und wirtschaftlich sinnvolles Verhalten.

Neben dem Geschäft ist ein Kohlenplatz, vorn ein kleines Kellergebäude, die Wand behängt mit alten Kleidern – vom Arbeitskittel bis zum Gehrock – das Reich von Jud Flieg, einem gar schmächtigen, armseligen, aber immer freundlichen alten Mann mit Schabbeskäppche, Schläfenlocke und sehr traurigen Augen. Ich sitze oft in seiner dunklen „Höhle“ – er erzählt mir mit strahlenden Augen von JAHWE und dem kommenden Messias und sieht dann sehr glücklich aus.

Im nächsten Haus geht es nicht Treppen hinunter zum Geschehen, sondern hinauf. Eine kleine längliche Kneipe, immer bevölkert von zweifelhaften Gestalten allen Alters, Größe und Geschlechts. Von hier aus gehen die nächtlichen Raubzüge aus, ohne die kaum eine Nacht vergeht. Die Polizei ist machtlos. Vater arrangiert sich – ein Schutzgeld sichert ihm Ruhe. Er hätte das Geschäft nachts ruhig offen lassen können, die „kleine Mafia“ schützt auch vor der Ganovenkonkurrenz. Eines Nachts schießen unsere Wächter einige Männer einer fremden Gang zusammen, die bei uns einbrechen wollten. Auch sonst ist auf sie Verlaß. Es kommt vor, daß zweifelhafte Figuren „einkaufen“, beim Bezahlen aber dann grinsend sagen „das Geld hol Dir man von Deinem lieben Gott“. Vater ruft nur meinen Namen, ich flitze zur Hintertür hinaus und 30 Sekunden später marschieren vier oder fünf unserer Nachbarn zur Tür herein. Erblassend bezahlen die Käufer die Ware und verlassen dann mit unseren Freunden das Geschäft. Die Strafaktionen finden anderswo statt. Einer von ihnen sagt das so: „Chef, Du hast ein anständiges Geschäft, da muß Ordnung herrschen. Was zu erledigen ist, ist unsere Sache – das machen wir aber anderswo.“ Solange sie dort sind erhalten sie auch zu Weihnachten ihre Geschenke, ein Hemd, Unterwäsche oder Ähnliches. Mit der Währungsstabilisierung wird das Lokal geschlossen, unsere Wächter verlieren sich anderswo hin – wir brauchen sie auch nicht mehr als Schutzritter –

und die Gegend wird wieder „gutbürgerlich". Leider wird auch „Jud Flieg" ein Opfer dieser Normalisierung: die Gegend wird modernisiert, der Keller abgerissen – eine moderne Schuhwerkstatt mit elektrischen Maschinen kommt an die Stelle. Mit dem Schuhmachermeister verbindet mich auch ein gutes Verhältnis. Er erklärt mir seine moderne Handwerkstatt mit allen Einzelheiten.

Unsere Wohnungsverhältnisse aber bleiben. Das einzige Zimmer bei uns ist ein Arbeitszimmer, Wohnzimmer, Eßzimmer und Schlafzimmer zugleich. Das Lager der Eltern besteht aus einem alten Sofa, mein „Bett" wird abends aus zwei alten Korbstühlen zusammengestellt, ein Bügelbrett darüber gelegt – es ist hart, erfüllt aber seinen Zweck. Die ganze Nacht ist lebhaftes Treiben unter den Dielen – Hunderte von Ratten hausen dort, kämpfen, lieben und leben ein wahrscheinlich aufregendes Rattendasein, ganze Rattenchöre pfeifen bis der Morgen graut. Morgens nur eine kurze Wäsche unter dem Wasserhahn, einmal die Woche ein Bad – nach Art des Mittelalters.

Aber – das Geschäft schlägt ein – es geht aufwärts. Vater gelingt es, für mich ein Zimmer im Hause, über den Hausflur hinweg zur Straße gelegen – zu mieten – mit einem richtigen Bett. Jetzt schießen sie nachts vor meinem Fenster – aber Ratten gibt es hier keine – Später hört das Schießen auf – aber eins ist geblieben. Bei aller nächtlicher Unruhe auf der Straße – einer läßt sich durch nichts erschüttern. Bei Anbruch der Dämmerung erklingt das monotone Klack-Klack seiner derben Stiefel – alle dreißig Schritte unterbrochen; der Laternenanzünder mit seinem langen Stab, der Haken greift in die Kette, ein kurzes Flackern, der Glühstrumpf leuchtet auf – es werde Licht. Wir sind fortschrittlich, wir haben jetzt elektrisches Licht – ein Knips – und es wird hell.

Vater schafft sich einen Hund an, nachdem unsere „Schutzritter" nicht mehr da sind – so sicher sind die Zeiten nun auch wieder nicht, einen Dobermann, meine heißgeliebte „Bella", mit der ich machen kann, was ich will. Ansonsten ist sie scharf – wie eben ein Dobermann. Der Gasmann betritt die Wohnung nur, wenn Bella fest angekettet ist. Bella führt mich sicher spazieren, faßt Einbrecher und paßt auf, daß keinem in der Familie ein Leid geschieht.

Ich bin fünf. Der Kindergarten macht keinen großen Eindruck auf mich – ich hab keine Erinnerung an ihn. Aber doch – den Laternenumzug am Tage des heiligen Martin. Die Sonntage sind herrlich. Vaters alter Kriegskamerad ist Metzger – und seitdem hat er es mit dieser Gattung Menschen. Schlächtermeister Schäfer ist ein vermögender Mann. Man sieht es ihnen an, wohlbeleibt und – sie – glitzernd. Sie sind sehr gutmütig. Jeden Sonntag bei schönem Wetter geht es mit dem Landauer zweispännig in das schöne alte Dorf Lichtenrade bei Berlin – eine herrliche Kutschenfahrt – ich sitze auf dem Bock und darf oft kutschieren; dann Kaffeestunde im Garten mit herrlichen alten Bäumen – „Hier können Familien Kaffee kochen!"

Wir sind mehrere Familien – ein kleines gleichaltriges Mädchen ist auch dabei. Sie ist recht hübsch und nett und in der Remise hinten im Park klärt sie mich auf. Meine Lehrerin heißt Marthe – komisch, fast alle meine späteren Flammen mit Ausnahme von Hanni fangen mit Ma... an, Marga, Margit, Marion bis zu meiner späteren Ehefrau Marianne.

Außer den Geheimnissen des Menschseins- und werdens muß ich aber mehr lernen. Ich werde sechs und komme in die Volksschule.

Es ist alles noch ein bißchen preußisch, hart – aber gerecht. Zwanzig Mädchen und zwanzig Knaben füllen den großen, nach hinten ansteigenden Raum. Gesetzt wird nach Leistung – wöchentlich. Ich habe so ziemlich die ganzen Jahre hindurch als Stammplatz Nr. 1, oben links. Händchen gefaltet und völlige Ruhe sind Voraussetzung für ein ruhiges Dasein.

Für schlechte Leistungen wird nicht gestraft – wohl aber für „Ordnungswidrigkeiten". Mein Platz ist am weitesten vom Lehrer entfernt – das verleitet zu manch einem kleinen Schwätzchen – im Flüsterton notabene. Lehrer Spendert, ein gar gestrenger Herr, noch jung und für die Zeit elegant, hat gute Ohren und macht keine sozialen Unterschiede. Vorkommen und Strafe entgegennehmen, es gibt drei Kategorien.

a) Ohrenziehen
b) Hand auf, ein kräftiger Schlag mit dem Rohrstock drauf
c) bücken, Hosen stramm und den Rohrstock geschwungen, drei oder fünf Mal, das gibt schon Striemen.

Den Mädchen und mir bleibt c) erspart – soweit lasse ich es nie kommen. Gestorben ist keiner, und Duckmäuser sind wir auch nicht geworden, sondern echte Lausbuben.

Belebt wird das Schulleben durch Freundschaften. Wir kommen aus allen sozialen Schichten, meist aus Arbeiterfamilien. Unterschiede gibt es nicht, wir halten zusammen, Georg, Jacob, Söhne von Arbeitern, Hugo, der Kaufmannssohn, Herbert aus einer Lehrerfamilie – sommers und winters mit kahlgeschorenem Kopf –, Fränzchen, Sproß einer Bürgerfamilie und Harry, Sohn eines Filmregisseurs. Harry ist nicht nur mein Freund, sondern auch mein Nebenbuhler; denn da sind noch die Mädchen. Hanni, unsere Angebetete, Ilse, die gute Kameradin, die andere Ilse, Anstifterin mancher Streiche und Grete, die Sanfte, die immer alles ausbaden muß. Es ist eine herrliche, für uns unbeschwerte Zeit mit all den kleinen Geheimnissen und Glückseligkeiten der Kindheit. Und doch beginnen wir zu merken, daß unsere Zeit eine politische, eine bewegte Zeit ist. Alle Eltern haben Sorgen.

Wir schreiben das Jahr 1923 – Inflation heißt das Zauberwort. Oft muß ich jetzt morgens vor der Schule zum Bäcker Milde laufen – Brot holen; abends gibt es für das Geld nur noch zwei Brötchen. Eine Million kostet das Brötchen schließlich – bald sind es Milliarden, Billionen. Wir lernen diese Zahlen ehe wir sie in der Schule gehabt haben.

Nach der Währungsreform Anfang 1924 stabilisiert sich die Lage. Viele sind durch die Inflation noch ärmer geworden – manche reich. Wer keine Sachwerte oder Grundstücke hat, hat im allgemeinen alles verloren. Nach der Einführung der Rentenmark beginnt Vaters Geschäft aufzublühen, es wirft langsam Gewinn ab, den Vater immer gleich investiert.

Ich werde sehr zaghaft von Jacob eingeladen. Er ist ein feiner, schmächtiger und sensibler Knabe. Die Besuche bleiben unvergeßlich. Sie sind arm – und doch so reich. Sie haben eine in sich geschlossene Dreizimmerwohnung in Mariendorf und ein sehr harmonisches Familienleben – wir haben beides nicht. Schon der erste Besuch ist eindrucksvoll. Jacobs Eltern erwarten mich, auf dem Tisch im Wohnzimmer einer gemütlich eingerichteten Wohnung, der „guten Stube", summt ein Samowar und verbreitet einen köstlichen Teeduft; dazu gibt es Gebäck. Jacobs Vater spielt mit uns ein Brettspiel, in dem berühmte Musiker eine Rolle spielen. Er gibt zu jedem eine Erklärung. Dann steht einer von uns auf dem Platz, der Meyerbeer gewidmet ist. Vater G. unterbricht das Spiel und erzählt; erzählt die Gesichte eines großen Musikers, der dem jüdischen Glauben angehörte, er erzählt von den Prüfungen und Leiden des jahrtausende geplagten jüdischen Volkes – und er erzählt von einer Bewegung, deren Ziel es ist, alles jüdische mit Haß und Neid zu verfolgen, dem Antisemitismus. „Werdet nie schuldig an ihnen, meine Lieben, Jahwe lebt und wird eines Tages Gericht halten". Dann setzt er sich an das Klavier und spielt zarte Melodien von Meyerbeer. Ich denke an „Jud Flieg" und seine traurigen Augen. Eine blaue Stunde – eine unvergeßliche Stunde. Jacob's Familie ist nicht jüdisch, aber sein Vater ein armer, weitblickender Mann – ein Weiser.

Mein bester Freund aber bleibt Bella, der Dobermann. Bella bekommt Junge und ich bin der Einzige, der in dieser Zeit an sie herandarf – ich spiele mit den Jungen. Eine von ihnen – Asta – kommt zu einem Schuhmacher nach Tempelhof. Ich besuche sie noch jahrelang. Die kleine Schusterwerkstatt sieht mich oft zu Gast. Wenn ich hereinkomme, springt Asta mit einem Satz von einer Art Balkon in der Werkstatt zwei Meter tief vor meine Füße und kann sich vor Freude nicht lassen. Ich sitze dann neben dem Schuster vor der großen gläsernen Schusterkugel, dahinter eine Petroleumlampe und im magischen Umkreis erzählt der Meister, seine Schuhe nagelnd, vom Leben und Sterben großer Menschen, er sinnt über Welt und Ewigkeit, ein Philosoph auf dem Dreibein. Neben mir sitzt Asta und läßt sich von mir den Kopf kraulen. Langsam prägt sich in mir ein Weltbild – zögernd noch und verschwommen – aber die Richtung ist angezeigt.

Aber auch unsere Spiele werden zeitgemäß. Von einer anderen Schule streift eine „Bande" in unserem Alter mit schwarz-weiß-roten Fähnchen durch den „Alten Park" und spielt Krieg.

Einer von uns hat die Idee – unsere Mütter nähen uns schwarz-rot-goldene Fähnchen und bald kommt die Fehde in Gang. Das ist schon kein kindliches Spiel mehr – nur zu oft gibt es blutige Köpfe. Wir stehen für Reichsbanner, Liberale und Demokraten gegen die Deutschnationalen. Mit neun Jahren begreifen wir wohl nur wenig – aber Ahnungen berühren uns – und der Blick auf die Umwelt schärft sich, Interesse für das Geschehen um uns beginnt zu keimen.

In diese Zeit fällt ein Ereignis, das die Welt bis in ihren letzten Winkel ändern wird. In der Potsdamer Straße in Berlin wird ein Studio eröffnet, in dem eine Kapelle Musik spielt, die man in Tempelhof mit Hilfe eines kleinen Apparates hören kann. Das Studio nennt sich „Die Funkstunde" – das Radio ist geboren. Zwar haben wir schon Telefon – „Südring 75 33 96" – aber drahtlos? Durch die Luft? Das ganze steht auf einem Zigarrenkistendeckel, ein paar Drähte, ein kleiner Kristall, auf dem man mit der Spitze eines feinen Drahtes die richtige Stelle suchen muß – der Empfang ist da, zu hören in unbequemen Kopfhörern, leise, mal zitternd und wegbleibend – aber es funktioniert. Bald gibt es kleine Apparate mit einer „Röhre" – oder Detektor. Vater ist fortschrittlich – er läßt nach einem großen Krach mit unserem Hauswirt, dem freundlichen, aber sehr hartnäckigen und ängstlichen Konrektor Mette eine der ersten Berliner Hausantennen auf dem Dach anbringen. So lausche ich nach Geschäftsschluß oft bis zum Sendeschluß um 22 Uhr. Das Ganze endet regelmäßig mit dem Satz „bitte vergessen Sie nicht die Antenne zu erden". Dafür gibt es am Fenster einen Schalter – ich sorge für die prompte Erledigung dieser Empfehlung.

Auch sonst nehmen wir am Fortschritt teil – mit all seinen Vorlieben, aber auch Tücken. Nach der Einführung der Rentenmark hat Metzgermeister Schäfer seinen Betrieb völlig modernisiert, das heißt auch motorisiert. Ich rechne ihm dabei hoch an, daß er seine Pferde nicht weggegeben hat, sondern ihnen bis zu ihrem Lebensende das Gnadenbrot gibt.

Wir aber sind auch jetzt sonntags häufiger Gäste. In seinem flotten Automobil geht es hinaus aus der Stadt, durch die schöne märkische Landschaft. Es geht schnell, es gibt ja nur wenige Automobile – man trifft unterwegs etwa alle 20 Minuten eines. Dafür ist die Straße schon anstrengend – sie besteht ja unterwegs wie auch in der Stadt, fast ausschließlich aus Kopfsteinpflaster, das holpert dann doch ganz schön bei der mäßigen Federung. Aber von Staub und Benzingestank – keine Spur; den Staub lassen wir hinter uns.

Eine herrliche Fahrt führt uns durch den Fläming mit seinen lieblichen Hügeln nach Wörlitz, zu einem Lustschloß eines der früheren Potentaten mit einem herrlichen, weiten, kunstvoll angelegten Park, den Gärten von Wörlitz, einer Miniaturnachbildung der französischen Schlösser und Gärten an der Loire.

Aber auch die Kehrseite der Medaille lernen wir kennen. Wir fahren an einem regnerischen Nachmittag zu Bekannten, die breite Belle-Alliance-Straße hinab in das Berliner Urstromtal. In er Mitte der Straße liegen die Straßenbahnschienen. Auf halbem Weg in die imposante Tiefe der Berliner Urlandschaft müssen wir links abbiegen und bleiben auf den abwärtsführenden Schienen stehen, weil von unten eine elektrische Straßenbahn heraneilt. Plötzlich erscheint von oben auch eine „Elektrische“ – aber o Graus, sie mindert die Fahrt keineswegs, sondern fährt voll in unsere Breitseite hinein. Daß keinem von uns Ernstliches passiert ist, verdanken wir der nassen Straße; die Bahn hat uns einfach zwanzig Meter weitergeschoben, was dank des Umstandes, daß die Autoreifen kein Profil haben, keine Schwierigkeit macht. Außer einer Beule am Auto und einigen Schrammen an der Bahn ist nichts passiert. Das ist mein erster Autounfall im Jahre 1924.

Einer meiner Klassenkameraden, der mir nicht sehr nahe steht ist gestorben – seine Beisetzung meine erste Begegnung mit dem Tod. Auf dem Matthäusfriedhof ist er aufgebahrt – wir ziehen an ihm vorbei, legen ein Blümchen in den Sarg. Er sieht sehr friedlich aus – liegt wie ein kleiner Marmorengel in seinem hölzernen Bettchen. Die Begegnung schreckt mich nicht.

Wenige Wochen später greift der Sensenmann nach mir. Hohes Fieber und Lungenstiche bringen unseren guten, alten Hausarzt an mein Bett. Die Diagnose: Doppelseitige Lungen- und feuchte Rippenfellentzündung. Mein Zustand wird kritisch. Tag und Nacht wacht jetzt eine Ordensschwester an meinem Bett. Die junge Schwester Felicita sorgt rührend für mich – nachts sitzt sie an meinem Bett und betet den Rosenkranz für mich. Ich bin wach. Es ist meine erste innere Erfahrung mit der Religion – ein Mensch betet für mich! Dann versinkt alles in einem Nebel – ich sehe nur noch schwache Umrisse derer, die sich um mich sorgen. Zehn Tage dauert dieser Zustand – dann kommt die entscheidende Nacht – die Krisis. Morgens erwache ich – zum ersten Mal nach sieben langen Wochen sehe ich die Sonnenstrahlen im Zimmer tanzen. Meine Mutter weint, Schwester Felicita strahlt – die Welt hat mich wieder.

Ich erhole mich schnell – muß aber noch einige Wochen regelmäßig zum Punktieren – eine scheußliche Sache, die in mir eine Aversion gegen jedes Spritzen hinterläßt. Vater hat sich geschäftlich saniert, daß er mich mit Mutter für sechs Wochen in den Thüringer Wald zur Erholung schicken kann. Hier erlebe ich zum ersten Mal die Schönheit der Landschaft und der Natur – ein für mich sehr tiefes Erleben, verstärkt wohl durch die schweren Wochen davor. In der Pension „Daheim“habe ich auch die erste von zahlreichen Begegnungen in meinem Leben mit bedeutenden Persönlichkeiten. Dieser erste ist für die Allgemeinheit wenig bekannt, hat aber eine große und unheilvolle Rolle in der ersten Nachkriegszeit in der Weimarer Republik gespielt. Es ist Herr Joffé, erster Leiter der russischen Kommission bei den Friedensverhandlungen in Brest-Litowsk und später der erste sowjetrussische Botschafter in Deutschland nach dem ersten Weltkrieg, Initiator und Drahtzieher des Spartakusaufstandes. Er hätte um ein Haar die junge Republik Deutschland zu einer bolschewistischen Räterepublik gemacht.

Seine Frau – eine mütterliche Russin – und sein Sohn Nikolajewitsch sind Gäste in der Pension. Nikolajewitsch ist drei Jahre älter als ich – wir werden Freunde. An einem Nachmittag bei einem Waldspaziergang bleibt er stehen und sagt:

„Weißt Du, ich hasse meinen Vater – er ist ein Mörder und Verbrecher – und er peinigt meine Mutter".

Joffé taucht oft zum Wochenende auf, ein kleiner, beleibter, gut gekleideter Mann in den vierziger Jahren mit Maßanzug und Krawatte. Er ist hinter allen Frauen und Mädchen her, gleich welchen Alters und ohne Rücksicht auf seine Umgebung. Aber sie spielen ihm einen Streich, der ihn tief getroffen haben muß. Eine junge blonde Schönheit ermuntert ihn, nachts um 23 Uhr in ihr Zimmer zu kommen. Er schleicht sich ein, nähert sich dem Bett und findet – eine mit Nachthemd bekleidete Strohpuppe. In diesem Augenblick geht das Licht an und alle Frauen des Hauses – außer der Frau des Pensionsbesitzers – stehen im Zimmer und brechen in schallendes Gelächter aus. Wir waren Zaungäste auf der Treppe. Nikolajewitsch mein nur: „das schadet ihm gar nichts". Am nächsten Wochenende ist er wieder da, als wäre nichts geschehen – die Frauen im Haus hat er aber nicht mehr belästigt. Mir schenkt er ein Bild von Lenin und dem Kreml, sagt, mich scharf prüfend: „Du wirst einmal ein guter Bolschewik – wenn Du einer wirst".

Er wird bald nach unserer Rückkehr nach Berlin nach Moskau zurückgerufen, mit Familie. Von Nikolajewitsch habe ich nie wieder etwas gehört. Joffé soll später in Ungnade gefallen sein.

Das Ende meiner Volksschulzeit naht. Vor dem Wechsel auf das Reformrealgymnasium mit Oberrealschule in Tempelhof muß ich noch die Erfahrung machen, daß es gar nicht so einfach ist, sozial zu handeln. Weihnachten 1926. Mit dem Geschäft geht es weiter gut bergauf. Die „Goldenen Jahre"nach der Währungsreform sind im Kommen – große Kredite aus den Vereinigten Staaten sind im Anrollen und die Wirtschaft nimmt einen Aufschwung. Vater kann Angestellte einstellen, das Weihnachtsgeschäft ist gut. Wir haben einige in der Klasse, denen es nicht gut geht – sie nehmen an der beginnenden Prosperität nicht teil. Ich mache meiner Mutter den Vorschlag, sie zu Weihnachten zu bescheren. Sie ist sofort dabei. Pakte werden gepackt mit Schokolade, Pfefferkuchen, mit Büchern und Spielen. Bei meinem ersten Besuch fliege ich hinaus. „Wir haben keine Almosen nötig". Gerhard schaut wehmütig auf das entschwindende Geschenkpaket – er hat es später heimlich noch bekommen. Ich verliere aber den Mut. Mutter rät mir, die Pakete einfach vor die Tür zu stellen. Julklapp! Ich handle so und schleiche mich schnell wieder weg – ich hoffe, daß sie dem einen oder anderen doch ein wenig Freude bereitet haben.

Im März 1927 ist Aufnahmeprüfung für die „Höhere Schule". Ich werde aufgrund der schriftlichen Arbeit vom Mündlichen befreit. Einige Schüler von unbemittelten Eltern kommen übrigens auch – sie erhalten das Schulgeld von der Gemeinde.

Nach den Osterferien marschiere ich stolz mit der neuen grünseidenen Schülermütze in das ehrwürdige Schulgebäude in der Kaiserin-Augusta-Straße, die ihren Namen durch alle politische Zeiten bis heute behalten hat.

Es ist eine sehr schöne Schule mit einem von Grün umrahmten Hof, in dessen Mitte ein Brunnen plätschert, unbestrittener Stammplatz der Primaner. Trotz eines leichten nationalen Flairs ist es eine liberale Schule. Hier gibt es keine körperlichen Strafen mehr, ein Tadel im Klassenbuch und gelegentlich Arrest sind die nur selten angewendeten Disziplinarmöglichkeiten – trotzdem herrscht in den Klassenzimmern eine gute Ordnung, auf dem Pausenhof ein wildes, ungebrochenes Bubenleben – still lächelnd geduldet von den Aufsichten mit Ausnahme von „Knöks", einem Wichtelmännchen, das händeringend inmitten der Bubenflut steht und leise über „Die Jugend von Heute" jammert.

Die Lehrer haben alle ein sehr gutes Fachwissen, jeder seine eigene pädagogische Methode und seine eigenen Marotten. Unser Klassenlehrer „teacher" – er gibt ungeachtet seines Spitznamens bei uns Französisch – ist ein unpersönlicher Mann mit einer schneidenden Stimme. Der Unterricht ist keine richtige Freude – man ist nie vor Überraschungen sicher – aber ich erhalte bei ihm eine gute Grundlage für die französische Sprache.

„Putzker" – gelispelt, nach der stereotypischen Aufforderung zu Beginn einer jeden Geschichtsstunde „nehmt mal den Putzker raus", ist der Prototyp eines hochqualifizierten, aber weltfremden Geschichtslehrers. Führ ihn existiert nur die griechische und römische Welt. Seine lockere Unterrichtsweise verführt laufend zu den üblichen Lausbubenstreichen. Er nimmt sie sich sehr zu Herzen – strafen kann seine schöngeistige Seele nicht. Ich glaube, wir sind nicht ganz unschuldig an seinem baldigen Herztod.

Noch ein Lehrer hat uns in der Quarta für immer verlassen. Unser Englischlehrer G., der es ohne Spitznahmen versteht, auch ohne Strafen Ordnung zu halten, ist ein sehr menschliches Wesen. Bei ihm bin ich Primus, lerne begeistert Englisch und bin bald sein Liebling. Er ist Kunde bei uns im Geschäft, petzt aber zu Hause nie, wenn es mal einen Ausrutscher gibt. Sein Tod – ein Freitod – nimmt mich sehr mit. Er hinterläßt mir als Erbe eine für ihn kostbare Erinnerung – die Korpsmütze aus seiner studentischen Verbindung.

Über allem der Direktor Kullrich, ein nationaler, aber sehr warmherziger Mann, dessen tiefe Baßworte „Du lügst" bei einer fehlerhaften Antwort nicht so leicht zu vergessen sind. Er wird nach seiner Pensionierung von Oberstudiendirektor Schade abgelöst, einem liberalen, gerechten und großherzig denkenden Mann mit untadeligem Wesen – allseits beliebt.

In den ersten Jahren ist nachmittags viel freie Zeit. Bei schönem Wetter geht es dann in die märkische Umgebung. Die Straßenbahnlinie 96 fährt bis Lichterfelde-Ost, dann muß man durch eine Unterführung zur Linie 100. Es ist die letzte Berliner Schmalspurbahn mit offenem Perron, meinem Stammplatz. Sie fährt im Zuckeltrab durch Lichterfelder Villengegenden hinaus in die freie Landschaft, vorbei an Feldern, Wiesen und kleinen Wäldern, durch schmucke kleine Dörfer bis zum entzückenden märkischen Klein-Machnow. Es ist ein verwunschenes Dorf mit einem Schloß mit Gutsherrn und einem großen Gutspark mit riesigen alten Bäumen. An der verwitterten alten Mauer aus Quadersteinen führt eine alte, breite Allee ungepflastert mit herrlichen alten Kastanien bestanden hinunter zum Teltowkanal und der Machnower Schleuse, einer modernen Anlage mit hochziehbaren Stahltoren. Ein immer wieder faszinierendes Schauspiel, dem Heben und Senken der Tore, dem Fallen und Steigen des Wassers und dem Durchschleusen der großen Lastkähne zuzusehen, vom Rhein und aus Holland, auf deren Heck vor der Kajüte meist lustige, bunte Wäsche im Winde flattert.

Hinter der Schleuse ist unser Ziel, ich bin meist mit Mutter dort – ein Kaffeegarten, schattig und kühl, in dem der „Ober" schon Kaffee und Obstkuchen bringt, wenn er uns von Ferne gesehen hat. Anschließend geht es den Treidelweg – kleine elektrische Bahnen, „Treidelbahnen", ziehen an dicken Seilen die schwer beladenen Schiffe – entlang nach „Albrecht's Teerofen" und auf der gegenüberliegenden Seite zurück zur Straßenbahn. Brücken gibt es dazwischen nicht. Hier mache ich meine ersten Fotoversuche mit einer Kamera, die ich zum Geburtstag von meinem Vater – einem alten Fotohasen – bekommen habe. Wiesen wechseln mit Kiefernwäldern, die alten Föhren recken ihre knorrigen Äste in den blaßblauen märkischen Himmel. Bei Einbruch der Dunkelheit wechselten Pastellfarben von blau über violett zu rot, um schließlich in die Blauschwärze der Nacht einzutauchen, die Umrisse der urigen, alten, Gnomen ähnelnden Kiefern im Dunkel verschwinden lassend.

Er herrliches Schulfest wird im alten Dorfgasthof gefeiert. Mit mehreren Straßenbahnsonderzügen geht es in Begleitung der Eltern mit Gesang durch die Außenbezirke der Stadt bis nach Kein-Machnow. In dem mit großen und schattenspendenden Bäumen bestandenen Kaffeegarten gibt es Kaffee und Kuchen, Spiele werden gemeinsam mit den Lehrern gespielt, der Chor singt Wanderlieder und in einem Theaterstück zeigen Schüler und Lehrer Zeichen eines bravoureusen Komödiantentums. Zum Abend gibt es Brause und Schinkenbrot und gegen 22 Uhr schaukeln die alten Bahnen im Mondschein mit müden Pennälern heimwärts. Noch im Traum war es ein wunderbares Fest.

Eines Tages gehört auch dieses Idyll der Vergangenheit an; die Linie 96 wird bis zur Machnower Schleuse verlängert, am Kanal werden Siedlungen gebaut und die geliebte, alte Linie 100 kommt ins Museum. Ein Traum über viele schöne Jugendjahre ist ausgeträumt.

Andere Freuden warten im Winter. Im Alten Park ist unser Winterparadies. Tagsüber geht es auf halsbrecherischer Bahn durch die „Höllenschlucht" zum Ententeich hinunter. Schnee gibt es fast in jedem Winter genug und einige Wochen Frost auch. Ich bekomme zu Weihnachten 1927 sehr schöne Schlittschuhe, zum Anschnallen notabene. Es gibt manchmal einige Schwierigkeiten, wenn der Schuh nicht richtig sitzt – aber das System hat auch seine Vorzüge. Die kleinen Mädchen haben nämlich dieselben Schwierigkeiten – und da wird ein Kavalier gebraucht. In der abendlichen Atmosphäre am gefrorenen Ententeich verleben wir zauberhafte Stunden. Inmitten des weiß eingeschneiten Parks mit seinen alten Bäumen liegt der querüber mit bunten Lampions geschmückte Teich, im Hintergrund die wunderschöne, alte Dorfkirche aus dem Mittelalter, Musik tönt schon von fern und für 20 Pfennig gibt es heißen Glühwein – da geht das Taschengeld drauf – unsere Mädchen sind noch nicht so emanzipiert, eine Einladung abzuweisen. So schwingen wir bei zärtlichen Walzerklängen unsere Kreise, versuchen uns im Paarlauf – man muß seine reizende Partnerin natürlich gut festhalten. Ein anderes Mal ziehen wir durch die sich tänzerisch schwingenden Läufer – viele ältere Damen und Herren darunter – im Schnellauf unsere Runden, höllisch schnell reagierend, um niemanden zu Fall zu bringen. Es ist schon lange finstere Nacht – aber das Singen, Lachen und Musizieren klingt weit über das nächtliche Häusermeer. Um 22 Uhr erklingt zum Abschluß der „Schlittschuhläufer", wir knien vor unseren Damen, ihnen die Schlittschuhe abschnallend, noch ein letzter Glühwein, die Lampen erlöschen im Rund und mit zwei Paar Schlittschuhen in der linken Hand, den rechten Arm zaghaft, aber zärtlich um die Hüfte der Begleiterin gelegt, bringt jeder seine „Schöne" heim – ein Hauch von einem Kuß vor der Haustür beendet einen herrlichen Abend und begleitet uns heim in unsere Träume von einem herrlichen Leben.

Solange es im Alten Park noch keine feste Eisdecke gibt, ist die Kunsteisbahn auf den Tennisplätzen in Kreuzberg unser Gebiet – auch dort gibt es hübsche Mädchen – aber Vorsicht, wir sind im fremden Revier. Die „Kreuzberger" sehen es nicht gern, wenn wir ihre Mädchen heimbegleiten, aber bei aller Konkurrenz – es bleibt alles friedlich.

Langsam entwächst man Mutters „Obhut" – sie sieht es nicht so gern. Im Sommer tummeln wir uns im Seebad Mariendorf, einem großen Freibad, das ebenfalls viele Schülerfreuden gewährt.

Im Herbst 1928 komme ich aus der Siedlung „Lindenhof", gehe durch die Laubenkolonien an der „Blanke Helle", einem sagenumwobenen Tümpel in einem kreisrunden Grund, in dem schon mancher ertrunken ist, obwohl der Teich nur winzig ist, heimwärts. Ich laufe genau den drei Brüdern von der schwarz-weiß-roten Clique in die Arme. Auf gleicher Höhe mit mir packen sie mich und schlagen mich jämmerlich zusammen. Kurz nach ihrem Verschwinden erscheint zufällig unsere „sanfte Ilse" aus der Volksschule mit ihrem Bruder der jetzt in meine Klasse geht. Sie finden mich blutüberströmt am Boden und erweisen sich als echte Samariter. Abends ist Mutter entsetzt, Vater prüft meine Beulen und Schrammen und sagt nur: „Mein Junge, das nächste Mal schlag gleich zurück und nimm es als Lehre – es gibt nun einmal Gut und Böse in dieser Welt und wer sich nicht verteidigen kann, der ist geliefert". Es war mir eine Lehre für das ganze Leben – und heimgezahlt habe ich es ihnen auch.

In diese Zeit fällt eine andere – für mich unvergeßliche – Erfahrung. Mein Vater macht mit mir eine einwöchige Wanderung durch den Harz. Das romantische Bodetal tut es mir ebenso an, wie die anstrengende, durch wilde Felsen führende

Besteigung des Brocken mit dem herrlichen weiten Blick ins Land. Die Hexen vom Hexentanzplatz reiten noch in der Nacht durch meine Träume. Und – ich lerne meinen Vater von einer ganz anderen Seite kennen, aufgeschlossen und verständnisvoll, mit Witz und Humor, aber auch wachen Sinnes durch die Landschaft wandernd, häufig die Begegnung mit einfachen Menschen suchend, Holzfällern, Forstwarten, Bauern und Fahrendem Volk.

Unsere Berliner Straße wird der Zeit angepaßt – sie wird asphaltiert. Kolonnen von je 20 Mann reißen die alten Pflastersteine heraus, andere schachten mit Schaufel und Hacken den neuen Untergrund aus; dann wird Schotter aufgetragen und schließlich kommt die faszinierendste Arbeit, das Auftragen der Teerschicht. Mann an Mann, quer über die Straße, hocken sie auf Knien, geschützt durch kleine Kissen mit dicken Lederhandschuhen, in ihren Händen die Platte, mit der das Teer glatt gestrichen wird. Andere tragen unentwegt Eimer voll kochenden, flüssigen Teers, schütten ihn vor die Knienden, die sich sofort daran machen, das glühende Teer zu bearbeiten – es muß eine höllische Arbeit sein. Wieder andere pflastern die Räume zwischen den Schienen; sie erhalten wieder Pflastersteine. Die Pflasterer stampfen mit einem unten mit schweren Eisenplatten versehenen Stampfer die Steine fest. Das Gerät hat zwei Quergriffe – von morgens bis zum Abend heben die Männer das schwere Gerät etwa 30 Zentimeter in die Höhe und lassen es dann zwischen ihre Füße auf den Stein fallen, auf und ab, auf und ab – es gibt entsetzlich schwere körperliche Arbeiten.

Ende 1928 bekomme ich ein neues Zimmer im zweiten Stock unseres Hauses; es hat einen separaten Eingang vom Treppenhaus und ich kann hier in Ruhe arbeiten. Mir gegenüber, getrennt durch die Berliner Straße, sehe ich eine große Wohnung, in der die Gardinen und Jalousien fast nie geschlossen sind. Die Wohnung gehört dem einzigen Konkurrenten meines Vaters, der im vergangenen Jahr in unmittelbarer Nähe ein modernes Wäschegeschäft eröffnet hat. Es ist zwischen beiden nie eine „böse“ Konkurrenz geworden. Mein Vater und er haben sich arrangiert und fechten einen ehrlichen und fairen Wettbewerb untereinander aus. Wo etwas nicht vorhanden ist, schickt man sich gegenseitig die Kundschaft. Herr Levy und seine Familie gehören der jüdischen Religionsgemeinschaft an und feiern streng den Sabbath. Ich kann von meinem Fenster aus das ganze Zeremoniell am Freitag Abend verfolgen und habe auch keine Hemmungen, den Zaungast zu spielen. Der Ernst und die Würde der feierlichen Handlung beeindrucken mich sehr und beeinflussen auch meine Hinwendung zu meinem Glauben, in dem die Vorbereitung auf die erste Heilige Kommunion am Weißen Sonntag des Jahres 1929 laufen. Ich fange an, mich näher mit der Religion zu befassen und studiere recht eingehend das Judentum und den Buddhismus und in diesem Zusammenhang auch alte Geschichte – vornehmlich aus dem Zweistromland, China und Indien. Einen großen Eindruck vermittelt mir das gewaltige Gilgameschepos, eines der ältesten – nur bruchstückartig erhaltenen – Dokumente aus der Tontafelbibliothek des Königs Assurbanipal in Ninive, das unter anderem die Sintflut bestätigt. Das Wort des Sonnengottes Schamasch: „Gilgamesch, wohin läufst

Du? Das Leben das Du suchst, findest Du nicht!“ habe ich ebensowenig vergessen wie die Antwort Enkidus, des Schattens, auf die Bitte Gilgameschs, ihm das Gesetz der Erde zu künden: „Ich kann es nicht sagen; kündete ich Dir das Gesetz der Erde, das sich schaute, Du würdest Dich hinsetzen und weinen ...“. Ich habe später oft an diese Worte denken müssen.

Die andere große Spruchsammlung wird mir zur Richtschnur und hat mich geistig sicher durch den Krieg und alle Leiden geführt: die Psalmen. Seither ist für mich Altes und Neues Testament eine einzige Säule meines Glaubens und die Erkenntnis erwachsen: ohne das jüdische Volk, seine Religion und seine Geschichte kein Christus, kein Christentum und keine Erlösung. Aus dieser Erkenntnis erwächst eine tiefe Religiosität, die zur Wurzel meines Egos wird und in der ich zum ersten Mal den Leib des Herrn empfange.

Die weltliche Feier findet in „Veith’s Gesellschaftshaus“ statt. Alle Verwandten, eine große Tafel, ein erlesenes Essen – ein schöner Abend. Die Tischrede meines Vaters endet mit bewegenden Worten: „Bleib immer ein Mensch, mein Junge und anständig, auch in schweren Zeiten und selbst dann, wenn es Opfer von Dir fordern sollte“.

Ein Wort, das mir Leitwort für mein Leben werden sollte.

Danach sitze ich einem Mann gegenüber, dem mein Herz gehört, abseits – unberührt von dem weiteren Geschehen – meinem Großvater Hermann Labove, dem Vater meiner Mutter.

Er stammte aus einem kleinen Ort in Vorpommern, hat dort eine zweiklassige Dorfschule für vier Jahre besucht und Lesen, Schreiben und Rechnen gelernt. Mit jungen Jahren ging er nach einer Schlosserlehre nach Berlin, in die große, glänzende Metropole des Deutschen Kaiserreiches. Er hatte keinen Anteil am Glanz dieses Reiches – fand aber sein Glück und seine Zufriedenheit auf weitaus höheren Ebenen. Seinen Lebensunterhalt verdiente er als Schlosser bei der Reichsbahn, in den Eisenbahnreparaturwerkstätten in T. Er hatte dort einigen Ärger mit seinen Kollegen und der aufblühenden Arbeiterbewegung. Auf einer Parteiveranstaltung, die unter dem Motto der Französischen Revolution stand „Freiheit, Gleichheit, Brüderlichkeit“ brachte er den Vorsitzenden in Verlegenheit, als er eine klare Definition des Begriffs der Gleichheit forderte. Er wollte nicht das allgemeine Geschwafel hören, sondern eine klare, konkrete Aussage. Seine Frage, ob zur Gleichheit gehöre, daß er, der weder trinke noch rauche und sehr sparsam sei, dann mit einem, der seinen Lohn versaufen würde, teilen müsse, brachte ihm zwar Beifall vieler Arbeitskollegen, von der Veranstaltungsleitung aber den Rausschmiß. Das war seine letzte Berührung mit der Arbeiterbewegung.

Privat hatten meine Großeltern einen großen Freundeskreis und trotz vieler und langer Arbeit feierten sie oft und gerne Feste, machten Sonntags ihre Ausflüge mit Kremser und der Pferdebahn nach Treptow oder an den Tegeler See, wo sie den bescheidenen, aber fröhlichen Lustbarkeiten nachgingen um nach einem Abend beschwingter Tänze glücklich und zufrieden heimzukehren. Ich habe mit neun oder zehn Jahren noch solch heitere und unbeschwerte Tage erlebt und mir schienen diese Feste alle Herrlichkeit auf Erden.

Mein Großvater war von zarter Gestalt und Gesundheit und für seinen schweren Beruf viel zu schwächlich; er wurde früh Invalide. Und nun begann für ihn die Zeit eines systematischen Lesens und Studierens. Es war auch die Zeit häufiger Begegnungen mit ihm. Er betrieb nach seinem Ausscheiden aus dem Erwerbsleben recht und schlecht einen kleinen Zigarrenladen im Arbeiterbezirk Wedding. Der Umsatz war kläglich. Im Bezirk gab es viele Arbeitslose und der Verkauf von Zigaretten erfolgte in der Regel stückweise. Immer ein oder zwei Stück der billigsten Sorte aus einer Schachtel. Der Verkauf einer ganzen Schachtel oder gar einer ganzen Zigarre hatte Seltenheitswert. Er rauchte zu jener Zeit zur Verzweiflung meiner Großmutter oft mehr Zigaretten, als seine gesamte Kundschaft und ohne die Unterstützung meines Vaters hätte es bös um sie ausgesehen.

Zu meinen Besuchen fahre ich mit der S-Bahn (Stadtbahn). Am Bahnhof Tempelhof muß ich warten. Ich kenne zwar den Fahrplan – aber die alten Lokomotiven kommen mit der neuen Zeit nicht so ganz mit. Schließlich stampft und keucht eine uralte Dampflok mit einigen alten Waggons heran. Ich leiste mir eine Karte für die dritte Klasse – die vierte Klasse ist immer sehr voll und hat fast nur Stehplätze – und die Fahrt bis zum Bahnhof Wedding dauert schon geraume Zeit. Der Mann mit der roten Mütze hebt die Kelle, Türen klappern, langsam beginnt das vorsintflutliche Gerät zu rollen. Kaum in Fahrt muß es bremsen – der nächste Bahnhof ist in Sicht. Es ist ein weiter Weg bis zum Wedding, vorbei an Hinterhöfen und abgeblätterten Mietshäusern. Abends bei der Rückfahrt kann man die Leute beim Abendbrot sitzen sehen, meist in der Küche beim trüben, flackernden Licht einer Petroleumfunzel, in vornehmeren Gegenden auch in der „guten Stube“ bei Gaslicht.

Viele Stunden verbringe ich dort bei ihm und habe in unendlich vielen Gesprächen eine hohe Achtung vor diesem kleinen, bescheidenen Mann gewonnen, der es auf vielen Gebieten mit den höchsten Koryphäen hätte aufnehmen können. Er betreibt seine Wissenschaft systematisch, liest, was er erreichen kann und beobachtet mit ungeheurer Schärfe und Klarheit die Welt um ihn herum. Seine Lieblingswissenschaften sind die Philosophie, die Naturwissenschaften – insbesondere die Astronomie – und die Geschichte: um aus dem Geschehen der Vergangenheit zu lernen, er sucht die Wahrheit und den Sinn hinter den Dingen, er hat mir die Zusammenhänge und Reflexionen von Emanuel Kant's drei Kritiken, vor allem der „Kritik der reinen praktischen Vernunft“ auseinandersetzen können, wie es später kein Philosophieprofessor während meines Studiums verstanden hat. Seine Darlegungen über den kategorischen Imperativ der Pflicht waren denkmäßig und rhetorisch beglückend – auch für einen Vierzehnjährigen.

Gewisse Schwierigkeiten hatte mein Großvater lange Zeit mit Baruch Spinoza, bis er erkannte, das dessen Lehre in erster Linie der Religion und nicht der Philosophie zuzuerkennen war. Spinoza's Maxime, das menschliche Denken solle die Dinge in ihrer „schönen Notwendigkeit" erkennen und so zur höchsten Seeligkeit führen, kam seinem Denken sehr entgegen. Spinoza's Thesen führten meinen Großvater überraschenderweise kurz vor seinem Tode zum Glauben.

Seine literarische Liebe galt zwei entgegengesetzten Geistern, Heinrich Heine und Goethe. Den „Faust" konnte er in beiden Teilen an jeder beliebigen Stelle rezitieren – auch hier das „strebend sich bemühen".

Wir besuchen im Laufe der Jahre alle Berliner Museen und Gemäldeausstellungen und sein unverfälschter Blick lehrt mich „sehen". Auf nächtlichen Spaziergängen erklärt er mir das Zusammenwirken der Gestirne im All, erzählt mir von den Jupitermonden, Lichtjahren und Kometen, wobei er fast glücklich war, den Halley'schen Kometen im Jahre 1910 selbst beobachtet zu haben. „Vielleicht wirst Du ihn auch noch sehen", meinte er zu mir, „denn er kommt alle 75 Jahre wieder und das schon seit Jahrtausenden". Zu den verschiedenen Jahreszeiten lerne ich die Sternbilder kennen. Ein „höherer Schüler", der sich anschickt die Universität zu besuchen, lernt das Denken, das wissenschaftliche Arbeiten und die Grundlagen der höchsten Wissenschaften von einem kleinen Dorfschüler aus der Uckermark.

Bei all seiner Naturverbundenheit konnte er Berlin nie wieder verlassen; sein großer Schmerz blieb es, niemals einen richtigen Berg gesehen zu haben. Mein geliebter Großvater konnte es mit jedem Professor aufnehmen – das Leben hat ihm nichts geschenkt. Sein Leben war eine Suche nach der Wahrheit – und nach Gott. Er starb im Winter 1945/46. Ich konnte ihn nach meiner Rückkehr aus der Kriegsgefangenschaft noch wenige Stunden vor seinem Tod aufsuchen. Er war glücklich mich zu sehen. Seine letzten Worte waren: „Heinz, jetzt weiß ich – es gibt einen Gott!" Er starb im Frieden mit sich und Gott – er ist verhungert.

Der Herbst des Jahres 1919 bringt einen Schock. Im Oktober gibt es in den USA einen großen Börsenkrach, den „schwarzen Freitag" – dort scheint alles zusammenzubrechen. Über Nacht ist es mit der wirtschaftlichen Blüte aus. Vater befürchtet Auswirkungen auch auf unsere ansteigende Konjunktur. Er sollte nur zu bald recht haben. Zunächst hört der Zufluß amerikanischer Kredite auf. Noch aber geht es mit Handel und Wandel aufwärts; dennoch ist die Zahl der Arbeitslosen beängstigend. In Tempelhof – einem Hort von Beamten, Pensionären und Angestellten – merken wir nur wenig davon. Bei den Besuchen bei den Großeltern im Arbeiterbezirk Wedding beeindrucken mich aber die langen Schlangen vor den Arbeitsämtern, die hageren und ausgemergelten Gestalten mit Töpfen und Löffeln vor den „Wohlfahrtsküchen", die mit leeren Augen und stumpf ihre Suppe löffelten. Hoffnung? Woher?

Aber bei uns geht es aufwärts – noch. Vater beschäftigt jetzt zwei Verkäuferinnen – das Geschäft blüht. Vater ist ein hervorragender und sehr korrekter Kaufmann – und die Kundschaft ist bei sehr persönlicher Bedienung zufrieden. Nur – ein Familienleben haben wir nicht. Zum größten Leidwesen meiner Mutter hat Vater auch keinerlei Ambitionen mehr, eine größere und bessere Wohnung zu nehmen, was jetzt möglich wäre.

Immerhin läßt er sich überreden, eine freigewordene Dreizimmerwohnung im Hinterhaus bei uns zu mieten. Ich habe jetzt ein nettes kleines eigenes Zimmer mit Radio, einem Röhrengerät, mit dem man neben vielen anderen Stationen auch London und Moskau hören kann.

Über mir wohnt ein alter Kommunist, ein rechtschaffener Arbeiter, der nach dem Tod seiner Frau mit seinem etwa 30jährigen Sohn zusammenlebt. Dieser tritt nur für eine Stunde am Tag in Erscheinung. Abends von 18.00-19.00 Uhr bläst er bei weit geöffnetem Fenster Trompete: die Internationale.

Beide Eltern sind vom Morgen bis zum späten Abend im Geschäft – über Mittag macht meine Mutter schnell das Essen. Das Weihnachtsgeschäft setzt Anfang Dezember ein, am Silbernen und Goldenen Sonntag ist das Geschäft geöffnet. Am Heiligen Abend verlassen die letzten eiligen Kunden gegen 22.00 Uhr das Geschäft. Nach Abrechnung und Aufräumen ist es 23.00 Uhr. Der Tag, wie schon die Vortage, war hektisch. Die Mädchen erhalten noch ihr Geschenk und ein reichlich bemessenes Weihnachtsgeld, für mich heißt es „wir feiern morgen". Der Heilige Abend findet für mich meist am zweiten Feiertag statt.

Aber auch ich profitiere von dieser Lebensart und der Konjunktur. Ich bin mir sehr viel selbst überlassen, muß selbst handeln und für mich gerade stehen. Den ganzen Dezember hindurch gehe ich in jeder freien Minute „liefern" – es gibt immer ein Trinkgeld. Ich verdiene dabei weit über 100,- RM im Dezember – ein fürstlicher Lohn in einer Zeit, in der Arbeitslosengeld und Renten zum Teil bei 60,- bis 80,- RM im Monat liegen. Meine Zusatzbeschäftigung ist nicht nur lukrativ, sie ist auch interessant. Ich liefere häufig Oberhemden und Frackhemden für Reichskanzler Hermann Müller, der in Tempelhof in einer Fünfzimmerwohnung lebt. Er empfängt mich – wenn er anwesend ist – grundsätzlich persönlich und dann führt der Reichskanzler und Regierungschef der Republik Deutschland meist ein halbstündiges Gespräch mit einem vierzehnjährigen Schüler über Alltagsprobleme – oft klingen auch politische Töne an. Oder ich werde von Direktoren großer Werke empfangen und in ein Gespräch verwickelt. Auch regelmäßige Besuche im Bischöflichen Palais in Berlin gehören dazu; ein Domkapitular war vorher Pfarrer in Tempelhof. Die Herren Domkapitulare allerdings lassen sich nicht zu einem Gespräch mit einem gewöhnlichen Schüler herab. Ich halte aber die Augen und Ohren geöffnet – und lerne.

Reichskanzler Hermann Müller ist es, der mir auf die Frage die Zusammenhänge zwischen Dawesplan, Youngplan und den wirtschaftlichen Verhältnissen in

Deutschland erklärt und verständlich macht. Mein Gesichtskreis weitet sich und ich beginne politisch zu denken. Ich besuche Versammlungen aller Parteien und gestalte mir mein eigenes Weltbild – mit viel Gespür für wahr und unwahr.

Neue Parteien kommen auf – voran eine Nationalsozialistische Deutsche Arbeiterpartei – NSDAP. Neue Männer kommen ins Gespräch, Adolf Hitler, ein Einpeitscher, bei dessen Anblick mancher in Verzückung gerät: er verspricht die totale Vernichtung der „Geißel der Menschheit", die Erweiterung des deutschen Lebensraumes nach Osten, sowie die Rückkehr Elsaß/Lothringen und will alle Deutsche in Europa „Heim ins Reich führen". Sein Famulus ist ein Gnom mit wacher Intelligenz, Josef Göbbels – ein Inbegriff des Bösen. Ihre Heerscharen, die Sturmabteilungen SA kommen zu den etablierten Schlägertrupps der Kommunisten, des Rotfrontkämpferbundes, zu den Schutzabteilungen des Reichsbanner Schwarz-Rot-Gold und dem weitverbreiteten, straff militärisch organisierten „Stahlhelm", den Sturmtrupps der Deutschnationalen Volkspartei. Und die wachsende Zahl der Arbeitslosen strömt in die Reihen dieser Vorkämpfer einer „Internationalen" oder der „Deutschvölkischen" Bewegung. Dort finden Sie Ablenkung von der Hoffnungslosigkeit und Eintönigkeit des Tagesablaufs, bekommen etwas zu essen und finden „Aktivität". Bei Straßenschlachten gibt es Tote und Verwundete – von Tag zu Tag mehr.

Nach dem Zusammenbruch des Kabinetts von Hermann Müller im Jahre 1930 verschärft sich die Lage nach dem Erlaß von „Notverordnungen" seines Nachfolgers Dr. Brüning vom Zentrum – den „Brüning'schen Notverordnungen", mit denen Gehälter und Pensionen aller Bediensteten im öffentlichen Dienst rigoros herabgesetzt werden. Die Folge ist der schlagartig einsetzende völlige Verlust der Kaufkraft – was wir im Geschäft von einem Tag auf den anderen zu spüren bekommen. Auch bei uns heißt es nun – radikal sparen.

Ich will eine Radsportveranstaltung in einem Neuköllner Stadion besuchen, gehe durch eine typische Berliner Straße ohne Bäume und sonstiges Grün – da kracht es unmittelbar vor mir, dann von allen Seiten. Von den oberen Balkons werden den Passanten Blumen zugeworfen – mit Töpfen! Kopf einziehen und ab – marsch, marsch. Des Rätsels Lösung: in einem benachbarten Stadion findet ein Aufmarsch der SA statt.

Ich bin auf dem Weg zu einer Veranstaltung der NSDAP: Der Führer spricht! Auf dem Weg nach Charlottenburg marschieren SA-Säulen. Auf einer Straßenkreuzung tritt von links eine Marschsäule es Rotfrontkämpferbundes auf die SA – ein nicht erlaubter Marsch. Im Nu ist die Straßenschlacht in vollem Gange. Dann fallen einzelne Pistolenschüsse aus den Reihen der SA. Kurz danach knattern von den Dächern links und rechts Maschinengewehre: die Polizei greift ein. Menschen wälzen sich in ihrem Blut, Verwundete schreien, Passanten laufen verstört nach allen Seiten, ich türme auch. Aus der Versammlung wird nichts.

Im Jahr 1930 beginnt auch meine „Führerrolle" – ich werde Klassensprecher der U III r und bleibe dies bis zum Abitur. Seitdem erreiche ich – von kurzen zwangsbedingten Ausnahmen abgesehen – immer wieder „leitende" Stellungen und Positionen, in denen ich Menschen zu vertreten, anzuleiten oder zu führen habe – zum Teil sehr gegen meinen Willen.

Die Schule macht mir keine Schwierigkeiten. ich komme ohne große Anstrengung überall gut mit. Sport gehört zu meinen Lieblingsfächern. Ich trete in die Ruderriege ein, mache mit ihr unter Leitung unseres Erdkundelehrers Dr. Herold weite Fahrten über die Märkischen und Mecklenburgischen Seen. Wir fahren meist mit zwei Vierern und drei Zweiern und erleben herrliche romantische und erlebnisreich Tage in der herben, aber reizvollen märkischen Landschaft. Bei einem plötzlich auftretenden furchtbaren Sturm auf dem großen, aber flachen und deshalb tückischen Schwielowsee rudern wir um unser Leben; eine vierzehntägige Fahrt über die Havel und die mecklenburgische Seenplatte bis zur Müritz, dem mecklenburgischen Meer, bleibt ein unvergeßliches Erlebnis. An der Müritz nehmen wir bald Reißaus – wir finden dort keinen Schlaf.

Vom Einbruch der Dunkelheit bis zum Morgengrauen sitzen auf unseren Zeltdächern Scharen von Nachtigallen und flöten ohne Unterbrechung ihre „zärtlichen Weisen" – es ist ein unbeschreiblicher Lärm. Bei einer anderen Fahrt über den Schwielowsee verzichten wir auf unsere abendliche Milchsuppe. Auf dem Weg zum Forsthaus steht ein Schild „Vorsicht! Kreuzottern!" Dutzende der Reptilien liegen vor uns auf dem Waldweg und warten darauf, uns in die Waden zu beißen. Kehrt – und kalter Imbiß. Hier erwächst echte Kameradschaft und Zusammengehörigkeitsgefühl.

Meine Rudertätigkeit nimmt ein jähes Ende. Wir rudern Regatten mit. In Grünau, auf der großen, klassischen Berliner Regattastrecke, erobere ich zusammen mit meinem Doppelzweier die begehrte Trophäe, aber wenige Minuten hinter dem Ziel stürze ich ohnmächtig ins Wasser und erwache erst bei Wiederbelebungsversuchen auf der Brücke des Yachtclubs. Mein Herz war überanstrengt und so muß ich zwei Jahre lang mit dem Sport aussetzen. Aber selbst dieses betrübliche Ereignis hatte seine positive Seite, wie sich später herausstellen sollte.

Unvergeßlich bleiben auch die vielen Reisen in die Mark Brandenburg, nach Stralsund, der Heimat meines Vaters, auf die Inseln Rügen und Hiddensee, nach Thüringen, in den Harz und in das Riesengebirge – in Rübezahl's Reich, wo ich Skilaufen lerne.

Ich wandere auf Fontanes Spuren. Rheinsberg, der Große Stechlin, die Klöster Lenin und Chorin, der große Schwielow, der Spreewald und viele andere Perlen des märkischen Landes mit seinen Mären und Sagen, seiner Geschichte und der kargen und herben, aber so liebenswerten Landschaft, geprägt durch geheimnisvolle Seen inmitten der Kiefernwälder, durch Heide und Ödlandschaft und nicht zuletzt durch die vielen kleinen Städtchen mit Kirchen und Häusern aus rotem

Backstein, Lindau, das vom See umschlossene und kaum erreichbare Ütz, durch die Pfaueninsel und die herbe Peter-Paulskirche zu Nicolskoje – es ist eine eigene Welt, der meine stille Liebe mehr gehört als der Riesenstadt Berlin mit all ihrer Aktivität, ihrem Weltstadtdrängen und der Gier nach Fortschritt. Und dennoch – auch sie hat sich an einigen Stellen den Hauch dieser märkischen Vergangenheit bewahrt, der schließlich auch sie liebenswert macht, zumal der „Berliner" seinen eigenen, offenen und witzigen Charakter hat, „Herz mit Schnauze" – und viel Sentimentalität.

Ich lerne dieses Berlin durch meine Botenhilfe im Geschäft kennen. Wir schreiben das Jahr 1930. Die Anzeichen einer Wirtschaftskrise mehren sich, die Zahl der Arbeitslosen wächst – aber das Geschäft nimmt weiter einen Aufschwung. Vater hat eine Maßschneiderei für Herrenoberhemden aufgenommen. Er arbeitet mit einer Wäscheanfertigung zusammen, die ihren Sitz in einer großen Wohnung im ältesten Teil Berlins hat. Das Geschäft schlägt hervorragend ein. Ich fahre zwei bis drei mal in der Woche zur Nähstube, die einen Meister und etwa 12 Näherinnen beschäftigt. Der Meister, ein kleiner buckeliger und fleißiger Mann herrscht unangefochten in seinem Reich; er ist – wie ich sehe korrekt und zu mir sehr freundlich. Oft muß ich etwas warten – ich sitze auf einem Stühlchen, zwölf Nähmaschinen rattern und surren um mich herum, bedient von ausgemergelten Frauen und Mädchen – immer bemüht, keine Pause eintreten zu lassen. Auf den Tischen liegen große Ballen mit feinstem Stoff. Ich sehe im Geist vor mir die Empfänger der Maßhemden, Direktoren, hohe Regierungsbeamte, Künstler und Professoren und mache mir – zum ersten Mal – Gedanken über die soziale Frage. Der Weg führt mich durch das alte Berlin, durch den Krögel und die alten Berliner Gassen, vorbei an der Parochialkirche, am Ribbeckschen Haus und schließlich durch die Friedrichgracht zurück zum Schloßplatz. Manchmal gehe ich über die Jungfernbrücke – Berlins einziger Zugbrücke – in die Sperlingsgasse, wandere noch ein Stück durch dieses unverfälschte, alte Berlin und kehre zu einer „Weiße mit Schuß" im „Alten Nußbaum" ein – unvergeßliche Bilder, unvergessene Erinnerungen.

Unterwegs zur „Arbeitsstube" lerne ich eine ganz andere Welt kennen – eine fremde, unbekannte, voller Rätsel und Geheimnisse. Mein Weg führt mich durch die „Kanonierstraße". Beim Einbiegen tut sich eine neue Welt auf. Die Straße ist bevölkert, Gestalten mit wehendem Kaftan, seltsam ausschauenden Hüten und Pelzmützen, dichten schwarzen Bärten und langen Schläfenlocken wandeln oder stehen umher, zu zweit oder zu dritt, diskutieren, einige mit Gebetsriemen – es geht laut zu, sie reden mit Händen und Füßen – und doch ist es seltsam still – ich verstehe nur, sie reden von Gott – oder von Geschäften. Das selbstgewählte Ghetto – jüdische Einwanderer aus dem Osten. Vor den alten Mietskasernen mit sechs Hinterhöfen sitzen uralte Frauen auf wackligen Stühlen, fast in jedem zweiten Keller ist eine Kleiderhandlung – „Jud Flieg" fällt mir ein – wo mag er abgeblieben sein? Sie reden jiddisch – man versteht dies und jenes – aber ich existiere für sie nicht. So weit sie mich zur Kenntnis nehmen sind alle freundlich.

Ein – freiwilliges – Ghetto mitten in Berlin – eine neue Erfahrung. Man sieht fast nur alte Menschen – die nächste Generation hat sich irgendwie assimiliert – sie lebt im Westen – sie betreibt Geschäfte und verbringt ihre Freizeit in Bars und Tanzlokalen. Die Alten scheinen unberührt – wie auch die jungen Orthodoxen, von denen mir kaum jemals einer einen Blick zuwirft.

Politisch tut sich einiges an der Jahreswende 1930/31. In den Straßen tauchen immer häufiger Uniformen auf, braune Hemden mit schwarzem Schlips, braune Reiterhosen, Schaftstiefel, Hakenkreuzarmbinden. Es gibt schon ein Schuhgeschäft mit einigen Filialen, das nur SA-Stiefel verkauft. Die SA-Leute sind oft laut, treten aber im allgemeinen zivilisiert auf. Auch das Hakenkreuzabzeichen am Rock wird häufiger – noch häufiger wird es unter dem Revers getragen – die Zeit sich zu bekennen ist noch nicht reif.

Unter unseren Bekannten gibt es keine solchen Gestalten – aber sie sind nicht mehr zu übersehen. Unsere Kundschaft ist demokratisch oder deutschnational. Mit den letzteren führt Vater oft heftige Diskussionen – soweit es um das Grundsätzliche geht hält er nichts von einer Neutralität im Geschäft. Er warnt die Deutschnationalen vor einer Verbindung mit den Braunen. Auch mit den Demokraten hat Vater – friedliche – Auseinandersetzungen. Sie vertreten oft die Meinung „laßt doch die Braunen ruhig mal rankommen, das dauert höchstens sechs Monate, dann sind wir sie endgültig los". Vater warnt „wenn die mal dran sind, werden wir sie nie wieder los".

Zunächst machen sie einen guten Schritt nach vorn. Bei den letzten Reichstagswahlen ist die Zahl ihrer Mandate von 12 auf 107 gestiegen. Sie bilden einen braunen Block im Parlament; sie regieren natürlich im Braunhemd. Der Block marschiert geschlossen hinein und hinaus, sprengt Sitzungen und beginnt jede Parlamentstätigkeit zu lähmen. Die Zeitungen berichten immer häufiger von Tumulten im Reichstag – Tintefässer fliegen oder faule Eier. Das Ergebnis: zunehmend hört man „macht doch Schluß mit dieser Quatschbude – die Nazis sollen endlich für Ordnung sorgen".

Ich kaufe mir „Mein Kampf" und die „geistige" Bibel des Nationalsozialismus, das Buch „Der Mythos des Zwanzigsten Jahrhunderts" von Alfred Rosenberg. Das ist ein ganz übles, von Geschichtsverfälschungen wimmelndes, mythisch verbrämtes Machwerk – es kostet Mühe sich durchzulesen. Nächtelang studiere ich „Mein Kampf". Das Buch enthält schließlich auf fast allen Seiten Randbemerkungen, von denen jede später bei Bekanntwerden mich ins Konzentrationslager gebracht hätte. Ich bin verblüfft. Hier beschreibt ein Mann ganz offen in zynischer Weise genau sein „Regierungsprogramm". Befreiung von der „ Zinsknechtschaft", Wiederbewaffnung, Aufrüstung, Zurückholung von Elsaß/Lothringen, Vergrößerung des „Reiches" nach Osten, Kampf dem Bolschewismus und dem Kapitalismus, „Heimholung" aller Deutschen ins Reich – Österreicher, Balten, Schweizer und in vielen Einzelheiten die Ausschaltung, Vertreibung und schließlich Vernichtung der Juden – bis hin zur Vergasung mit

Giftgas. Ja, liest denn das keiner? Ich werde politisch, suche Gespräche und Diskussionen – und bin erschüttert. Kaum einer, der die braune Uniform trägt oder – schlimmer, weil intellektueller – das Hakenkreuz über oder unter dem Revers, hat auch nur einen Blick in dieses „Jahrtausendwerk" getan; es steht im Bücherschrank und hat damit seine Aufgabe erfüllt. ihre Informationen sind die Tageszeitungen der Braunen, der „Angriff" des Berliner Radaublatt und der „Völkische Beobachter", der sich zum Teil seriöser gibt.

Überall entstehen Agitationslokale von rechts und links; es ist ratsam einen Bogen um sie machen, von beider Couleur. Immer häufiger kommt es zu politischen Morden. Die Nazi machen aus einem ihrer „Opfer" einen „Nationalhelden" – einen Zuhälter namens Horst Wessel – er hat ein „Kampflied" für die Bewegung komponiert: „Die Fahne hoch ...".

Das Leben hat für mich auch andere Aspekte. Ich lese viel. Von Maxim Gorki „Wanderer in den Morgen" über Dostojewski, Hamsun, Lagerlöff bis zu Thomas Mann, dessen „Zauberberg" mehrerer Anläufe bedarf, ehe ich ihn schätzen und lieben lerne. nach dem Lesen von Erich Maria Remarques „Im Westen nichts Neues" beginne ich das Grauen des Krieges zu ahnen – es ist ein anderes Heldenepos als Ernst Jüngers „In Stahlgewittern".

Mutter nimmt mich jetzt oft mit ins Theater, in die Oper und in das Schauspiel – sie hat ein Abonnement. Hier erfahre ich, was „schauspielen" ist und bedeutet.

Ich lerne sie alle auf der Bühne kennen, die ganz Großen: Agnes Straub in „Elisabeth von England", Max Pallenberg, Werner Krauß, Fritzi Massary, Elisabeth Bergner, Maria Bard, Mady Christians, Pamela Wedekind, Hermann Valentin, Max Hansen, Jacob Thiedke, Heinrich George, Rudolf Forster, Fritz Kortner, Otto Wallburg, Albert Florath, Maria Koppenhöfer, Aribert Wäscher, Paul Bildt, Paul Wegener, Franziska Kinz, Emil Jannings und viele andere. – - „Und abends in die Skala ..." – herrliche Varietédarbietungen – unvergeßlich Grock, der große Clown, die urwüchsige Claire Waldoff und Otto Reuters „In fuffzig Jahren ist alles vorbei ...".

Aufregend auch die Filmbesuche – 1930 kommen die ersten Tonfilme – manche verbotenerweise wie „Alraune", Marlene Dietrich im „Blauen Engel", die „Dreigroschenoper". Starken Eindruck macht Peter Lorre auf mich als Kindermörder in „M". In einem Reprisenkino Unter den Linden erlebe ich auch noch die großen Filme aus der Stummfilmzeit mit Charly Chaplin in „The Kid", den „Golem" mit Paul Wegener, der noch wochenlang in meinen Träumen spukt und das unheimliche „Kabinett des Dr. Caligari" mit Werner Krauß, Conrad Veidt und Lil Dagover.

Freuden ganz anderer Art bringen die stets aufregenden und ereignisreichen Abende im „Berliner Sportpalast". Wenn die kanadischen Eishockeycracks gegen den „Berliner Schlittschuhclub" antreten bin ich oft dabei. Es herrscht eine unbeschreibliche Atmosphäre in der großen, raucherfüllten, heißen Halle, wenn der Puck über die Eisfläche fliegt, tosende „Justav! Justav!" Chöre den Lieblingsspieler der Berliner, Gustav Jänecke, anfeuern und „Krücke", das Berliner Original auf dem Heuboden seine schrillen Pfiffe von sich gibt und den „Sportpalastwalzer" intoniert; wenn „ Häseken"- der unübertroffene Liebling der Berliner, Sonja Heni, ihre Pirouetten dreht, dann gleicht der Sportpalast einem tobenden Hexenkessel, dann macht alles mit, von Krücke und seinen Freunden auf dem Heuboden bis zu den Herren im Frack und den Damen in großer Abendgarderobe in den Logen, Schauspielern – allen voran Hans Albers – Wirtschaftsmagnaten und Politikern aller Farbe.

Große Ferien 1931. Mutter und ich fahren ins Riesengebirge nach Saalberg, einem ganz kleinen Ort in der Nähe von Agnetendorf. Wir wohnen in einer sehr geschmackvoll eingerichteten und äußerst gepflegten, aber auch etwas exquisiten Pension; gegessen wird an der „table d'hôtes". Es geht dabei sehr steif zu – ich fühle mich um hundert Jahre zurückversetzt. Mir gegenüber ein ehemaliger Oberstleutnant mit einer sehr schönen jungen Frau und zwei Kindern, einem Buben und einem Mädchen, etwa vier bis sechs Jahre alt, beides ebenfalls hübsche Kinder. Sie essen nicht mit am Tisch. Zu Beginn der Abendmahlzeit erscheinen die Beiden, küssen Mutter und Vater die Hand und verabschieden sich von ihnen: „Gute Nacht Herr Vater, gute Nacht Frau Mutter, ich wünsche Ihnen eine angenehme Nacht!" Sie siezen ihre Eltern auch sonst. Deutschland 1931 – die Reaktion lauert in allen Ritzen. Für diesen Herrn dürfte die Republik wohl nur eine peinliche Angelegenheit sein, die man bald hinter sich lassen sollte.

Es gibt aber auch Angenehmeres. Für mich wird es ein sehr schöner Ferienaufenthalt in einer wunderschönen Landschaft, mit dem herrlichen Blick vom Balkon auf den ganzen Riesengebirgskamm mit den Bauden gegenüber und der überragenden Schneekoppe. Eine nette, gleichaltrige Spielgefährtin läßt mich – wie auch sie – die steife Atmosphäre des Hauses draußen schnell vergessen, zumal die Wirtin, Fräulein Schwirten, dafür sorgt, daß wir von den „distinguierten Erwachsenen" möglichst wenig behelligt werden. Außer dem schnarrenden Kommandoton des Herrn Oberstleutnant gibt es aber auch unter den Erwachsenen fröhliches Gelächter von netten Leuten.

Zum bleibenden Erlebnis wird dieser Aufenthalt aber durch zwei Begegnungen.

Nach der Abreise meiner Kameradin machen Mutter mit zwei Damen und ich noch einen Abendspaziergang. Er führt uns über eine große Wiese, nicht weit von der Pension, an einem alten Hof vorbei. In der Abenddämmerung sitzen unter herrlichen alten Linden mehrere Personen vor dem Bauernhaus, etwas abseits spielt ein Herr Geige. Er ist für meinen Begriff mittleren Alters, hat lockeres, etwas gewelltes Haar, einen Schnauzbart und fasziniert mich; weniger wegen seines Geigenspiels, als durch seine ganze Erscheinung. Ich habe bis dahin niemals jemanden gesehen, der eine so große Ruhe geradezu ausstrahlte.

Die Frauen unter dem Baum sehen unsere Ergriffenheit – auch meine Mutter und ihre Begleiterinnen sind stehen geblieben – und laden uns ein, uns dazu zu setzen. Die Dämmerung wird blauer, ein rosa Streifen am Abendhimmel taucht alles in ein märchenhaftes Licht. Der Herr hört auf zu spielen, setzt sich zu uns und hört dem Gespräch der Damen zu, ohne sich daran zu beteiligen. Auch ich schweige. Beim Abschied gebe auch ich ihm die Hand, er sieht mich an und sagt dann: „Hast Du Lust morgen mit mir Beeren sammeln zu gehen?" Ich bejahe spontan – er hat es mir angetan. Er gibt mir eine Zeit früh am Morgen an und geht dann, nicht ohne sich auch von den Damen verabschiedet zu haben, ins Haus. Von seinen Begleiterinnen erfahren wir seinen Namen: Professor Albert Einstein – er besagt mir nichts.

Am nächsten Morgen sind wir im Wald. Wir sammeln Brombeeren und Blaubeeren. Wieder imponierte mir seine Ruhe und Ausgeglichenheit; ich spüre seine Liebe zu den Dingen. Immer wieder bleibt er vor einer kleinen Blume oder Pflanze stehen, weist mich auf schöne Steine und Falter hin. Ich spüre, einen Mann zu begleiten, der den Dingen auf den Grund geht – über seine wahre Bedeutung weiß ich nichts, aber das tun in jenen Tagen wohl auch nur Eingeweihte. Diese Stunden mit einer überragenden Persönlichkeit haben mich – so glaube ich sicher – für mein weiteres Leben mitgeprägt. Ich habe ihn nie wieder gesehen.

Aber wenige Tage danach gehe mich mit Mutter im Wald spazieren. Vor uns sitzt auf einer Bank am Weg ein Herr, der sich bei unserer Annäherung entfernt. An der Bank angelangt finde ich ein Buch – offensichtlich von jenem Herrn vergessen. Ich laufe ihm nach, ja es ist sein Buch, er bedankt sich freundlich und geht dann seines Wegs, an der Bank hat sich ein anderer Herr eingefunden, er nickt mir zu und sagt: „Weißt Du, daß Du soeben mit einem unserer größten Dichter gesprochen hast? Das war Gerhart Hauptmann, ein Dichter, der mit seinen „Webern" die soziale Frage angepackt hat, er wohnt in Agnetendorf und spricht nicht mit jedem". Die Begegnung war nur kurz – ein großer, älterer Mann, auch er mit einem lockeren Haarkranz und einem faszinierenden Blick, nicht so gütige Augen wie bei Einstein, eher traurige Augen, auch sie irgendwo den Kern der Dinge suchend. Eine flüchtige Begegnung – aber auch sie hinterläßt Spuren.

Agnetendorf – eine andere bleibende Erinnerung. Es hat nachts ein schweres Gewitter gegeben. Am Morgen gehen wir nach Agnetendorf und finden ein Bild des Grauens. Alte Häuser, aus Felssteinen gebaut, sind weggerissen wie Spielzeughäuser, der sonst so lustige Bach jagt reißend zu Tal, Bäume mit sich führend, die Brücken zerstört – Verwüstung überall. Zum ersten Male stehe ich vor der Gewalt der Natur, des Wassers, zum ersten Male lerne ich ihre andere Seite, die der Gewalt und Zerstörung kennen. Saalberg – ein Aufenthalt mit vielen Gesichtern und Eindrücken – unvergeßlich und bleibend.

Kaum zu Hause gibt es eine neue Hiobsbotschaft, die „Darmstädter- und Nationalbank" ist zusammengebrochen – Tausende haben ihr Vermögen verloren, die

Wirtschaft ist betroffen, die Zahl der Pleiten steigt ebenso wie die der Arbeitslosen. Auch in Berlin merken wir die unheilvolle Entwicklung. Fast jeder Arbeitsloser ist ein potentieller Radikaler, die Zahl von Rotfrontleuten und SA-Leuten steigt von Tag zu Tag. Ende 1931 sind es bereits über vier Millionen Arbeitslose – ohne Hoffnung und fast ohne soziale Sicherung. Besonders gefährlich sind die „Stehkragenproletarier" – das akademische Proletariat. Für Hunderttausend von den Universitäten abgehende Akademiker gibt es bestenfalls 15 000 Stellen. Man sieht Gruppen fertiger junger Akademiker auf den Straßen musizieren, andere arbeitslose Intellektuelle gehen ins rechtsradikale Lager. Die Zahl von einer halben Million arbeitsloser Jugendlicher ist beängstigend – auch sie strömen zum größten Teil zu Rotfront und SA. Politisch verhärten sich die Lager. Im Oktober 1931 verbinden sich bei einem Treffen in Bad Harzburg die Deutschnationalen und ihr Stahlhelm mit den Nationalsozialisten zum gemeinsamen Kampf gegen die Republik. Hitler – Hugenberg gegen die Demokratie! Und der mit hoher Vollmacht ausgerüstete Reichspräsident – ein Ersatzkaiser: Generalfeldmarschall von Hindenburg – der Sieger von Tannenberg. Kann das alles gut gehen? Die Zahl der politischen Morde wächst – kaum eine Nacht ohne Tote auf den Straßen. Im Dezember wird als Gegenstück die „Eiserne Front" gegründet, bestehend aus Sozialdemokraten, Gewerkschaften und dem Reichsbanner „Schwarz-Rot-Gold". Sie bleibt ziemlich wirkungslos, zumal die Kommunisten für sich bleiben. Jeder kämpft gegen jeden. Aber – die Nazi und die Kommunisten kämpfen um ein gemeinsames Ziel: die Zerstörung der Republik. Und danach?

Auch wir merken die wirtschaftliche Misere. Das Weihnachtsgeschäft 1931 ist mäßig. Viele können nichts mehr kaufen, andere begnügen sich mit kleinen Geschenken. Beim Jahresabschluß ist Vater voller Sorge „wenn das so weitergeht, sind auch wir Mitte kommenden Jahres am Ende".

Vater ist Realist. Am zweiten Weihnachtsfeiertag überrascht er uns mit der Mitteilung, er habe sich mit Fräulein Schwirten in Verbindung gesetzt, wir würden Silvester in Saalberg verleben. Sein Kommentar: er könne an der weiteren Entwicklung nichts mehr ändern, deshalb sollten wir die uns verbleibende Zeit noch genießen.

So führt mich mein Weg nach einmal nach Saalberg – ins Riesengebirge. Ich hatte im Herbst einen Trockenskikurs mitgemacht und zu Weihnachten ein Paar Ski bekommen. Und so findet uns das Jahresende auf dem – in meinem ganzen Leben einzigen – Urlaub mit beiden Eltern zusammen.

Das Gebirge ist tief verschneit – ein einziger Zauberwald in den glitzernden Strahlen der Sonne oder im matten Licht des Mondes läßt fast den Atem stocken. Ich beginne gleich am 29.12. nach der Ankunft meine Trockenskikünste in die Praxis umzusetzen. Es geht recht gut und ich habe viel Spaß dabei.

Silvester 1931. In den geschmückten Räumen der Pension vergnügt sich eine gepflegte Gesellschaft. Kein Oberstleutnant – fast alles Geschäftsleute; es wird

*Mein Vater * 1880* *Meine Mutter * 1892*

politisiert und diskutiert – ihre Ansichten decken sich. Aber auch Fröhlichkeit kommt auf – auch mich beschwingt eine herrliche Bowle. Die Gesellschaft – etwa zwanzig Personen – ist in großer Toilette, Vater und ein Fabrikbesitzer im Smoking, die Damen in großer Abendrobe. Beim Glockenschlag zwölf ein allgemeines, bei den Herren ein etwas gedämpftes „ein gutes und glückliches Neues Jahr." Danach ein großes Feuerwerk, abgebrannt im herrlichen zum Haus gehörenden Park. Überall im Gebirge jagen Raketen in die schöne Nacht, funkelnde Riesenräder zerstieben am dunklen Himmel.

Anschließend geht es wieder hinein zum traditionellen Bleigießen. Viel Mystisches gibt Anlaß zum Rätseln und zum Gelächter. Der Fabrikant schmilzt seine Bleifigur, schüttet das geschmolzene Blei ins Wasser – es erscheint eine Figur, bei der es kein Rätseln mehr gibt. Es ist – da besteht kein Zweifel – ein kleiner Teufel. Der Gießer steht einen Augenblick nachdenklich, dreht sich dann zu uns um und sagt: „Na, wenn das kein Omen ist – na dann Prost!"

Wir schreiben das Jahr 1932. Auch dieses Jahr bringt für mich viel Neues und Erlebenswertes – politisch bringt es viel Unruhe – aber noch nicht die Entscheidung.

Vater fährt am 3. Januar zurück nach Berlin, Mutter und ich bleiben bis zum Ferienende. Unvergeßlich der Neujahrstag. Wir fahren mit einem Pferdeschlitten durch die tief verschneite Landschaft, warm in dicke Decken gehüllt, zur Riesenbaude. Während sich die Eltern in der Baude aufwärmen ziehe ich mich auf die benachbarten Hügel und übe Abfahrt. Stemmbogen, Telemark und Schneepflug – es geht bald recht gut und die Winternacht sieht einen müden Buben zwischen seinen Eltern im dunklen Winterwald zurück nach Saalberg fahren Schnee stiebt von den Bäumen, die Glöcklein des Schlittengeschirrs läuten, unheimliche Gestalten gaukeln durch die schwarzen Tannen – Rübezahl und seine Gesellen?

Wieder daheim in dem immer grauer werdenden Alltag. Anfang 1932 werden sechs Millionen Arbeitslose gezählt. Das Jahr beginnt gleich mit Unruhen, Aufmärschen und Krawallen. ich bin dabei, meinen politischen Standpunkt zu bestimmen und stecke meine Nase in alles, was mit Politik verbunden ist. Auch bei der großen Gedenkfeier für Horst Wessel am 22.1.1932 auf dem Bülowplatz bin ich dabei. Weithin polizeiliche Absperrungen. Polizei mit Karabinern und MG, sowie zahlreiche Panzerwagen versuchen, Krawalle schon im Keim zu ersticken. Von allen Seiten marschieren SA-Kolonnen auf, straff militärisch organisiert, braune Marschsäulen marschieren auf, von den Seitenstraßen empfangen mit Pfiffen und Geschrei – aber es bleibt – dank dem großen Polizeiaufgebot – verhältnismäßig harmlos. Nur beim Abmarsch kommt es zwischen den feindlichen Brüdern zu Schlägereien und Blutvergießen. Ich schleiche mich im Schutz abfahrender Polizeiwagen zur nächsten U-Bahn-Station.

In der Schule merkt man nicht viel. Die Lehrer sind – noch – neutral bis auf den antisemitischen Mathematiklehrer C., der in Einzelgesprächen Propaganda macht für „seinen Führer", den ehemaligen General Ludendorff, der gemeinsam mit Hitler beim Münchener Novemberputsch von 1923 bereits – erfolglos – die Regierung der „Novemberverbrecher" in Berlin abgesetzt hatte, aber immer ein großes Mißtrauen gegenüber Hitler behielt. Treibende Kraft war bei ihm wohl sein „treudeutsches" Weib Mathilde, das für ihn bis zur Lächerlichkeit Reklame machte.

Unsere Klasse ist politisch ziemlich neutral. Die meisten – bis auf drei alle Protestanten – sind im Bibelkreis oder in der bündischen Jugend mit ihren Wandervogelidealen organisiert. Nur der lange Baumann taucht, wie wenige andere in der Schule, ab und zu im Braunhemd auf, macht aber sonst in der Schule keine politischen Anstrengungen. Im Frühjahr 1932 verbietet unser neuer Direktor Dr. Schade, Nachfolger des 1929 pensionierten alten Dr. Kullrich – und überzeugender Demokrat, jegliche Politik und das Uniformtragen in der Schule. Man hält sich daran.

Ja, an wen soll man sich halten? Vater sympathisiert mit der Deutschen Zentrumspartei – demokratisch und regierungsloyal, auch an der Regierung immer wieder aktiv beteiligt – Brüning war Zentrumsmann. Die Partei ist aber fast rein katholisch und kann damit nicht rechnen, einmal Volkspartei zu werden. Nationalsozialisten und Kommunisten scheiden aus. Die Deutschnationalen schielen immer wieder auf die Nationalsozialisten, sind reaktionär und alles andere als republiktreu; außerdem geraten sie seit der „Harzburger Front" immer mehr in das Kielwasser der Nazi. Die Sozialdemokraten, die mir noch am ehesten liegen, sind schwächlich und versagen immer wieder in kritischen Situationen. Bleiben die Deutsche Volkspartei und die Deutsche Staatspartei, demokratisch, aber beide mehr oder weniger bedeutungslos. Die anderen 29 Parteien sind Splittergruppen und eng begrenzte Interessenvertretungen, wie die Partei „Enteigneter Mittelstand" oder die „Gerechtigkeitsbewegung Meißner". Also, was tun?

Das Geschehen wird – das wird mir bald klar – von den Radikalen bestimmt. Abwarten?

Das Leben hat aber auch seine heitere und interessante Seite. Im Frühjahr 1932 sucht unser Turnlehrer, den ich sehr schätze, etwa zwanzig Mann aus der Schule aus, die als Komparsen bei der UFA spielen sollen. Er ist dort mit einem Regisseur bekannt. Ich bin dabei. Unser Direktor ist großzügig, er befreit uns für die erforderlichen Tage für die Aufnahmen vom Unterricht.

Früh am Morgen geht es nach Babelsberg zu den großen UFA-Filmateliers. Sie liegen mitten im Wald und nun tut sich für uns eine Wunderwelt auf: der Film. Aber es gibt auch Desillusion – der Blick hinter die Kulissen. Gedreht wird der Film „Morgenrot“ – ein U-Bootfilm. Der Held und U-Bootkommandant (Rudolf Forster) kommt während des ersten Weltkrieges heim zum Besuch seiner greisen Mutter (Adele Sandrock) – in eine Kleinstadt. Eine weitere tragende Rolle spielt Camilla Spira. Wir stellen eine Schulklasse dar, die den „Helden“ beim Eintreffen empfängt und beim Abschied auf dem Bahnhof singt. Regisseur ist Gustav Ucicky.

Imposant die Kulissen, eine ganze Kleinstadt ist in der riesigen Halle aufgebaut, verwirrend die irrsinnige Hektik des Ganzen, das Getobe und Gebrülle, die blasierten und manchmal aufbrausenden Reaktionen der Hauptdarsteller, ermüdend das stundenlange, untätige Herumstehen.

Es geht los. Gedreht werden die Szenen durcheinander. Wir singen bei der Ankunft am Bahnhof. Der Regisseur nimmt uns nach der fünften Aufnahme – jede Szene wird zigmal gedreht – persönlich vor. Ich habe noch nie jemand so brüllen hören. „Scheißegal, was ihr singt, reißt das Maul auf und grölt – man muß das Singen sehen!“ Na schön – auf Schönsingen kommt es also nicht an. Unser Musiklehrer – ein feinsinniger Mann – hätte das Grauen bekommen. Aber es klappt schließlich: buchstäblich Klappe! die Szene ist im Kasten. Mittags in der Kantine sitzen sie alle herum, Hans Albers, Brigitte Horney, die charmante Ilse Werner und viele andere, zwischen Komparsen, Beleuchtern und Kulissenarbeitern.

Ich stehle mich während einer Wartezeit hinaus in eine andere Halle, in der die englische Version von „Morgenrot“ gedreht wird. Dort ist das U-Boot aufgebaut und die Innenszenen werden gedreht. Beeindruckend der Schauspieler, der in der englischen Version die Rolle von Forster spielt: Conrad Veidt. Bei der Rückkehr in unsere Halle muß ich etwas warten – rotes Licht: Kamera läuft; da laufe ich der Sandrock direkt über den Weg – sie funkelt mich an und zischt mir ihr berühmtes „passen Sie doch auf, Junger Mann“ in ihrem baßähnlichen Organ entgegen – doch das war noch ausgesprochen freundlich.

In der hohen Halle ist der Platz vor dem Bahnhof aufgebaut. Der Abschied geht in einer nebligen Herbstnacht vor sich. Hoch oben turnen die Beleuchter – Künstler eigener Art. Sandrock und Forster fahren mit einer Kutsche vor, im Kreis um den täuschend echt aufgebauten alten Platz fahrend und vor dem Bahnhofseingang haltend. Das ist die – ziemlich lange – Szene. Klappe 197/Morgenrot! Fünf, sechs Mal fahren die beiden – immer hat der Regisseur etwas auszusetzen. Beim achten Mal ist er schon zufriedener. In Adele brodelt es – man sieht es förmlich. Noch zwei, drei Verbesserungen, Ucicky ist jetzt zufrieden – nun kommt es darauf an. 11. Wiederholung: der Wagen fährt vor, ist fast vor dem Eingang – da, ein Knall, ein Beleuchter hat seinen Hammer fallen lassen – die Szene ist geplatzt. Ein drohender Blick von der Sandrock – Ucicky schreit nach oben „holen Sie sich ihre Papiere!“ Eine professionelle Komparsin beruhigt mich: „der ist morgen wieder da“.

12. Wiederholung: alles geht hervorragend, die Kutsche hält, Forster erhebt sich, da empfindet einer der Gäule eine menschliche Regung, er hebt seinen Schwanz und läßt etwas fallen – aus! Adele explodiert, röhrt mit ihrer tiefen Stimme laut ins Atelier: „ muß das Vieh ausgerechnet während der Aufnahme scheißen“ – Der Ausdruck war für sie ungewöhnlich – aber sie war auch außergewöhnlich geladen. Sie steigt aus, dreht sich um und verschwindet – sie macht nicht mehr mit. Ucicky ordnet zwei Stunden Pause an – er kennt seine Pappenheimer. Pünktlich nach zwei Stunden geht die Szene zum dreizehnten Mal in die Kamera. Diesmal klappt es reibungslos. Würdevoll verschwindet Adele am Arm von Forster in der Bahnhofshalle.

Letzte Szene an der wir beteiligt sind: die Abfahrt. Auch sie dauert lange. Lästig – wie auch bei der Szene vor dem Bahnhof – ständig laufen in den Drehpausen Männer mit Tabletts auf denen Rauchwerk brennt – sie machen Nebel, das kratzt mörderisch in der Kehle. Ein Novum: hier fährt der Bahnhof ab – der Zug bleibt stehen. Forster steht am Fenster und winkt, die Kamera auf einem Wagen mit Gummirädern fährt am Zug vorbei bis zum letzten Wagen, schwenkt bei Forster: im Film wird der Zug den Bahnhof verlassen.

Wir erhalten pro Mann und Tag 10,- RM, schwer verdientes Geld. Um 7 Uhr müssen wir dort sein, stehen Stunde um Stunde herum bis wir drankommen, müssen uns anbrüllen lassen und fahren abends nach 17 Uhr müde heim. Aber ein Erlebnis war es – ich möcht's nicht missen.

Zur Premiere im UFA-Palast am Zoo erhält jeder zwei Freikarten – man hat uns also nicht ganz vergessen. Großer Auftritt der Hauptdarsteller, großes Orchester, viel Beifall – und wir haben uns sehr gut gefallen.

Damit ist meine künstlerische Karriere aber keineswegs beendet. Vor etwa einem Jahr hatte einer unserer Mathematiklehrer, der beliebte Dr. Franz Wolff – kurz „Franz“ genannt – eine Marionettenarbeitsgemeinschaft gegründet, das erste – und wohl einzige – Schulmarionettentheater Berlins. Ich bin von Anfang an dabei. Zweimal in der Woche sitzen wir nachmittags im Chemiesaal mit Holzmessern, Leim und Unmengen Zeitungspapier beim Schnitzen und Modellieren der Marionetten. Für die Köpfe hat die Gemeinde als Schnittholz das Holz einer im Zuge der Neugestaltung des Flughafens auf dem Tempelhofer Feld gefällten alten Linde zur Verfügung gestellt, unter der die meisten von uns viele Fußballspiele gewonnen oder verloren haben. Mir ist unter dieser Linde, zwei Tage nachdem ich meine erste Brille bekommen habe, selbige, sinnigerweise neben das Tor unter die Linde gelegt habe, einem Eckball zum Opfer gefallen. Die Erinnerung über diesen Verlust spürte ich noch geraume Zeit – Vater schrie selten, aber sehr wirkungsvoll. Wir haben also zu dem, was wir jetzt tun, durchaus persönliche Beziehungen. Wir haben Großes vor. Im Spätfrühjahr 1932 ist als Premiere der „Urfaust" vorgesehen. Am 15. April 1932 erscheint im „Berliner Lokalanzeiger", einem der führenden Berliner Blätter, ein großes Interview mit „Franz" und einem Bild von mir mit einer unserer „Schönen" im Arm. Die gut proportionierte Dame erhält aus meiner Hand den letzten Schliff.

Für meinen Faust erhalte ich eine große Aufgabe. Ich spreche den Mephisto – nach dem Vorbild des Mephisto von Gustav Gründgens in der Faustinszenierung des „Deutschen Theaters" in Berlin, eine Aufführung, die mich tief bewegt hat. Ich treffe den nasalen, zynischen Ton des Mephistopheles recht gut. Die Premiere wird ein Riesenerfolg. Viele Berliner Schulen laden uns zu Gastspielen ein – selbst aus London kommt eine Aufforderung. Wegen der sich wirtschaftlich und vor allem politisch zuspitzenden Lage konnte nichts von diesen Plänen verwirklicht werden – es blieben Träume. Aber unser Erfolg – der Premiere folgten eine Reihe weiterer Aufführungen – bleibt Realität. Ich wechsle zur „Theaterarbeitsgemeinschaft", um künstlerisch „in" zu bleiben.

Aber meine Ambitionen und Erfolge beschränken sich nicht nur auf das Künstlerische. Seit dem vergangenen Jahr darf ich wieder am Sport teilnehmen. Das Rudern habe ich aufgegeben – ich betreibe jetzt Turnen und Leichtathletik, gelange sehr schnell in die Vier-Mal-Hundert-Meterstaffel und gewinne mit ihr die Meisterschaft der Berliner Höheren Schulen. Auch im 100 Meter Einzellauf gehöre ich mit 10,9 Sekunden zur Berliner Spitze und werde von den Funktionären des in Berlin führenden Sportclub Charlottenburg (SCC) umworben. Da das Training in Charlottenburg stattfindet ist mir der Zeitaufwand zu groß. Beim Training zu den Berliner Schulmeisterschaften geht es hart zu. Ich bin Starter – immer um einen Bruchteil schneller als die anderen aus dem Startblock, nicht ohne vorher meine Gegner erst einmal durch einen Fehlstart verunsichert zu haben. Kurz vor der Meisterschaft trainieren wir Start und Stabübergabe bei 50 Meter Distanz.

Der Start gelingt mir gut, beim Wechsel läuft Nr. 2 um den Bruchteil eine Sekunde zu früh ab, ich lege zu, strecke mich – es gelingt mir ihm den Stab in die Hand zu schieben – dann fliege ich in hohem Bogen hinter ihm her, schlage mit der Brust – oben ohne – auf die Aschenbahn, rutsche noch ein paar Meter und bleibe liegen. Mein Sportlehrer und ein Sanitäter heben mich auf die Trage – die Brust sieht bös aus, fast ganz zerschrammt und schwarz von der Schlacke. Ich bekomme einen Schnaps eingetrichtert, die Brust vorsichtig gewaschen und anschließend mit einem großen Pinsel völlig mit Jod eingepinselt – ich höre die

Engel im Himmel singen – aber auch das geht vorüber. Zum Tag der Entscheidung bin ich wieder fit. Auch im Weitsprung bin ich ganz weit vorn. Auch diese Erfolgserlebnisse möchte ich nicht missen. Applaus auf der Bühne und im Stadion hebt schon das Selbstbewußtsein und die Lebensfreude. Ich durfte mich schon einige Male darin sonnen.

Die großen Ferien nahen. Die Lage läßt eine Reise eigentlich nicht zu. Mutter ist kränklich – das Herz. Mein Vater macht's möglich. „Es kommt alles in die große Abrechnung" meint er. Mutter und ich fahren nach Bad Altheide im Glatzer Bergland – es wird unsere letzte gemeinsame Reise. Wir verbringen noch eine schöne Zeit – ich fotografiere viel und Mutter macht eine Kur. Bei einem großen Ausflug in das benachbarte Bad Kudowa sehe ich im Kurpark auf einer Bank: Adele Sandrock mit ihrer Schwester – sie machen Handarbeiten. Mich reitet der Übermut – ich setze mich neben sie, will ihr Komplimente über ihre Rolle in „Morgenrot" machen, suche ein Gespräch mit ihr. Ein zürnender Blick aus ihren Augen, mit ihrer tiefen Stimme „Junger Mann, sie stören" – abgeblitzt. Ich habe kein Glück bei ihr.

Inzwischen tut sich einiges in der Welt, vor allem in Preußen. Am 31. Juli 1932 sind Reichstagswahlen. Sie finden unter völlig irregulären Verhältnissen statt. Der Deutsche Reichskanzler, Herr v. Papen, der „Herrenreiter" setzt mit Billigung des Reichspräsidenten aufgrund der diesen nach der Reichsverfassung zustehenden Befugnisse am 20. Juli 1932 einen Militärbefehlshaber für Groß-Berlin und die Provinz Brandenburg ein, den General v. Rundstedt – mit dem Auftrag, die preußische Regierung, die auf dem Boden der Demokratie stand, abzusetzen. Noch am 20. Juli wird der Kommandeur der preußischen Schutzpolizei, Oberst Heimannsberg im preußischen Innenministerium verhaftet. Der Berliner Polizeipräsident muß seinen Amtssitz verlassen – er geht mit den Worten „ich weiche nur der Gewalt" – aber er weicht. Einen Tag später, am 21. Juli wird jede Aufforderung zum Generalstreik, den die Reichsregierung fürchtet, durch den Militärbefehlshaber verboten. Die Gewerkschaften sehen sich angesichts von sechs Millionen Arbeitslosen ohnehin nicht in der Lage, einen Generalstreik auszurufen.

Die Bevölkerung merkt zwar nicht allzu viel von all dem Gerangel – aber es tritt doch eine allgemeine Verunsicherung ein. In dieser Situation finden am 31. Juli 1932 freie, geheime und allgemeine Wahlen zum Reichstag statt. Der Marsch der Braunen zur Macht tritt in eine entscheidende Phase: 37,3% aller Stimmen entfallen auf die NSDAP. Ohne sie geht jetzt nichts mehr.

Preußen erhält ein geschäftsführendes Kabinett, die Zahl der politischen Morde nimmt zu – auf den Straßen wird es immer unsicherer. Auch Unbeteiligte sind ihres Lebens nicht mehr sicher.

Es ist Herbst. Ein trüber Tag bringt eine bedrückende Stimmung – bedrückend aber auch das Spektakel, das vor mir am Fenster meines Zimmers stehend, abläuft. Stunden um Stunden rollen Lastkraftwagen, voll besetzt mit Stahlhelmmännern zu einem Treffen in die Stadt. Die schwarz-weiß-roten Fahnen wehen im Fahrtwind, die völkischen und Soldatenlieder wiederholen sich immer wieder in ihrer Aggressivität beängstigend. Sie kommen aus allen „Gauen" – naht die Stunde der Entscheidung?

Bedrückend auch unsere eigene Lage. Wenige Tage danach überrascht uns Vater mit der Ankündigung: „Es ist aus – ich habe Konkurs angemeldet!" Tagelang Bestandsaufnahme – Verhandlungen mit den Gläubigern, denen es nicht viel anders geht und die viel Verständnis aufbringen, sie brauchen jeden Abnehmer. Es geht glücklicherweise einigermaßen glimpflich ab. Das Konkursverfahren braucht nicht eröffnet zu werden – es kommt zu einem Vergleich mit 40%, das Geschäft kann – wenn auch unter großen Schwierigkeiten – weitergeführt werden. Immerhin die Gläubiger liefern weiter.

Mich beschäftigen die Proben zu einem neuen Theaterereignis. Die Theatergemeinschaft führ Gerhart Hauptmanns „Der Biberpelz" auf. Die Regie führt ein „Ehemaliger", jetzt Schauspieler, Herwig Walter, er spielt auch die Hauptrolle. In Editha Horn haben wir eine großartige Mutter Wolffen; sie könnte mit ihrer Darstellung auf jeder großen Bühne als Profi bestehen. Mein Part ist der Amtsschreiber Glasenapp. Ich spiele ihn verknöchert als Verkörperung eines kleinen, kaiserlichen Beamten, buckelnd nach oben zum Amtsvorsteher von Wehrhahn, die Macht des Staates engstirnig nach unten durchsetzend – großer Auftritt mit Doktor Fleischer. Feierlicher Premierenabend am 9. September 1932 – großer Erfolg, viel Beifall und eine gute Kritik. „Saubere Inszenierung, glänzende Darstellung durch alle Beteiligten". Einige Wiederholungen, stets ein volles Haus und dann tritt an der Schule wieder Ruhe ein – das zweite Schulhalbjahr forderte seinen Tribut.

Im November wird es noch einmal spannend. Wir haben wieder eine Regierungskrise – v. Papen ist gescheitert – er sollte nur Wegbereiter werden. Wieder wird der Reichstag aufgelöst. vor den Wahlen wird es aber erst einmal dramatisch.

Nach langen Diskussionen lehnen die Gewerkschaften erneut einen Generalstreik ab. Da geschieht etwas Unerwartetes. Nazis und Kommunisten verhandeln über gemeinschaftliche Streikaktionen, beiden liegt ja am endgültigen Scheitern der Demokratie in Deutschland – also eigentlich gar nicht so überraschend. Aber überraschend schnell kommt es zu einer Einigung. Für Anfang November 1932 wird für Berlin ein Verkehrsstreik ausgerufen. Am 2. November legen SA und der inzwischen verbotene Rotfrontkämpferbund Arm in Arm den Berliner Verkehr lahm. Hundert Meter von unserem Geschäft entfernt wuchten SA-Leute und Rotfrontkämpfer mit gemeinsamen Hau-Ruck eine Straßenbahn aus den Schienen und stürzen sie um. Aus – nichts geht mehr. Es kommt noch einmal zu massivem Polizeieinsatz – es gibt Verwundete und Verhaftete. Fünf Tage dauert der Streik, führt zu chaotischen Verhältnissen – dann haben die Ordnungskräfte noch einmal das Heft in der Hand. Für die Kommunisten hat sich der Streik und die Aktion schlecht ausgezahlt. Bei gemeinsamen Streikeinsätzen und anschließenden gemeinsamen Saufereien mit Freibier für die Roten laufen viele Rotfrontkämpfer zur SA über. Männer, die noch am 1.11. provozierend die nach bolschewistischer Tradition gefertigten Ballonmützen getragen haben, laufen eine Woche später stolz mit ihren SA-Mützen herum.

Die Tage bis zur Wahl Ende November 1932 vergehen unruhig, aber es passiert nichts Gravierendes. Mit großer Spannung hängen wir am Radio. Nach 20 Uhr laufen die ersten Ergebnisse ein. Die Spannung wächst – gegen zwei Uhr morgens steht es fest: die NSDAP hat etwas zwei Millionen Stimmen gegenüber den Juliwahlen verloren – ihr Stimmenanteil geht von über 37% auf 33% zurück.

Ein Hoffnungsschimmer läßt die Demokraten wieder besser schlafen. General Schleicher wird zum Reichskanzler ernannt – man weiß aber, daß er nicht das Vertrauen von Hindenburg besitzt. Hinter den Kulissen geht der Kampf weiter. Hugenberg schaltet die Großindustrie ein. Was wird werden? Anzeichen für eine wirtschaftliche Belebung mehren sich – das Weihnachtsgeschäft ist besser als erwartet. Aber das Fest wird überall sehr still begangen.

Jahreswende. Was wird 1933 uns bringen? Der Januar vergeht ziemlich ruhig – man blickt nicht mehr durch. Seit Tagen befindet sich die „Elite“ der Braunen im Hotel „Kaiserhof“, nahe beim Reichskanzlerpalais.

30. Januar 1933. Nachrichten im Radio. Bei uns sind einige befreundete Geschäftsleute vor dem Apparat versammelt. Die erste Meldung: Reichspräsident von Hindenburg hat den Führer der NSDAP Adolf Hitler mit der Regierungsbildung beauftragt. Entsetztes Schweigen im Zimmer, dann leise der Kommentar von Herrn Wegener, „jetzt gehen die Lichter in Deutschland aus“!

Die Umstellung geht schnell. Schon am Nachmittag marschieren SA-Kolonnen auf den Straßen. Unentwegt plärrt das Radio Aufrufe zu einer großen Huldigungsfeier am Abend vor der Reichskanzlei „Für den Führer“.

Gegen 19 Uhr entschließe ich mich, in die Stadt zu fahren. Massen in Zivil strömen von allen Seiten, SA-Kolonnen marschieren unter Gesang ihrer Kampflieder – alles in Richtung Innenstadt. „Heute gehört uns Deutschland – morgen die ganze Welt“.

Ich pirsche mich vom Potsdamer Platz an das Brandenburger Tor heran. Es wimmelt von Menschen. Vom Brandenburger Tor an stehen SA-Leute dicht an dicht Spalier, auf beiden Seiten der breiten Straße Unter den Linden – alle mit brennenden Fackeln. Gespenstisch flackert das Feuer über eine wogende Menschenmenge. In der Mitte marschieren Kader von SA mit wehenden Fahnen, dann folgen die Massen. Ein Lindwurm von Menschen wälzt sich in Richtung Reichskanzlei, schreiend, singend, lärmend – alles scheint verrückt geworden zu sein. Plötzlich überall Hakenkreuzabzeichen an den Mantelaufschlägen. Ich werde hineingeschwemmt in die Menge, gehe schweigend mit – ich komme mir vor wie beim Ausbruch der Französischen Revolution. Der Zug biegt ein zur Reichskanzlei. Der Lärm ist nicht mehr zu überbieten. Ich erreiche die Reichskanzlei. Von allen Seiten von Schweinwerfern angestrahlt – oben am Fenster ein Mann mit steinernem Gesicht. In regelmäßigen Abständen geht der rechte Arm in der ihm eigenen Weise nach oben abgewinkelt, zum „Deutschen Gruß", auf – ab, auf – ab; ich muß an unsere Marionetten denken. Die Menge um mich tobt – nur wenige, die das Ganze still an sich vorübergehen lassen, niemand kümmert sich um sie – eine Nation in Trance. Langsam werde ich aus der Menge wieder herausgeschwemmt – ich suche Nebenstraßen – Ruhe. Ich gehe zu Fuß nach Hause, steige den nachtdunklen Kreuzberg hinauf, ein Blick zurück auf die närrisch gewordene Stadt – weit entfernt jetzt das dumpfe Brausen des Lärms, über allem das flackernde Licht abertausender Fackeln – der Himmel glüht feurig rot über der Innenstadt – ein Menetekel?

Der Weg in das Tausendjährige Reich

Nachtgebet

Die Welt legt sich zum Schlummer nun,
So wollen auch wir Menschen von der Arbeit ruh'n;
Es ist so traurig alles jetzt und schwer,
Kein Mensch traut heut' dem Andern mehr.

Und eh wir uns zum Schlafe legen
Wollen wir erbitten, Vater, Deinen Segen;
O gib uns Frieden, Herr, und Brot,
Sie tun der Menschheit bitter, bitter Not.

geschrieben in San Remo
am 17. September 1938 bei einem mißglückten
Versuch einer Emigration

Berlin im Februar 1933. Das Leben geht weiter. Es hat sich nicht viel geändert – oder doch? Äußerlich ist zunächst nicht viel zu bemerken; nur wird immer häufiger der „Völkische Beobachter“ (VB – das amtliche Parteiorgan der NSDAP) gelesen. In Straßenbahnen und Autobussen taucht immer öfter das Radaublatt der SA (Sturm-Abteilung) „Der Angriff“ – Herausgeber Josef Goebbels – auf – und täglich mehr Fahnen. In den Häusern der Stadt werden „Hausobmänner“ eingesetzt – sie kontrollieren die „Hausgemeinschaft“. Bei den zahlreichen Gelegenheiten zum Flaggen klingelt es an der Wohnungstür – der Hausobmann erinnert: „Sie haben vergessen die Hakenkreuzfahne herauszuhängen“.

Woher nehmen und nicht stehlen? Ein Problem tut sich auf. Vater wird von alten Kunden bedrängt: „Machen Sie uns doch eine Hakenkreuzfahne – wenn wir die hinaushängen müssen, dann besorgen Sie uns das Ding“. Vater zögert – aber das Drängen wird stärker. Ja, sind denn alle des Teufels. Dann entschließt er sich nachzugeben. In drei Wochen gehen mehrere Hundert Hakenkreuzfahnen über den Ladentisch – und zu 95% an Nichtnazi. Ist die unausgesprochene Macht schon so groß?

Mitte Februar – an einem strahlenden Sonnentag marschiert eine HJ-Gefolgschaft (HJ = Hitlerjugend) die Berliner Straße hinauf. Nicht weit von unserem Geschäft steht ein altes Frauchen und strahlt über den Anblick frisch und forsch aussehender junger Menschen. HJ-Fahnen ziehen vorbei – ein schneidiger HJ-Führer steht vor der Alten, schlägt ihr rechts und links ins Gesicht: „Damit Du es weißt – in Zukunft wird jede Fahne mit dem „Deutschen Gruß“ gegrüßt, alte Krähe!“ Sie stürzt fast zu boden, ist fassungslos, hat Tränen in den Augen – ihre Begeisterung ist dahin, Angst steht jetzt in ihrem Gesicht. Ihre Überzeugung von der Schönheit der „Neuen Zeit“ dürfte einen Dämpfer haben – aber sie wird in Zukunft brav mit „Heil Hitler“ grüßen – und die, die das gesehen haben wohl auch. Wenn Fahnen sich jetzt nähern suche ich schleunigst den nächsten Hauseingang; was kann man wirklich tun?

Morgens um 4 Uhr ist Unruhe im Haus. Zorniges Reden, dumpfes Klatschen. Ich schaue zum Fenster hinaus. Über den Hof gehen zwei SA-Männer, haben meinen „Trompeter der Internationale“ im Würgegriff, ein Dritter traktiert ihn von hinten mit Fußtritten. Ich habe ihn nie wieder gesehen. Sein betagter Vater wird wenige Tage später abgeholt, ohne Aufsehen; auch von ihm, ebenfalls einem alten Kommunisten, hat man niemals wieder etwas gehört. Die Wohnung wird kurz danach wieder vermietet. Viele sehen Vieles und schweigen – auch ich. Von einigen höchstens ein Kurzkommentar „das sind eben Übergriffe bei einer Revolution – davon weiß der Führer nichts“.

Überall verschwinden Menschen – nicht nur Kommunisten – viele SPD’ler und Katholiken. Viele kehren zurück, meist nach etwa sechs Monaten – sie schweigen wie ein Grab, selbst zu alten Freunden, deren Gesinnung sie kennen. Nur soviel stellt sich heraus, sie waren in einem „KZ“ – einem „Konzentrationslager zur

Umerziehung verstockter Mitbürger zu Volksgenossen". Das Schweigen bleibt, nur einer vertraut mir einmal kurz an „ich hab etwas unterschreiben müssen".

Am 4. und 6.2.1933 werden durch Notverordnung des Reichspräsidenten von Hindenburg eine Reihe von Verfassungsgrundsätzen außer Kraft gesetzt.

21.2.1933, Hermann Göring, jetzt preußischer Ministerpräsident, erläßt einen Schießbefehl, „um mit Forschheit radikale Sache zu machen" wie der VB schreibt. Gleichzeitig wird eine Hilfspolizei eingerichtet. Jetzt laufen SA-Männer in ihrer braunen Uniform mit Karabiner und Armbinde „Hilfspolizist" gemeinsam mit Angehörigen der ordentlichen Polizei Streife. Sie sind sehr „forsch" – und den alten Polizisten ist die Möglichkeit genommen nachsichtig zu sein oder zu helfen.

Am 28.2.1933 ergeht die „Verordnung zum Schutz von Volk und Staat". Damit werden praktisch alle unrechtmäßigen Handlungen legalisiert. Von nun an hat jeder „Hilfspolizist" zu jeder Tages- und Nachtzeit Zutritt zu allen Wohn- und Geschäftsräumen und zu Festnahmen im Interesse der Inhaftieren – - „Schutzhaft" nennt man das.

Vorausgegangen war eine aufregende Nacht. Am 27.2. brannte der Reichstag – Fanal und Auftakt für die ersten größeren öffentlichen Ausschreitungen. Wieder verschwinden viele Menschen. Die Allgemeinheit nimmt alles zur Kenntnis – und schweigt; mancher hängt nun eine größere Hakenkreuzfahne hinaus, keine mehr von uns, Vater hat dieses Geschäft schon längst eingestellt.

Hat sich wirklich nichts geändert? Man sieht es kaum, man hört es kaum – die Angst geht um. Die Hälfte des Volkes ist begeistert, die andere paßt sich in Furchtsamkeit an. Ein neues Kommunikationsmittel wird geboren, sozusagen das „Gütezeichen" des Dritten Reiches: das Flüstern! Ihm folgt bald ein zweites: „der Deutsche Blick" – vor vertraulichen Gesprächen mit Freunden ein Blick nach links, ein Blick nach rechts.

In der Schule ändert sich im Moment nicht viel. Das Verbot Uniform zu tragen wird aufgehoben. Sehr viel brauner wird das Bild zunächst nicht. Meine Mitschüler sind zur Hälfte in Bünden, Wandervogel- und Bibelkreisen organisiert – sie beginnen um ihre Unabhängigkeit zu kämpfen und tun das mit großem Elan. Die anderen sind nicht organisiert und bleiben das – bis auf wenige – auch. Nur der lange Baumann erscheint jetzt regelmäßig in braun, seine strammen, behaarten Beine etwas unästhetisch in knapp anliegende, sehr kurze Pimpfenhosen (Pimpf = Angehöriger der Jüngsten, im „Jungvolk") gezwängt – er ist „Jungvolkführer". Da er aber ohnehin zur Klassengemeinschaft keinen Kontakt hat, interessiert das niemanden, zumal er keinem zu nahe tritt. Er ist in den Pausen immer bei seinen „Pimpfen".

Uns steht erst einmal – noch einmal – ein gesellschaftliches Ereignis ins Haus – ein großer Theaterabend steigt. Nach den Darbietungen einer Sopranistin ernten die „Tempelhofer Sängervagabunden" – alles Schüler der Oberstufe – mit ihren frisch vorgebrachten Liedern großen Beifall. Einzige Konzession an die neue Zeit ist der Name; sie traten früher unter dem Namen ihrer künstlerischen Vorbilder auf: „Tempelhofer Revellers".

Dann erfolgte „Das Nachtgespenst" – ein „übermütiges Spiel mit allen nur erdenklichen komischen Situationen" – so die Pressekritik. Titelrolle – meine Wenigkeit! „Großartig wie H. D. mit sonorer Stimme Gespenstermenkenke machte, wie er in seinen weißen Laken spukhaft über die Bühne huschte" (Berliner Lokalanzeiger).

Zum letzten Mal dürfen wir der Schule einen stattlichen Reinertrag zukommen lassen, zugleich das Ende einer aus freiem Willen getragenen Gemeinschaftsarbeit an der Schule, das Ende einer herzlichen „Schauspielergemeinschaft" theaterbegeisterter junger Künstler – so fühlten wir uns jedenfalls.

Die Erinnerung an die beiden glanzvollen Aufführungen verblaßten schnell – die Wirklichkeit des Tagesgeschehens holt uns sofort wieder ein. Obwohl die NSDAP bei den Reichstagswahlen am 5. März 1933 nur 43,9% der Stimmen erhält, wird in der Parlamentssitzung vom 23. März das „Ermächtigungsgesetz" angenommen, das dem „Führer" die Ermächtigung gibt, von jedem Verfassungsgrundsatz abzuweichen ohne die Verfassung förmlich aufzuheben. Das Parlament, das wegen des zerstörten Reichstags in der alten Krollopoer tagte, war – auch während der Abstimmung – von Hunderten SA und SS-Männern besetzt. Die Opposition ist eingeschüchtert, verängstigt – bis auf wenige Abgeordnete der SPD, allen voran deren Vorsitzender Otto Wels – zusammengebrochen. Von nun an ist jeder auf sich selbst gestellt.

Die Folgen dieses Ereignisses zeigen sich nur allzu schnell. Mit der Organisation der Opposition ist auch der Widerstandswille – soweit vorhanden – bei vielen Einzelnen zerbrochen.

Es setzt eine Flut von Eintrittserklärungen zur NSDAP ein, die die Partei sogar zu einer „Aufnahmesperre" zwingt. Die Berliner sprechen mit ihrer bekannten Schnoddrigkeit von den „Märzgefallenen".

Auch im Geschäft nimmt die Zahl der Hakenkreuzträger zu. „Wir sind schon zweimal gerügt worden zu flaggen" – „ja wissen Sie, meinem Mann wurde die Beförderung zum Oberinspektor nur bei einem Parteieintritt in Aussicht gestellt" – „unser Sohn kann nach langer Arbeitslosigkeit jetzt beim Bezirksamt eingestellt werden – wenn er der Partei eintritt". So verschieden sind die Gründe, so schwach der Charakter. Aber – die Not ist auch groß.

1. April 1933. Ich will morgens zur Schule gehen. Schon auf dem Hausflur höre ich vor dem Hause die wutentbrannte Stimme meines Vaters „Schmierfinken ... Dreckschweine" waren die harmlosesten der Ausdrücke meines mit Schimpfworten sonst so zurückhaltenden Vaters. Ich stehe vor der Tür, sehe die Bescherung. Vor unserem Geschäft stehen zwei SA-Leute mit hängenden Ohren, quer

über die Fensterscheibe mit schwarzer Farbe in großen Buchstaben das Wort „Jude“. Vater rast ans Telefon, brüllt mit Polizei und SA herum. Kurz danach ziehen die SA-Leute ab – nicht ohne vorher einem „Befehl“ meines Vaters gehorcht zu haben – mit Eimer und Lappen mußten sie die Schmierereien beseitigen. Seit diesem Tag hing auch vor unserem Geschäft eine kleine Hakenkreuzfahne. Es war die letzte, die Vater herstellen ließ, im Sondermaßstab – 40 mal 50 Zentimeter.

Die eigentliche Schweinerei ist ringsum zu betrachten. Vor allen jüdischen Geschäften stehen SA-Posten mit großen, gedruckten Plakaten „Deutsche, kauft nicht beim Juden“. Vor dem einzigen Tempelhofer Warenhaus, dem Kaufhaus E stehen sie vor allen Eingängen, außerdem stehen etwa 50 SA-Leute in einiger Entfernung; alle Schaufester sind beschmiert.

Vater kann sich lange nicht beruhigen – nicht wegen des Wortes „Juden“ an seiner Fensterscheibe, sondern wegen des widerlichen Boykotts der jüdischen Geschäfte. Er meint: „Bei uns war das auch keine Panne, wie die SA das weismachen wollte – das war gezielt“.

Ich schwänze die Schule, ziehe – wie andere Schulkollegen – durch die Stadt. Überall das gleiche Bild; kein jüdisches Geschäft ist ausgelassen – in einigen die Schaufensterscheiben eingeschlagen. Aber einen Trost finde ich doch: es gibt noch Zivilcourage! Einzelne Passanten, fast ausschließlich ältere Frauen, betreten ostentativ jüdische Geschäfte, machen die SA-Leute, die sie daran hindern wollen, wortgewaltig fertig – ich sehe keine, die sich von ihrem Vorhaben abbringen läßt.

Der Rundfunk bringt lange Berichte über „den spontanen Ausbruch der deutschen Bevölkerung gegen die Juden“. Dieser Tag war ja wohl für niemanden zu übersehen. Abends ist der Spuk vorbei – der Rest wird totgeschwiegen.

Wenige Wochen später wird das Kaufhaus E. geschlossen Der alte Herr E. hat die Aufregung nicht verkraftet – es gibt den ersten „freiwilligen“ Zwangsverkauf. Ein gutgehendes Kaufhaus für ein Butterbrot – für einen verdienten Parteigenossen.

Am 7.4. wird das „Gleichschaltungsgesetz“ (Reichsstatthaltergesetzt) verkündet. Damit werden alle Landesregierungen durch „vom Reichspräsidenten auf Vorschlag des Reichskanzlers ernannte „Reichsstatthalter“ – meist die örtlich zuständigen Gauleiter der NSDAP – ersetzt. Sie haben „für die Durchsetzung der vom Reichskanzler aufgestellten Richtlinien der Politik zu sorgen“.

Von nun an gibt es keine öffentliche Opposition oder Kritik mehr. Von nun an gilt der Grundsatz „Recht ist, was dem Volke dient“. Die Gegner des Regimes finden sich in kleinen Gruppen Gleichgesinnter zusammen – immer in der Gefahr, bei Entdeckung im KZ „zu einem anständigen Volksgenossen umerzogen zu werden“. Diese Gruppe haben selten Kontakt untereinander – Abschirmung nach allen Seiten heißt die Devise.

Ein gutes viertel Jahr haben wir jetzt dieses Regime. Frenetischer Jubel, Aufmärsche und wogende Begeisterung auf der einen Seite – Angst, Furcht und Entsetzen auf der andren. Ein Meer von Fahnen über einem toten Land. Der Traum so manches Optimisten „nach einem halben Jahr haben auch die abgewirtschaftet" wird Utopie bleiben, die nicht, Realität aber wird am Ende sein – der Krieg.

Ein gewisser Optimismus beruht eine Zeitlang auf der Hoffnung eines Eingreifens der ausländischen Staaten. Aber die – sehen zu. Ja, es gibt französische, englische und amerikanische Politiker, die offen mit den Nazi sympathisieren; einige buhlen in beschämender Weise um die Gunst der deutschen Parteigewaltigen – vor allem um das Wohlwollen Hitlers. Bald wird uns auch klar, daß die Westmächte so gut wie total abgerüstet haben – sie sind gar nicht in der Lage etwas zu unternehmen.

Ich gehöre zwei Zirkeln an. Bei meinem gute Freund Poldi sammeln sich aufrechte, freiheitsliebende junge Menschen, um wenigsten den Lauf der Dinge zu beobachten und zu analysieren – an Widerstand irgendwelcher Art kann noch nicht gedacht werden, diskutiert wird allerdings darüber lebhaft. Aber – was kann man tun? Wir versuchen so viel Information zu bekommen wie möglich – noch gibt es ausländische Zeitungen, vor allem die „Zürcher Zeitung", sie bringt verhältnismäßig viele Berichte über die Vorkommnisse in Deutschland.

Der andere Zirkel besteht aus Tempelhofer Geschäftsleuten; sie versammeln sich bei uns. Wir haben jetzt einen neuen, großen Rundfunkempfänger mit großer Reichweite. Die ersten ausländischen Sender richten Sondersendungen in deutscher Sprache ein – auch sie bringen gute Informationen. Wir sitzen in meinem kleinen Zimmer, den Apparat ganz leise eingestellt und lauschen – anschließend wird auch hier diskutiert.

Die Geschäftsleute wollen natürlich auch ihre geschäftliche Unabhängigkeit so weit wie möglich wahren. Eine NS-Hago war gegründet worden – „Nationalsozialistische Handelsorganisation" für die mittelständischen Geschäftsleute. Nach langen Diskussionen kommt man überein, einen Versuch zu machen, um einen gewissen Einfluß zu gewinnen. Mein Vater soll – als aktivster in der Gruppe – den Wortführer machen; er läßt sich überreden. Man zieht in eine Versammlung dieser NS-Hago. Irgendein Parteimann hält eine Rede, anschließend ist Diskussion. Mein Vater meldet sich als erster, betritt unaufgeordert das Rednerpult und hält seinerseits eine Rede. Es wird eine ziemliche Abrechnung mit den Praktiken des Regimes. Beifall und wachsende Unruhe wechseln. Der Parteimann versucht Vater zu unterbrechen – umsonst, Vater ist „so richtig drin" – er beweist ihnen, daß sie wirtschaftlich und politisch scheitern müssen. Das Spektakel endet schließlich damit, daß der Veranstaltungsleiter meinem Vater das Wort entzieht und zugleich – ohne jede weitere Stellungnahme – die Versammlung für geschlossen erklärt. Unsere Geschäftsleute haben nie wieder versucht „politisch tätig" zu werden. Aber keiner von ihnen ist jemals der Partei oder einer ihrer Gliederungen beigetreten. Sie bleiben – innerlich wenigstens – unabhängig. Vaters Kommentar zu diesem Ausflug in die Politik: „Dafür erhalte ich auch noch die Quittung!"

Am 1. Mai ist großer Aufmarsch auf dem Tempelhofer Feld, unserem alten Fußballplatz. Riesige Menschenmengen strömen heran, die Betriebe ziehen geschlossen. Sie sind zum Teil durch die ganze Stadt marschiert, von Tegel und Pankow bis Spandau. Ich bin auch dort – will mir das Ganze einmal ansehen. Es ist kalt, einige Schneeschauer dämpfen allzu viel Temperament. Reden werden gehalten, dann spricht „der Führer", kaum zu verstehen bei der mangelhaften Technik. Danach zieht die Menge ab. In Erinnerung bleibt das Rot der Fahnen. Schon am nächsten Morgen besetzen SA-Stürme die Gewerkschaftshäuser – die Gewerkschaftsführer landen im KZ, manche für lange Zeit, einige für immer.

Einige Tage darauf, am 10. Mai, vollzieht sich ein weiteres, besonders schändliches Ereignis auf dem Weg zur totalen Unterdrückung: in vielen Städten brennen Scheiterhaufen – zahllose Bücher von „Autoren des Ungeistes" fliegen ins Feuer. Die Werke von Thomas Mann, Heinrich Mann, Werfel, Kellermann, Döblin, Tucholsky, Remarque und vielen anderen zerfallen im Feuer der braunen Rowdies zu Asche. Zwei Drittel meines Bücherbestandes müßte ich verbrennen. Zu meinen Beständen gehören neben Goethe und Novalis, Matthias Claudius und Franz von Assisi auch Maxim Gorki „Wanderer in den Morgen", Thomas Mann „Der Zauberberg" und „Josef und seine Brüder", Kasimir Edschmid „Die neue Frau", Werke von Klabund, der herrliche „Kreidekreis", Felix Salten, Stefan Zweigs „Sternstunden", Stefan George, Franz Werfel, Frank Wedekind, Bert Brecht, Arthur Schnitzler, Leonhard Frank, Manfred Hausmann, Hermann Hesse, Jacob Wassermann und viele andere. Sie erhalten jetzt alle einen Ehrenplatz bei mir.

Bei Poldi werden in einem „Literatenzirkel" Dichterlesungen der Geschmähten abgehalten und literarische Diskussionen geführt. Wir müssen wenigstens geistig gegen den „Ungeist" gewappnet sein.

In der Klasse wird es immer „brauner". Zwei, drei bisher Nichtorganisierte sind jetzt in der Hitler-Jugend. L. drängt mich, ich solle mir das doch auch einmal ansehen. Vater redet mir zu, aber „Sei vorsichtig, wir stehen schon auf der schwarzen Liste" – er hat es von einem „Neu-SA-Mann".

Ich gehe einige Male hin – es ist zum Sterben langweilig, geistlos und sinnlos, alles Krampf. Eine gewöhnliche Grippe hilft mir da heraus. Unser alter Hausarzt – von altem Schrot und Korn – meint nach kurzem Gespräch: „Das werden wir gleich haben". Er schreibt eine Bescheinigung, daß „H. D. wegen seines angegriffenen Gesundheitszustandes auf Dauer nicht in der Lage ist, sich in Organisationen irgendwelcher Art zu beschäftigen". Damit bin ich frei und werde nie wieder belästigt. Wie wertvoll dieses Intermezzo war sollte ich erst später erfahren.

Vater erhält übrigens zwei Tage später einen Brief, blauer Umschlag, Absender „Die Preußische Geheime Staatspolizei". Ihm wird bei Androhung hoher Zuchthausstrafen verboten, Fahnen, Uniformen oder „sonstige Embleme" der NSDAP herzustellen, zu lagern oder zu verkaufen. Nun wissen wir Bescheid.

Die Großen Ferien nahen – ich habe das Ziel der Klasse wieder einmal erreicht – ohne große Anstrengung. jetzt beginnt langsam der Endspurt – ich bin jetzt in der Oberstufe. Vater macht uns klar, daß eine Reise nicht möglich ist – der Vergleich ist noch nicht verkraftet. Ich soll zur Großmutter nach Stralsund. Es wird eine sehr schöne Zeit.

Aber vorher gibt es noch ein Zwischenspiel. Das ehemalige Kaufhaus E. eröffnet wieder – unter seinem neuen Besitzer. Eine große Eröffnung wird angekündigt. Großer Schmuck am Eröffnungstag, Blumen, viele Menschen – wen kümmert noch der alte, praktisch enteignete jüdische Besitzer – Gratulationen von der Partei, der SA und vielen Organisationen. Viel umstaunt die neue Lebensmittelabteilung. Das Volk drängt sich, man kann kaum treten. Ich bin mitten unter ihnen, dränge, schubse, schiebe mit. Meine Eröffnungsvorbereitungen habe ich am Vormittag getroffen. In einem kleinen Schreibwarengeschäft erstand ich sechs Pakete mit 60 Stinkbomben. Im Gedränge ist es leicht die Dinger zur Erde fallen zu lassen – in Sekunden hat jemand auf die dünnen Glasampullen getreten – viele beteiligten sich so am Erfolg. Ich muß nur aufpassen, daß mir die Dinger nicht in der Jackentasche zerdrückt werden. Aber es geht alles gut. In zehn Minuten bin ich alles los, davon zwanzig in der Lebensmittelabteilung. Es beginnt sofort infernalisch zu stinken. Weitere zehn Minuten später wird das Haus geräumt – SA-Leute verhindern eine Panik. Ich sehe mir das mit einigem Vergnügen von der anderen Straßenseite aus an, von unserem Geschäft aus. Die ganze Nacht wird drüben fieberhaft gearbeitet, gelüftet und gesäubert. Am nächsten Morgen vollzieht sich die Eröffnung ohne jeden weiteren Pomp. Es war sicher nicht gerade eine heldenhafte „Widerstandstat" – aber es hat doch wohl dokumentiert, daß es noch Andersdenkende gibt. In der Presse – nichts.

Stralsund – bei aller Enge der Stadt liegt immer ein kleiner Hauch der großen, weiten Welt darüber. In dem kleinen Hafen liegen immer „Pötte" au allen Anrainerstaaten der Ostsee, Matrosen aus aller Herren Länder bevölkern abends und sonntags die Lokale der Innenstadt – neuerdings auch Matrosen der Marine – ein kleiner Schnellbootverband mit seinem Mutterschiff liegt jetzt an der Mole.

Weit geht der Blick von der Schwedenschanze hinaus, hinüber nach Rügen, die Eisenbahnfähre steuert unentwegt Altefähr an, am nordwestlichen Horizont wie ein Strich über der See die wunderschöne Insel Hiddensee, das Refugium derer, die Einsamkeit suchen. Ringsumher die alten, noch gut erhaltenen Schanzen aus der Zeit der schwedischen Belagerung der Stadt.

Hiddensee. Ein kleiner, weißer Dampfer hat mich hinübergeschippert. Ich schlendere durch Ödland, stehe auf der Klippe, zwanzig Meter breiter Strand aus

Steinen, Kieseln, am Horizont tauchen Dampfer auf, ziehen langsam, wie von einer Schnur gezogen zur anderen Seite, von rechts nach links, von links nach rechts, Handelsschiffe, Trawler und ab und zu ein weißer Passagierdampfer auf dem Weg nach Dänemark oder Schweden.

Ich steige einen schmalen, riskanten Pfad nach unten zum Strand. Es ist ein strahlender, windstiller Tag – blauer Himmel, gleißende Sonne. Ich gehe langsam weiter – bin ganz allein auf weiter Flur, genieße die Ruhe und den Frieden dieser Inselwelt, geliebt unter anderem von Gerhart Hauptmann, dem ich einmal in der Bergwelt der schlesischen Gnomen begegnen durfte. Plötzlich narrt mich ein Spuk – ich sehe von weither eine riesige Welle auf den Strand zulaufen, vielleicht zwei oder drei Meter hoch, eine Schaumkrone tragend, rast sie heran – aus heiterem Himmel. Ich begreife, stehe eine Sekunde bewegungslos auf das Ungeheuer starrend, bin dann mit einigen Sätzen an dem kleinen Pfad, keuche nach oben, bin vielleicht 7 bis 8 Meter über dem Strand, da zerbirst die Woge, sich überschlagend, den ganzen Strand überflutend, gegen die Steilküste brandend. Zwei oder drei Meter unter mir überschlagen sich die Wasser, zurück in ihr Element stürzend, mich mit einer Unzahl von Wassertropfen überschüttend. Die Welle rollt zurück, noch zwei, drei kleinere Wellen folgen – nicht so imposant wie die erste – dann ist wieder Ruhe. Als wäre nichts gewesen liegt das Meer blau und in der Sonne wabernd vor meinen Augen, am Horizont ziehen unberührt Schiffe ihre Bahn. Mich lähmt sekundenlang der Schreck – dann löst sich die Verkrampfung – habe ich geträumt? Im Ort höre ich, daß so etwas keine Seltenheit ist – ab und zu holt sich die Welle auch ein Opfer – mich hat sich nicht bekommen.

Ich liebe das alte Häuschen in der Böttcherstraße. Schmal schmiegt es sich an die benachbarten großen Speicher an, an denen noch die alten Seilwinden unter dem kleinen Giebel an die einstige große Kauffahrerzeit erinnern, fast verschwindend unter dem wuchtigen Gemäuer der alten Jacobikirche auf der anderen Seite. Über das grobe Kopfsteinpflaster klirren wöchentlich morgens um fünf Uhr Ketten, die die Insassen des Stadtgefängnisses hinter sich herziehen, bewaffnet mit großen Reisigbesen – Stadtreinigung wie im Mittelalter. Gegen sechs Uhr morgens tönt schon fern, gleichmäßig sich nähernd der Ruf der Fischweiber, ihren Fischkarren rumpelnd hinter sich herziehend: „Floondern, frische Flooondern!“

Das alte Rathaus – ein einmaliges schönes Bauwerk – zeugt noch heute von dem einstigen Reichtum dieser alten Hansestadt.

Die Perle dieser alten Stadt aber ist eine Frau – Öming, die Stiefmutter meines Vaters. Eine zierliche alte Dame, trotz vieler Schicksalsschläge ungebeugt und im Glauben unbeirrt, vermochte sie in der großen Familie mit acht Kindern mit unendlicher Geduld, Einfühlsamkeit und Klugheit immer den Frieden zu wahren, auch in schwierigsten Zeiten alle Mäuler satt zu machen und stets ein Flair von Zufriedenheit um sich zu verbreiten. Für mich ist sie immer zu sprechen und Hilfe in allen Lebenslagen. Zur jetzigen Regierung hat sie einen klaren Standpunkt, den sie immer und überall lautstark verkündet: „Die sind des Satans!" Sie macht als eine der wenigen und letzten in Stralsund bei der letzten „freien Wahl" in aller Öffentlichkeit ihr Kreuzchen in das „Neinkästchen" und läßt sich dabei noch vom Kreisleiter helfen – „Dazu ist der ja wohl da!"

Schade, auch diese schöne Zeit geht vorüber.

In der Schule werde ich – als einer der wenigen Nichtuniformierten wieder zum Klassensprecher gewählt – einstimmig! Hier finden noch freie Wahlen statt.

Die Schule ist brauner geworden. Eine Reihe von Lehrern „demaskiert" sich. Unsre beiden Moppels – kleine dickbäuchige Männlein mit krummen Beinen, einer von ihnen trägt unter den Hosen jetzt SA-Stiefel, erweisen sich als „reinrassige" Jünger der „Neuen Lehre". Moppel B. war in den letzten Ferien in Italien bei „Duce". Er hält in der Aula einen Vortrag über seine Reiseeindrücke. Mit seiner hohen Fistelstimme mit nasalem Ton schwärmt er vom Duce, aber dann kommt es: „Aber die richtige Ordnung hat der Duce doch nicht reingebracht. Haben mir doch die Strizzi während einer Parteiversammlung auf dem Marktplatz von Florenz die Brieftasche geklaut". Er sagt „geklaut". Unter dem tobenden Gelächter der Schüler fährt er fort: „Aber ein überwältigendes Erlebnis habe ich doch noch gehabt – eine Audienz bei seiner Heiligkeit dem Papst" – er sagt „seine Heiligkeit" – „ich habe ihm den Ring geküßt – es war erhebend!" – Oh Du Heilige Einfalt!

Der andere, Moppel K., zieht an einem warmen Tag seinen Rock aus, steht in Hosenträgern: „lachen Sie nicht!" – auch er hat eine Fistelstimme – „ich muß Hosenträger tragen, ich kann es mir nicht erlauben, daß auf dem Reichsparteitag beim Vorbeimarsch am Führer die Hosen rutschen!" Auch er erntet einen großen Lacherfolg.

Anderes ist ernster. Es werden überall Tafeln aufgestellt, in denen „Der Stürmer" ausgehängt wird, ein ganz übles antisemitisches Pamphlet mit widerwärtigen „Karikaturen". Viele werfen keinen Blick darauf, aber es gibt auch eine ganze Menge, die es lesen und mit höhnischem Grinsen offensichtlich ihre Freude an dem Geschmiere haben.

Auch wir kommen nicht ganz ungeschoren davon . Ein „Winterhilfswerk" ist gegründet worden. Einmal im Monat werden Scharen von Prominenten, Künstler, Sportler, Wissenschaftler und unzählige Angehörige von Partei, SA, HJ und anderen Organisationen mit Sammelbüchsen auf die Straße gehetzt. Es gibt kleine Anstecknadeln, sonst könnte man sich vor der permanenten Belästigung überhaupt nicht retten. Um die Prominenten aller Art hängen Menschentrauben, in Ekstase bemüht, ihr Geld loszuwerden. Auch wir Schüler werden „eingesetzt". Ich schlendere mit zwei anderen Nichtorganisierten die Berliner Straße entlang, ohne Werbung, ohne das übliche Büchsenklappern. Wir halten unsere Büchsen nur so in der Hand. Aber ich bekomme Ärger – immer ich. Kurz vor dem Bahnhof torkelt ein Betrunkener auf mich zu, versucht einen Hundertmarkschein in den Schlitz zu stecken. Ich nehme ihn, gebe ihm den Schein zurück mit den Worten: „Mensch, Deine Frau hat eine Woche lang kein Wirtschaftsgeld“ – „Recht haste“, er steckt sein Geld wieder ein und verschwindet. Die Schimpftiraden einiger Weiber ergießen sich wie eine Sturmflut über mich, am liebsten hätten sie mich wohl gelyncht.

Jeder ist aufgerufen, einmal im Monat „aus Solidarität“ am Sonntag „Eintopf“ zu essen, am „Eintopfsonntag“.

Seltsam, auch bei dieser kaum nachprüfbaren Aktion halten sich unheimlich viele, auch innerhalb ihrer vier Wände., an diesen Appell. Allerdings – oft kommen am „Eintopfsonntag“ zur Mittagszeit die Hausobmänner mit irgendwelchen läppischen Anliegen. Sie sagen nichts – sie schnuppern – und notieren. Die Partei hat das Volk schon ganz schön im Griff. Bei uns gibt es an diesem Tag immer einen saftigen Braten.

In der Schule gibt es nach den Herbstferien einige Veränderungen. Unser verehrter Direktor Dr. Schade ist seines Amtes enthoben worden – er war Sozialdemokrat – an seine Stelle tritt zunächst ein „kommissarischer Direktor“. Mein langjähriger Geschichtslehrer Studienrat S. – uns verbindet seit eh eine Haßliebe – bisher politisch nicht in Erscheinung getreten, wird Oberschulrat – auch Du, mein Sohn Brutus?

Die Klasse ist kleiner geworden, die „Einjährigen“ haben die Schule verlassen. Dafür sind von auswärts einige Neue hinzugekommen. Einer wird mein Banknachbar, ein etwas zweifelhaftes schon ziemlich angekratztes Genie. Er ist Haupt- und Titeldarsteller des einzigen NS-Propagandafilms „Hitlerjunge Quex“. Ich werde erfreulicherweise bald wieder von seiner Anwesenheit befreit. Arbeit ist wohl nicht das Richtige für ihn. Er macht sich plötzlich aus dem Staub, wie er gekommen ist.

Der Kampf um die Unabhängigkeit der verschiedenen Bünde ist beachtlich, aber vergeblich. Eines Tages werden sie alle von „HJ“ oder „Jungvolk“ übernommen. Im Ganzen zeigt sich die Klasse unpolitisch. Von den sechzehn Schülern sind sechs nicht organisiert, ein großer Anteil. Alles in allem bleibt der „Neue Zeitgeist“ außerhalb der Schulmauern. Als Klassensprecher habe ich nach wie vor ein sehr gutes Verhältnis zu meinen Mitschülern, den Lehrern und der Direktion der Schule. Auch mit dem „kommissarischen Direktor“ läßt sich reden.

Langsam neigt sich das Jahr. Die „Umerziehung“ schreitet voran, meist unmerklich, Kritiker des Regimes ziehen sich zurück, bleiben im Gespräch schweigsam – höchste Zeit zur Vorsicht. Aber die Geschäftsleute unseres Zirkels und die meisten Kunden bleiben eisern. Für viele Gespräche würden wir für immer in einem der KZ's verschwinden, deren Zahl immer größer wird. Man kennt jetzt auch Namen: Sachsenhausen/Oranienburg, Buchenwald, Dachau.

Das Jahr 1934 tritt ohne großes Aufsehen ins Land. Wirtschaftlich geht es vorsichtig bergauf. Der Preis: der Druck wächst langsam, fast unmerklich und wird irgendwann zur Unterdrückung – nicht aller. Wer sich brav anpaßt, nicht auffällt, alles schön tut und für gut hält, was die Partei anordnet, nicht sieht, wenn im Morgengrauen Nachbarn weggebracht werden, wer kein Gespür für persönliche Freiheit hat und nicht zufällig Sozialist, Kommunist oder gar Jude ist, kann unangefochten seinen Weg gehen, ja – er wird sogar gefördert, mit Maßen. Wir spüren es jetzt: der Verlust der persönlichen Freiheit im Rahmen der Verfassung und der Gesetze über sein Handeln selbst zu entscheiden – das ist es, was diesen Staat prägt. Aber sind all die Nichtbetroffenen wirklich sicher? Schon zählen auch die Christen zu den „politisch Unzuverlässigen". Zwar hat die Katholische Kirche versucht durch den Abschluß eines Konkordates mit dem Reich im Juli 1933 diesem Schicksal zu entgehen – vergeblich! Immer häufiger stehen katholische Geistliche, vornehmlich Ordenspriester und Ordensbrüder, wegen „Devisenvergehens" oder wegen „sittlicher Verfehlung" vor Gericht.

Die evangelische Kirche hat sich gespalten. Die „Deutschen Christen" mit einem „Reichsbischof" gebärden sich faschistischer als die Partei. In Dahlem macht ein mutiger Pastor der neu gegründeten „Bekennenden Kirche" von sich reden, ein ehemaliger U-Bootoffizier aus dem Ersten Weltkrieg, Pastor Niemöller. In dieser Kirche sind die evangelischen Christen, die Christen bleiben wollen. Sie hat ziemlich viel Anhang.

Der Druck wird stärker. Am 30. Januar – dem ersten Jahrestag der „Machtergreifung" – werden endgültig die Länderparlamente aufgelöst. Jetzt liegt alle Macht in Berlin, beim Reichskanzler. Ende März 1934 muß die älteste deutsche Tageszeitung ihr Erscheinen einstellen, die „Vossische Zeitung", seit 1704 für die Berliner ihre „Tante Voss". Sie wurde in einem jüdischen Verlag herausgegeben, dem in aller Welt bekannten Ullsteinverlag.

Vor dem Beginn der „Sauregurkenzeit" kommt es zu einem Paukenschlag. Ich bin am Nachmittag des 30. Juni bei meinem Freund Berti in Mariendorf. Gegen 17 Uhr gehe ich langsam nach Hause. An der Brücke über den Teltowkanal, direkt vor dem imposanten Ullsteinhaus erreiche ich die Tempelhofer Hauptstraße, in der unser Geschäft liegt, die Berliner Straße. Es herrscht eine gewisse Unruhe auf der Straße. Von Lichtenrade her in Richtung Stadtmitte fahren unübersehbare Kolonnen von Lastwagen, dicht besetzt mit SA – alle mit Karabinern bewaffnet, die Sturmriemen heruntergelassen. Die Kolonne kommt ins Stocken – ich rufe zu einem Wagen hinauf: „Was ist denn los?" – „Der Führer ist in Gefahr – jetzt beginnt die Revolution, jetzt werden Köpfe rollen!" Na, das sind ja feine Aussichten. Sie kommen aus allen möglichen Orten der Mark Brandenburg. Das sieht ja wirklich nach einem Unternehmen großen Stils aus. Ich hetze nach Hause – heut verkriecht man sich besser in den eigenen vier Wänden. Die ganze Nacht hocken wir am Radio. Irgendwann ändert sich das Programm – Marschmusik! Schließlich kommend die ersten Nachrichten, „der Führer der SA, Röhm, habe zu putschen versucht; der Führer selbst habe ihn und seine „Clique" in „widerwärtiger Verfassung" in München und am Tegernsee aufgestöbert und „Gericht gehalten". Auf Hitlers Befehl wurden alle an Ort und Stelle erschossen, ohne Verfahren, ohne Vernehmung, ohne Urteil – ermordet! Zur gleichen Zeit räumen Goering und Himmler in Berlin auf. Auch hier gibt es Hunderte von Toten – Ermordeten, nicht nur SA-Leute.

An einem der nächsten Tage wird Ministerialrat Dr. Klausener, einer der „Katholischen Aktion" auf unseren St. Matthiasfriedhof zur letzten Ruhe gebettet. SS-Leute waren an seinem Arbeitsplatz in das Zimmer gestürmt und hatten – ohne zu zögern – ihn an seinem Schreibtisch erschossen. Er erhält eine Ruhestätte am Eingangsplatz zum eigentlichen Friedhof, deutlich für jeden erkennbar – als bleibendes Mahnmal! Neben vielen anderen wurde auch General Schleicher ein Opfer dieses Tages, Hitlers unmittelbarer Vorgänger als Reichskanzler. Wie hatte der SA-Mann auf dem Lastwagen gesagt? – „Und Köpfe werden rollen!" Es waren andere, als er sich wohl vorgestellt hat.

Die Ereignisse dieses Tages kann doch niemand übersehen haben. Hier ist auf Befehl der Staatsführung willkürlich gemordet worden – in ganz Deutschland. Es kommen stille Tage, aber das Volk schweigt, jeder ist sich selbst der Nächste. Die Angehörigen der vielen Opfer müssen selbst mit ihrem Schicksal fertig werden – Nazi und Unschuldige. Zwei, drei Wochen gehen ins Land. Hitler hat seine Macht gefestigt – und die SS auch. Die SA aber ist entmachtet; sie wird zum völligen Handlanger des Regimes, das Sagen hat jetzt die SS. Und die Generalität der Reichswehr atmet auf – mit der SA ist ein möglicher Konkurrent für das Militär aus dem Wege geräumt. Ansonsten geht alles seinen gewohnten Gang.

Die großen Ferien nahen wieder. Ich bin jetzt Unterprimaner – grüne Seidenmütze! Mutter und ich können wieder reisen. Unser Wunschziel: die Alpen – Oberbayern. Wir wählen lange und entscheiden uns schließlich für ein Hotel am Hintersee in der Ramsau in den Berchtesgadener Alpen. Es ist eine hervorragende Wahl. Am Ende der von Berchtesgaden ausgehenden Ramsau liegt, umrahmt von hohen Bergen an einem wunderschönen See das weit und breit einzige Hotel. Wir hatten eine Weile gezögert – das Haus liegt nicht weit von der österreichischen Grenze – und die ist gesperrt. Außerdem zieht es Hitler selbst immer wieder an den Hintersee.

Seit Februar tobt in Österreich ein Aufstand der Arbeiterbewegung gegen den dortigen Bundeskanzler Dollfuß, der einen österreichischen „christlichen Standesstaat" aufbauen will. Es hat viele Tote gegeben. In Wien hat österreichisches Militär mit Artillerie tagelang gegen die Hochburg der Aufständischen, den als Festung ausgebauchten „Karl-Marx-Hof" gekämpft und diesen, ein geschlossenes Arbeiterwohngebiet, in Schutt und Asche gelegt. Am 14. Juni hatten sich Hitler und Mussolini in Venedig getroffen, aber keine Einigung erzielt. Österreich blieb unter dem – begrenzten – Schutz des faschistischen Italien. Dennoch kommt es wenige Tage vor unserer Reise zu einem Eklat. Nach dem Vorbild vom 30. Juni dringen nazistische Stoßtrupps in das Bundeskanzleramt ein und ermorden mit einer Anzahl von Schüssen den Bundeskanzler Dr. Dollfuß an dessen

Schreibtisch. Mussolini marschierte am Brenner auf, der Putsch in Wien wurde niedergeschlagen, Hitler hatte sein Ziel, den „Anschluß“ nicht erreicht – fürs erste, aber Österreich ist nationalsozialistisch durchsetzt. Die Lage an der Grenze ist gespannt.

Wir verleben dennoch einen herrlichen Urlaub in den Bergen, geprägt durch nur wenige Unternehmungen – Fahrten nach Bad Reichenhall und den berauschend schönen Königsee mit Watzmann, Watzmannostwand und St. Bartholomä – und im übrigen durch mehrstündige Arbeit täglich – Vorbereitung auf das Abitur; es wird dort der Stoff der ganzen Oberstufe verlangt.

Am 1. August 1934 begibt sich ein schmerzgebeugter Reichskanzler vom Sterbebett des Reichspräsidenten von Hindenburg auf dessen Gut Neudeck unmittelbar in die Reichskanzlei, um sich selbst mit umfassenden Vollmachten als Nachfolger Hindenburgs einzusetzen – der greise Feldmarschall atmet noch.

Von Hindenburg stirbt am 2.8 um 9 Uhr morgens. Wenige Stunden später hat Deutschland eine neue Führung, den „Führer des Deutschen Reiches und Volkes, Adolf Hitler, Oberbefehlshaber der Wehrmacht“. Noch am selben Tag wird die Wehrmacht auf den „Führer“ vereidigt. Theatralisch ruft der „Führer“ dem toten Reichspräsidenten bei der Beisetzung im Tannenbergdenkmal nach: „ Toter Feldmarschall, geh ein in Walhall!“

„Schulbeginn“. Es gibt wieder einige Veränderungen. Ich hab mir einen neuen Platz gesucht, aber mein „Hitlerjunge Quex“ taucht nicht wieder auf. Statt dessen ist ein Neuer da – Salomon W., unbekannt woher, ein bescheidener jüdischer Schüler von höchster Intelligenz. In Mathematik und Physik könnte er seinen Lehrern Nachhilfe geben – unser Mathelehrer könnte es gebrauchen. Unglücklicherweise gibt es nur noch einen freien Platz – neben unserem großen „Pimpfenführer“. Salo nimmt es mit Gleichmut – der große „Braune“ ignoriert seinerseits seinen neuen Nachbarn, verhält sich aber ihm gegenüber korrekt. Schnell nimmt die Klassengemeinschaft den „Neuen“ auf, einschließlich der meisten Organisierten. Zwischen ihm und drei oder vier anderen – mich eingeschlossen – entwickelt sich eine herzliche Freundschaft. Peinlichkeiten bleiben dennoch nicht aus, sie bleiben unseren Paukern vorbehalten. Moppel B., unser etwas zu kurz geratener SA-Held gibt bei uns Biologie. Eines Morgens betritt er die Klasse, stellt sich fast ehrerbietig an sein Pult und sagt mit ruhiger Fistelstimme zu Salo: „W., Sie müssen jetzt die Klasse verlassen, wir reden heute über den arischen Menschen!“ Salo nickte verständnisvoll lächelnd, nimmt sein Sakko und geht spazieren. Einigen von uns steigt doch die Schamröte ins Gesicht. Sonst wird Salo von niemandem belästigt – unsere tief empfundene Freundschaft dauert an. Leider können wir mit ihm nicht einmal eine Tasse Kaffee trinken gehen. An jedem Lokal hängt ein Schild „Juden unerwünscht“. Diesen literarischen Höhepunkt in der Geschichte eines Volkes, das sich stolz „Kulturträger“ nennt, trägt jetzt sogar manche Bank im Park.

Es gibt indessen noch Fleckchen, die sich dem „Geist der Zeit“ verschließen. Wir sitzen manche Stunde im Alt-Berliner „Nußbaum“ bei einer „Weiße mit Schuß“, Himbeere oder Waldmeister und streifen durch die alten Gassen der ehemaligen Fischerstadt. Drei von uns beginnen das Berliner Nachtlieben zu studieren. wir entdecken schnell den „Groben Gottlieb“. Hier geht es deftig zu bei unverblümtem Berliner Mutterwitz. SA und Partei meiden dieses Lokal – sie sind dem groben Witz nicht gewachsen. Nach dem Theater bevölkert sich das einige Fuß unter der Erde liegende Lokal. Smoking und „große Robe“ tauchen auf. Man sitzt auf groben Bänken und Eimern, auf leeren Fässern und alten Gartenstühlen. Die Erbsensuppe mit Bockwurst wird in Nachtgeschirren serviert – feine Pinkel sind hier nicht gefragt. Der Ton ist freimütig – sehr freimütig. „Noch etwas Mostrich für die Herren von der Gestapo?“ Der Wirt schüttet aus einer „Ente“ zwei Herren im grauen Anzug Bier in zwei Konservenbüchsen „brauchen Se nicht abzurechnen, meine Herren, für Sie ist det jratis!“ Es sind zwei Gestapoleute – die sind immer und überall dabei – in cognito notabene. Der Wirt muß einen Schutzengel haben – oder eine sehr gute Protektion. Nach manchem langen Abend dort – bei dem auch wir einiges einstecken müssen – haben wir die nötige Bettschwere. Aber der Laden ist sauber – trotz der Aufmachung, der Wirt hält auf Ordnung.

Wir haben eine besonders gute Beziehung zu einem Kundenehepaar D. Sie sind politisch eisern und verbringen manche Stunde bei uns. Sie gehören zu den wenigen, die keine Hakenkreuzfahne besitzen. Wir halten uns gegenseitig auf dem Laufenden. An einem Herbsttag erscheint Frau D. früh im Laden, vergrämt und aufgeregt. Ihr Mann sei am Vorabend nicht nach Hause gekommen und auch im Büro nicht erschienen. Vater tröstet sie. Sie führen eine gute Ehe – ein Seitensprung ist unwahrscheinlich. Abends ist sie wieder da – ihr Mann ist nicht erschienen. Wir bleiben lange zusammen und mich packt es plötzlich: „Frau D., ich geh' ihn morgen suchen“.

Am nächsten Morgen ruft Vater zuerst alle erreichbaren Krankenhäuser an – nichts. Frau D. ist auf unserem gemeinsamen Polizeirevier gewesen – sie lehnen die Aufnahme einer Vermißtenmeldung ab, es sei noch viel zu früh. Mittags ziehe ich los. Ich fahre schnurstracks zum „Alex“ (Alexanderplatz), zum Berliner Polizeipräsidium – zur Vermißtenzentrale – nichts. Ich stehe ziemlich ratlos inmitten hastender Menschen mit allen möglichen Anliegen auf dem unendlich langen Korridor in dieser roten Ziegelkaserne, da geht ein Beamter an mir vorbei, ich habe ihn in der Vermißtenzentrale gesehen. Er flüstert mir im Vorbeigehen zu: „Wenn Du Mut hast – im vierten Stock – aber verrat mich nicht“ – weg ist er. Ich zögere, gehe dann langsam die breiten Treppen hinauf. Vom dritten Stock an bin ich allein. Dann stehe ich vor einem schweren eisernen Gitter, ein Schild warnt „Geheime Staatspolizei“. Ich zögere erneut, dann hebt sich langsam – wie automatisch meine Hand, drückt auf den Klingelknopf. Eine Glocke schrillt. Minuten vergehen – es erscheint mir wie eine Ewigkeit. Schritte hallen – ein SS-Mann steht vor mir, fragt was ich will, „Ich möchte mich nach einem Vermißten erkundigen". Er sieht mich erstaunt an und verschwindet – kommt nach langer Zeit zurück. Das Gitter klirrt, die Tür öffnet sich, ich gehe hindurch, die Tür fällt zu – ich bin in der Falle. Dann sitze ich wohl eine halbe Stunde auf dem leeren Flur auf einer Bank – ganz allein – kein Mensch weit und breit. Eine Tür öffnet sich, ein SS-Mann, ein anderer, fragt, wen ich suche. Wieder allein, dann öffnet sich eine Tür, ich werde von einem dritten SS-Mann in ein großes Zimmer geführt, die Rolladen sind herabgelassen. Ich muß auf einem sehr bequemen Sessel vor einem großen Schreibtisch Platz nehmen; eine Lampe mit einer starken Birne beleuchtet mein Gesicht. Ich habe gerade noch einen eleganten, undurchdringlich aussehenden SS-Offizier gesehen – dann brennt die Helligkeit in meinen Augen. Was ich wolle. Ich trage mein Begehren vor. Der Mann sei seit zwei Tagen nicht nach Hause gekommen – niemand habe ihn mehr gesehen. „Und was verleitet Sie zu der Annahme, daß er hier sei? Ist er ein Staatsfeind?" – Vorsicht! Allergrößte Vorsicht ist geboten. – „Nein, ich dachte nur, die Gestapo weiß alles". „Wer hat Sie hierher geschickt?" – „Ich bin eben die Treppe heraufgegangen". Jetzt erst verlangt er meinen Ausweis, prüft ihn lange, drückt auf eine Klingel, Ein SS-Mann erscheint, nickt, verschwindet, kommt mit einer Akte wieder. Der Offizier vertieft sich in die Akte, liest – und schweigt. Ich sitze wohl eine halbe Stunde so. Dann löscht er die Lampe. Eine weitere halbe Stunde vergeht – er fixiert mich und schweigt. Schließlich steht er langsam auf, kommt um den Schreibtisch herum, ein harter Blick trifft mich: „Seien Sie nie wieder so neugierig, mein Freund – es könnte sein, daß Sie dann nicht wieder so schnell hier herauskommen". Der SS-Mann kommt, führt mich hinaus, das stählerne Tor klinkt ein – ich bin draußen, mit schlotternden Knien. Ich weiß nicht, wie ich nach Hause gekommen bin. Abends ist Herr D. wieder zu Hause. Das einzige, was ich erfahre, ist, daß er zwei Zimmer weiter vernommen worden ist Mein Auftreten hat ihnen wohl das Konzept verdorben, wer weiß? Im übrigen hat Herr D. geschwiegen. Ich habe in der Nacht nicht geschlafen. D. ist geblieben was er war – ein anständiger Mensch und ein unerbittlicher Nazi-Gegner.

Ganz in der Nähe unseres Geschäftes, an der Ecke Berliner/Kaiserin-Augusta-Straße steht ein Zeitungshändler, der Zeitungen und Zeitschriften, vornehmlich vom Scherlverlag, verkauft. Er bezieht gegen 16 Uhr seinen Standplatz vor dem Zigarrengeschäft Palm. Ich hole bei ihm regelmäßig die „Nachtausgabe" und komme häufig mit ihm ins Gespräch. Er ist Mitte 50, seine Gesundheit ist angeschlagen – er war im KZ und bekommt keine andere Stelle mehr. Vor allem im Herbst, bei Nacht, Nebel und Regen macht ihm sein Lungenleiden arg zu schaffen. Aussetzen kann er nicht – er erhält keinerlei Unterstützung im sozialen Staat der Nazi – Staatsfeinde sollen verrecken. Vom Oktober 1934 an mache ich ihm einen Vorschlag: bei schlechtem Wetter zieht er gegen 18 Uhr für eine Stunde zu „Suppenschulze" gegenüber, erhält dort ein Abendessen – auf Vaters Rechnung. Während dieser Zeit stehe ich an seiner Ecke und verwalte sein Geschäft. „Nachtausgabe, letzte Meldungen, die ‚Woche' heute neu, ‚Berliner Illustrierte mit dem neuen spannenden Roman!" Das Geschäft leidet nicht unter meiner

Unterstützung. Nach 19 Uhr zieht er sowieso um, verlegt seinen Stand vor „Suppenschulzes" Wirtschaft. Wir rechnen ab, er bekommt natürlich die ganze Einnahme. Seine Gegenleistung: ich erhalte von ihm – selbstverständlich gegen Bezahlung – die neuesten ausländischen Zeitungen, vor allem die „Neue Züricher". Seltsamerweise werden diese ausgeliefert, etwa eine Stunde später fährt ein schwarzer Wagen vor, zwei Männer mit Schlapphut und knöchellangem Regenmantel beschlagnahmen die ausländischen Blätter und verschwinden damit. Mein Exemplar ist längst in Sicherheit. Wir haben ein sehr gutes Vertrauensverhältnis und sind politisch ganz offen miteinander – aber auch er spricht kein Wort über seine Zeit in Sachsenhausen. So ein KZ muß eine verdammt teuflische Sache sein. Das wissen übrigens – ohne Details zu kennen – alle Menschen, die ich kenne, selbst fanatische Nazi. Meine Mitarbeit im „Verlagswesen" dauert bis kurz vor dem Abitur. Die zwei Stunden, die sie mich kostet, werden nachts angehängt. Ich arbeite ohnehin bis gegen zwei Uhr früh, manchmal, wenn ich „so richtig drin bin" auch bis um vier Uhr.

So rutschen wir in das Jahr 1935 hinein. Ein weithin fröhliches, turbulentes Silvester leitet das Jahr ein. Ich bin doch sehr nachdenklich in dieser Nacht – das Ende meiner Schulzeit steht bevor, die Aussichten sind für mich nicht gerade rosig – meine Existenz steht auf dem Spiel. Ich weiß nur eins, das Geschäft meines Vaters übernehme ich nicht. Es trägt auch nicht zwei Existenzen. Mein alter Berufswunsch ist nicht mehr realisierbar. Ich wollte Förster werden – aber mit Brille hat man keine Chance. Außerdem – eine Tätigkeit im Staatsdienst ist ohne die Partei kaum noch zu realisieren – es sei denn bei der Müllabfuhr. Muß ich Deutschland verlassen? Wie so viele schon?

Zwei Jahre dauert jetzt der Spuk – und kein Ende ist abzusehen. Was ist das „Geheimnis" dieser Bewegung? Ein aktiver Widerstand Einzelner ist nicht mehr möglich. Zwar versuchen es einige immer wieder, bewußt oder fahrlässig. Schon häufen sich die grellroten Plakate an den Litfaßsäulen mit Bild: „ Wegen Vergehens gegen das Staatsschutzgesetz wurde heute früh hingerichtet ... „

Über die Hälfte der Bevölkerung sind jetzt sicher echte Nazi. Die Arbeitslosigkeit hat stark abgenommen, es herrscht wieder Ordnung und Sicherheit auf den Straßen, der Führer schafft alles, die Westmächte ducken sich. Sicher hatte Hitler Glück, in eine Phase beginnender wirtschaftlicher Erholung hineinzukommen – ein Verdienst von Stresemann. Autobahnen werden gebaut, jedem „Volksgenossen" seinen Volksempfänger, in Zukunft auch seinen Volkswagen. „Kraft durch Freude" gibt jedem braven Naziarbeitnehmer irgendwann einmal die Gelegenheit zu verreisen, vielleicht sogar mit einem der großen Überseeschiffe ins Mittelmeer.

Auf der anderen Seite ist praktisch jede Kommunikation unterbunden, Spitzel vergrößern die Unsicherheit. Und wo sich so etwas wie Widerstand zeigt wird brutal zugeschlagen. Die Zahl der KZ wächst ständig – auch auf dem flachen Lande. Viele sehen ausgemergelte Gestalten in Lumpen zur „Arbeit" schleichen, in Steinbrüchen und Sümpfen, Hunger und Angst in den Augen; sehen? – Nein, sie sehen weg! Später wird keiner von ihnen von der Existenz dieser Folterkammern je etwas gehört haben. Täglich werden irgendwo welche „auf der Flucht" erschossen.

Im übrigen verlang der Führer ja gar nicht, daß alle in der Partei sein sollen – im Gegenteil, die Partei muß eine Elite bleiben. Es gibt j a so viele „Gliederungen" – für jeden etwas, SA, HJ, NSKK (Nationalsozialistisches Kraftfahrkorps), WHW (Winterhilfswerk), NS-Lehrerbund, NS-Juristenbund, NS-Reiterstandarte – da sollte doch jeder etwas für sich finden. Auch an die Frauen ist gedacht: Wie herrlich „Maid" in der Jungmädelschar oder im BDM (Bund Deutscher Mädchen) zu sein und später in der NS-Frauenschaft dafür zu sorgen, daß dem Führer genug stramme arische Knaben geboren werden.

Das Leben ist gar nicht so schlimm – für diejenigen, die mitmachen, Konzessionen machen. Der Lebensstandard ist nicht hoch, er ist zum Teil sogar niedriger als vor der „Machtübernahme", aber ausgesprochene Not gibt es nicht mehr für die Privilegierten. Sicher, es ist schon unbequem, immer wieder „Dienst" machen zu müssen, Aufmärsche, Versammlungen, freiwillige Sonderschichten, Sammeln – es gibt ja kaum noch ein freies Wochenende. Natürlich, im Betrieb wird mehr verlangt – man ist schnell ein Saboteur – und beruflicher Aufstieg, ja in kleinen Schritten; darüber hinaus wird es gefährlich, letzter politischer Einsatz und Engagement wird da verlangt. Und – Denunziation macht sich immer bezahlt. Kinder zeigen ihre Eltern bei der Gestapo wegen „Führerfeindlicher" Aussprüche an. Aber dann die Pauschalbelohnungen: Das „Mutterkreuz" macht manche Frau zu einer fanatischen Nazisse, Landwirtschaften werden zu „Erbhöfen" – dauernd finden Ehrungen aller möglichen Menschen und Gruppen statt. Ja, es läßt sich leben im „Dritten Reich" – Krieg? Gehört ins Reich der Fabel, ist eine Hetzparole der „Unverbesserlichen", und wenn, dann gewinnen wir ihn.

Nur eins ist hinderlich im Reich des „arischen Menschen": Charakter! Und dann darf man nicht zu den ohnehin Verfemten zählen: Juden, Freimaurer, engagierte Christen, Sozialisten, Pazifisten, Zigeuner – aber sie sind ja alle aufgezählt! Wer wissen will, ob er zu ihnen gehört, braucht nur die Hitlerbibel zu lesen. In „Mein Kampf" steht alles drin – auch wer im Interesse der Reinerhaltung des arischen Menschen „beseitigt" werden muß.

Nur Menschen mit Charakter, die haben es schwer in diesem Land. Sie müssen lernen mit der Angst zu leben, die Gefahr als ständigen Begleiter zu wissen. Wie paradox – die Charaktervollen müssen lernen, ihren Mitmenschen mit Mißtrauen zu begegnen.

Die Gefahr kommt auf leisen Sohlen – morgens gegen vier – mit Schlapphut und Trenchcoat. Niemand braucht's zu wissen – nur manchmal bewegt sich beim Nachbarn die Gardine in der Nacht.

O Heinrich Heine: „Denk ich an Deutschland in der Nacht ..." So bleibt die Angst! Viele wenden sich ab, wenn es politisch wird. „Pst" wird ein Hauptwort in der deutschen Sprache. Ein Wechsel kann nur von einer Seite kommen, die selbst Macht hat und das ist wohl nur das Militär – das Militär, das Hitler durch eine Mordnacht vom 30. Juni 1934 gerade auf seine Seite gebracht hat. Die Generäle wittern jetzt Karriere!

Na – wir werden sehen, ich hab ja noch ein Jahr Zeit. Hab ich das?

Mein Weihnachtszeugnis war recht ordentlich. Es besteht von dieser Seite keine Gefahr – aber ich will so gut wie möglich abschneiden – wer weiß? Es beginnt das große Büffeln, unterbrochen nur durch gelegentlich – dann aber ausgedehnte – „Ausflüge" ins Berliner Nachtleben. Wir sind zu zweit und finden uns einmal in der Bierbar in der Nähe des Ku-Dammes, in der man das Boxidol der 20er Jahre trifft – Breitensträtter, einen recht unkomplizierten, ruhigen Mann.

Ein andermal in einer kleinen Bar mit einem hervorragenden Pianisten als Alleinunterhalter, er hat es uns angetan. „Ausflüge" in das Gebiet um den Bahnhof Friedrichstraße bleiben selten – es ist nicht unser Niveau. So eine Art Sternstunden aber sind die seltenen und für uns zu kostspieligen – Aufenthalte bei den wenigen Gastspielen von Teddy Stauffer. Und einmal: „Und abends in der Skala!" – Jack Hilton zaubert mit seiner großen Band Originalswing.

Aber die Ernüchterung wächst. Am 16.3.1935 verkündet der „Führer" die allgemeine Wehrpflicht und zugleich den Aufbau einer durch den Versailler Vertrag verbotenen Luftwaffe. Welch ein Wunder, schon am Nachmittag dieses Tages fliegen die ersten Staffeln dieser Luftwaffe demonstrativ über die Reichshauptstadt. Bei dem Tempo kann es ja nicht lange dauern. Eine letzte Hoffnung auf die Westmächte wird geradezu zerschmettert: England erkennt de facto den Bruch des Versailler Vertrages an und sanktioniert die Aufrüstung. Ja, im Juni 1935 schließt England mit Hitler einen Flottenvertrag, der ihm ausdrücklich gestattet, eine starke Flotte zu bauen. Britain rules the waves – no longer, old British lion. Unsere letzten Hoffnungen sind zerronnen. Jetzt kann Hitler mit der Welt machen was er will – und jeder innere Widerstand wird zum eigenen Todesurteil.

Ergo – wir wollen leben solange uns eine Galgenfrist gegeben ist. Herbert's Mutter hat ein sehr schönes Seegrundstück mit einem Wochenendhaus weit draußen in der Mark Brandenburg. Unsere Fünferclique beschließt für das Wochenende ein Gartenfest im Grünen – die Versetzung in die Oberprima muß gefeiert werden. Herbert und seine Schwestern bereiten alles vor – wir treffen am späten Nachmittag ein. Es ist ein entzückendes, ziemlich großes Grundstück an einem See von etwas 300 Metern Länge und 200 Metern Breite, am Ufer ein Bootssteg mit einem Kahn. Es wird ein herrlicher Abend. Ein roter Mond steigt über dem See auf, ein lauer Sommerwind säuselt, die Bowle schmeckt und bald sind wir besäuselt. Nachdem Ernst eine knorrige deutsche Eiche bestiegen und eine Rede an die Nation gehalten hat (ob es unter den Eulen Spitzel gibt?) kommt jemand auf die verwegene Idee, eine nächtliche Bootsfahrt zu machen. Das eine Boot reicht nicht für alle – beim Nachbarn wird eins ausgeborgt. Ich rudere mit Holger hinaus, auf meinem Kopf mein Wahrzeichen – ein Tirolerhut. Es wird eine prachtvolle Fahrt – wenn ich nicht plötzlich so müde wäre! Etwa dreißig Meter vom Ufer entfernt sage ich zu Holger: „Du, ich geh jetzt schlafen!“, sprech's – und verlasse das schaukelnde Boot. Der kalte See macht mich keineswegs nüchtern, es geht abwärts, wie mit einem Fahrstuhl – eigentlich ganz angenehm. Dann lande ich unten – die Luft wird knapp, ich will wieder den Mond sehen. Es geht nicht – ich sitze in einem Gewirr von Schlingpflanzen fest, strample etwas. Ich habe keine Angst – noch nicht – eher Neugier, aber dann will ich doch hinaus. Schließlich schaffe ich es mit letzter Kraft freizukommen, tauche auf und verliere das Bewußtsein. Die anderen hatten an einen Scherz gedacht – dann hat Angst sie überfallen. In letzter Minute haben sie mich herausgefischt, an Land gebracht und das Wasser des kleinen märkischen Sees aus meinem Bauch gepumpt. Ich spüre nur noch, wie mir ein Cognac eingeflößt wird – und dann bin ich endgültig weg.

Sonnenstrahlen blinzeln in meine Augen – ein herrlicher Sommermorgen ist angebrochen, meine Kumpanei liegt malerisch drapiert um mich herum – und schnarcht. Inge kommt, H's Schwester. „Auf, Ihr müden Helden und seht Euch den zweiten Akt des Dramas an“. Wir sind schon draußen, stehen am Ufer und – staunen. Vier, fünf Kähne schwimmen auf dem See, Männer stochern mit langen Stangen im Gewässer – offensichtlich suchen sie etwas. Inge ruft einen von ihnen heran – er berichtet: Ein Nachbar habe früh einen Kahn kieloben mitten auf dem See treiben sehen, nicht weit davon sei ein Hut geschwommen – ein Tirolerhut! Alarm – und nun suchen sie die Leiche – meine Leiche notabene!

Schonend bringen wir ihm die Wahrheit bei. Ein schriller Pfiff – vier Kähne schaukeln auf uns zu. Aufkommender Zorn wird durch einen Begrüßungstrunk besänftigt. Sie kommen an Land, Inge macht ein opulentes Frühstück – und dann wird meine Wiedergeburt gefeiert! Abends noch schallt das Gelächter weit über den See – Kahn fahren ist keiner mehr gegangen. Ein Glück, daß diese Männer Humor hatten. Spät nachts schleichen wir leicht schlingernd durch den dunklen Wald zum Bahnhof, warten auf den Morgenzug. An diesem Morgen ist niemand von uns in der Penne – wir schlafen, schlafen, schlafen.

Ende Juni 1935 – die großen Ferien beginnen. Es werden meine letzten Ferien sein, was danach kommt ist ungewiß. Auf jeden Fall werde ich den Wehrdienst so lange hinauszögern, wie es irgend geht. Ich gehe immer den anderen Weg – die meisten wollen die zwei Jahre hinter sich bringen.

Aber zunächst beginnt mein Urlaub – wieder in das herrliche Berchtesgadener Land – aber diesmal allein, als Wanderer zwischen heute und morgen. Mit Windjacke und Rucksack geht es los, gute und feste Bergstiefel und Wetterschutz sind im Rucksack. Am 26.6. nehme ich Quartier in einem Privathaus in der Ramsau; Schlafraum für 11 Personen und ein paar Einzelzimmer, das Lager kostet

0,50 RM pro Nacht – alle Billigkeit. Auch das Essen beim Oberwirt ist gut und reichlich, Saftgulasch für 1,- RM.

Am ersten Tag mache ich zum Akklimatisieren einen ausführlichen Spaziergang über den Soleleitungsweg mit herrlichem Blick auf die Reiteralpe und den Hochkalter.

Das Frühstück am zweiten Tag bringt schon etwas Abwechslung. Ich sitze auf dem umflaufenden Schweizer Balkon, vor mir knusprige Brötchen, Butter und Marmelade, dazu ein Kännchen Kaffee. Es grummelt – ein Gewitter schon am frühen Morgen? Es klingt wie aus weiter Ferne und doch gleichzeitig sehr nah. Um 9.13 Uhr geht ein großes Rumpeln los, meine Kaffeetasse rutscht den Tisch hinunter, alles wackelt und das Haus gleicht einem Schiff bei Windstärke sieben. Mein erstes Erdbeben – und gleich ein deftiges. Na ja, ein verheißungsvoller Auftakt.

Am nächsten Morgen um 6 Uhr geht es aufi. Zunächst zur Schärtenalm, dann werde ich sehen. Ich bin der einzige Wanderer – es geht steil durch prachtvollen Hochwald – über mir lugt eine Hütte durch den Tann, eine rot-weiße Gardine weht durch ein offenes Fenster im Morgenwald. Bald stehe ich auf der Lichtung vor der Hütte. Hat mich ein Spuk genarrt? Alle Fenster sind geschlossen, ebenso die Tür – keine Menschenseele weit und breit. Mir ist nicht sehr wohl in meiner Haut – Schmuggler? Ich ziehe weiter, erreiche die Schärtenalm. Bei der lustigen Sennerin schmecken Brot und Milch und Käse wie nirgends sonst. Wir plaudern, ich erzähle ihr von meiner Beobachtung an der Hütte. Sie wird ernst, sagt dann leise: „Das sind die Nazi, sie schmuggeln Waffen und Schriften nach drüben – übers Gebirge!“ Richtig, die Grenze nach Österreich ist ja seit der Ermordung des österreichischen Bundeskanzlers Dollfuß geschlossen. Läßt einen denn auch hier, in der herrlichen Natur, das widerliche Tagesgeschehen nicht los?

Ich beschließe, zum Gletscher hinaufzusteigen. An der Blaueishütte spielen zwei Gemsen mit ihren Jungen, herzige Bocksprünge machen die Kleinen. Gewaltig der Kessel, vor mir der blauschimmernde Gletscher und dahinter die sich steil hochreckende Blaueisspitze mit ihren Nordabstürzen. Grandioser Abschluß der Hochkalter. Ich steige zur Schärtenspitze und genieße allein auf weiter Flur die Schönheit und die Stille der Bergwelt – über mir kreist lange Zeit ein Kaiseradler am blauen Himmel. An der Schärtenalm entschließe ich mich zum langen, einsamen Abstieg zur Wimbachgrieshütte.

Dort treffe ich ein lustiges Völklein, einen Studenten, ein Ehepaar aus Nürnberg und noch zwei junge Leute, alles erfahrene Bergsteiger. Der Abend wird gemütlich und heiter – auch bei nur 1/4 Roten. Sie wollen morgen mittag auf das Watzmannhaus und übermorgen eine Watzmannüberschreitung machen. Vor dem Schlafengehen fordern sie mich auf, mitzugehen. Ich zögere nicht lange, sage aber, daß ich bergunerfahren bin. „Macht nichts, wir werden Dich schon festhalten“.

Der nächste Abend sieht uns im Watzmannhaus am Falzköpfle. Am darauffolgenden Morgen liegt Berchtesgaden unter dicken, schwarzen Wolken – über uns strahlt die Sonne am tiefblauen Himmel. Wir zögern, gehen dann aber um 8 Uhr los. Zwei Stunden später erreichen wir das Hocheck gerade in dem Augenblick, in dem über Berchtesgaden ein schweres Gewitter losbricht. Faszinierend, die grellen Blitze durch die dunklen Wolken nach unten zucken zu sehen – unaufhörlich grollt es von unten herauf – wir vespern im Sonnenschein. Bald geht es weiter – jetzt wird es mulmig – aber ich erweise mich als schwindelfrei. Das ist auch nötig, ich muß gleich eine Probe meines Könnens und meines Mutes ablegen. Nach 2/3 des Weges vom Hocheck zur Mittelspitze kommt eine Felsplatte, etwa 2 mal 3 Meter, frei auf einer Felsspitze aufliegend, die Wippe. Beim Überschreiten der Mitte dieser Platte schwingt sie deutlich auf die andere Seite, links und rechts fast senkrechte Steilabfälle von mehreren Hundert Metern. Prüfung bestanden – ein komisches Gefühl war es schon Kurzes Verweilen auf der Mittelspitze. Auf schmalem Grat wird die Südspitze erreicht. Noch eine lange Gipfelrast – seit der Mittelspitze sind wir allein – dann ein Steilabstieg durch die Schönfeldgrube zur Wimbachgrieshütte zurück.

Abends ein Schauspiel eigener Art. Der Wirt führt uns bei Anbruch der Dunkelheit auf einen Felsbalkon 3, 4 Meter über der Wiese im Talkessel. Langsam tauchen die Felsen in das fahle Licht des Mondes, überall schwarze Schatten von Spitzen und Graten – und dann kommen sie. Langsam majestätisch, ihre gewaltigen Geweihe noch im Bast tragend, sichern sie lange nach allen Seiten, beginnen dann zu äsen – es bleibt ein unvergeßlicher Anblick. Gegen Mitternacht sind wir wieder in der Hütte – der Schlaf läßt nicht lange auf sich warten.

Der nächste Morgen sieht uns schon früh auf dem Weg ins Steinerne Meer. Der Aufstieg zum Wimbachscharte ist ein wenig mühsam, wir haben Verpflegung für zwei Tage mit uns. An der Scharte ist Vorsicht geboten, hier verläuft die – gesperrte – deutsch/österreichische Grenze. Von deutscher Seite ist kein Zollbeamter zu sehen. Hier ist natürlich kein offizieller Grenzübergang, aber in normalen Zeiten gehen hier Patrouillen. Auch drüben läßt sich niemand blicken. Wir steigen unter den Wänden der Kematenscheid und der Kühleitenscheid in das herrliche, einsame Hochwiestal, vor uns den grandiosen Kessel zwischen Hundstotkendelkopf, Großem Hundstod und Diesbacheck. Vom Platteret geht der Blick weit nach Westen ins Saalachtal, unter uns den tiefblauen Diesbachsee umrahmt von schwarzen Wäldern. Auf der anderen Seite die Diesbachscharte mit dem Ingolstädter Haus, an dem wir vorübergehen. Auch hier gibt es keine Kontrollen. Der gewaltige Trumm des Großen Hundstod reizt uns schon – aber wir haben noch einen weiten Weg, den Eichstätter Weg zum Riemannshaus unter der Schönfeldspitze – unserem Bergziel.

Eine Steinwüste nimmt uns auf. Überall Gesteinstrümmer, selten eine Handvoll Moos und eine Bergnelke. Große Platten, spitze Türme wechseln mit großen Firnfeldern – es ist noch früh im Jahr. Weit geht der Blick über diese Urlandschaft

– so muß es auf dem Mond aussehen – in größerem Abstand ringsum die „Großen“ – mit rundem Rücken, wie der Große Hundstod, steil und spitz, wie der Sommerstein. Leicht steigend und fallend geht es in Richtung Schönfeldspitze. Kleine Risse und Schrunden mahnen zur Vorsicht beim Gehen. Der Funtenseetauern, in der Ferne das weißstrahlende Gletscherfeld der „übergossenen Alm“ mit dem Hochkönig kommen in das Blickfeld. In einer Mulde an einem kleinen Hang heißt es achtgeben. Ein vielleicht 1½ mal 2 Meter großes schwarzes Loch liegt unmittelbar neben dem Weg, steil abfallend geht es dort hinab in die nachtdunkle Tiefe – alles loses Geröll. Vorsichtig werfen wir einen faustgroßen Stein – er rumpelt hinab, reißt etwas Geröll mit sich, die Laute verlieren sich in der Tiefe – einen Aufschlag hören wir nicht. Ist das der Eingang zur Unterwelt? Für den, der hier hineinrutscht bestimmt – hier gibt es keine Rettung mehr.

Langsam kommt die markige Pyramide der Schönfeldspitze näher, auf einer grünen Oase weiden Bergschafe, Murmel pfeifen durchdringend, die Ihren vor uns warnend. Außer uns ist kein Mensch zu sehen. Jetzt kommt das Riemannshaus in Sicht, unmittelbar unter dem Sommerstein.

Es geht auf den Abend zu – wir betreten die Hütte – nur wenige Menschen befinden sich im Raum. Der Hüttenwirt ist verständnisvoll – wir haben uns über die Grenze verirrt und können bei einfallender Nacht nicht weiter – ein Notfall. Mit dem Versprechen, am Morgen über die Grenze in Richtung Funtenseehaus weiterzugehen, dürfen wir bleiben. Später kommen Zöllner – das Haus dient ihnen jetzt wohl in erster Linie als Stützpunkt – beobachten uns mißtrauisch. Der Hüttenwirt spricht mit ihnen – sie nicken und bleiben in der Hütte. Wir übernachten im Gastraum – unter Bewachung, da kann uns ja nichts passieren.

Nach kargem Frühstück geht es schon vor Sonnenaufgang in Richtung Schönfeldspitze. Zunächst wieder durch die Steinwüste, langsam wird es steiler und bald sind wir im Fels. Hier wird praktisch, was die anderen an den vorhergehenden Abenden mit mir geübt haben – Klettern in der Seilschaft. Knotenbinden habe ich geübt, so geht es ziemlich schnell bis wir am Einstieg bereit sind. Wir wollen zunächst in Dreierseilschaft gehen, das ist für mich am Sichersten. Noch einmal werden die Knoten geprüft – wir gehen als erste, geknotet mit dem Sackstich, ich in der Mitte . Es geht recht gut und schnell. Mir kommt zugute, daß ich sehr trittsicher bin. Schnell entwickle ich ein Gefühl für den Fels. Es geht höher hinauf. Herrlich das Gefühl, weit über der steinernen Landschaft zu hängen, Schritt für Schritt weiter an Höhe zu gewinnen. Ein Kamin strengt mich doch an, sie gehen so, daß ich viel lernen kann. Die Mühe wird belohnt durch das Gefühl wieder ein Stück Höhe geschafft zu haben.

Auf dem Gipfel, den wir nach gut zwei Stunden erreichen, krönt eine längere Gipfelrast den Aufstieg. Weit geht der Blick über wüste Flächen zu den stolzen Gipfeln der Umgebung, zu Watzmann und Hochkalter, über die „übergossene Alm“ mit dem in der Sonne leuchtenden Gletscher zum majestätischen Hochkönig, zu den Loferer und Leonganger Steinbergen und dem in der Ferne liegenden

Tauernmassiv mit dem Großglockner und Groß Venediger. Ein für mich einmaliges Erlebnis, das richtunggebend für mein weiteres Leben wird – die Liebe zu den Bergen wird mich nicht verlassen.

Nach längerer Beratung wird beschlossen, den Rückweg anders als geplant zu machen, um den Zöllnern beim Riemannshaus nicht n och einmal in die Arme zu laufen und eindeutig unsere Linie in Richtung Grenze anzudeuten. Wir gehen jetzt in Zweierseilschaft, damit ich möglichst viel lerne – außerdem ist sie bei meinen Begleitern die übliche Form des Gehens im Fels am Seil. Auch ihnen macht das Anlernen eines „Lehrlings“ Spaß.

Wir, der Student und ich, gehen als zweite Seilschaft in der Mitte. Ich beobachte die vor uns Absteigenden genau und komme gut zurecht, obwohl der Abstieg viel schwieriger ist als der Aufstieg in der Dreierseilschaft. Schließlich ist es, über einige Traversen und Bänder gehend, geschafft.

Noch ein letztes Mal geht es durch die Steinwüste, durch Felsspalten und über Karrenfelder, vor uns der immer größer werdende Funtenseetauern. Durch dichte Latschenfelder winden wir uns hinauf zum Punkt 1949. Ein Blick zurück über die Mondlandschaft des Steinernen Meeres auf die von der Sonne beschienene Schönfeldspitze vor dem blauen Himmel. Vor uns liegt jetzt ein Paradies – wir blicken auf einen großen Kessel hinab, umgeben von bewaldeten Hängen, Lärchen Fichten und Zirben auf grünen Matten – ab und zu scheint der Fels hindurch, unten wie ein dunkles, blaues Auge der Funtensee, dahinter das weiße Funtenseehaus, der Kessel im Hintergrund umrahmt vom Schneiber und der gewaltigen Masse des Watzmannmassivs.

Am Funtensee nehmen wir – der Student und ich – Abschied. Die anderen wollen am nächsten Tag noch in die Röth, wir beide wollen noch nach Königssee absteigen. Es ist ein langer Tag, aber die Schönheit der Berge und Wälder läßt uns nicht müde werden. Jetzt geht es ständig hinab, mal sanft, mal steil, meist steil, über Stufen zum Grünsee und dann sehr steil durch die Sagereckwand zur Saleralm am Königssee. Es dunkelt schon, als wir das letzte Schiff gerade noch erreichen. Eine genußreiche Fahrt über den See – St. Bartholomä grüßt im letzten Abendschein herüber – beendet diese herrlichen Tage in Königssee. Bei einer Flasche Rotwein feiern auch wir Abschied. Ich fahre am nächsten Morgen noch für einige Tage in die Ramsau zurück, verbringen noch einige schöne Stunden am geliebten Hintersee ehe es in die „Reichshauptstadt“ zurück geht in ein arbeitsreiches Jahr und eine ungewisse Zukunft. Aber eine große Liebe hat mich gepackt, die mich nie wieder verlassen wird – die Liebe zu den Bergen, zum Bergwandern und Klettern.

Nach den großen Ferien beginnen bald die Vorbereitungen für den „Reichsparteitag“ in Nürnberg. Diesmal fehlen mehr Schüler und Lehrer als vor einem Jahr. Der Parteitag geht an allen, die nicht selbst teilnehmen, ziemlich unberührt vorüber. Aber am 15. September verkündet der „Führer“ in Nürnberg das „Gesetz zum Schutz des Deutschen Blutes und der Deutschen Ehre" mit dem allen jüdischen Bürgern die deutsche Staatsangehörigkeit genommen und die deutschen Juden praktisch vogelfrei werden. Die Ehe zwischen Juden und Nichtjuden wird verboten; Juden, die deutsche Frauen unter 45 Jahren in ihrem Haushalt beschäftigen werden mit hohen Zuchthausstrafen bedroht. Manche langjährige Angestellte in einem jüdischen Haushalt steht über Nacht auf der Straße; denn aufgrund ihrer Tätigkeit bei „einem Juden" sind auch sie verfemt. Jüdische Ärzte dürfen nur noch jüdische Patienten behandeln, das ist ein Todesurteil für manch einen nichtjüdischen Patienten; denn die jüdischen Ärzte zählen bekanntermaßen zu den Besten. Jüdische Anwälte dürfen nur noch ihre Glaubensgenossen beraten und – soweit sie noch Prozesse führen dürfen – vor Gericht vertreten. Alle jüdischen Beamten werden aus dem Dienst entfernt. Es kommt zu beschämenden Szenen vor deutschen Gerichten. Deutsche Richter brechen das Recht und treten die Menschlichkeit mit Füßen.

Wir bekommen die Auswirkungen dieses Parteitages sehr schnell zu spüren. Unser geschätzter Klassenlehrer K. – er unterrichtet Mathematik – ist aus den Herbstferien nicht zurückgekehrt. Er ist aus dem Dienst entfernt – er ist Jude und – Teilnehmer des Ersten Weltkrieges, ausgezeichnet mit dem Eisernen Kreuz! Er durfte sein Leben einsetzen für ein Deutschland an das er geglaubt hat – für das Deutschland des „Führers" ist er ein Schandfleck!

Viele jüdische Bürger verlassen jetzt Deutschland, soweit sie eine Möglichkeit finden. Andere – viele ältere Ehepaare – machen ihrem Leben selbst ein Ende. Offenbar sind aber die anderen Staaten – auch die Schweiz und die westlichen Mächte – wenig bereit, sie aufzunehmen, wenn sie nicht über Vermögen verfügen. Das aber muß in Deutschland bleiben. Bis auf einen winzigen Betrag von wenigen Mark zieht alles die ruhmreiche „Deutsche Nation" ein – „Reichsfluchtsteuer" nennt man das, im Strafgesetzbuch heißt das schlicht „Diebstahl".

Es geht mit Riesenschritten auf das Abitur zu. Nächtelang wird wiederholt. Mathematik ist meine „schwache" Seite, eine „drei" fast aussichtslos. Sehr viel Zeit nehme ich mir für Geschichte. Ich habe so eine Ahnung, als ob mein alter Freund und neuer Oberschulrat da ein Wörtchen mitreden wird – nun, ich kenne ja seine Spezialitäten. Die Sprachen machen mir keine Schwierigkeiten. Ich habe seit einigen Jahren eine sehr enge Brieffreundschaft mit einer gleichaltrigen Amerikanerin. Der Briefwechsel erstreckt sich auf ihre Mutter. Auf diese Weise entsteht eine sehr enge Verbindung und viel Verständnis für Amerika, die Amerikaner und ihre Mentalität. Wer weiß? Vielleicht liegt hier eine Möglichkeit? Ein bevorstehender Krieg ist für mich schon eine fast feststehende Tatsache. Ich will auf keinen Fall als Söldner Hitlers teilnehmen.

Unter nur noch gelegentlichen „Streifzügen" durch das Berliner Nachtleben haben wir ein neues Ziel. Durch Zufall sind wir in eine ziemlich kahle Berliner Kneipe in unmittelbarer Nähe des „Kurfürstendammes" hineingeraten. Erst war nichts los – ein Glas Bier, kaum Betrieb. Das ändert sich schlagartig nach Theaterschluß. Gegen 23 Uhr ist hier ein Treffpunkt vieler Berliner Schauspieler. Stammgast bei Änne Mänz ist Hans Albers. Er beherrscht die Szene. Beim zweiten oder dritten Besuch holt er uns an den riesigen runden Schauspielerstammtisch: „Los, Jungs, kommt immer ran hier – Ihr seid doch auch so hungerleidende Studenten!" Um Mitternacht tanzt er auf dem Tisch – oft zahlt er die ganze Zeche – für uns sowieso. Es sind immer sehr unterhaltsame Nächte. Aber es kommt die Zeit, da können wir uns selbst diese „Ausschweifungen" nicht mehr leisten. Schade – wir haben schöne Stunden hier verlebt.

Wir schreiben das Jahr 1936. Was wird nach dem Abitur? Hat es noch einen Sinn eine Ausbildung zu beginnen? Ein Studium? Welches? Ich entschließe mich zunächst einmal für ein Studium der Nationalökonomie.

Die schriftliche Prüfung beginnt. Es läuft alles sehr gut. Bis „Schweinebacke", unser Klassen- und Mathematiklehrer, eines Morgens die Klasse betritt, mich strafend ansieht und poltert: „Droßel, Sie trübe Tasse! Ausgerechnet im Mathematik-Abi schreibt der Kerl die einzige Drei in seinem Leben!" Na – das ist ja nun auch etwas übertrieben! Also – auf ins Mündliche. Die Paukerei nimmt zu.

Am 27. und 28. Februar 1936 steigt das „Mündliche". Einzeln erfolgen die Prüfungen im Zeichensaal – allein vor einer großen Kommission. Natürlich bin ich in Mathematik dabei und – meine Ahnung hat mich nicht getrogen, – in Geschichte, obwohl ich seit Untersekunda in diesem Fach stets ein „gut" hatte. Die Mathematikprüfung am 27. Februar wird kritisch. „Schweinebacke" tut zwar alles um mir zu helfen, aber so ganz geschickt macht er das auch nicht. Ich komme ins Schwimmen. Das Eingreifen eines anderen Mathematiklehrers rettet dann die Situation. Nach vielen Jahren eines „mangelhaft" prangt auf dem Abschlußzeugnis in Mathematik ein sensationelles „genügend". „Schweinebacke" hat dabei nicht weniger geschwitzt als ich.

Eine Nacht voller Spannung. Ich arbeite nicht mehr, trinke abends ein Glas Wein und gehe früh schlafen.

Der Vormittag nimmt kein Ende. Ich hocke mit den anderen Kandidaten in unserem Klassenzimmer und warte. Einer nach dem anderen geht – kommt wieder, die Spannung bei den Zurückkehrenden ist gelöst, aber die Ungewißheit bleibt. Gegen zehn Uhr fünfundvierzig kommt der Herr Oberschulrat, löst den bisherigen Vertreter des Oberschulamtes ab. Also! Auf in den Kampf!

Um elf Uhr hat mein Stündlein geschlagen. Wieder stehe ich im Zeichensaal vor einer großen Kommission. Vor Beginn der Prüfung wendet sich der Herr Oberschulrat an den Prüfer: „Gestatten Sie, daß ich die Prüfung übernehme"„ Was sollte mein Geschichtslehrer schon sagen?

Thema: „Die Entwicklung Brandenburgs beginnend mit dem Erwerb von Kleve, Mark und Ravensberg bis zur Gründung der Großmacht Preußen!" Das haben wir viele Stunden bei ihm diskutiert, meist er und ich allein – in vielem kontrovers. Aber ich habe bei ihm gelernt große Zusammenhänge zu erfassen, zu analysieren und Schlußfolgerungen zu ziehen. Es wird keine Prüfung mit Frage und Antwort, es wird – wie damals – ein Streitgespräch. Es macht mir Spaß – auch er ereifert sich, engagiert sich. Wir schließen Kompromisse, einigen uns in diesem und jenen Punkt, vertreten gegensätzliche Meinungen. Es ist still im Saal. Man merkt, wir haben oft die Klingen gekreuzt; man merkt, hier findet mehr statt als eine Prüfung, hier wird gekämpft. Aber der Herr Oberschulrat bleibt fair. Nach weit über einer Stunde, bei Friedrich Wilhelm I., etwa gegen 1740, bricht er ab, reicht mir die Hand und sagt: „Sie sind unverbesserlich geblieben – aber geben Sie es zu, Sie haben bei mir etwas gelernt!" Ich kann es nicht leugnen. Ich habe mein „Gut" gehalten und bekomme auch als Gesamtzeugnis diese Note.

Im Komitee für die „Abizeitung" arbeitet Salomon kräftig mit. Beim Klassenkommers ist er nicht mehr dabei. Er vertraut mir an, daß er, der ebenfalls eine hervorragende Prüfung abgelegt hat, Deutschland so schnell wie möglich verlassen will; sein Ziel ist Prag. Ich habe Verständnis für ihn. Wir treffen uns noch einmal, trinken – für ihn verbotenerweise – irgendwo eine Tasse Kaffee und nehmen Abschied. Es wird ein Abschied ohne viele Worte – wir fühlen beide, daß dunkle Schatten über uns liegen. Es wird ein kurzer Abschied – ein Abschied für immer.

Der Kommers wird ein voller Erfolg. Im Hinterstübchen des „Parkrestaurants" sind alle Lehrer der Klasse anwesend, es fließt viel Bier durch durstige Abiturientenkehlen und nach feuchtfröhlichem Gelage ziehen kleine Grüppchen von „Ehemaligen", zum Teil mit einem Lehrer durch den andämmernden Morgen in einen neuen Lebensabschnitt.

Vom Wehrdienst habe ich mich wegen meines beabsichtigten Studiums zurückstellen lassen, den „Reichsarbeitsdienst" muß ich ableisten. Ich habe meine Einberufung nach Bad Wilsnack. Ich suche es lange auf der Karte – es liegt zwischen Berlin und Hamburg an der Bahnlinie.

Aber vorher will ich noch eine Chance versuchen in meinen Wunschberuf zu kommen: Journalist! Vorher macht Hitler einen weiteren Schritt zum Krieg. Am 7. März 1936 besetzt er mit seinen Truppen das entmilitarisierte Rheinland. Auch hier erfolgt außer Protesten keinerlei ausländische Reaktion, die ihn zu einer Änderung seines Verhaltens veranlassen könnte.

Vater sondiert. Ein guter Kunde, selbst aus dem Verlagswesen, meint, man würde im Reich Adolf Hitlers wohl keine freie, unabhängige Presse mehr finden. Am ehesten hält er noch den Scherlverlag für geeignet, weil die Deutschnationalen mit einigen wenigen Leuten noch einen gewissen Einfluß ausübten. Nun gut, ich will hier ja auch nur das journalistische Handwerk lernen. Dieser Herr nennt meinem Vater dann den Namen eines Redakteurs aus dem Hause Scherl, von dem er wisse, daß er kein Nazi sei. Er vermittelt dann zwischen uns ein Treffen. Vater besteht darauf, mich zu begleiten. Wir betreten mit einiger Skepsis das Verlagshaus und werden nach kurzem Warten in das Zimmer des Redakteurs geführt. Wir grüßen freundlich mit „Guten Morgen", da steht er schon hinter seinem großen Schreibtisch, den rechten Arm hoch emporgestreckt und ruft uns zu: „In diesem Haus wird mit 'Heil Hitler' gegrüßt". Vater ist einen Augenblick lang verblüfft – das hatte er nicht erwartet. Dann erhebt er sich aus seinem Sessel und meint zu mir: „Hier sind wir wohl auf dem falschen Dampfer – komm mein Junge!" Mit einem erneuten freundlichen „Guten Morgen" lassen wir den Herrn wohl in einiger Ungewißheit zurück, ob es sich bei seinem Besuch um Spitzel, Agents Provocateurs oder nur um naive, weltfremde Spinner gehandelt hat. Aus der Traum! Mein zweiter Berufswunsch nach dem Förster ist geplatzt wie eine Seifenblase. Jetzt lasse ich die Dinge an mich herankommen und gehe erst einmal zum Arbeitsdienst. Sechs Monate werden wohl zu überstehen sein.

Am 1. April 1936 rumpelt ein aus uralten Personenwagen bestehender „Sonderzug" mit einigen Hundert jungen Leuten in Richtung Prignitz, in das Bad Wilsnack – ein Moorbad, notabene. Dort werden wir von einem martialisch aussehenden Arbeitsdienstführer und seinem Stab empfangen, gesichtet und schließlich, bunt durcheinandergewürfelt, auf Baracken verteilt, in jeder „Stube" etwa 20 Mann. Ich bin mit zwei weiteren Abiturienten, jungen Arbeitern, Handwerkern und einigen Undefinierbaren zusammen. Joachim Köhler, Abiturient wie ich, bezieht mit mir gemeinsam ein doppelstöckiges Bett, er unten, ich oben. Neben uns liegen Kurt Linz, auch Abiturient, und Karl, ein Jungarbeiter, der sich schnell als prima Kumpel erweit. Nachmittags ist Kleiderempfang, abends wird Bettenbau geübt. In der „Stube" schläft mit uns ein Arbeitsmann, unterste Charge. Morgens ist Flaggenparade, anschließend Appell und Arbeitseinteilung. Wecken ist um 4 Uhr 30, nach Frühstück und Flaggenparade Abmarsch zur Arbeitsstelle. Die Aufgabe besteht in Meliorisation, d.h. entweder bis zum Bauch im kalten Wasser der Entwässerungsgraben zu stehen und diese zu entschlammen und zu vertiefen, oder neue Gräben auszuheben, genau mit Neigungswinkel und richtiger Tiefe. Jeder erhält einen Bodenabschnitt, der bis zum Mittag fertig sein muß, je nach Bodenbeschaffenheit sieben bis zehn Meter, und jeder muß sehen, wie er damit fertig wird. Wer vorher fertig wird, kann Pause machen. Das fällt Tiefbauarbeitern natürlich leichter als Abiturienten. Aber es stellt sich schnell eine unerwartete Solidarität ein. Erfahrene Bauarbeiter zeigen uns die richtige Arbeitsweise und helfen immer weiter, daß alle ziemlich gleichzeitig fertig werden, ungeachtet der für sie winkenden zusätzlichen Pause. Zwei oder drei von ihnen machen im Anfang etwa drei bis vier Meter bei jedem von uns anderen, den Abiturienten und Angestellten, mit. Auf diese Weise haben alle vor dem Abmarsch ins Quartier noch etwa eine halbe Stunde zusätzlich Pause.

Nach einer Woche verkündet der Lagerleiter nach der Flaggenparade, daß sofort Fahrräder ausgegeben werden, damit mehr geschafft werden könne, wenn auf dem Hin- und Rückweg jeweils 45 Minuten eingespart werden. Ich zögere einen Moment und rufe dann: „Ich kann nicht radfahren, Herr Oberfeldmeister!" Grinsen um mich herum; nach kurzer Überraschungspause ergeht ein schmähliches Donnerwetter über solch eine „lahmarschige Ente", das mit dem Hinweis endet, dann müsse ich es eben lernen. Kurt neben mir hat inzwischen Mut gefaßt.

Er meldet sich, er könne auch nicht. Nach der knurrenden Frage, ob es noch mehr solcher „Idioten" gäbe, meldet sich niemand mehr. Also wir sollen es lernen – nachmittags in der Pause.

Die Vormittagsarbeit geht weiter. Während die anderen zum Arbeitsplatz radeln marschieren wir Beide, begleitet von einem Truppführer zu Fuß zum jetzt entfernteren Arbeitsplatz. Der Truppführer hat es nicht eilig. Wenn wir angekommen sind bleiben uns gerade zehn Minuten um Spaten oder Schippe zur Hand zu nehmen, dann ist Zeit für den Rückmarsch. Einiges haben wir also immerhin gewonnen, außerdem sparen wir nachmittags das unerfreuliche „ Spatenexerzieren".

Beim Samstagsappell wird verkündet, so gehe es nicht weiter; für uns „Vollidioten" werde nunmehr ein „Spezialfahrradkurs" eingerichtet. Der „Kurs" findet vormittags statt und dauert jeweils solange, wie die anderen draußen arbeiten – ein „Schnellkurs" ist das gerade nicht. Ein Truppführer begleitet uns und soll uns diese Wissenschaft beibringen. Er erklärt uns im Gelände: „Ihr widerlichen Zwerge könnt natürlich radfahren – also braucht ihr es nicht zu lernen. Aber mir soll es recht sein, wenn der „Alte" darauf reingefallen ist – hauen wir uns auf's Ohr." Es ist schönes Wetter – eine Woche vergeht im Flug. Am nächsten Samstag wird beim Appell verkündet, wir könnten jetzt radfahren und würden am Montag mit den anderen zusammen zur Baustelle fahren, „aber hinter ihnen, damit ihr nicht noch jemand ins Jenseits befördert!" Unser Protest ändert nichts an der Lage. Am Montag geht die Fahrt früh ab. Schmale, kurvenreiche Waldpfade führen zum Ziel – wir immer ein Stück hinter den anderen. Wir kommen mit kurzer Verspätung an, aber die Arbeit schmeckt jetzt noch weniger. Auf der Rückfahrt fasse ich einen Entschluß. In einer scharfen Kurve, leicht bergab, steure ich eine mittelprächtige Kiefer an, es gibt einen Knall, außer einer Beule ist mir nichts passiert. Aber eine halbe Stunde nach den anderen schleppe ich, hinter mir mein puterroter Truppführer, mein Fahrrad mit einer riesigen „Acht" ins Lager, unter dem Beifall und Gebrüll der versammelten Mannschaft. Die Küche organisiert für mich Kuchen und der Lagerleiter verlängert für uns Beide den „Kurs" um vier Tage – „aber zum letzten Male!" Auch diese Tage gehen vorüber und dann können wir endlich radfahren – besser als viele andere.

Das Glück bleibt uns hold. Nach zwei Wochen Grabenbau – trockene Gräben – werden wir zum „Faschinenflechten" abgestellt. Es ist Waldarbeit, nicht leicht, fällt uns aber nicht so schwer wie der Grabenbau, weil die Arbeit eher Geschicklichkeit als Kraft erfordert. Mit den Faschinen werden die Grabenwände zur Befestigung ausgelegt. Auf einem Bock werden Fichtenzweige mit Draht längs gebunden bis eine jeweils etwa zwei Meter lange Rolle entsteht, die in die Grabenwand eingelassen wird. Es ist Gruppenarbeit und wir fünf sind bald so aufeinander eingespielt. daß relativ viel Freizeit bleibt. Achim und ich benutzen die Zeit, um Streifzüge in den Wald hinein zu unternehmen; dabei kommt es zu manch einem – für Städter besonders interessanten – Naturerlebnis. Außer

Rehen und Hasen treffen wir auf Füchse, Marder, auch einmal auf einen Dachs. Besonders beeindruckend bleibt eine Begegnung mit einem riesigen Uhu, der den Tag auf einem starken, niedrig hängenden Ast verbrachte. Es ist schon für uns ein Erlebnis, solch einem prächtigen, seltenen Tier in freier Wildbahn begegnen zu können. Es wird also trotz aller Arbeit eine sehr schöne Zeit im Wald. Die Kameradschaft wächst – nur bei Regen ist es ziemlich feucht.

Weniger erfreulich ist der Tages- und Nachtablauf im Lager. Die Baracke hat drei große Mannschaftsstuben. Neben der Tür schläft in einem Einzelbett, auch auf einem Strohsack, der berufsmäßige Arbeitsmann. Der Platz ist eng, Holztische und Bänke versperren den wenigen freien Raum, neben den Betten steht für jeden ein „Spind".

Vormittags ist Arbeit im Wald und im Sumpf. Das Mittagessen wird von der gesamten Lagerbesatzung in einem großen, kahlen Saal in einer Extrabaracke, der Küchenbaracke eingenommen. Das Essen ist verheerend. Schweinekartoffeln, eine dünne Fleischsoße und eine Art Dörrgemüse – kaum Unterschiede von Tag zu Tag. Nach etwas drei Wochen gibt es den ersten Aufstand. Einer fängt an, wirft seinen gefüllten Teller an die Barackenwand – Sekunden später scheppert es in allen Ecken und Enden, Kartoffeln kleben an den Wänden, Soße rinnt in langen Streifen zur Erde, alles trommelt rhythmisch mit Blechbechern und Löffeln auf die Tische. Die „Führung" – separat an einem Tisch am Kopfende mit direktem Zugang zum Flur – ist längst mit einem riesigen Satz „getürmt". Langsam legt sich die Wut. Alle verlassen den Raum, gehen auf die Stuben, harren des nun wohl kommenden Unwetters. Es geschieht – nichts! Abends ist der Saal notdürftig gesäubert – das Essen wird schlagartig besser. Da hat wohl wieder einer in seine Tasche gewirtschaftet.

Zum Reinigungsdienst gibt es die übliche Schikane aus „Im Westen nichts Neues". Abiturienten vortreten: „Sie leeren die Latrinengruben, bis 19 Uhr ist alles prima!" Ein anders Mal sind es die Klavierspieler – Fantasie haben die auch keine. Na schön, auch das wird überstanden. Unangenehmer sind die Nächte. Kaum eine Nacht vergeht ohne Unterbrechung – und die Nächte sind sowieso zu kurz. Eine Einlage erfolgt meist gegen zwei Uhr früh. Licht an – ein Feldmeister steht in der Tür: „Achtung, alles raus aus der Falle!" Sekunden vergehen – jeder steht im Nachthemd in Achtungsstellung vor seiner Pritsche. „Löhne umsteigen!" – das gibt Frühsport. Ober- und Untermann müssen blitzschnell ihr Bett tauschen, dabei unter dem unteren Bett hindurchkriechen, dann wieder hinauf. Das wiederholt sich drei bis vier Mal: „Gute Nacht!"

Einige Nächte danach – zwei Uhr Licht an „Schwanzparade". Raus aus der Falle, der Sanitäter geht durch, wirft einen müden Blick nach südwärts – „Gute Nacht!"

Drei Uhr morgens – Licht an – Spindappell! Der Feldmeister geht von Spind zu Spind, reißt jeweils den Inhalt einiger Fächer heraus, auf die Erde oder auf den

Tisch, alles durcheinander. Er ist nach fünf Minuten fertig – wir gerade zum Wecken.

Oder die Alarme. „Alarm!" „Alles steht in zehn Minuten marschbereit!" Jagend anziehen, Gepäck aufgeschnallt, den Spaten gegriffen. Zehn Minuten später steht das Lager auf dem Appellplatz. Der Oberfeldmeister kommt, es wird Meldung erstattet: „Die Augen links!" „Das nächste Mal geht das schneller, gute Nacht!" Bei Alarmen haben die meist die Nacht hindurchgefeiert.

Übler ist das Erscheinen des „Heiligen Geistes." Unsere Stube bleibt verschont – wir halten zusammen – aber nebenan geschieht das öfter. Wenn einer häufiger auffällt wird die ganze Gruppe bestraft. Nachts erscheinen dann vermummte Gestalten, schlagen das Opfer mit Knüppeln zusammen und lassen ihn dann liegen. Oft kommt der Geschundene dann am nächsten Morgen für drei oder fünf Tage in Arrest, bei Wasser und Brot, weil er sich „leichtfertig" verletzt hat. Das hört erst auf, nachdem wir eines Morgens beim Frühsport, einem Waldlauf, einen Betroffenen an einer Eiche hängend finden.

Angenehm ist das „Wachestehen". Da ist man vor solchen Scherzen sicher, riskiert allenfalls einen „Anschiß", wenn man beim Herannahen des Lagerleiters die Wache zu spät herausgerufen hat.

Ich werde zum Kartoffelschälen abgestellt – Freizeitbeschäftigung. Fünf Mann sitzen über Mittag im Hof vor der Küche und schälen Kartoffeln. Das Küchenpersonal hat sich auf's Ohr gelegt. Einer inspiziert die Küche, erscheint in der Tür, winkt. Wir stellen die Eimer beiseite, müssen sehen, was er entdeckt hat. Er schleicht zur Speisekammer, wir folgen. O! Dort stehen zwei leckere Torten, eine Erdbeertorte und eine Sahnetorte, sie lachen einen direkt an. Hier bleibt also unsere Ration. Hunger haben wir immer. Einer hat schon angebissen. So können wir sie nicht stehen lassen – also weg damit. Fünf Minuten später sitzen fünf wackere Arbeitsmänner und schälen Kartoffeln – die Speisekammer aber ist leer. Was wir angerichtet haben, wissen wir in diesem Augenblick noch nicht. Wir sollen es schnell erfahren. Unsere Arbeit ist beendet, die Mittagspause ist vorbei. Antreten zum Spatenexerzieren, das täglich nachmittags stattfindet. Was wir nicht wußten war, daß um 15 Uhr eine Revision der Verwaltung durch einen Oberstfeldmeister im Stab aus Berlin stattfindet. Während der Stab an die Arbeit geht, setzen sich die Lagerleitung mit dem hohen Gast aus der Reichshauptstadt in eine Laube vor dem Arbeitsplatz, um den Kaffee einzunehmen. Dann gibt es betretene Gesichter. Der Koch flüstert mit dem Lagerleiter, dieser entschuldigt sich. Das Ganze endet damit, daß einer aus der Küche ausgesandt wird, um bei dem – äußerst miserablen – Bäcker des Ortes Kuchen zu besorgen. Der Kaffee beginnt mit halbstündiger Verspätung bei zwei Stück trockenem Bienenstich. Das ist dem Herrn Oberstfeldmeister wohl auch noch nicht passiert. Ich fürchte, daß dieses Drama den Lagerleiter eine Beförderung gekostet hat. Uns ist, als wir diese Geschichte vernehmen, nicht grad wohl in unserer Haut. Zu unserer Überraschung passiert wieder – nichts. Der Kerl muß viel Dreck am Stecken haben.

Aber – abends tönt aus den „Stuben" noch lange Gelächter. Der befürchtete Alarm bleibt aus.

Nachmittags ist regelmäßig Spatenexerzieren – eigentlich die einzige vormilitärische Ausbildung, die wird allerdings sehr ernst genommen. Danach finden die gefürchteten Kleider- und Spatenappelle statt, die manchen Urlaub kosten. Heimaturlaub gibt es sowieso kaum. Während der Olympiade in Berlin ist totale Urlaubssperre, ebenso während der langen Vorbereitung zum „Reichsparteitag" in Nürnberg. Da bleibt nicht viel Zeit. Ich erhalte nicht einmal Urlaub zur Beisetzung meines Onkels, der in Eisenach während eines Betriebsgepäckmarsches einem Herzinfarkt erlegen ist. Von zu Hause kommen Päckchen – das hilft bei der schlechten Verpflegung durchzuhalten. Die Gruppen teilen meist untereinander.

Die einzige Abwechslung am Wochenende ist der Tanztee im Kurhaus. Hier finden sich allerdings nur sehr wenige von uns ein. Es gibt auch nicht viel Aufmunterndes, trockenen Kuchen, schalen Kaffee und einige – meist ältliche Damen. Zum Tanz spielen zwei Mann auf, Klavier und Geige. Diese Nachmittage sind so trostlos wie das ganze Moorbad. Der Ort strahlt direkt Traurigkeit aus.

In unserer Gruppe ist ein katholischer Theologiestudent. Er organisiert sonntags den Besuch des Gottesdienstes. Hier ist Diaspora – Bad Wilsnack hat keinen katholischen Gottesdienst. Wir müssen meist weit über Land fahren, um dann in irgendeinem kleinen Landgasthof mit den wenigen Gemeindemitgliedern aus mehreren Orten Gottesdienst feiern zu können. Bei dieser Gelegenheit kommt man auch einmal mit jungen Menschen zusammen; oft werden wir von den Familien zum Essen eingeladen. Wir sind nur fünf oder sechs Mann. Schwierigkeiten vom Lager aus macht man uns nicht.

Im Frühsommer ändert sich vieles. Mitte Juli werden eilig Gruppen zusammengestellt. Wir fahren auf unseren Rädern zur Elbe. Nach mehreren Tagen heftigen Regens führt der Fluß Hochwasser und droht die Heuernte wegzuschwemmen. Wieder stehen wir bis zum Bauch im Wasser und fischen Heu aus dem Fluß – aber jetzt ist es warm und das Wetter wieder schön. Verpflegt werden wir vom Gut – mehr schlecht als recht, aber das Ganze ist eine angenehme Abwechslung. Nach der Rückkehr und kurzem Aufenthalt im Lager werden erneut Gruppen zusammengestellt und in einige Dörfer zum Ernteeinsatz geschickt. Wir sind wieder dabei, insgesamt zwölf Mann. In einem Dorf weit abseits der Verkehrswege werden wir in einem leerstehenden alten Haus, einer Kate, einquartiert. Früh geht es zur Getreideernte auf die Felder, Riesige Roggen- und Weizenfelder warten auf den Schnitt. 19 bis 20 Männer setzen nebeneinandergehend Fuß vor Fuß und mähen mit den Sensen das reife Getreide; es sind polnische Schnitter, die Jahr für Jahr im Sommer auf die großen Güter kommen. Hinter ihnen gehen etwas die gleiche Menge Frauen und Mädchen, ihre Frauen und Töchter, und binden die Garben. Wieder in etwas Abstand dahinter gehen wir und stellen die Hocken auf. Hier ist das Essen besser. Um neun Uhr vormittags kommen Pferdefahrzeuge und bringen trockenes Brot und Essigwasser. Gegen zwölf Uhr kommen sie erneut mit Wurstbroten – es gibt reichlich und gut geschmiert sind sie auch. Nach dem Ende der Tagesarbeit erhalten wir in unserem Haus kräftiges Essen, Bohnen mit Speck und Bratkartoffeln, Hoppelpoppel und andere feine Sachen.

Die Polen sind freundliche Leute, die bei aller Schwere der Arbeit, es wird etwas zwölf bis vierzehn Stunden täglich gearbeitet, viel lachen und auch nichts dagegen haben, wenn wir mit den Mädchen schäkern.

Gelegentlich gibt es auch hier Schwierigkeiten. Zwei von uns sind am Sonnabend in den Nachbarort zum Tanzvergnügen. Auf dem Heimweg werden sie zusammengeschlagen – Konkurrenten lieben die Bauernburschen nicht. Man will uns „ausräuchern". Wir verbarrikadieren uns während der Nacht. Gegen Morgengrauen greifen sie an. Wir haben alles dicht gemacht und überstehen auch diese Gefahr. Ein klärendes Gespräch am Sonntagmorgen schafft wieder Ruhe.

Ende Juli kommt der Marschbefehl zurück in das Lager. Dieses ist als Teilnahmelager für den „Reichsparteitag" ausersehen – „Parteitagslager" aber ist eine andere benachbarte Einheit. Auf einen Einspruch des zuständigen Ortsbauernführer sollen noch sechs Mann für eine begrenzte Zeit bleiben. Die Wahl trifft auf uns.

Die Arbeit wird härter. Zunächst helfen wir weiter bei der Getreideernte. Das Gut, dem wir jetzt zugeteilt sind, ist moderner, es verfügt über einen großen Mähdrescher. Wir bekommen die schönsten Plätze an diesem Ungeheuer, an einer Öffnung, aus der ständig Häcksel, Strohreste und Staub herausgepustet wird. Unsere Aufgabe ist es, das Spundloch ständig frei zu halten und vor Verstopfung zu bewahren. Es ist so etwas wie eine Vorhölle. Wir stehen im Dreck, husten und krächzen ununterbrochen und sind abends fix und fertig.

Unser nächster Einsatz erfolgt bei einem großen Bauern. Hier lerne ich Zweizentnersäcke abzuladen und auf den Speicher zu befördern. Schließlich wird unsere landwirtschaftliche Tätigkeit abgerundet beim Abladen von Erbsstroh. Ein geistig stark Behinderter empfängt die Erntewagen und lädt die Garben auf ein Förderband. Wir fünf stehen oben und nehmen die Garben ab. Wir drehen uns wie Kreisel – aber bald stehen wir bis zum Hals im Erbsstroh – der da unten macht uns fertig. An diesem Abend fühlen wir überhaupt kein Glied mehr, und in Staub und Dreck haben wir auch wieder gestanden. Damit endet meine „Elevenzeit" in der Landwirtschaft.

Heim ins Lager. Welche Überraschung: die Lagerbesatzung ist schon abgerückt, es sind nur noch wenige Leute da, vor allem das Wirtschaftspersonal. Kurze Beratung bei der Lagerleitung: wir bleiben hier. Ich werde dem Gärtner zugeteilt, zweifellos die angenehmste Beschäftigung, zumal der Gärtner ein prima Kerl ist. Aber welch ein Pech: jetzt darf ich meine Beinchen nicht vor dem „Führer" gen Himmel werfen – na, ich wird es überleben. Die letzten Wochen vergehen angenehm mit Blümchenpflücken und Wegeharken. Das Wetter spielt mit, es ist ein herrlicher Spätsommer – und da kann man sogar der Prignitz gute Seiten abgewinnen, selbst in einem RAD-Lager (Reichsarbeitsdienst). Vom „Reichsparteitag“ spüren wir nichts. Eines Tages ist die Mannschaft wieder zurück. Für sie war es eine ungeheure Schinderei. Erst Parademarsch von morgens bis abends, Spatenputzen bis er glänzte wie Silber. Und der „große Tag in Nürnberg“? Kommentar eines, der dabei war: eine einzige Scheiße!

Dramatisch wird der Abschied an einem der letzten Septembertage. Wir stehen – wieder in Zivil – in Reih und Glied vor dem unscheinbaren Bahnhof mit Köfferchen oder Pappschachtel. Der Lagerleiter hält eine blumige Rede, geht dann zum Flügelmann, einem wahren Riesen, von Zivilberuf Müllarbeiter, will ihm die Hand geben. Die einzige Reaktion des Riesen: er spuckt vor sich auf den Boden. Der Oberfeldmeister geht zum Zweiten, zum Dritten – keine Reaktionen. eine Rede erhält nun doch noch einen Nachsatz: „Zu anständigen Nationalsozialisten wollte ich euch erziehen – Kommunisten seid ihr geworden!“ sprach's – und verschwand mitsamt seinem Stab. Unser Zug fährt ein. Wir sind in Gedanken schon längst in Berlin als der Zug noch durch die märkischen Lande rumpelt.

Einige Tage Atem schöpfen im jetzt doppelt geschätzten zu Hause. Es wird nur eine kurze Pause – das Semester beginnt. In einem langen, vertrauten Gespräch überzeugt mich mein Vater, die Sache gleich richtig anzupacken, ich solle Jura wählen. Gesagt, getan. Aber schon kommen erste Schwierigkeiten. Zur Immatrikulation wird der Nachweis einer politischen Betätigung verlang. Es eilt – woher nehmen und nicht stehlen? Es muß ja nicht gerade stehlen sein. Ich erinnere mich meines kurzen Intermezzos bei der HJ. Innerhalb weniger Stunden habe ich heraus, wer die Gefolgschaft von D. führt – ich kenne ihn nicht. D. ist ja in der Grundausbildung bei der Wehrmacht und bildet keine Gefahr; denn in den ersten Wochen gibt es dort keinen Urlaub. Am nächsten Abend bin ich bei der Gefolgschaft, mime den „Alten Kämpfer“, erkläre, daß ich wieder mitmache und sofort eine schriftliche Bestätigung brauche. Es gibt um die Bescheinigung einiges Gerangel, dann werde ich massiv und drohe mit allen möglichen Gauführern. Nun klappt es sehr schnell – ein Glück, daß die alle kein Rückgrat haben; aber andererseits führt das ja gerade zu der allgemeinen Misere. Das war mein zweiter und letzter Auftritt bei einer Gliederung der Partei, er hat eine halbe Stunde gedauert. Sie haben mich nie wieder gesehen. Es hat auch nie jemand nachgefragt. Zwei Tage danach bin ich stolzer stud. jur. an der Humbold-Universität in Berlin. Eine Freude ist das Einschreiben. Es herrscht echtes studium generale. Außer den juristischen Pflichtvorlesungen kann man belegen, was man will. Mein Interesse für ostasiatische Kultur dokumentiert sich in einer Vorlesung über japanische Geschichte, die sehr interessant wird, mein politisches Engagement in dem Fach „Geopolitik“. Außerdem bin ich in der Pathologie ebenso zu finden wie in der Germanistik und Geschichte. Einige meiner Professoren zeigen ihren Widerwillen gegen das Regime sehr deutlich, so Albrecht Haushofer.

Mein Versuch, an einer studentischen Kollegialität teilzunehmen, scheitert kläglich. Mit Otto Ried gelingt es mir, eine Einladung zu einem Kommers einer katholischen Verbindung – nur eine solche kommt für mich in Frage – zu erhalten. Es geht durchaus kommentmäßig zu – die Studentenlieder gefallen mir, die Kommilitonen auch. Gegen 22 Uhr wird ein „Salamander" gerieben, die Türen öffnen sich, einige Herren in langem Regenmantel zeigen einen Durchsuchungsbefehl vor und erklären die Veranstaltung für verboten. Wenige Tage darauf ist die Verbindung aufgelöst. Wir halten Kontakt miteinander – aber Vorsicht ist geboten.

Das erste Semester läuft undramatisch. Einige Fachvorlesungen sind gut und interessant, andere mehr als langweilig. Professor T. liest sein Buch vor – er kennt es im Traum – unwahrscheinlich trocken ist es auch. Ein Traumtänzer ist der Professor für „Bauernrecht", er schwärmt nur für seinen „Führer" und das „Reichserbhofgesetz". Ich weiß, dass einige Dozenten geheim Zirkel unterhalten, aber es gelingt mir nicht zu ihnen Verbindung zu bekommen. Sie haben sich völlig abgeschottet – verständlicherweise. Ich unterhalte einen Kontakt zu einigen katholischen Kommilitonen, wir unternehmen manches gemeinsam, aber Anschluß an eine Widerstandsgruppe, deren es mehrere gibt, finden wir nicht, zu groß ist die Vorsicht.

Die Semesterferien nach dem Semesterende finden mich in ganz anderer Umgebung. Die finanzielle Lage zwingt mich zu einer Ferientätigkeit. Ich lande als Transportarbeiter im Kabelwerk „Oberspree" der AEG. Wieder eine andere Atmosphäre. Ich muß zwar zentnerschwere Kabeltrommeln auf die Transportwagen heben, aber im ganzen ist die Arbeit körperlich erträglich. Ich arbeite viel mit älteren Frauen zusammen. Mich entsetzt ihr zotenhaftes Benehmen – nicht aller, aber doch vieler.

Zum zweiten Semester wird noch einmal der Nachweis „volkspolitischer Betätigung" verlangt. Diesmal gibt es keine Schwierigkeit. Ich erhalte einen Hinweis. Ein Fotograf stattet Studenten, die es nötig haben, mit gefälschten Ausweisen aus. Man braucht allerdings eine „politische" Referenz, die ich aus der katholischen Verbindung erhalte. Der Preis: 300,- RM viel Geld für mich. Damit ist ein großer Teil des mühsam erarbeiteten Lohnes verbraucht.

Das zweite Semester bringt nichts Besonderes. Ich muß mich mehr auf mein Fachstudium beschränken; denn ich ahne, daß mir nicht mehr sehr viel Zeit bleibt. Mein Studium will ich noch abschließen, wenngleich wissend, daß es mir im Ausland nicht viel helfen wird. Vielleicht wäre Nationalökonomie doch besser gewesen?

Nach dem Semester halte ich wieder Umschau nach einer Arbeit. Es ist zwar keine Schwarzarbeit – aber man sieht es nicht gern, daß Studenten in den Ferien einzeln irgendwo arbeiten. Wenn Studenten arbeiten, was durchaus erwünscht ist, dann in Gruppen, sie werden dann „eingesetzt" und leben in Gemeinschaftsunterkünften – mit politischer Schulung, viel politischer Schulung. Ich begebe mich auf's Land und fahre zu Verwandten meines Vaters nach Stettin und versuche dort eine Arbeit zu finden. Nach einigen vergeblichen Versuchen – die Zeit drängt – begehe ich fast so eine Art Selbstmord – ich verdinge mich als „Hilfsschauermann" im Stettiner Hafen. Statt mit Pandekten habe ich es jetzt mit schweren Säcken und Kisten zu tun, die an Schiffskräne heranzubringen und zu befestigen sind. Es ist schwere Knochenarbeit – aber als Sportler und durch meine landwirtschaftliche Arbeit bin ich gut durchtrainiert und habe einige Erfahrung im Umgang mit schweren Lasten. Wichtig ist mir auch der Kontakt zu Menschen anderer sozialer Schichten. Es sind harte und rauhe Burschen – die Schauerleute. Aber sie haben Herz und viel Verständnis für mich. Immer ist einer in der Nähe, der mir Hilfestellung leistet. Manches Gespräch offenbart mir einen Blick in ihre Welt – in die Welt schwer arbeitender Menschen mit geringer Schulbildung, aber einem geschärften Blick für die Realität des Lebens. Nach Feierabend lerne ich mit harten Sachen umzugehen – aber der Schlaf darf nicht darun ter leiden. Mit Hilfe meiner Kumpel halte ich die sechs Wochen durch – mein nächstes Semester ist wirtschaftlich gesichert; denn der Verdienst ist selbst für einen Hilfsschauermann nicht schlecht.

Eine Lehre aus meiner Werkstudentenzeit erschüttert mich etwas; in dem Augenblick, in dem Einer die unterste Sprosse einer Stufenleiter erreicht hat, läßt er seine Macht seinen bisherigen Gleichgestellten fühlen. Es scheint ein Naturgesetz zu sein, die Gier nach Macht. Lehrt die Geschichte anderes?

Von meinem Verdienst bleibt noch etwas Geld für eine vierzehntägige Wanderung durch Thüringen. Ich kenne dieses schöne Land durch frühere Reisen mit meiner Mutter und habe seine Wälder, Berge und Täler ebenso lieben gelernt wie die schönen alten Städtchen. Mein Weg führt mich durch herrliche Wälder, über Wiesen und Hügel von Ilmenau über Tambach-Dietharz, das ich schon kenne, und Friedrichroda nach Eisenach. Hier lebt die Witwe meines verstorbenen Onkels mit ihrer Tochter. Ich lerne bei ihnen eine ihrer Freundinnen kennen und beschließe, meinen Aufenthalt in der Wartburgstadt zu verlängern. Unvorsichtigerweise erwähne ich das Mädchen in einem Telefongespräch mit meiner Mutter. Zwei Tage darauf habe ich ein Telegramm meines Vaters in den Händen: „Anruf sofort!" Am Telefon erklärt mir Vater, daß meine Mutter lebensgefährlich erkrankt sei. Ich nehme den nächsten Zug und finde in Berlin meine Mutter kreuzfidel an. Sie habe mich nur vor einem Abenteuer bewahren wollen. Diese Komödie beendet das bis dahin innige Verhältnis zu meiner Mutter. Sie wird von Stunde an fast zu einer Fremden für mich. Das Mädchen in Thüringen war für mich vergessen – aber das Verhältnis zu meinen Eltern stark gestört.

Das Wintersemester 1937/38 vergeht. Es bringt außer Arbeit nichts Besonderes. Als Ausgleich lerne ich Russisch mit Langenscheidt. Glücklicherweise gibt es doch nicht nur Arbeit. Es laufen noch ausländische Filme in Berlin, vor allem amerikanische und französische. So bedeutet „San Francisco" mit Jeanette

Als Student in Berlin 1938

McDonald, Clarc Gable und Spencer Tracy, den ich sehr mag, ein Erlebnis, die „ Mississippi Melody" mit Barbara Stanwick ebenso einen Augen- und Ohrenschmaus wie „Born to dance" mit Eleonor Powell. Französische Vergnügen mit leichter Hand finde ich in „Le Roi" mit Victor Jantzen. Nur – Karten sind schwer zu haben – es ist immer alles ausverkauft.

In freien Stunden lese ich. Die Begegnung mit Bergengrün macht tiefen Eindruck auf mich und rüttelt mich wieder auf, vor allem „Der Großtyrann und das Gericht", aber auch „Schnur um den Hals". Durch Turgenjews „Väter und Söhne" muß ich mich durchwühlen, aber die feinsinnigen Charakterbeschreibungen schärfen meine Blicke und – es ergeben sich die Parallelen. Schließlich faszinieren mich Klabunds „Romane der Leidenschaft". Vieles ist verboten – auf dem Scheiterhaufen verbrannt – manches davon findet sich auf den Bücherkarren im Universitätsviertel. Ein kleines Männchen hat Stammkundschaft. Bei ihm gibt es vornehmlich nationalsozialistische Literatur, von „Mein Kampf" bis zu Hans Grimm „Volk ohne Raum" – unter diesen Umschlägen verbergen sich Maxim Gorki ebenso wie Stefan Zweig, Klabund, Kasimir Edschmid. Spinoza, wie Wedekind, Brecht, Hugo Ball, Hermann Hesse und Jakob Wassermann mit seinem großartigen „Der Fall Maurizius". Es gelingt ihm lange die Gestapo zu täuschen. Die, die da Außendienst machen, sind im allgemeinen geistig nicht sehr begütert. Ein kleiner Mann, ein freundlicher Mann, ein mutiger Mann. Bei ihm lerne ich Hermann Hesse kennen – er wird mein großes literarisches Vorbild bleiben. Der kleine Mann ist eines Tages verschwunden. Man sagt, er sei gewarnt worden. Er hatte Kundschaft auch unter den hohen Parteifunktionären.

März 1938. Langsam wird die Lage brisant. Hitler ist in Österreich einmarschiert. Bei der dortigen Bevölkerung herrscht überwiegend große Begeisterung. Nach den Bildern in der „Wochenschau" bricht auch Österreich in „grenzenlosen Jubel und Begeisterung" aus – und das erscheint mir echt. Außer papierenen Protesten hat die Welt nichts zu bieten. Großdeutschland ist also geboren. Bald wird es weitergehen. Ich beschließe, mich ernsthaft um Absetzmöglichkeiten zu kümmern und frage auf dem Studentensekretariat nach Möglichkeiten für ein Auslandsstudium. Zu meiner Überraschung finde ich offene Ohren. Ja, ich könnte die nächsten beiden Semester in Lausanne studieren. Also – Fortsetzung des Studiums in der Schweiz – geht ein Traum in Erfüllung? Ein Studienplatz wird mir zugesichert – alle Formalitäten sind schnell geregelt. „Wir machen die Papiere zur Unterschrift fertig. Danach setzen Sie sich mit der Auslandsorganisation der NSDAP in Verbindung – dort erhalten Sie alle näheren Anweisungen. Sie unterstehen dieser Organisation während Ihres gesamten dortigen Aufenthaltes." So sieht das also aus – Spitzel soll ich werden – ein hoher Preis. Das kann ich nicht riskieren. So etwas käme für mich natürlich nicht in Frage, aber die Sache würde schnell auffliegen. Ich wäre zwar in der Schweiz – aber der Arm der Gestapo reicht weit. Die bekämen im übrigen auch fertig, mich auszuliefern – um des lieben Friedens mit Großdeutschland Willen. Beim nächsten Besuch mache ich einen Rückzieher, die fertigen Papiere liegen vor mir – ein gewaltiger

Anreiz, aber gefährlich. Plötzliche familiäre Verhältnisse haben mich gezwungen umzudisponieren. Schade – man bedauert. Hoffentlich haben die nicht Lunte gerochen.

Am 10. April 1938 ist Volksabstimmung in „Großdeutschland", die letzten „freien Wahlen" im 3. Reiche, die erste Wahl, an der ich mich – seit September 1937 volljährig – beteiligen kann. Es geht um die Bestätigung des „Anschlusses" von Österreich durch das Volk.

Mein Wahllokal ist in der Turnhalle meiner alten Schule. Schon früh gehen viele zur Abstimmung. Sie besteht aus „Ja" oder „Nein". Ich nehme meinen Wahlzettel am Eingang in Empfang. Alle Wahlhelfer sind in Uniform, Parteigenossen (PG) und SA-Leute. Neben dem Tisch steht eine Wahlurne. Der Wahlleiter, ein PG – ich kenne ihn – ist freundlich. „Sie können Ihr Jakreuz gleich hier am Tisch machen." Ich frage: „Ist denn hier keine Wahlkabine?" Antwort: „Sie können ruhig gleich hier am Tisch wählen". Ich bestehe auf einer Wahlkabine. Die hinter mir stehenden Wähler werden unruhig. Der Wahlleiter: „Wenn Sie unbedingt eine wollen, da hinten steht eine". Er weist auf eine Wahlkabine ganz hinten in der Ecke. Ich marschiere quer durch die ganze Turnhalle zur Kabine. Ein Tisch, ein Bleistift, darum ein Paravent, in Ordnung. Mein Kreuz kommt in den Neinkreis, der Zettel in den bereitliegenden Umschlag, zurück quer durch die Halle zur Wahlurne, beobachtet von etwa zehn bis zwölf wartenden Wählern und den Parteileuten. Ich gebe meinen Wahlbrief dem SA-Mann an der Urne, er steckt ihn hinein – aus, ich habe gewählt. Von den wartenden Wählern ist mir keiner gefolgt – alle haben brav ihr Jakreuzchen am Tisch gemacht. Ich denke, meine Neinstimme ist bei den 17 Neinstimmen von etwa 600 bis 700 Wahlberechtigten gewesen.

Übertroffen hat mich aber, wie ihr Stadtpfarrer mir später erzählt hat, Öming in Stralsund. Als gute Katholikin sei sie zur Wahl gegangen und auch damit einverstanden gewesen, gleich öffentlich am Tisch zu wählen. Dabei habe sie den SA-Mann gebeten, das Kreuz für sie zu machen „da sie ihre Brille vergessen habe." Als der SA-Mann das „Jafeld" habe ankreuzen wollen „habe sie plötzlich sehr gut sehen können" und ihn aufgefordert, das Kreuz in den Neinkreis zu machen. Sie sonst sehr stille, aber resolute Dame habe dann im Beisein anderer Wähler so lange gezetert, bis der offensichtlich völlig entnervte SA-Mann das Kreuz tatsächlich in den Neinkreis gemacht habe. Er sei wohl, wie der Pfarrer meinte, der einzige SA-Mann gewesen, der am 10. April 1938 eine „Neinstimme" abgegeben habe.

Seltsam, es waren nach meiner Erfahrung immer ältere Frauen, die im Reich des „Führers" Zivilcourage gezeigt haben.

Ich muß andere Wege suchen. Das Sommersemester vergeht. Es wird Juli, da geschieht Unerwartetes. Tante Betty lebt in Italien, sie unterhält dort eine kleine Pension in San Remo. Ich erhalte von ihr eine Einladung. Sofort sage ich zu – von

Italien aus kommt man noch weg. Aber – ich bin wehrpflichtig; dort wird es Schwierigkeiten geben. Mit Vater bespreche ich die Situation. Er dämpft meine Begeisterung, er sei in keiner Weise flüssig, könne mir nur das Geld für die Fahrt und drei- bis vierhundert Mark geben. Damit komme ich nicht weit. Aber ich will die Chance ergreifen – vielleicht eröffnen sich dort weitere Möglichkeiten. Zunächst muß jedoch die Zustimmung meines Wehrbezirkskommandos eingeholt werden. Das dürfte schwierig werden – wie soll ich die Auslandsreise begründen? Die Schwierigkeit kommt von ganz anderer Seite. Das Wehrbezirkskommando stellt keine Fragen – innerhalb einer Woche erhalte ich die Erlaubnis, Deutschland für ein Jahr zu verlassen. Schwierigkeiten bereitet – die Schweiz für das Transitvisum. Mehrere Male stehe ich in einer langen Schlange vor dem Schweizer Konsulat – muß peinliche Fragen über mich ergehen lassen. Schließlich habe ich Paß mit Freistellung durch die Wehrmacht und mit Schweizer Visum in Händen.

Ist das der Schritt in die Emigration? Wo werde ich landen? Was wird mein Schicksal sein?

Schweren Herzens nehme ich Abschied von den Eltern. Langsam rollt der Zug aus dem Bahnhof – ein letztes Winken, gibt es je ein Wiedersehen? Frankfurt – Basel, Grenzübertritt mit Herzklopfen – es gibt keine Schwierigkeiten. Alle Reisenden müssen den Zug verlassen, durch die Kontrolle gehen – einige bleiben hängen, müssen zur Sonderkontrolle. Ich komme glatt durch. In Zürich bekomme ich Gesellschaft in meinem Abteil – ein junges schweizer Mädchen in meinem Alter. Sie stellt sofort Fragen. Vorsicht – doch sie scheint echt zu sein. Sie ist sehr interessiert, gut informiert – und begreift sofort. Wohin ich wolle? Sie zahlt mir – sehr gegen meinen Willen – einen Kaffee „Lassen Sie nur – Sie werden Ihr Geld gebrauchen". Nach zwei Stunden herzlicher Abschied „Wenn Sie nicht weiter wissen, mein Vater ist Arzt in Bern – er hat Möglichkeiten!" Sie gibt mir die Anschrift, drückt mir lange die Hand „Gott schütze Sie!"

An der italienischen Grenze werden von Carabinieri sämtliche Pässe eingesammelt, immer schön der Reihe nach aufeinandergelegt. Die Carabinieri verschwinden damit im Zollhaus. Aus den zwanzig Minuten Aufenthalt werden zwei Stunden. Ein Paß ist verschwunden. Schließlich findet er sich in einem falschen Stapel. Das sind ja feine Methoden, aber auch schlampige. Die Fahrt geht weiter. Italiener bevölkern jetzt den Zug – es wird lebhaft. Bald geht eine Flasche Wein rundum. Die Weiterfahrt wird sehr gemütlich. Ich komme sprachlich einigermaßen zurecht, ich spreche englisch und französisch.

Vorbei an Genuas gewaltigen Werften – riesige Steamer liegen hier im Dock zur Überholung. Dann die Fahrt entlang der Küste, eine andere Welt! Palmen, weißer Strand wechseln mit felsigem Ufer, grünen Wäldern und dem Meer. Eine sanfte Brise kommt von draußen. Mittags wird San Remo erreicht. Endstation – oder Sprungbrett in eine ungewisse Zukunft?

Die Aufnahme bei Tante Betty ist herzlich. Hier lerne ich gleich Land und Leute kennen. Es gibt keine Deutschen hier, nur Italiener. Zu ihren Gästen zählen Sizilianer und Römer, Gelehrte aus der Toscana und Kaufleute aus Neapel. Ein römischer Professor ist mit seiner Enkelin da, vielleicht achtzehn Jahre alt, ein Traum von einem Mädchen – aber sie ist Römerin, stolz und bei aller Herzlichkeit unnahbar. Anbändeln – undenkbar; der Professor ist auch noch da, wenngleich man ihn kaum zu sehen bekommt. Aber sie ist eine gute Lehrerin – ich beginne sehr bald den italienischen Menschen zu verstehen, seinen Lebensstil, seine Mentalität und seine Gastfreundschaft. Nebenbei lerne ich schnell italienisch.

In Italien ist alles Renaissance. Hier ist alles hell – es ist eine ästhetische Schönheit. Es gibt nicht das geheimnisvolle Streben in ein mystisches Jenseits – alles ist lebensbejahend, auch die Menschen. Man nimmt, was der Tag bringt, den Teufel kümmere das Morgen. Krieg? Was heißt das? Die Sonne lacht doch noch – na ja, und dann gibt es noch einen Herrgott, der wird das schon machen. Non fa niente! Die ganze Mentalität Italiens liegt in einem Wort: Vivere! Leben!

Vieles ist malerisch, bekommt aber gelegentlich ein etwas unheimliches Timbre. Ich erlebe eine Verhaftung, das geschieht in aller Öffentlichkeit. Zwei der pittoresken Carabinieri holen einen Mann aus einem Haus. Sie flankieren ihn mit gezogenem Degen, er geht gesenkten Hauptes – in Ketten. Ihr Ziel ist das Fort am Hafen. Dort gibt es Kerker dicht über – und wie man sagt – auch dicht unter der Wasserlinie. Die Passanten nehmen keine Notiz – es ist ein Politischer, das nimmt man besser gar nicht zur Kenntnis. Ich folge ihnen – unbehelligt. Am Fort am Ende der Mole knarren dicke Türen, schnappen zu – nichts erinnert mehr an einen Menschen, der einer ungewissen, aber sicher nicht angenehmen Zukunft entgegen geht. Mich fröstelt es trotz der Sommerhitze – ich denke unwillkürlich an den „Grafen von Monte Christo".

Ich versuche meine Situation zu klären. In den Cafeterias und auf den Promenaden wimmelt es von Emigranten, meist jüdischen, denen es gelungen ist, Deutschland zu verlassen. Sie suchen Möglichkeiten zur Weiterfahrt – Südamerika ist das große Ziel. Man sieht sie nicht gern, tut ihnen aber nichts. Nur wenn hoher Besuch aus dem Reich kommt, sperrt man sie für 24 Stunden ein. Das erwischt auch andere Deutsche, Betty mußte auch einmal in „den Knast". Ich warte auf Herrn Lutz, den Sohn eines guten Kunden, der gegen den Willen seines Vaters nach Südamerika gehen will – er hält es in Deutschland nicht mehr aus. Nach einigen Wochen stellt sich heraus, daß er über Frankreich eine Möglichkeit hatte. Wir sollten zusammen gehen – wieder eine Hoffnung ärmer. Ich finde guten Kontakt zu einem jüdischen Ehepaar. Es ist ihnen gelungen, ihr Vermögen als Schmuck herauszubekommen. Aber – hier gibt es viel Schmuck – die ungeheure Not der Emigranten drückt die Preise. Sie wollen mich mitnehmen. Es ist nicht meine Art auf Kosten anderer etwas zu erreichen. Sie werden ihr Geld sicher auch selbst sehr nötig brauchen.

Inzwischen geht das Leben weiter. Häufig bin ich in Frankreich – in Nizza und an der übrigen Côte d'Azur. Auch hier jede Menge Emigranten, jede Menge Not und Elend. Mein einziger Profit ist ein besseres französisch.

Auch sonst lerne ich die Umgebung von San Remo gut kennen. Es gibt manche halsbrecherische Fahrt auf die Höhe über der Stadt oder an der Küste entlang mit Gino, dem temperamentvollen Partner Betty's und seinem unverwüstlichen „Tipolino". Es könnte alles so schön sein – wenn nicht ...

Häufig bin ich im Spielcasino – nur zum Beobachten – es ist faszinierend. Die riesigen Räume mit viel Stuck und Plüsch in gedämpftem Licht, Flüstern rund um die Spieltische, das knisternde Ineinandergleiten der Karten beim Mischen im „Chemin de Fer" und vor allem das harte, metallene Rollen der Roulettekugeln, dazwischen das monotone „Faites vos jeux, Messieurs-Dames" und das scharfe „Rien ne va plus" der Croupiers schaffen eine prickelnde und fesselnde Atmosphäre – wie Sekt.

Dort eine brillantbesetzte Alte im Extrasalon; sie glitzert im Feuer der Edelsteine – stereotyp setzt sie ein 1000 Lire Plaque auf eine bestimmte Zahl – und verliert. Keine Mine regt sich in ihrem dick geschminkten, verlebten und zerfurchten Gesicht.

Der elegante Dandy mit scharf gescheiteltem, schwarzen Haar – Spielertyp – scheint die Ruhe selbst, aber die flackernden Augen zeigen innere Nervosität – auch er verliert.

Ein dicker, rosiger Allerweltsmensch, einen riesigen Brillantring am Finger, dagegen setzt. Er setzt wahllos, fast spielerisch – und gewinnt. Er ist der Erfolgstyp – jetzt komme ich, ein degenerierter Hans Albers.

Und dort der Alte, der einzige nicht vorschiftsmäßig im Abendanzug gekleidete, setzt – unterbrochen von langen Pausen – Zehn-Lire-Chips. Wenn sein kleiner Vorrat erschöpft ist, stellt er sich hinter eine der pompösen Säulen im Saal, läßt seine Hosen ein Stück herunter und entnimmt einen um einen mageren Bauch gebundenen Geldsäckchen einen neuen kleinen Vorrat. Auf meine Frage erzählt mir einer der eleganten Saalaufseher: „Das ist ein ehemaliger Millionär – er hat alles hier gelassen – auch sein Smoking ist längst in der Pfandleihe – er wartet bis die letzten Lire verspielt sind – und dann? Er darf hier fast alles, er gehört sozusagen zum Inventar."

In Monte Carlo der gleiche Eindruck. Aber von der Terrasse ein faszinierendes Bild über die in der Schwärze der Nacht lichterfunkelnde Stadt und ihren Hafen. Ein kleiner dunkler Fleck unten – der Selbstmörderfriedhof.

Ich gehe mit Betty in das Casino in San Remo. Wir schlendern durch die Räume, bleiben an einem Roulettetisch stehen. Betty schiebt mir einen Hundert-Lire-Schein in die Hand: „Nimm und spiel – man kann nur mit geschenktem Geld gewinnen!" Ich tausche Chips ein, setze rot oder schwarz, gewinne, verliere –

aber langsam wächst der kleine Stapel von Chips vor mir. Ich werde mutiger, setze eine Reihe – gewinne, das lohnt sich mehr. Es wird ein mühseliges Geschäft. Nach zwei Stunden habe ich 2000 Lire vor mir liegen. Ich wische den Schweiß von der Stirn, wechsle die Chips ein – der Gewinn reicht aus, mich einige Monate über Wasser zu halten – aber ich werde nie wieder spielen!

Italienische Impressionen
Zwei Welten

SPIEL

In strahlendem Lichterglanz liegt das Casino vor meinen Blicken. Gelb leuchtet es aus dem Dunkel der Nacht. Feenhaft beleuchtete Palmen geben dem Palast ihr Gepräge. Wagen funkeln wie Tau in der Sonne. Ein Babel der modernen Gesellschaft. Casino – Spielbank: für die meisten nur ein Wort, für viele ein Begriff.

Es ist wie ein Irrlicht – es zieht Wanderer an, verlockt ihn und reißt ihn hinab in den Sumpf.

Der Fremdling, der vorbeigeht denkt, er sieht ein Märchenschloß. „ Geh nur weiter Fremdling, schautest Du hinein, Du würdest die Hölle finden."

Matt liegt der Schein der Lampen auf den grünen Tischen. Leises Raunen. Tausendfältiges Klappern der Chips liegt wie das unheilvolle Zischen einer Schlange über der fieberhaft erregten Menge.

Die kalte Stimme des Groupiers durchschneidet das Flüstern: „Messieurs-Dames, faites vos jeux!" Chips fliegen auf den Tisch, werden gesetzt und wieder verschoben als gelte es, dem Glück nachzueilen. Wie ein Hexenkessel tobt es nun, Geld wird gewechselt. Ein Tausender – was tut es? Was gelten hier noch Zahlen? Was gilt hier noch der Mensch? Keiner sieht den anderen mehr, jeder sieht nur noch sich. Jeder krampft sich an das eine Wort: Glück. Jeder muß gewinnen. „Rien ne vas plus!" Totenstille herrscht – die Kugel rollt. Da – noch ein Chip: „Mein letztes Geld auf 25!" Wie ein Verzweiflungsschrei liegt es auf der Menge. Gebannt starrt alles auf die Kugel und – die Kugel rollt! Nur leises Röcheln bricht die Stille – die Kugel rollt. Zwei Augen starren auf die Zahl – auf 25. Doch jetzt – die Kugel springt: 24! Die Stille löst sich. War das nicht eben Hohngelächter? Doch nein – nur ein leises Gurgeln hinter mir. Doch schon das neue Spiel. Weiter! Immer weiter! Die Kugel wartet nicht.

Da, dieser Alte hat gewonnen – 800 Lire. Er lacht – doch keine Fröhlichkeit. Jetzt hat er 2000 Lire. Doch jetzt – wie eine Enttäuschung kriecht es über sein Gesicht. Doch wenn schon, 1600 noch. Er setzt für's nächste Spiel. Zittern seine Hände nicht ein wenig? Er raucht jetzt – in hastigen Zügen. Noch 1400. Jetzt wird die 18 kommen. Die Kugel rollt – die Augen treten aus den Höhlen. Die Kugel fällt. War das nicht 18? Nur noch 700. Angst tritt in die Augen, zu flackern beginnt sein Blick, der Schweiß rinnt ihm von der Stirn. Die letzten 200. Die Kugel rollt – die Kugel fällt – nichts!

Ein Mann steht auf. Am Boden irgendwo schwelt eine Zigarette. Er dreht sich um – hat er nicht dort gesessen? Doch nein, kein Platz ist frei, es war wohl eine Täuschung. Eine zitternde Gestalt geht langsam hinaus.

Am Meer steht irgendwo ein alter Mann. Er raucht eine Zigarette, seine Hand aber fühlt kaltes Eisen. Noch vier – Minuten. Die Blicke gehen über's Meer – doch die Gedanken sind nicht hier.

Ein Knabe sitzt auf einer blühenden Wiese – Das Hypotenusenquadrat ist gleich der Summe der beiden ... Noch drei Minuten. Eine Mutter steht am Zaun und winkt – beim Wein sitzt ein froher Bursche und lacht. Noch zwei Minuten. Zwei junge Menschen halten glücklich sich umschlungen. Vorbei – vorbei!

Dann plötzlich ein Palast mit Palmen. Noch zehn Sekunden. „Messieurs, faites vos jeux!“ Eine zitternde alte Hand sucht im Dunkeln ihr Ziel. „Rien ne vas plus!“ Ein kleiner Blitz zuckt auf – ein dumpfer Ton rollt über das Meer. Die Kugel ist gefallen – das Spiel ist aus.

WIRKLICHKEIT

Dunkelheit liegt über der Stadt. Fahler Lichtschein versucht die Nacht zu durchdringen. Klirrend werden meine Schritte von den Häusern zurückgeworfen, fangen sich in Ecken und Winkeln, verlieren sich irgendwo in der Dunkelheit. Eng ist die Gasse und winklig – an den Seiten zweigt ein Labyrinth von Gängen ab. Wo führen sie hin? Dunkelheit hält sie umfangen, kein Licht erhellt die Finsternis. Der Weg wird enger, immer enger. Schon spüren meine Schultern die Kälte der Mauern. Verfallene Bogen überspannen die Gasse. Es geht bergauf. Zerbrochen die Stufen. Dumpfer Modergeruch kriecht aus verfallenen Mauern. Ratten wühlen schmatzend im Unrat der Gasse. Wieder stehe ich im Schein einer Lampe. Grau das Gemäuer, verfallen und dumpf. Fern klingen gedämpfte Glockenschläge durch die Nacht: 4 – 9 – 12 – Mitternacht! Leise verklingen die Schläge. Mein Fuß trifft etwas weiches – schnurrend zieht ein schwarzer Kater seinen Weg.

Und hier wohnen Menschen? Menschen aus Fleisch und Blut wie wir? Jawohl, hier wohnen Menschen, Menschen wie wir. Wenn die Dunkelheit weicht ziehen sie hinaus in die Felder, dorthin wo Millionen von Blumen blühen, dorthin wo die Sonne lacht und der Blick über das endlose Meer in die Ferne geht. Ihr Leben besteht aus Arbeit, aus Brot und aus Wein. Sie haben kein Geld. Tausend Lire – oh, sie kennen sie nur aus den Träumen, wenn sie unter den Palmen ruhen und ihre Gedanken weit hinten am Horizont Luftschlösser bauen.

Und sind sie vielleicht nicht doch reicher als jene anderen, als jene, die einsame Wege gehen? Jene wohnen vielleicht in Palästen – diese in Ruinen. Jene spielen um Geld – nein, um ihr Leben. Diese arbeiten für einen sorglosen Sonntag, nein, für ein ewiges Leben, so gehe ich Schritt um Schritt weiter. Langsam lenke ich meine Schritte in die andere Welt zurück. Ich gehe wieder ins Licht hinein, die Dunkelheit bleibt hinter mir zurück.

Ich schreite in das Licht – oder nicht doch – in den Schatten?

*

Meine jüdischen Freunde drängen – sie haben Tickets und Visum für Chile. Es ist Herbst geworden – September. Tag und nacht rollen Züge mit Militär, Panzern und Kanonen in Richtung auf die französische Grenze. Wird es jetzt ernst? Italien macht teilweise mobil. Es herrscht jetzt allgemein Nervosität – unter den Emigranten fast Panik. Chamberlain geht zu Hitler nach Berchtesgaden, dann zu einem weiteren Treffen nach Bad Godesberg. Man vereinbart kurzfristig eine Viermächte-Konferenz in München – fallen jetzt die Würfel? Es geht um das „Sudetenland". Die Konferenz findet am 29. und 30. September in München statt. Teilnehmer sind: Hitler, Chamberlain, Daladier und Mussolini. Wir hängen am Radio. Die Nachrichten jagen sich: Krieg ja – Krieg nein! Die Truppentransporte haben aufgehört. Ein gutes Zeichen?

Morgens um vier Uhr berichtet der Londoner Rundfunk, daß ein „Münchner Abkommen" unterzeichnet worden sei. Hitler hat gesiegt – auch ohne Krieg. Das gesamte Sudetengebiet wird Großdeutschland einverleibt, die Tschechoslowakei wird ein Rumpfstaat. Hitler erklärt, er habe nun keine territorialen Ansprüche mehr. Wie lange wohl?

Zwei Tage später sehen wir im Kino die Wochenschau. Da fällt mir einiges auf. In der Nacht nach der Unterzeichnung herrscht in München ein Freudentaumel – Friede! Chamberlain wird auf der Fahrt zum Flughafen von der Bevölkerung stürmisch umjubelt. Rufe sind zu hören: „Chamberlain, Du hast den Frieden gerettet!" Hitler macht eine verbissene Miene. Kein Jubel wie 1918 für den Krieg, nein Jubel für den „geretteten" Frieden. Der Führer muß einen seelischen Schock erlitten haben. Steht das Volk doch nicht uneingeschränkt hinter seinen Maßnahmen? Kurz danach, am 9. Oktober hält er in Saarbrücken eine große Rede. Sie scheint mir mein Gefühl zu bestätigen: „Es hat auch bei uns Schwächlinge gegeben, die vielleicht nicht verstanden hatten, daß ein harter Entschluß getroffen werden mußte!"

Wir – in Emigrantenkreisen – sind überzeugt, daß dies nur ein Aufschub ist. Wie lange? Ich grüble lange Nachtstunden. Ich bin jetzt im fünften Semester. Wenn ich Glück habe sind es noch zwei Semester – dann habe ich wenigstens einen Abschluß. Ein gutes Jahr – das müßte langen. Ich entschließe mich zur Rückkehr – noch ist mein Weg frei. Aber dann werde ich Deutschland verlassen – endgültig. Stimmt meine Rechnung? Ich kann nur hoffen.

Meine Emigrantenfreunde beschleunigen ihre Ausreise. Wenige Tage später begleite ich das jüdische Ehepaar nach Genua. Langsam dockt das gewaltige Schiff ab – wird von Schleppern aus der Bucht gezogen. Oben an Deck stehen die Beiden, zwei verlorene Figuren in diesem unbegreiflichen Welttheater. Ich stehe an der Pier und winke – meiner Tränen schäme ich mich nicht!

Von meinen Roulettegewinn ist noch ein guter Fundus da. Für Unterkunft und Verpflegung habe ich ja nichts gebraucht. Ich beschließe, das Leben noch drei Wochen zu genießen – in den südlichen Bergen – am Lago di Como. Kurz danach verlasse ich San Remo, eine Stätte, die ich in all ihrer Schönheit, Anmut und Grausamkeit lieben gelernt habe.

In Como komme ich gegen 20 Uhr an, es wird schon dunkel. Freundliche Menschen zeigen mir den Weg zum Hafen. Langsam schippert der weiße Dampfer von Como aus über den bergumrahmten See. Gegen den nachtdunklen Himmel zeichnen sich die Silhouetten der Berge schemenhaft ab. Der See und seine Ortschaften sind berühmt wegen ihrer großartigen Parkanlagen und der darin liegenden Villen. Jetzt bei Nacht flimmern überall Lichter, erst spärlich, dann immer enger aneinander rückend bis sich Ortschaft an Ortschaft reiht, Villa an Villa. Es ist ziemlicher Wellengang, kleine, tückische Wellen lassen das Schiff leicht schwanken.

An der Tremezzina, einem herrlichen Uferstreifen zieht sich schließlich eine unübersehbare Lichterkette am Ufer entlang, deren Schein die umliegenden Berge in noch tieferem Schwarz ahnen läßt. Von Tremezzo aus zieht eine dreifache Lichtergirlande bis zu meinem Zielort Caddenabbia – wo ich mir das „Ristorante Vittoria“ als Standort ausgewählt habe. Meine Wahl ist – wie sich schnell herausstellt – ideal.

Früh nehme ich mein Frühstück auf der Terrasse direkt am See ein. Eine leicht wabernde Sonne kündet einen herrlichen, warmen Oktobertag an. Das Boot bringt mich an den gegenüberliegenden Ort, Bellaggio, weit auf einer Landzunge gelegen, die den Lago di Como vom Lago di Lecco trennt, dem kleinen Arm des Comer Sees, in dem die nackten Berge schroff in den See abfallen, eine wilde und urige Landschaft, deren Steilufer nur wenigen kleinen Orten Platz für menschliches Leben läßt. In Bellaggio begeistert mich die berühmte Villa Melzi. Das ganze ist ein Traum von Wein, Feigen, Granatäpfeln, Oliven, Edelkastanien, Lorbeer und Oleander, Kamelien, Magnolien, Agaven, Azaleen und Rhododendren. Den Gegensatz bilden die Parks mit mathematisch angelegten Rabatten, grünen Rasenflächen, herrlichen alten Bäumen; uralte römische Steinsäulen und Denkmäler säumen die gelben Wege, säulenumgebende Pavillons inmitten schlank aufstrebender Zypressen. Und im Herz all dieser Pracht große weiße Villen mit rosafarbigen Stuckabsätzen und rotbraun bemalten Fensterläden. Dahinter erhebt sich im grauen Gestein der Monte San Primo 1800 Meter hoch gegen den tiefblauen Himmel.

Denkwürdig sind auch die Abende. Ich habe schnell das Vertrauen des Proprietario, des ehrenwerten Signore Giacomo Brumana. Er war Koch in einem der vornehmsten Londoner Hotels – und macht seinem Namen alle Ehre. Er ist liberal, kein Faschist, ein weitblickender Mann. Von Politik merkt man in dieser liebenswerten Landschaft kaum etwas. Die Gegend ist fast ausschließlich von freundlichen Engländern bevölkert, ich verstehe mich mit ihnen gut. Einige junge Engländer sind meine Tischnachbarn. Da ich gut englisch spreche, ist auch die Verständigung kein Problem. Nur, sie scheinen sich des Ernstes der Lage in keiner Weise bewußt zu ein. „Everything is allright now, Mr. Chamberlain has done his best“ Unbekümmert erfreuen sie sich der Schönheit des Landes.

Am Stammtisch wird jedoch gelegentlich bei einem Roten die Lage diskutiert. Herr Brumana ist überzeugt, daß Krieg kommt – bald. Und dann – Gott sei uns gnädig!

Morgens weckt mich die Sonne, vom kleinen Balkon schaue ich über den blauen See. Fischer kehren vom Nachtfang zurück, die Berge locken mich. Sie sind kahl, nacktes Gestein, soweit Wege reichen sind sie von dicken Steinmaurern begrenzt, überall sonnen sich grüne und goldene Eidechsen und verschwinden bei meinem Kommen in den Mauerritzen. Heute ist mein Ziel der Felsen von San Martino. Der Weg ist beschwerlich, die Sonne brennt auf das nackte Gestein – aber der Blick vom Gipfel entschädigt alle Mühe.

Auf dem Rückweg mache ich Rast auf halber Höhe beim Kirchlein Madonna di San Martino. Ich sitze neben dem Kirchlein im Schatten eines knorrigen Olivenbaumes. Herrlich der Blick über den weiten See, die bizarren Berge, flammend im gleißenden Schein der unerbittlichen Sonnenstrahlen. Ich träume – von einer Welt des Friedens, der Eintracht und der Liebe der Menschen untereinander.

Vor dem Rückweg führen mich meine Schritte zur Kapelle. Ich knie in dem kühlen Raum, allein mit der Madonna und spreche ein Gebet – Wünsche habe ich so viele, daß wohl kaum ein Gott sie alle erfüllen würde.

Wieder draußen in der gleißenden Sonne fällt mein Blick auf etwas Schwarzes in einer Nische der Kirchenwand. Ich trete heran – vor mir liegt zusammengerollt eine schwarze Schlange, züngelt zu mir herüber. Das Bild der schwarzen Schlange in der Ecke der sonnenbeschienenen weißen Kirchenwand ist so faszinierend, daß ich noch einen Schritt weitergehe. Ich stehe jetzt unmittelbar vor dem Tier. Jetzt richtet es sich auf; ganz, ganz langsam wiegt es sich, an das Mauereck gelehnt, in die Höhe, bis es sich mit etwa einem Drittel seiner Länge von vielleicht 80 bis 90 Zentimetern gegen den Boden stemmend, mit dem kleinen Kopf aus dem mich zwei gut stecknadelgroße Augen anfunkeln, ungefähr einen guten halben Meter über dem Boden befindet. Ich stehe gebückt, vielleicht einen Meter vor der Schlange, mein Kopf etwa in Höhe dessen des Tieres. Da – auf dem kleinen dreieckigen Kopf des sonst völlig schwarzen Geschöpfes befindet sich, deutlich erkennbar, ein schneeweißer, leicht gezackter Kranz, wie eine kleine Krone. Nach ein paar Sekunden – ich spüre Gefahr – schnellt sie wie ein Blitz auf mich zu – ich bin schon weg, laufe, was ich laufen kann, erkenne sie kurz hinter mir – sie ist schnell. Ich laufe fünfzig Meter, hundert Meter den kleinen, jetzt von Steinquadern umfriedeten Weg mit seinem Boden aus unbehauenen, abgetretenen Felsblöcken hinunter. Ein Blick nach rückwärts – ich bin wieder allein. Gewaltig ist mir der Schreck in die Glieder gefahren, solch eine Schlange habe ich noch nicht gesehen. Langsam steige ich weiter ab, erreiche durch zypressengeschmückte Wiesen die Straße und bin bald im Hotel.

Abends berichte ich am Stammtisch mein Erlebnis. Ein langes Schweigen folgt dem Ende meines Berichtes. Dann meint der alte Forstwart: „Amigo, Sie haben viel Glück gehabt heute – weihen Sie der Madonna di San Martino eine Kerze. Sie haben die Königin der schwarzen Bergviper gesehen – einer besonders giftigen Vipernart, der Vipera Vesper. Ihren Anblick überleben nur wenige. Glück für Sie auch, daß sie allein war. Meist wird sie von zwei männlichen Schlangen begleitet, die den Eindringlingen in ihr Gebiet den Weg abschneiden. Seltsam, daß sie so weit heruntergekommen ist."

Nach einer Pause, in der Signore Brumana eine Runde Roten einschenkt, sagt ein anderer, ein Alter mit einem weißen Bart, lächelnd: „Ja, Amigo, Sie haben viel Glück gehabt. Man sagt hier, wen die Königin der schwarzen Viper bei ihrem Anblick nicht tötet, lebt lange." Ob Königin, ob nicht Königin, jedenfalls war es eine sehr giftige Viper und zum Lachen ist mir an diesem Abend nicht mehr zumute – den San Martino habe ich seither gemieden, aber der Madonna habe ich eine Kerze geweiht.

Der Abschied naht. Drei herrliche Wochen in der Freiheit eines paradiesischen Fleckchens dieser schönen Welt gehen zu Ende. Eine zauberhafte Nacht soll den Abschluß bilden. Am milden Abend eines endgültig zu Ende gehenden Sommers gehe ich zu einem Serenadenabend in einer der schönsten Villen der Region – Villa Carlotta. In meiner Begleitung eine reizende junge Engländerin. Die wunderschöne Musik des 17. und 18. Jahrhunderts schmeichelt sich in unsere jungen Seelen ein. Später stehen wir im dunklen Park zwischen Säulen und Putten, unter den letzten Magnolienblüten dieses Sommers, am nachtdunklen Himmel glitzern alle Sterne dieser Welt. Wir schweigen lange, atmen den süßen Duft dieser südlichen Nacht bis sich unsere Hände finden – dann unsere Lippen. Spät – am Osthimmel gegenüber beginnt schon langsam ein fahler Schein des neuen Tages – meines letzten hier – heraufzuziehen – stehe ich auf meinem Balkon, Abschied nehmend von Glück und Frohsinn, von Unbekümmertheit und von der Freiheit – und wie ich fühle, auch von meiner Jugend.

Am nächsten Morgen kämpft sich ein kleines Schiffchen, heute grau erscheinend, durch den aufgewühlten See nach Como zurück. Kurze, harte Wellen schlagen gegen die Bordwand. Gischt sprüht wie in Fontänen über das Deck. Die Berge sind nebelverhangen, leichter Nieselregen zieht in jede Ritze ein. Aus ist ein – trotz des dubiosen Anlasses dieser Fahrt – traumhafter Sommer 1938. Traumhaft trotz der bedrückenden Atmosphäre der Emigrantenschicksale am blauen Mittelmeer, trotz der politischen Gefahren, die noch einmal kurz vor dem Abgrund Halt gemacht haben. Aus auch die Lichterfülle und der Glanz einer renaissancehaft anmutenden Landschaft, über Nacht ist auch hier die düstere, mystische Welt eines nordischen Novembertages eingezogen, haben die verspielten Putten den grauen Nornen Platz gemacht.

Kurz ist die Fahrt zur Schweizer Grenze in Chiasso. Es gibt diesmal keinen Aufenthalt – unaufhaltsam rollt der Zug nach Norden. Auch das Tessin ist grau und nebelverhangen, die Tunneleinfahrt zum Gotthardtunnel bei Airolo kaum zu sehen. Lange rollt der Zug durch den Tunnel – in Göschenen taucht er aus der

Finsternis des Berges in eine sonnenüberstrahlte Bergwelt, eisbedeckte Dreitausender links und rechts der Strecke, weiße Wölkchen ziehen freundlich hoch über das Gebirge – und vor mir die „Heimkehr“ in eine ungewisse Zukunft. Ungewiß? Der Krieg ist fast schon Gewißheit.

Ich verzögere die Rückkehr erneut, steige in Luzern aus, nehme mir ein Zimmer in einem Hotel am Bahnhof. Den Vierwaldstättersee will ich noch genießen. Der Vormittag gehört der Stadt. Über die malerische Kapellbrücke mit dem Wasserturm geht der Weg zur gut erhaltenen Museggmauer mit ihren neun Türmen, zurück über die Reuss zur Barfüsserkirche und dem gegenüberliegenden herrlichen Rokokohaus des Segesser von Brunegg. Am Nachmittag läßt mich eine Schiffsfahrt über den Vierwaldstättersee etwas von der Schönheit der Landschaft und der aufregenden Geschichte dieses Landes ahnen, das sich schon so früh seine Freiheit und Demokratie erkämpft hat.

Beim Kaffee auf der Terrasse eines kleinen Hotels bekommt meine Begeisterung allerdings einen Dämpfer. Es wird gesammelt – mit klappernden Sammelbüchsen kommen sie, Armbinden angelegt. Oh – wie ich schon diese Geräusche hasse. „Für das Schwyzerische Winterhilfswerk!“ Das durfte nicht kommen. Mir rutschen ein paar abfällige Bemerkungen heraus. Eine Stimme vom Nebentisch kontert: „Auch so ein Dytscher, sie sollen froh sein, daß sie wieder Arbeit und

Erste Begegnung mit meiner Frau 1938

Ordnung haben!" Ich schweige und gehe – aber es erleichtert mir ein klein wenig die nun nicht mehr aufzuschiebende Abreise.

Einfahrt nach Basel- DB – Deutscher Bahnhof. Keine Besonderheiten, kurze Zoll- und Paßkontrolle, alles geht glatt. Und dennoch – mir ist, als sei ich durch eine große, graue Mauer gefahren – ins Land des Flüsterns und des „Parierens", der SS und der Gestapo – heim in das große KZ, das Deutschland heißt.

Anfang November 1938 – wieder bin ich in Berlin. Das Wintersemester hat begonnen. Schnell einschreiben und belegen.

Dann beginnt das große Büffeln. Um durchhalten zu können wird täglich ein längerer Spaziergang eingeführt. Bei einem der ersten gewinne ich einen kleinen Freund. Ich gehe durch die Siedlung in Neu-Tempelhof, da springt ein kleiner Junge von vielleicht zwei bis drei Jahren auf mich zu und schenkt mir einen kleinen – wirklich schönen – Stein. Dabei überstürzt sich der kleine Mann und erzählt und erzählt. Schließlich schaltet sich die Mama ein – eine sehr schöne junge Frau. Wir wechseln ein paar Worte – aber die Pflicht ruft. Ich fühle – ich habe keine Stunde zu verlieren. Zivilrecht, Strafrecht. Bauernrecht (Blut und Boden) beliebt bei Prüfern, da heißt es besonnen bleiben.

Danach die tägliche Fahrt nach Charlottenburg – zum Repetitor. Ohne einen solchen ist das Examen in der Mindestzeit von sechs Semestern gar nicht zu schaffen. Mein Repetitor ist ein großartiger Mann. Hoch gewachsen, beleibt mit großer Stimme und wortgewaltig in allen Nuancen, bis zum Jahrmarktschreier. Im Kursus sind jeweils etwas zwanzig Studenten, darunter so prominente wie Prinz H. von Preußen. Man lernt viel bei diesem Repetitor. Er paukt nicht nur – auch das muß sein – er begründet, was er bringt. Nur – ob man ihn am nächsten Tag wiedersieht, weiß man nie. Er macht aus seinem Herzen keine Mördergrube – und haßt die Nazi mit der ganzen Kraft seines starken Herzens.

10. November 1938. Früh um halb acht Uhr besteige ich am Bahnhof Tempelhof die S-Bahn, um acht Uhr fünfzehn beginnt der Kurs „Zivilprozeß" – eine schwierige Disziplin für einen angehenden Juristen. Um den Genuß dieser Vorlesung meines Repetitors soll ich an diesem Tag kommen. Schon unterwegs steigen hier und da schwarze Rauchwolken in den Morgenhimmel. Kurz vor dem Bahnhof Zoo wälzt sich eine riesige schwarze Wolke empor. Was ist los? Die Fahrgäste werden aufgeregt. Mir gegenüber sitzt ein älterer, dicker Mann mit Hornbrille, er liest seine Zeitung und sagt mit sonorer Stimme in das aufkommende Getümmel: „Alle Synagogen brennen – und jetzt plündern sie die jüdischen Geschäfte." Bahnhof Zoo – raus und herunter in Richtung Fasanenstraße, wo sich eines der größten jüdischen Gotteshäuser befindet. Menschen stehen stumm mit starrem Blick, um die Synagoge eine lockere Absperrung von Polizei und Feuerwehr. Sie verhindern aber nur, daß jemand in den unmittelbaren Gefahrenbereich kommt. Aus dem schon halb zusammengestürzten Gebäude quellen weiterhin schwarze Rauchwolken, hohe Flammen schlagen aus dem schwarzen Gebälk des Dachstuhls. Die Feuerwehr rührt keine Hand – aber drüben schuften sich lachende und Witze reißende SA-Männer damit ab, Benzin- und Ölfässer die Treppe hinaufzuwuchten, um sie dann durch das schon halb verbrannte Portal in das innere der Synagoge zu rollen. Ein Sprung zurück, eine dumpfe Explosion, eine Feuersäule steigt zum Himmel, das Gotteshaus kann weiterbrennen. Ich gehe weiter. Die unbeteiligten Zivilisten – die Kriminal- und Gestapobeamte sind ja nicht zu verkennen – stehen oder gehen stumm, erschüttert. Vielleicht wird jetzt manchem klar, welch Schicksal sich das deutsche Volk gewählt hat.

Der Kurfürstendamm ist eine einzige Allee von Scherben. Alle jüdischen Geschäfte sind zerstört, die großen Schaufenster zertrümmert, das Innere verwüstet. Hier und da hängt Seidenwäsche auf einem Strauch, ein SA-Mann stiehlt sich weg, einen Pelzmantel unter dem Arm, einige andere wühlen noch in der Auslage eines Juweliers. Brillanten liegen auf der Straße, ab und zu bückt sich auch verstohlen ein Passant. Aber die meisten Vorübergehenden – ich traue meinem Gefühl kaum – scheinen sich zu schämen.

Ich habe mein Ziel erreicht. Mein Repetitor hat seine Räume am Kurfürstendamm. Gerade schaffe ich noch den Beginn des Strafrechtkurses. Der Meister verzieht keine Miene – nimmt offenbar keine Notiz von den Vorgängen in seiner unmittelbaren Nachbarschaft; aus dem Fenster kann man direkt auf die brennende Synagoge sehen. Dann sagt er in aller Ruhe: „Meine Herren, wir behandeln heute einen Strafbestand, der selten vorkommt, aber wenn das geschieht, seine eigenen Merkmale tragen kann." Stimme aus dem Hintergrund: „Die Brandstiftung!" – „Jawohl, meine Herren, die Brandstiftung. Schlagen Sie auf ..."

Er behandelt den Straftatbestand sachlich, ohne weiteren Kommentar. Aber das übersteigt selbst die Kräfte dieser Bärennatur. Er bricht den Unterricht ab. Dann steht der große, füllige Mann lange am Fenster, sieht hinüber zu den Rauchwolken. Schließlich sagt er, von dem wir eigentlich nur seine Stentorstimme kennen, ganz leise: „Meine Herren, von heute an muß man sich als Deutscher schämen!", dreht sich dann um und sagt mit bitterer, verhaltender Stimme: „Gehen Sie meine Herren, vielleicht finden Sie noch ein paar jüdische Diamanten!"

Wir gehen ohne Abschied auseinander. In der Bahn herrscht eine gedrückte Stimmung. Ob es wohl einem dämmert – überall ziehen dunkle Rauchwolken über die Stadt. Das Arbeiten will an diesem Tag nicht mehr gelingen. Ich bleibe allein – nachts begleiten überall brennende Gotteshäuser meine Träume.

Das Leben geht weiter. Am nächsten Tag ist alles weggeräumt. Nur die dunklen Höhlen aus den Synagogen und die vernagelten Schaufenster der zerstörten Geschäfte zeugen noch von dem Ausbruch eines hemmungslosen Pöbels – „im Ehrenkleid der Nation".

Die jüdischen Mitbürger, von denen seit gestern viele verschwunden sind – hineingezerrt in eines der zahlreichen Konzentrationslager – lassen sich tagelang nicht blicken. Viele von ihnen versuchen jetzt erst zu emigrieren – sie spüren, daß es jetzt für sie um Sein oder Nichtsein geht. Aber auch das wird nicht leicht für sie – wer in dieser Welt gewährt schon einem armen Juden Asyl?

Ich arbeite vom Morgen bis in die Nacht. Schaffe ich es noch? Zwischen Vorlesungen über Vertragsrecht, Rechtsgeschichte und Straßprozeß gibt es aber doch immer wieder einmal Lichtblicke. Eine der ersten Vorlesungen, die ich belege ist eine Kostbarkeit und Rarität, wie man sie lange suchen kann. Professor Dovifat, ein bekannter katholischer Publizist und Literat liest: „Adolf Hitler im Spiegel der ausländischen Karikatur" – mit Lichtbildern. Einer der größten Hörsäle der Universität ist stets überbelegt. Mehrere hundert Studenten, viele in Gängen sitzend oder an Mauern gelehnt, folgen gebannt den Ausführungen des glänzenden Dialektikers, scharf geschliffen, immer die Dinge klar aufzeigend – aber so, daß niemand einen unmittelbar zwingenden Grund zum Eingreifen fände. Er stellt die Dinge so dar, daß immer derjenige, der Anlaß zum Eingreifen fände, der Arges denkende wäre. Dazu als Beigabe die zielsicher treffenden Karikaturen von „Figaro" bis zur „Daily Mail" und zum „Observer". Fürwahr ein Genuß, dieser Vorlesung folgen zu dürfen. Das Auditorium gebannt, aber bis zur letzten Konsequenz diszipliniert – es gibt auch von dieser Seite nie einen Grund zum Eingreifen. Wieder ein Beweis, daß die Studentenschaft aufgeschlossener ist, als man meint?

Ganz andere Dimensionen eröffnet mir eine andere Vorlesung – von einem ganz Großen unserer Zeit: Romano Guardini. Sein Hineinführen in das innere Gefüge des christlichen Glaubens und seine Interpretationen großer Gestalten der christlichen Philosophie und Literatur, von Augustinus über Pascal bis zu den Gestalten aus Dostojewskis literarischem Werk, verschaffen mir zum ersten Mal eine echte innere Beziehung zu meinem Glauben und den Quellen seiner Herkunft.

Nach der Übung im „Bürgerlichen Recht III" treffe ich Frank, einen aufgeschlossenen, amüsanten, gelegentlich süffisanten und zynischen Kommilitonen. „Kommst Du heut abend zur Scholz-Klink?" Die „Reichsfrauenführerin" hat ihr Gefühl für die akademische Jugend entdeckt; sie hält einen Vortrag über irgendeinen Blödsinn. „Ich bin doch nicht ganz meschugge!" „Doch, komm auf jeden Fall, Du wirst gebraucht, ich halte Dir einen Platz frei, es wird voll werden." Die Reichsfrauenführerin und voll? Ich bin spät dran, der Hörsaal ist brechend voll – nanu, die Scholz-Klink ist doch selbst für Parteigenossen eine Art Karikatur. Mein Platz ist freigehalten. 20 Uhr ct.: Die Saaltüren werden – bis auf die an der Pultseite – geschlossen, zwei stramme SS-Männer marschieren herein, nehmen links und rechts vom Pult Aufstellung, in Habacht natürlich, Sturmriemen herunter. Soll wohl imponieren, oder hat die Reichsfrauenführerin sich an die Bibel erinnert? „Wer Wind sät wird Sturm ernten" Das allgemeine Gebrabbel hört auf, Stille tritt ein – und dann sie! Ziemlich groß, fast hager, blond, geschürzte Haar in wadenlangem weißen Rock und einer Art Janka schreitet sie mit wogendem Busen zum Pult. „Heil Hitler, liebe Freunde" – Ruhe im Saal. Sie beginnt etwas pathetisch ihre Ergüsse. Das geht fünf Minuten gut – nur weiß keiner, was sie eigentlich will. Kein Wort aus dem Auditorium, kein Beifall. Jetzt holt sie Luft – da, ein lauter Ruf aus einer Ecke: „Die deutsche Frau raucht nicht!" – Gelächter. Unter diesem Wahlspruch ist sie im ganzen Reich bekannt. Sie will weiterreden – aus einer anderen Ecke, nun schon mehrere: „Die deutsche Frau raucht nicht!" Sie wird irritiert. Im Saal wird es unruhig. Dann mitten aus einer Gruppe: „Man reiche mir eine Maid von „Glaube und Schönheit" – ich will einen deutschen Knaben zeugen!" Tosendes Gelächter. „Glaube und Schönheit" ist eine Sonderauswahl von BdM-Maiden, die den strammen SS-Auswahlmännern auf den „Ordensburgen" zugeführt werden, zwecks Zucht reinblütigen deutschen Nachwuchses. Dann setzt ein atemberaubender Lärm ein, im Rhythmus ein Stakkato von Linealen und ähnlichen Gegenständen auf das jeweilige Pult, ein Cantus von dreihundert Stimmen setzt ein: „Die deutsche Frau raucht nicht!" Unaufhörlich donnert ihr Wahlspruch gegen das Pult vorn. Sie steht fassungslos, die Arme hängen herab, die ganze Gestalt zittert. Auch die SS-Leute sind fassungslos, sie stehen stramm, in Habacht. Plötzlich faßt die Dame einen Entschluß, sie winkt ihren Leibwächter zu, steigt vom Pult herab und verläßt langsamen Schrittes, das germanische Haupt gesenkt, den Saal – der Busen wogt nicht mehr!

Schnell löst sich die Versammlung auf. Wir sitzen noch lange in unserer Kneipe. Wir haben wieder Hoffnung gefaßt. Der Widerstand im studentischen Bereich ist größer als wir dachten. Aber wie organisiert man das, spontan geht das wohl mal – vor allem bei einer Figur wie der Scholz-Klink. Der kommt nicht einmal die Partei zu Hilfe. Wir schmieden dennoch Pläne – wie so oft. Am nächsten Morgen hört man überall in den Hörsälen: „Mensch, gestern hast Du etwas versäumt!" Ein namhafter Parteimensch hat sich bei uns nie wieder blicken lassen.

Silvester 1938! Ich bin allein – es gibt für mich viel zum Nachdenken an dieser Jahreswende. Ich fürchte, daß ich wieder einmal alles falsch gemacht habe. Alle Zeichen deuten auf Sturm.

Seit meiner Rückkehr aus Italien stelle ich fest, daß sich doch manches in Deutschland geändert hat. Neben den ewig Begeisterten wächst doch die Zahl der Nachdenklichen. Man ist noch vorsichtiger geworden. Die Litfaßsäulen prangen jetzt fast ganz in karmesinrot, Plakat neben Plakat: „Hingerichtet wegen Abhörens ausländischer Sender, hingerichtet wegen Zersetzung der Wehrkraft, hingerichtet wegen ..., wegen ..., wegen ..." Ich zähle an manchen Tagen bis zu zwölf Plakate – in Hitlers Deutschland hat der Henker Hochkonjunktur. Und – er hat Deutschland fest im Griff.

Eine gute Kundin, Frau eines Obersten im Generalstab, ist eine fanatische Gegnerin der Nazi. Eines späten Abends kommt der Oberst in Zivil zu Vater und bittet um eine Unterredung.

Unter uns in der Familie gibt es keine Geheimnisse – außerdem geht es ja auch uns an. Der Oberst habe berichtet, seine Frau sei in der Nacht zuvor verhaftet worden. Sie habe sofort zugegeben, in den verschiedensten Stadtteilen Berlins Nacht für Nacht antinazistische Parolen an Mauerwände, auf Straßen und vor allem in Telefonhäuschen angebracht zu haben. Zwei Parolen seien immer wieder aufgetaucht: „Nieder mit dem Mörder Hitler“ und „Tod den Naziverbrechern!“ Wochenlang sei sie von der Gestapo gejagt worden – dann habe die Falle zugeschnappt. Der Oberst meinte, es bestehe die Möglichkeit auch unserer Vernehmung, da bekannt sei, daß sie häufig stundenlang allein mit meinen Eltern im Geschäft gewesen sei. Er habe hinzugefügt: „Auf Sie ist man nicht gut zu sprechen bei der Gestapo.“

Der Oberst bekommt seine Frau mit Hilfe nichtnazistischer Offiziere von höchster Stelle bald aus der Haft heraus, um sie in ein Sanatorium wegen „eines Nervenleidens“ unterzubringen. Auch dort bleibt sie nicht lange, nachdem sie ihrem Mann versprochen hat, unauffällig zu bleiben. Bald ist sie auch wieder bei uns. Vater fragt sie: „Wie konnten Sie denn so etwas Sinnloses tun?“ Darauf meint sie: „Wissen Sie, es kommt heute nicht mehr darauf an, ob eine Widerstandshandlung sinnvoll ist oder nicht. Ich mußte einfach handeln – schon um später vor mir selbst bestehen zu können.“ Ihr Mann hatte natürlich nichts gewußt, aber das Handeln seiner Frau nachträglich voll gebilligt.

Mehr Mut müßte man haben. Ich glaube, diese Zeit können nur *Füchse* unbeschadet überstehen – mutig, listig und vorsichtig, sehr vorsichtig.

Aber noch gibt es auch gelegentlich Lichtblicke, ja Sternstunden. Der ausländische Film ist noch zugelassen. Stunden der Entspannung in „Maytime“ mit Jeanette Mc Donald und Nelson Eddy, „Broadway Melody 1938“ mit der herrlichen Eleonore Powell, „Testpilote“ mit Spencer Tracy und Clarc Gable und die schönen Franzosen „Les Perles de la Couronne“ mit Sacha Guitry und „Abus de Confiance“ mit Danielle Darrieux.

Wir schreiben das Jahr 1939. Ende Januar sitze ich in der Vorlesung über „Zivilprozeß“ – das sind jetzt schon die höheren Weihen, es geht dem ersten juristischen Staatsexamen zu. Viel Aufregendes gibt es für mich ja in dieser Materie nicht – und das denken wohl die meisten der anwesenden etwa hundert Kommilitonen. Da – mitten in der Vorlesung – geht die Tür auf, ein Kopf wird sichtbar „Der Bischof wird verhaftet!“ – weg ist er. Zehn, zwölf Mann zögern, stehen auf und verlassen den Hörsaal, ich schließe mich an. Draußen laufen zahlreiche Studenten dem Ausgang zu – das bischöfliche Palais ist fast gegenüber der Universität, nicht weit von der Bischofskathedrale St. Hedwig. Draußen strömen Menschen in Richtung auf das Palais. Vor dem Palast stehen einige hundert Menschen, zwei, drei Mannschaftswagen mit SS stehen am Straßenrand, vor dem Palast SS-Leute. Es herrscht eine gewisse Unruhe – aber es bleibt doch ruhig. Nach kurzer Zeit rollen weitere Wagen mit SS-Mannschaften an. Die Menge umfaßt jetzt vielleicht 200 bis 300 Menschen. Alles drängelt sich um den Palast, von dem nur der Eingang von der SS abgeriegelt ist. Plötzlich beginnt es in einer Ecke zu singen. Sekunden später schallt aus fast 300 Kehlen „Fest soll mein Taufbund immer stehen" zum Himmel. Die SS ist nervös und irritiert. Andere Kirchenlieder werden angestimmt. Das geht jetzt wohl fast ein und einhalb Stunden so – die Menge steht und singt, SS-Leute laufen hin und her, greifen aber nicht ein. Gegen zwölf Uhr mittags öffnet sich die Tür zum Balkon, ein hoher SS-Offizier erscheint, winkt um Ruhe. Es wird ganz still. „Bitte gehen Sie nach Hause, dem Bischof geschieht nichts – auch von einer Verhaftung kann keine Rede sein; seien Sie vernünftig, ich gebe Ihnen mein Wort!" Er tritt zur Seite – der Bischof tritt an das Geländer. Der Aufschrei der Menge muß weit zu hören sein. Ruhe tritt wieder ein. Der Bischof sagt nichts, er hebt die Arme und segnet die Menge. Jubelnd braust es auf „Großer Gott wir loben Dich". Hier schreit viel aufgestauter Widerstand zum Himmel. Der Bischof winkt noch einmal, geht wieder hinein, die Menge beginnt sich zu zerstreuen. Noch sind Hunderte in der Straße, da besteigen die SS-Kommandos ihre Fahrzeuge, einige hohe SS-Offiziere verlassen das Haus, verlassen in ihrem schwarzen Mercedes den Ort des Geschehens – den Ort ihrer Niederlage?

Auch das ist Berlin 1939? Nur – wer erfährt das schon? Die Lage spitzt sich zu. Ich mache Anfang März mit meiner Mutter einen ausgedehnten Abendspaziergang bis zum Reichspostzentralamt, in einer abgelegenen Seitenstraße an der Grenze nach Schöneberg gelegen. Dort kommen uns einzelne Herren entgegen, sie machen alle einen aufgeregten Eindruck. Wir fragen, was los sei. Der Angesprochene ist erbost: „Sehen Sie doch selbst – jetzt nimmt man uns schon unser Eigentum weg – gegen einen Fetzen Papier." Er wedelt wild mit einem Bogen Papier herum. In der Seitenstraße stehen lange Reihen von Zivilautos, Soldaten der Wehrmacht beschäftigen sich mit den Fahrzeugen. Weiter vorn stehen die Eigentümer noch neben ihren Wagen. Offiziere verhandeln kurz mit ihnen, drücken ihnen einen Zettel in die Hand, die Wagenschlüssel wechseln ihren Besitzer. Die Wehrmacht requiriert Zivilautos. Das sieht verdammt nach Losschlagen aus.

Am 15. März marschieren deutsche Truppen in Prag ein. Das also ist des Rätsels Lösung. Wie war das doch vor einigen Wochen? „Wir haben keine weiteren territorialen Ansprüche mehr" und „Wir wollen keine Tschechen" im Sportpalast.

Wir hängen am Rundfunk – Radio London. Ganz offensichtlich ist jetzt die Geduld der Westmächte zu Ende. Die französische Regierung läßt sich vom Parlament Vollmachten zum Ausbau der Landesverteidigung geben, England führt am 9. Mai eine begrenzte Wehrpflicht ein. – Ich schaffe es nicht mehr!

Die Semesterferien bringen noch einige interessante Eindrücke. Wir müssen ein Praktikum machen, bei Staatsanwaltschaft oder Polizei. Ich lande bei der Polizei – gottlob unpolitisch. Die ersten zwei Wochen bin ich der „Sitte" zugeteilt. Ich mache mit einem Beamten Kontrolle in der Umgebung des Kurfürstendamms. Ein dezent aussehendes Lokal nimmt uns auf. Leise Musik – ein recht guter Pianist – einige Paare tanzen zärtlich aneinandergeschmiegt, die Herren im dunklen Anzug, die Damen im Abendkleid. Wir sitzen an der Bar und trinken Whisky. Mein Begleiter flüstert mir zu „Haben Sie es bemerkt?" – „Was?" – ich bin naiv. „Hier im Lokal sehen Sie nur Männer – die sind alle schwul" Ich falle aus allen Wolken, Mann sehen die „Frauen" echt aus!

Jetzt wird mein Nebenmann amtlich. Er will bestimmte Räume im hinteren Lokal sehen. Einiges Zögern, dann werden wir nach hinten geführt. Durch gepolsterte Türen geht es jetzt in einen kleinen Raum, an den Wänden Teppiche. Mitten im Raum steht ein überdimensionaler Vogelkäfig, darin ein blutbespritzter, nackter Mann, blöde durch die Gitter grinsend. Vor dem Käfig wartet eine vollbusige „Schöne" – diesmal eine echte, mit einer Peitsche.

Mein Begleiter erteilt dem Geschäftsführer Auflagen. „Wenn das nicht sofort verschwindet, ist es aus mit der Konzession."

Draußen meint er zu mir: „Das ist ja nicht sehr appetitlich – aber da haben wir sie alle beisammen und können sie besser überwachen" Sachen gibt es – selbst im „Dritten Reich".

Die zweiten 14 Tage sind weniger aufregend – aber interessant. Ich werde der Abteilung des besten Berliner Kriminalkommissars zugeteilt – der Mordkommission unter ihrem Leiter Berneburg.

Zu sehen bekomme ich ihn nur einmal. Er bestellt mich auf halb zehn Uhr abends zum Bahnhof Alexanderplatz. Von dort mache ich mit ihm einen Streifzug durch mehrere Unterweltlokale. Er ist natürlich überall bekannt – er sammelt Informationen. In einer großen, düsteren Kneipe, zu der einige Stufen hinterführen „Tausend Millimeter unter der Erde" führt er ein langes Gespräch mit einem unrasierten, verlottert aussehendem Genie – einem Kontaktmann, sehr malerisch anzusehen. Die Ganoven wollen mit Mord nichts zu tun haben. B. klärt mich auf: „Das hier sind in der Mehrzahl anständige Ganoven. Wer einen „Bruch" bewaffnet ausführt bekommt es mit der „Gilde" selbst zu tun. Für die Mordkommission gibt es hier immer Informationen."

Das sechste Semester ist im Gange – die Zeit wird kurz. Ich bekomme Besuch aus England, John Fisher, einem Journalisten, und aus USA den Politiker Mr. Moore. Sie sammeln Informationen, hüllen sich aber selbst in Schweigen. Mr. M. hat meine Anschrift von meinen amerikanischen Freunden, Mr. F. von einem Mittelsmann. Mr. M. deutet an, daß man mir für Anfang 1940 ein Visum für die USA verschaffen will. Neue Hoffnung?

Ich bin verhältnismäßig oft mit einem katholischen Kommilitonen zusammen. Wir stimmen in unseren Absichten voll überein. Ich habe eine verwegene Idee: Wir wollen den Volksgerichtshof besuchen. Es ist beschlossene Sache. Eines Morgens treffen wir uns vor dem Gebäude ganz in der Nähe des Potsdamer Platzes. Das Portal ist geschlossen. Auf das Klingeln meldet sich ein Wachtmeister: ja, heut sei Sitzung – aber die Sitzungen seien nicht öffentlich, Studenten seien noch nie in Verhandlungen gewesen. „Na, dann melden Sie uns mal beim Vorsitzenden.“ Er verschwindet – bleibt ewig weg und wir haben es schon aufgegeben. Doch schließlich öffnet er das Portal wieder: „Kommen Sie!“ Er führt uns durch lange Gänge, über Treppen vor eine Tür. Hier wie unterwegs sehen wir SS-Leute. Der Wachtmeister öffnet uns, belehrt uns, daß wir über alles zu schweigen hätten, läßt uns ein und verschließt die Tür hinter uns wieder. Jetzt sind auch wir eingesperrt. Die Verhandlung ist schon im Gange. Wir stehen auf einer ziemlich hohen Empore, ein paar Bänke laden zum Sitzen ein. Vor uns liegt ein großer, seltsam geschnittener Raum. Halbrechts vor uns, schräg zur Empore, die Richterbank. Die Berufsrichter sitzen in blutroter Robe, ebenso der Staatsanwalt, die Beisitzer fast alle in Uniform, SA, SS, ein höherer Offizier. Direkt rechts, bewacht, die Angeklagten, acht Männer – Kommunisten, wie wir schnell feststellen. Der Tatbestand ist uns bald klar – es handelt sich um eine Flugblätterkolonne. Mal tobt der Vorsitzende – ich kenne seinen Namen nicht, für uns erreichbare Terminzettel gibt es nicht – mal säuselt er. Er will die Hintermänner wissen. Immer wieder die Frage: „Von wem haben Sie die Flugblätter bekommen?“ Ebenso stereotyp die Antwort des Wortführers der Angeklagten: „Das weiß ich nicht.“ Vorsitzender: „Wo stammen die Flugblätter her?“ Angeklagter: „Die lagen in der Nische xy-Straße“ Stundenlang geht es so, mal laut, mal leise. Fragen der Beisitzer wischt der Vorsitzende mit einer Handbewegung vom Tisch – nur der Offizier läßt sich sein Fragerecht nicht nehmen. Er ist der einzige, der sachlich mit den Angeklagten umgeht, fast human. Der einzige, der uns in dem ganzen Saal imponiert ist der Sprecher der Angeklagten. Er strömt eine unheimliche Ruhe aus, antwortet schnell und präzise, aber immer ausweichend. Vorsitzender: „Reden Sie Mensch, das kann Sie den Kopf kosten“ – Antwort in völlig ruhigen Ton: „Das ist uns klar“. Die Verhandlung zieht sich bis gegen Mittag hin. Ergebnis: Alle Angeklagten geben zu, Flugblätter verteilt zu haben, niemand weiß, woher sie kamen – sie müssen vom Himmel gefallen sein. Während der Beratungspause werden wir hinausgelassen, stehen in dem kahlen Gang unter Bewachung. Während der Verhandlung hat sich niemand um uns gekümmert. Der Wachtmeister notiert jetzt Namen und Anschrift, läßt sich jetzt die Studentenausweise zeigen. Die Verhandlung geht weiter. Das Urteil: Der Wortführer erhält zwölf Jahre Zuchthaus, alle anderen zwischen sechs und zehn Jahren. Die Sitzung wird geschlossen. Das Ende der Verhandlung treibt dem Vorsitzenden noch einmal das Blut ins Gesicht. Die Angeklagten, die sitzend die kurze Urteilsbegründung gehört haben, stehen auf, heben den rechten Arm, ballen die Hand zur Faust und rufen laut und vernehmlich im Chor: „Tod der faschistischen Gewaltherrschaft!“ Keiner nimmt sich aus. Sie gehen gehobenen Kopfes hinaus – das Gericht verschwindet weniger eindrucksvoll – es sieht fast ein wenig nach Flucht aus. Nur der Offizier steht hoch aufgeschreckt noch einen Moment – ihm haben die Angeklagten offensichtlich imponiert, wie uns. Wir kommen uns ziemlich klein und häßlich vor. Minuten später fällt hinter uns das Portal ins Schloß.

Vor dem Semesterende gibt es Zusatzarbeiten. Wir bekommen von Gleichgesinnten die Rede, die Ernst Wiechert im Herbst 1936 vor Studenten der Universität München gehalten hat. Es sind elf Schreibmaschinenseiten. Kommentar: So oft wie möglich abschreiben und verteilen. Ich schreibe vier Mal ab mit je sieben Durchschlägen – das sind 32 Exemplare. Sie werden verteilt unter Kommilitonen, die wir für „echt"halten und klammheimlich ausgelegt, meist nach einer Vorlesung unter dem Pult in der Ablage liegengelassen – irgend jemand wird sie schon finden.

Wir halten das Risiko für tragbar; denn es handelt sich schließlich um eine Ansprache, die öffentlich gehalten worden ist. Aber man weiß nie, wie das so ausgelegt wird. Die Rede ist schon imponierend und auch deutlich genug. Es heißt dort unter anderem:

> *„Es ist wohl das Schicksal aller Revolutionen, daß ihre Mit- und Nachläufer den Sinn der Erneuerung verfälschen, daß sie nicht nur das Königtum abschaffen, sondern auch das abgeschlagene Haupt der Könige wollen, daß sie nicht nur die Pfarrer, sondern auch Gott absetzen wollen, und daß sie glauben, jeder Sextaner müsse eine deutsche Eiche in die Hand bekommen, um zu handeln. Sie wissen nicht, daß die Geschichte eines Volkes schon die ewigen Züge trägt, an denen subalterne Hände nichts mehr ändern können. ... Ja, es kann wohl sein, daß ein Volk aufhört, Recht und Unrecht zu unterscheiden, und daß jeder Kampf im Recht ist. Aber solch ein Volk steht schon auf einer jäh sich neigenden Ebene und das Gesetz seines Unterganges ist ihm schon geschrieben. Es kann auch sein, daß es noch einen Gladiatorenruhm gewinnt und in Kämpfen ein Ethos errichtet, das wir ein Boxerethos nennen wollen. Aber die Waage ist schon aufgehoben über solch ein Volk, und an jeder Wand wird die Hand erscheinen, die Buchstaben von Feuer schreibt ... Ich beschwöre Sie heute, sich nicht verführen zu lassen nur Glanz und Glück zu sehen, wo soviel Leiden sich um und um wendet, und sich niemals dahin bringen zu lassen zu schweigen, wenn das Gewissen Ihnen zu reden befiehlt ..."*

Hoffentlich haben sie viele gelesen – und etwas darüber nachgedacht.

In den Ferien nach dem sechsten Semester folgt noch ein kurzes Praktikum: Zweiter Teil – drei Wochen in einer Strafanstalt. Die Tage verlaufen eintönig und deprimierend. Die Wachtmeister sind überwiegend ältere, nette Leute, die bemüht sind, den Häftlingen das Leben etwas zu erleichtern. Der Wachtmeister, dem ich zugeteilt bin, meint eines Morgens zu mir: „Wissen Sie, ich bin froh, daß ich nicht drüben bin." „Drüben?" – „Ja, da steht das Fallbeil!"

Ein belanglos erscheinender Vorfall bleibt mir in Erinnerung. Wir sechs gehen mit einem Wachtmeister und zwei Kalfaktoren, Essen austeilen. Zellentür auf, die Häftlinge treten heraus, erhalten ihren Schlag in die Schüssel, sind verschwunden, die Zellentür schlägt zu, Schlüssel klappern, es wird zugesperrt. Nur eine Tür wird übergangen. Das war uns schon einige Male aufgefallen. Einer fragt den Wachtmeister: „Und der – bekommt der nichts? Da ist doch einer drin!" Der Wachtmeister zögert, geht dann zur Zellentür, schiebt den Blechverschluß vom Guckloch, zieht uns heran und sagt: „Sehen Sie selbst." Ich schaue durch das Guckloch, schäme mich doch etwas, der Mann, der dort auf einem Hocker mit unbeweglichem Gesicht vor dem vergitterten Zellenfenster sitzt, wird vorgeführt wie ein wildes Tier im Käfig. Ich erkenne ihn nicht. Der Wachtmeister schließt die Klappe und sagt leise: „Das ist Thälmann – der Kommunistenführer."

Ich darf noch einmal einen Blick in eine glücklichere Vergangenheit tun. Ein kleines Reprisentheater „Unter den Linden" bringt zwei Wochen große Filme aus zurückliegender Zeit, jeden Tag ist Programmwechsel – ich bin täglich dort, es ist ja nicht weit von der Uni.

„Dreyfuß" mit Kortner, „Traumulus"mit Jannings, „Heinrich IV." (Charles Laughton), „Reifende Jugend" (Heinrich George), „Die ganz großen Torheiten" mit Rudolf Forster und Paula Wessely, „Pygmalion" (Gründgens), „Cleopatra" (Claudette Colbert), „Mata Hari" mit Greta Garbo, „La Bataille" (Annabella), „Desire" mit Marlene Dietrich und „Das Mädchen Irene" mit Sabine Peters und Geraldine Katt zaubern noch einmal die Atmosphäre einer unbekümmerten Vergangenheit hinein in diese spannungsgeladene, trostlose Gegenwart vor – wir fühlen es deutlich – einer Katastrophe, nach der – wenn es ein Nachher geben sollte – niemals etwas so sein würde, wie es damals war.

Am 23. August 1939 platzt eine Bombe. Deutschland und die Sowjetunion schließen in Moskau einen Nichtangriffspakt. Hitler und Stalin als Verbündeter. Das ist geradezu Teufelswerk. Aus mit einem Zweifrontenkrieg, unserer einzigen Hoffnung für einen kurzen und verlorenen Krieg – dann das ist klar: Nur durch einen verlorenen Krieg werden wir diese Bestien wieder los. Bitter – aber wahr. Das ist die Tragik unseres Lebens.

Wir fallen alle in eine tiefe Depression.

Aus dem Kriegstagebuch eines Nichtgenerals

Russische Nacht

Dunkel steht die Nacht,
Sterne funkeln über weiten Wäldern,
Einsam über allem wacht
Fahler Mondschein über gelben Feldern.

Weiße Nebel überm Moor,
Käuzchen aus der Ferne schreit,
Russenland, wie bist Du groß!
Heimatland wie bist Du weit!

Gebrochen ist der Friede Deiner Erde,
Russenland – zerfetzt wird jetzt Dein Leib.
Über weite Steppen rasen herrenlose Pferde,
Durch die Wälder irrt so manches Russenweib.

Ich stehe einsam hier in dunkler Nacht,
Durch die Wipfel streicht ein leiser Wind;
Sag – wofür steh ich denn auf Wacht,
Warum hat man mich getrennt von Weib und Kind?

Was steh ich hier im weiten Russenland,
Ich will ja nichts erobern und erwerben –
Und doch verbreit ich Mord und Brand.
Mußten darum meine Kameraden sterben?

So gehen meine Gedanken wirr
Und ich hadre mit meinem Geschick.
Ich wird an mir selber irr –
Und will doch nur zurück!

So steh ich hier im weiten Russenland,
Ein Sternlein fällt hienieden.
In Gedanken reich ich Euch die Hand!
Und bitte Gott um Frieden!

H.D. auf Nachtwache am 14. August 1941
vor Wassiljewa

„Seit 5 Uhr 45 wird jetzt zurückgeschossen!"

Berlin am 1. September 1939.

Für mich kommt der Krieg zu früh. Ich habe gerade mein sechstes Semester Jura beendet. Das erste juristische Staatsexamen macht man bestenfalls am Ende des siebten Semesters. Ich habe aber mit einer solchen Entwicklung auch zeitlich gerechnet und so bestand das Jahr 1939 für mich nur aus büffeln. Kein Urlaub – keine Reise in meine geliebten Berge.

Am 1.9. am frühen Nachmittag gibt es den ersten – und für lange Zeit einzigen Luftalarm. Fehlalarm – ein polnischer Aufklärer hatte sich bis in die Gegend der Mark Brandenburg verirrt.

Am Sonntag, dem 3.9 fahren wir zu Inge. Sie hatte am 1.9. Geburtstag. Ehe wir losfahren noch schnell Radio London – BBC – ... –. Die Westmächte haben Deutschland den Krieg erklärt. Im Deutschen Radio – nichts. Seltsames Gefühl, wissend, daß die Würfel gefallen waren, die Menschen ernst – aber noch nichts von wirklichem Ernst der Lage ahnend – ihre Wege gehen sehen.

In Frohnau weiß man noch nichts – selbstredend: denn das Abhören ausländischer Sender ist Hochverrat. Inge ist nachdenklich, Manfred irgendwie aufgeräumt: „Die wagen es nicht, auch nur einen Schuß abzugeben. Der Führer hat alles bedacht!"

17 Uhr Nachrichten: Englands und Frankreichs Kriegserklärung. Schock in Frohnau – früher Aufbruch.

Ich melde mich sofort am nächsten Morgen zum ersten Staatsexamen. Von da an sieht mich mein Bett nicht vor vier Uhr morgens, um 8 Uhr geht die Arbeit weiter. Und der Kaffee wird schon knapp.

27.11.1939. Erstes juristisches Staatsexamen, Dauer etwa fünf Stunden. Das Klima ist unpersönlich, aber korrekt. Von Kriegesexamen keine Spur. Volle Leistung wird verlangt. Ich habe einen guten Start und komme gut zurecht. 15 Uhr, Spannung über das Ergebnis. Endlich! Bestanden, als einziger mit „Prädikat", mit befriedigend; die anderen haben mit „ausreichend" ebenfalls bestanden.

Am nächsten Tag früh um 9 Uhr bin ich mit einem Antrag auf Übernahme in den Referendardienst beim Kammergericht. Warten – der Herr Kammergerichtspräsident gibt sich die Ehre mit den Kandidaten selbst zu sprechen. Zu mir ist Sp. recht nett. Als einziger mit Prädikat – keine Bedenken, nur eine Formalität. Er blättert in meinen Akten. „Es fehlt nur noch der Nachweis über Ihren Einsatz für die Volksgemeinschaft." – „Na ja, reichen Sie ihn morgen nach, wir werden heute noch ihre Zurückstellung vom Wehrdienst beantragen. Wo waren Sie denn, bei der SA?" – „Bedaure, Herr Präsident." „Was denn, Sie waren in keiner Gliederung der Partei?" – „Nirgends, Herr Präsident." Sp. wird eiskalt, bleibt aber entgegenkommend. „Melden Sie mir bis morgen früh Ihren Eintritt in eine Gliederung der NSDAP – von mir aus in das NSKK." Ich zögere keinen Moment: „Es tut mir leid, Herr Präsident, dazu sehe ich mich nicht in der Lage."

Er zögert seinerseits einen Augenblick und erwidert dann, meine Personalakte wegschiebend: „Na, wie Sie wollen, Ihr Antrag auf Übernahme ist abgelehnt." So schnell geht das.

24 Stunden später kommt ein Eilbrief für mich: Einberufung zum 1.12.1939, das ist übermorgen. Meldung bei der 1./Inf. Ers. Btl. 397 in Spandau-Ruhleben. Truppenteil: 9./IR 9 in Potsdam. Nun hat es der Herr Kammergerichtspräsident aber doch sehr eilig gehabt. Na denn – Hurra! Statt Referendarius mit Gnadenfrist jetzt Grenadier des traditionsgebundenen Gardegrenadierregiments Graf 9 in Potsdam! Von Hitlers Gnaden!

1.12.1939. Mit Köfferchen in die Kaserne. Die Ankömmlinge werden sortiert, dann beginnt der Rekrutenalltag: Warten – Einkleidung – Untersuchung. Ein kurzer Lichtblick: Ärztliche Bedenken. Es folgt eine stundenlange, eingehende Untersuchung; zum Schluß aber schließlich doch: tauglich 1!

Rekrutendasein im Schnellverfahren – im Ganzen erträglich. Keine Schinderei, keine Schikanen. Nach 1 Woche erster Ausgang, die Gruppe macht geschlossen unter der Führung des Herrn Unteroffiziers einen Spaziergang durch Spandau. Vorher wurde eine Woche lang grüßen gelernt – militärisch, notabene!

Am 10. Dezember 1939 werden wir zur Grundausbildung in das Fort Hahneberg in Spandau verlegt. Die Kasematten kalt – der Ton der Ausbilder noch kälter . Stubendienst – Kaffee holen – Appelle über Appelle. Vor Weihnachten ist erster Besuchstag. Die Eltern kommen – Herumsitzen in der riesigen Kantine bei schalem Bier. Nachts Wache. Wenige Tage danach zur „Weihnachtsfeier" in Spandau – in einer kahlen Kneipe. Die ganze Kompanie im Marschschritt nach Spandau, Kommando: Singen! Wieder schales Bier – Rückmarsch; das Ganze ziemlich trostlos.

Zwischen Weihnachten und Silvester erster Heimaturlaub. Schöne Stunden zu Hause. Wieder in einem meiner geliebten Bücher gelesen, langsam bedrückende Stimmung – Abschied – Rennen nach der letzten Straßenbahn.

Irgendwann im Anfang von Haneberg: Aufmarsch in Ausgehuniform in der Sporthalle: Vereidigung! Der Eid wird vorgesprochen. Das Bataillon steht – rechte Hand emporgehoben – drei Finger hochgestreckt: „Ich schwöre." Ich zaudere, lasse den Arm unten, bleibe stumm. Niemand nimmt Notiz davon .Bin ich vereidigt? Ich weiß es bis heute nicht. Im Konfliktfall damals hätte es mir sicher nichts genutzt.

Am 16. Februar 1940 gibt es überraschenden Wochenendurlaub von Freitag bis Sonntag, dem 18.2. abends 20 Uhr. Kurz nach der Rückkehr: Packen! Nächste Nacht: Verladen in Spandau. Meine erste Reise im Güterwagen – Richtung Westen! Am nächsten Tag längerer Aufenthalt in Köln – direkt vor dem

Dom. Nachmittags geht es weiter nach Westen, nach Einbruch der Dunkelheit nur noch langsam. Immer wieder kurze Halte. Gegen 22 Uhr Halt auf einem Bahnhof. Stationsschilder sind abmontiert. Frage an einen Beamten: „Wo sind wir?" – „Mensch, halt die Schnüss!" – Dann leise: „Gmünd" Also Eifel – Richtung Front. Meine erste Reise in die Eifel – ganz vornehm im „Hitlerlook" – 5. Klasse!

Schwarze Nacht. Später fahle Beleuchtung. Mondschein im dritten Viertel. Klare Nacht – klirrende Kälte. Um 1 Uhr früh ausladen. Antreten – ohne Tritt – Marsch! Schweigen – nur ab und zu das Klappern der Spaten an die Gasmaske. Wir marschieren Stunde um Stunde. Dunkle Bergsilhouetten, hier und da ein schwarzer Wald. Der Weg geht am Rande eines Maares entlang – so muß es auf dem Mond aussehen. nach Stunden fahler Schein von Osten. Zugleich Brummeln rechts vor uns: Morgengruß der Front. ES wird hell – eine herrliche, eine fantastische Landschaft – eine Urlandschaft! Im wahrsten Sinne des Wortes. Wir ziehen in ein waldumgrenztes Tal, vor uns rauscht ein Wasser – die Ur! Jetzt tauchen Baracken auf, getarnt unter Bäumen. Antreten im Karree! Dann ein kleines Männchen, drahtig, Monokel, O-Beine. „Soldaten! Ich begrüße Euch im III/IR 9! Nutzt die Tage! Hier habt Ihr noch etwas Ruhe – und jetzt schlaft Euch aus!" Unser Bataillonskommandeur: Graf von der Goltz, alter preußischer Adel.

Bei der Verteilung am Nachmittag komme ich in den dritten Zug. Einer von den „Alten" klopft mir auf die Schulter: „Ach du Scheiße! Zu Maier 17. Und Dein Unteroffizier versteht sich auch auf's Schinden. Na, viel Glück!"

Am nächsten Tag Zugappell. Noch ein Knirps – Feldwebel Maier 17 (benannt nach seinem Jahrgang) begrüßt uns: „Na, dann woll'n wir Euch mal den Arsch hochbinden! Aber vorher brauche ich noch einen Putzer – Freiwillige vor!" Großes Schweigen – es hatte sich herumgesprochen. Ich kombiniere blitzschnell: Bist du bei dem Putzer – dann kann Dir der andere Schinder den Hobel blasen – dann haste es nur mit einem zu tun. „Hier, Herr Feldwebel!" „Gut, komm nach dem Abendessen in meine Bude."

Abends ein verqualmter Raum voller Unteroffiziere. Maier 17 präsidiert. Ich melde mich. „Hier Schuhe putzen!" Er hatte sie natürlich an. Ich ziehe sie ihm von den Füßen und verschwinde nach draußen. Ein Alter ruft mich, zeigt mir die Tricks, mit denen Feldwebelstiefel blank werden, Danke! Ich bringe die Schuhe zurück. Maier 17 ist schon ziemlich besoffen, die anderen total, Maier 17 verträgt mehr. Er sieht die Stiefel und brüllt: „Mal herhören! Das ist mein Putzer, der ist Abiturient und kann sogar Stiefel putzen!" Wieherndes Gelächter. Maier 17: „Wer dem zu nahe kommt, dem trete ich persönlich in den Arsch!"

Hab ich richtig kombiniert? – Aber ich hatte die Rechnung ohne meinen Unteroffizier gemacht; das war ein schlauer Bursche. Er hütet sich, mir zu nahe zu treten, aber bei der Gefechtsübung darf ich immer die Granatwerfer tragen – oder die schweren Munitionskästen für das SMG.

Wir sind eine bespannte Einheit und haben auch einen Schmied. Ein Kerl wie ein Schrank, Ostpreuße – geistig nicht so sehr beweglich. Rauh – und herrscht in der Schmiede und auch sonst. Mit seinen Bärenkräften will es niemand zu tun haben. Er gefällt mir. Ich gehe eines Abends zu ihm, stelle eine Flasche „Kakao mit Rum" – die Spitze bei den Marketenderwaren – auf den Amboß und bitte ihn, mir über seinen Beruf und seine Heimat zu erzählen. Der Kerl verdrückt die Flasche fast ganz allein, ohne daß man ihm etwas anmerkt. Er erzählt und erzählt, aus Ostpreußen, von seinen Pferden, von seinen Träumen. Beim Abschied sagt er: „Karl! (bei ihm heißen alle Karl), sag Deinem Unteroffizier einen schönen Gruß und ich bin Dein Freund."

Ich hab den Gruß bestellt – die Bedeutung wird mir sehr schnell klar. Nachmittags Antreten zur Geländeübung. Mein Unteroffizier: „Na D. Du hast ja wohl für Maier 17 zu sorgen – hau ab!"

Die Erklärung ist einfach. Man sieht gelegentlich Unteroffiziere mit einem – manchmal zwei – blauen Augen herumlaufen. Sie waren komischerweise immer in der Dunkelheit gegen einen Baum gelaufen.

Seither habe ich Ruhe. Auch Maier 17 wird nett. Er fordert mich öfter auf zu einem Spaziergang und schüttet sein Herz aus. Er hat die höhere Schule besucht und ist aus der Tertia herausgeflogen. Schlechte häusliche Verhältnisse haben seine Kindheit und Jugend nicht gerade zu einem Paradies gemacht: „Weißt Du, so wird man eben so ein Scheißkerl wie ich. Aber sag's nicht weiter; wenn ich Zwerg nicht alle dauernd anscheiße – dann machen die mit mir, was sie wollen." Wir führen dann noch öfter recht anregende Gespräche – er ist durchaus intelligent – und kennt sich.

Im März werden wir in Bunker an der Grenze nach Luxemburg bei Dauwelshausen verlegt. Dort wird der Dienst allgemein ruhiger. Wir liegen weiterhin an der Ur – einem Grenzflüßchen nach Luxemburg. Es ist eine herrliche Landschaft. Hügel und Wälder, Birken und Erlen säumen die Höhen. Unten tief eingeschnitten der Fluß – auf beiden Seiten Stacheldraht und unten an einer kleinen Brücke jenseits der Ur ein Häuschen mit luxemburgischen Grenzsoldaten. Wir bekommen ziemlich viel freie Zeit. Es ist ein herrlicher Frühling und ich sitze oft mit zwei Kameraden auf einem Felsen hoch über dem Fluß. Albert hat Mathematik studiert aber noch nicht abgeschlossen und ein junger Assessor juris, der mir nicht so liegt. Wir diskutieren über Philosophie und Naturwissenschaft, über den Sinn des Lebens und über Literatur. Wir haben einen gemeinsamen Nenner: Hermann Hesse.

Oft sitzen wir dort bis in die Nacht, unten rauscht der Fluß, neben dem Felsen steht eine große Birke durch deren keimende Kätzchen ein bleicher Mond lugt – und in den Gesprächspausen grummelt die ferne Front ihr Lied von Tod und Untergang – und wir sind noch so jung!

Aus dem Brief Nr. 22 B

Ostern 1940

Liebe Eltern

Heute ist nun der Ostermontag da, ein Tag der Besinnung und des Hoffens. Wieviele Gebete mögen heut zum Himmel steigen um Ruhe und Frieden. Wir wissen ja nicht, weshalb wir diese Prüfung mitzumachen haben – wir wissen nur, daß wir uns zusammenreißen müssen, um diese Prüfung zu bestehen. Und ich glaube, wir werden sie bestehen.

Ich sitze hier an meinem Tisch im Bunker, vor mir ein kleines Sträußchen mit Kätzchen – zu Osterblumen hat es nicht ganz gereicht. Gestern Abend sah ich das erste Blümchen in diesem Jahr – ein Gänseblümchen und den ersten Falter – einen Zitronenfalter. Also alles Zeichen dafür, daß es doch Frühling wird. Und so, wie sich in der Natur immer wieder der Aufstieg, die Ruhe durchsetzt, mag der Winter auch noch so hart und bitter gewesen sein, so wird auch für die Menschheit wieder ein Ostern kommen, eine Zeit, in der das Eis des Hasses und des Neides gebrochen sein wird und die Friedenssonne die Menschheit überstrahlen wird und die Menschen werden wieder lachen lernen und alles wird so sein wie früher.

So wie sich der Winter dem jugendlichen Drängen des Frühlings beugen muß, so wie auch dem Leidensweg des Herrn ein Ostern folgte, wie dem Leben des einzelnen und der Natur Grenzen gesetzt sind – überall steht am Ende eine Auferstehung!

Und so wird auch unsere Passion ein Ostern haben. Es mag sein, daß uns noch viel bevorsteht. Gewiß, so manche Leidensstation haben auch wir schon durchgemacht, aber wir wollen nicht vergessen, daß wir noch keinen Karfreitag hatten; noch blieb uns die Stunde auf dem Ölberg erspart. Wir haben den Kelch des Leidens noch nicht bis zur Neige ausgekostet. Vielleicht leuchtet in aller Dunkle der Nacht die Gnade des Herrn über uns, so daß wir diesen bitteren Weg nicht bis zur letzten Erkenntnis zu gehen brauchen. Aber auch, wenn uns noch viel Schweres bevorstehen sollte, so wollen auch wir nicht verzagen und dann wird eines Tages auch für uns Ostern kommen – eine strahlende Auferstehung mit einer glückverheißenden Zukunft.

Am 12.4. werde ich vom Kompaniechef zum Melder ernannt und dem Zugtrupp des dritten Zuges zugewiesen. Dadurch ändert sich im Augenblick nicht allzuviel für mich, aber es kann für den bevorstehenden Einsatz Bedeutung haben. Das Melderleben ist zwar in vieler Hinsicht riskanter als das der anderen, aber er kommt nicht so schnell in die Verlegenheit, von seiner Waffe Gebraucht zu machen. Das erleichtert mir meinen persönlichen Konflikt – ich bin nicht gewillt auf Menschen zu schießen. Wie es im Fall einer direkten Lebensbedrohung für mich aussieht, muß ich dem Augenblick überlassen. Ich glaube nicht, daß man diese Frage theoretisch beantworten kann.

9. Mai 1940. 3 Uhr wecken, anschließend Abmarsch zur Regimentsübung, das ist für einen Melder eine ziemliche Schinderei. In voller Montur ständig auf den Beinen. Um 13 Uhr treten die Offiziere zu einer kurzen Besprechung zusammen, nachdem der Regimentsadjutant auf dem Plan erschienen ist. Kurz danach wird die Übung abgebrochen und der Rückmarsch in die Quartiere befohlen. Der Nachmittag vergeht mit Waffenreinigen und Putzen. Kurzer Spaziergang mit Maier 17. Plötzlich bleibt er stehen und sagt: „Mensch, es ist dicke Luft! Komm, wir gehen zurück."

Um 18 Uhr Alarm, danach packen und verladen. Der Zapfenstreich wird aufgehoben, man spürt, daß es ernst wird. Fast alle saufen, ich leg mich gegen Mitternacht hin. 2 Uhr 45: Wecken und Marschbereitschaft. Gegen 3 Uhr erfolgt der Abmarsch – gefechtsbereit. Um 3 Uhr 28 überschreiten wir auf unserer kleinen, wackeligen Brücke die Ur und damit die Deutsch/Luxemburgische Grenze. Die luxemburgische „Streitmacht" – 5 Mann – sieht teilnahmslos zu, wie auf der Mitte der Brücke die Stacheldrahtsperren beseitigt werden. Drüben geht es auf die Höhe. Es streckt sich hügeliges Land im Strahl der aufgehenden Sonne. Wir marschieren – es wird heiß. Ab und zu Ortschaften. Die Bevölkerung steht am Straßenrand – auch sie überwiegend teilnahmslos – einige stellen schweigend Wassereimer vor die Türen und Zäune ihrer schmucken, kleinen Häuser. Und wir marschieren, 10 km, 20 km und immer weiter. Das Sturmgepäck drückt, das Gebamsel am Koppel wird schwer und schwerer, Gasmaske, Spaten, Brotbeutel und Feldflaschen, Meldetasche, Leuchtpistole, – alles schlägt gegen die Beine – und wir marschieren. Felder, Flüsse, Wiesen und Wälder – für uns nur noch Straße, „links sind Bäume, rechts sind Bäume, in der Mitte Zwischenräume". Wir haben längst auf stur geschaltet. Kein Gespräch mehr – trockene Gaumen, Staub und Dreck, Lastwagen, Krafträder und Wagen rasen vorbei und hüllen alles in eine Staubwolke. Endlich – 20 Uhr – Marschpause. Ein Schluck aus der Feldflasche, umfallen, schlafen. 40 km liegen hinter uns. 22 Uhr – Auf – weiter. Dasselbe – nur bei Nacht. Stolpern, dem Vordermann auf die Hacken treten, im Schlaf marschieren – weiter – weiter! 3 Uhr Quartier in Eschweiler. Verpflegung empfangen, – essen um 6 Uhr Abmarsch. Gegen 9 Uhr 30 wird die belgische Grenze überschritten. Nach zweistündiger Rast geht es weiter bis 18 Uhr. Wieder eine Stunde Rast, wieder marschieren, wieder wird es dunkel und wieder 40 km geschafft. Schließlich gegen 23 Uhr Übernachtung in Chalonnes. Zum ersten Male hören wir schwere Artillerie. 6 Uhr Abmarsch – es geht jetzt alles automatisch – man fühlt nichts mehr. In den kurzen Rasten werden die Blasen an den Füßen aufgestochen – weiter! Um 10 Uhr Zwangsrast in Wideaumont – zwei Panzerdivisionen rauschen vorbei! – alles ein Dreck. Endlich – 19 Uhr Quartier in Ochamps in der Schule, es gibt Essen und Wein. 5 Uhr 30 Abmarsch – einige harte Minuten, dann wird wieder alles gefühllos. Scheißhausparolen überschlagen sich: Italien und Rußland haben England den Krieg erklärt. Wer's glaubt – ist auch scheißegal.

Am Nachmittag vor uns zunehmender Gefechtslärm. Schwere Artillerie, Bomben fallen – die Schlacht um Sedan ist in vollem Gange. Abends ein Flußübergang, dann um 0 Uhr 30 Quartier im Wald – 400 Meter vor der französischen Grenze. Auf der Wiese rechts ein toter belgischer Soldat. 7 Uhr Wecken. Es geht nicht weiter – Sedan ist noch nicht gefallen. Viele Flugzeuge. 12 Uhr weiter bis 14 Uhr, wieder Rast. Um 18 Uhr geht es weiter, immer an der französischen Grenze entlang. Die Nacht wird durchmarschiert und schließlich um 1 Uhr 35 die französische Grenze überschritten. Kurz hinter der Grenze etwa 200 Meter abseits der Straße das erste französische Haus. Ein Spähtrupp findet alles demoliert, alles durchwühlt, der Hausrat liegt verstreut umher. Zurückgelassene französische Ausrüstungsgegenstände weisen auf die Urheber hin – in einer Meldetasche Bilder marokkanischer Poilus. 3 Uhr 15 früh: Halt! Kompanien auseinanderziehen – Bereitstellung zum Angriff über die Maas. Um 5 Uhr Bereitschaftsmeldung – es wird ernst! 8 Uhr Antreten zum Angriff. Ich habe Angst. Es geht nicht weit. Wir bekommen schweres Feuer aus den Bunkern vor der Maas bei St. Laurent in der Nähe von Charlesvilles – Mézères. Zum ersten Mal sehen wir den Gegner – Marokkaner! Wir bleiben stecken. Ich liege als Melder beim Zugtrupp in einer Mulde. Kleine Bäume stehen dort, ein Bach gluckert munter, über uns pfeift es nicht schlecht. Ich liege bei den Bäumen mit mehreren zusammen, dann stehe ich auf und lege mich an den Rand der Mulde. Kaum bin ich dort – ein kurzes Pfeifen – Schreie jemand ruft nach seiner Mutter. Volltreffer in die Gruppe an den Bäumen – direkt dort, wo ich noch vor knapp einer Minute gelegen habe. Ich kann kaum denken, da kommt der Angriffsbefehl. Ohne mich – ich haue ab, nach links rückwärts – lande bei einer Reserveeinheit. Die Stunden vergehen. Langsam wird Ruhe. Um 12 Uhr ist die Maasbrücke genommen. Ich gehe auf die Suche nach meiner Einheit. „Wo warst Du denn, Menschenskind?" – „Wurde beim Nachbarn eingesetzt" – „Das nächste Mal bleibst Du bei uns, klar?" Noch einmal gut gegangen. Unteroffizier J ist gefallen, mehrere Mann verwundet. Ein deutsches Flugzeug liegt abgeschossen auf einem Acker. Die Brücke ist beschädigt, die Sprengung konnte im letzten Moment verhindert werden. Na schön! Abends Quartier in der Mairie in Montey. Es gibt Essen und Wein. Wir sind wieder beisammen und saufen unseren Kummer in den Schlaf.

16.5.1940. 8 Uhr Wecken. Der Abmarsch verzögert sich – das bisher in Reserve liegende IR 67 zieht vorbei. Nun weiß ich wenigstens, wer gestern meine Gastgeber gewesen sind. Von der anderen Seite trotten 1200 gefangene Franzosen in Richtung Osten. Zwischen ihnen und uns eigentlich kein großer Unterschied – nur, daß sie keine Waffen mehr haben – alles arme Schweine, sie und wir.

Wir nähern uns der Aisne. Langsam wird der Krieg Wirklichkeit. Nach der Romantik von Dauwelshausen jetzt das Grauen des Mordens. Vor uns wird schwer gekämpft, Wir erleben zunächst nur die Hinterlassenschaft des Gemetzels. Die blühenden Wiesen bedeckt von toten Pferden und Kühen, aufgedunsen wie Ballons. Nicht gemolkene Kühe blöken vor Schmerz mit prallem Euter. Süßer Leichengeruch überzieht eine lebensbejahende Frühlingslandschaft. Der Geruch ist kaum auszuhalten – wir marschieren mit um Mund und Nase gebundene Taschentücher. Der erste Eindruck: Der Geruch des Krieges – grauenhaft! Manche Tiere leben noch, sie bekommen den Gnadenschuß – mir greift es an das Herz. Den Blick eines in den letzten Zügen liegenden Pferdes werde ich so schnell nicht vergessen. Es scheint zu fragen: Warum? Was hab ich Euch getan?

Stundenlang dieser Marsch durch die Vorhölle des Krieges. Ab und zu eine menschliche Leiche in all dem Grauen. Sie bewegen sich – die entweichenden Gase erfüllen die tote Materie wieder mit Leben. Nachts in den wenigen Ruhestunden viele Schreie im Traum.

17.5.1940. Aufgelockerte Marschordnung – Panzeralarm! Eine große Panzerschlacht ist vor uns im Gange – einzelne Irrläufer krepieren zwischen uns. Dann die ersten brennenden Dörfer. Qualm und beißender Rauch mischt sich in den Leichengeruch. Quer durch das in Flammen stehende Rocquigny. Mauern stürzen, Dächer brechen zusammen und durch all das Chaos schleichen wir uns entgegen immer mehr Flüchtlinge mit Pferd und Wagen, Kinder schreien, Frauen weinen – und wieder Gefangene, stumpf und verzweifelt. Um 1 Uhr Quartier in den Ruinen einer Schule.

18.5.1940. 8 Uhr Abmarsch. Hinter Traillicourt fällt das Gelände ab. In der Tiefebene Reihen von Pappeln – dort fließt die Aisne. Das ganze Halt. 22 Uhr Einweisung in die Gefechtsstellungen. Wir müssen durch ein total zerstörtes Dorf – keine Lebewesen außer uns und einigen Hunden und Katzen. Als Melder muß ich durch den Ort. Kamine starren drohend in den nachtschwarzen Himmel. Vor uns ständiges Aufblitzen der Abschüsse von drüben – dann Rauschen oder Zischen – ein Knall – ab und zu Schreie: Sani! Sani!

Nach den Meldegängen grabe auch ich mir ein Schützenloch. Kaum fertig, erfolgt der erste schwere Ari-Überfall. Kopf runter, schwere Brummer, 15er – Splitter surren. Nach 30 Minuten Ruhe. Um 2 Uhr früh ein weiterer schwerer Beschuß – etwa 100 Schuß auf 200 Meter Breite. Anschließend für den Rest der Nacht Störfeuer – und überall der Feuerschein brennender Dörfer. In meiner Feldflasche klappert munter ein eineinhalb cm langer Splitter – der Kaffee ist n'as plus!

Nachts werden die Verpflegungsholer von Heckenschützen beschossen. Morgens werden die Ruinen durchkämmt. Ich komme in ein Haus, in dem nur noch zwei Zimmer im Erdgeschoß stehen – die Uhr an der Wand tickt noch. Auf dem Tisch ein aufgeschlagenes Gebetbuch – ich stecke es ein, dann ein leises Schluchzen. Ich gehe ins Nebenzimmer – große angstvolle Augen sehen mich an. Ein etwa neunjähriges Mädchen – allein, voller Angst unter Schock. Ich nehme sie auf den Arm und trage sie zum Gefechtsstand. Der Kompanieführer läßt sie durch den Unterarzt behandeln. Später wird sie – wie ich höre – im Pfarrhaus eines hinter uns liegenden Dorfes abgegeben.

Wieviel Schuld haben die auf sich geladen, die diesen Wahnsinn entfesselt haben?

Die schweren Feuerüberfälle mehren sich. Ab und zu die gewaltige Detonation eines französischen 40 cm Eisenbahngeschosses. Die Kompanie hat jetzt 2 Tote und neun Verwundete.

19.5.1940. Nachts Spähtrupp. Modernes Indianerspiel. Auf dem Bauch robben wir etwa 200 Meter bis dicht an die Aisne. Entdeckt! Leuchtfeuer – MG-Salven. Wir fünf machen uns ganz klein und häßlich. Ganz in der Nähe leise französische Zurufe. Wir ziehen uns zurück. Außer dem Risiko eins aufgebrannt zu bekommen nichts gewesen.

In den nächsten Tagen wechseln schwere Feuerüberfälle mit Störfeuer. Hier und da ein Verwundeter – man gewöhnt sich. Am 25.5. wieder zum Spähtrupp eingeteilt. Er findet bei einem schweren Gewitter statt. Zu sehen war nichts – gottlob auch wir nicht. Wir kommen bis zur Aisne. Leise plätschern die Wellen, von oben sind wir eh durch und durch naß. Später Aufwärmen in einer rückwärts liegenden Scheune bei Tee mit Rum.

In der Nachtwache vom 26./27. ruft mein linker Nachbar (etwa 30 m entfernt), ich solle rüberkommen – er halte es allein nicht mehr aus. Ich warte auf eine Feuerpause – spring auf, marsch, marsch. Kaum bin ich in seinem Loch, rauscht eine 15er direkt in mein Schützenloch. Es gab eine herrliche Fontäne – schön anzusehen im Leuchtfeuer. Meine Zeltbahn segelt rot und weiß angestrahlt durch die eisenhaltige Atmosphäre.

28.5.1940. Wir werden abgelöst. Um 20 Uhr lösen wir uns aus der Stellung – ohne besondere Vorkommnisse. Nach anstrengendem Nachtmarsch 10 km zurück ins Quartier – eine riesige ferme: Chaudine! Waschen – rasieren – essen – schlafen, draußen in der wärmenden Sonne. Nachmittags Waffenreinigen, Putzen. Dann Nachtruhe in der Scheune. Ruhe? Ständiges Rascheln im Stroh. Ei, was läuft da über mein Gesicht? Eine Katze? Taschenlampen flammen auf. Mitnichten – Ratten sind es, schöne, große, feiste Ratten. Einige bilden sich aus ihren Zeltbahnen Schlafsäcke, wickeln sich die Decke um den Kopf und schlafen. Auf ihren Körper tummeln sich die ganze nacht hindurch die großen, grauen Nager. Einer erwacht mit angebissenem großen Zeh.

Ich ziehe mich mit anderen nach draußen zurück. Zum Glück ist die Nacht mild. Auf dem Dachfirst der Gebäude zieht bis zum Morgengrauen eine ununterbrochene Kette der katzengroßen Tiere – hin und zurück – in tadelloser Ordnung, die Silhouetten der Bestien deutlich gegen den nachtgrauen Himmel abgehoben, unentwegtes schrilles Pfeifen – Rush-hour der Ratten – Symbol des Krieges?

Am 30.5.1940. Antreten zur Begrüßung durch den neuen General. Ich hab keine Erinnerung an ihn – ein General halt. Anschließend großes Platzkonzert. Gruppen von Landsern bummeln schwatzend und lachend in dem großen Innenhof zu den Klängen des Hohenfriedberger Marsches und von Johann-Straß-Melodien, lediglich die etwas Takt-losen Paukenschläge der 40 cm Eisenbahngeschosse stören etwas die Harmonie der ungebrochenen Lebensfreude – welche eine Welt!

Am Tag darauf Gottesdienst im Freien – ich gehe zur heiligen Kommunion. Tag der Besinnung? Die restlichen Tage fliegen nur so dahin.

Aus dem Brief vom 2.6.1940 an die Eltern:

> *„Heute liegt ein wundervoller Sonntagnachmittag unter dem blauen Himmel Frankreichs. Strahlend lag der Sonnenschein den ganzen Tag über den zartgrünen Saaten und nur gelbe Lupinenfelder leuchteten wie ein Fanal aus dem Grün des werdenden Getreides heraus. Wir sind mitten im französischen Vorsommer, einer Jahreszeit, die alles in einen zarten, lichten Schleier hüllt, wie, um Geheimnisse der Natur unseren Augen zu verbergen. Man mag gar nicht mehr an die Wirklichkeit denken, daran, daß diese Landschaft von Zartheit und Hingabe zum Schauplatz einer der größten Tragödie geworden ist, die die Geschichte gesehen hat – ausgestorben liegt dieses herrliche Land.“*

9. Juni 1940: Auf dem Marsch nach vorn. 21 Uhr Bereitstellung. 23 Uhr Befehl zum Angriff, der 3. Zug 9/IR 9 ist ganz vorn. Es kommt zu schweren Gefechten – starke französische MG-Abwehr. Aber die Franzosen ziehen sich zurück – etwa 3 km. Die Aisne liegt hinter uns, Pioniere haben Pontonbrücken gebaut. Wir stehen jetzt vor dem letzten französischen Bollwerk – der Waygandlinie. Unsere Panzer kommen noch nicht über den Fluß – eingegraben. Um 2 Uhr kommen die Panzer, in unserem Abschnitt allein vier Panzerkompanien. Beim Morgengrauen sehen wir eine große Ebene vor uns – vereinzelt Bäume und Strauchwerk und Panzer über Panzer. 6 Uhr Antreten zum Großangriff, Infanterie zwischen den Panzern. Ungeheurer Lärm der Kettenfahrzeuge. Panzer Marsch! Die Franzosen kommen aus ihren Löchern – mit erhobenen Händen. Bald rollen die Panzer davon. Wir haben noch schwere Kämpfe mit französischen Nachhuten bei St. Loup und St. Remy. Ein Franzose liegt schwer blutend vor mir. Ich rufe: Sani! Sani! Da kommt ein Sanitätssoldat, schneidet ihm das Hosenbein auf – er hat eine große Wunde am Oberschenkel. Der Sani verbindet ihn sachgerecht und sagt: „Bleib bei ihm – ich besorge einen Sankra.“ Es kommt tatsächlich bald einer. Der Franzose kommt auf eine Trage und wird eingeladen. Tröstlich, daß es noch so etwas wie übernationale Humanität gibt.

Am 11.6.1940 werden wir vorn durch das I. Und II. Bataillon abgelöst und bleiben beim 9-Uhr-Angriff als Reserve hinter den vorderen Linien. Beim Vormarsch überall Tote, zerschossene Panzer, abgeschossene Flugzeuge. Wir ziehen an einem ausgebrannten deutschen Panzer vorüber. Einer der Insassen klebt als verkohlte Silhouette, geschrumpft auf Kindergröße mit ausgebreiteten Armen am Panzerturm – die Augen starren weiß aus dem schwarzen Schädel. Es dreht uns allen den Magen um – wir werden den Anblick nicht so schnell vergessen. Auch er war ein Mensch – jung und hoffnungsfroh wie wir. Golgotha – überall Golgotha!

Um 11 Uhr stehen wir 20 km vor Reims und werden jetzt dauernd von Fliegern angegriffen – rein in den Straßengraben – raus aus dem Graben! 17 Uhr Heutregiville besetzt, kurze Rast. 21 Uhr Fertigmachen zum Angriff. Der Befehl wird zurückgenommen und wir werden zur Sicherung der Straße nach Isles eingesetzt.

Um 2 Uhr 30 besetzten wir Pont de Romagne. Gegen Morgen ist offenbar der französische Widerstand gebrochen. Es regnet, wir sind durstig, dreckig und erschöpft. Dann immer wieder Stockungen – viel motorisierte Einheiten ziehen vorbei. Nach 5 Stunden Rast in Auberive beginnt wieder der Vormarsch. Wir marschieren, ausgelaugt, stumpf und teilnahmslos. Um 10 Uhr 30 begegnen uns die ersten gefangenen Engländer, etwa 100 Mann, die Offiziere mit Stöckchen vorneweg. Alle in tadellosen Uniformen, stolz mit einem Lächeln auf den Lippen auf die verdreckten „Sieger“ herübersehend. Die haben es hinter sich. Für uns beginnt das große Hasten. Weiter – immer weiter! Namen wechseln: Joinville – Chaumont – Villiers s. Sure – St. Siège – Crecy – vorbei an einer großen Talsperre. Kurze Rasten – umfallen – schlafen – auf, Marsch! Hunderte von Kilometern liegen hinter uns. Jetzt wird es freundlicher, keine Kämpfe mehr, unzerstörte Dörfer und Landschaften.

23.6.1940. Weinberge – liebliche Landschaft – Hügel – Burgund! Nach nächtlicher Rast auf freiem Feld Ankunft in Beaune. Waffenstillstand! Um 7 Uhr erreichen wir Meursault – unser vorläufiges Ziel.

Am 24.6.1940 werde ich mit einigen anderen zusammen auf dem Marktplatz von Meursault zum Gefreiten befördert, anschließend Platzkonzert – wie sinnig! An den folgenden Tagen endlich Ruhe. Damit es nicht zu ruhig wird ist am 28.6.Parade vor dem neuen Kommandeur für die besetzten Gebiete. Die 9./IR 9 ist natürlich dabei! Der Besitzer eines großen Weingutes schickt 1000 Flaschen Champagner, um die „Sieger“ bei Stimmung zu halten (und vielleicht auch Geschäfte zu machen?). Abends wird gebechert.

Hier mag festgestellt werden, daß es in dem Bereich, in dem ich gewesen bin, von Seiten der deutschen Soldaten während des ganzen Feldzuges nirgends zu Ausschreitungen oder Belästigungen der einheimischen Bevölkerung gekommen ist, trotz des ungewohnten Weingenusses. Zum Teil sicher dank der Disziplin im IR 9 und vor allem unseres Bataillonskommandeurs Graf von der Goltz, einem Mann mit Respekt vor Gott und jedem Mitmenschen, ob Offizier oder Grenadier, ob Deutscher oder Franzose. Er sollte uns später in Rußland noch viel Halt geben.

Am 29.6.1940 geht das Bataillon um 8 Uhr 30 geschlossen zum Gottesdienst – Gedenken der Gefallenen.

Verlustliste:

IR 9	68 Tote	
III IR 9	11 Tote	
9/IR 9	3 Tote	11 Verwundete

6.7.1940. 0 Uhr 30 Marschbereitschaft. 10 Minuten später Abmarsch in Richtung Besançon. Als Melder habe ich inzwischen ein Fahrrad bekommen und bin immer bei der Vorausabteilung zum Quartiermachen. Das gibt Freiheit, eine gewisse Ungebundenheit und Kontakt mit der Bevölkerung. Besançon ist eine schöne Stadt mit noch schöneren Frauen. Nach dem Quartiermachen haben wir meist noch 5-6 Stunden Zeit, bis die Truppe kommt, dann kommt der zweite Teil unserer Arbeit: das Einweisen. Die Bevölkerung nimmt keine Notiz von uns – ist aber auch nicht feinselig, allerdings hat es hier auch keine Kämpfe gegeben, c'est la guerre!

Ab und zu kommen wir nun wieder in zerschossene Dörfer. Es geht jetzt Richtung Osten – zur schweizer Grenze, durch die Franche Comté. Nach acht Tagen Ruhe in Montecheroux geht der Marsch nach Charquemont – unser letztes Ziel in Frankreich. In Montecheroux hat an mir mein Fahrrad geklaut – ich „organisiere“ mir bei den ebenfalls dort liegenden Pionieren ein ebensolches – mit Tücken, wie sich später zeigt. Auf dem Marsch nach Charquemont geht es ständig bergab. Vorkommando! Die Straße geht mit 180-Grad-Kurven ununterbrochen mit 7-10% Gefälle. Wir lassen es laufen! Nach etwa 300 Metern hab ich ganz schön Fahrt – vorn eine Gegenkurve. Ich bremse, das heißt, ich will bremsen – das Ding hat gar keine! Zum Abspringen war das Tempo zu hoch. Ich hocke wie ein Affe auf dem Sattel und bremse mit dem rechten Schuh – 7 Kilometer lang. Mailand – San Remo ist nichts dagegen! Ich bin lange vor den anderen am Ziel – unbeschädigt, bloß Schuh und Fahrradschlauch qualmen. Schließlich kommen die anderen: „Mensch, hast Du es aber eilig gehabt, kennst wohl 'ne Mademoiselle hier?“ Mir stand noch der Schweiß auf der Stirn.

Charquemont, ein reizloses, großflächiges Dorf. Reizlos? Nun, es gibt reizende Geschöpfe dort. Beim Quartiermachen keine Schwierigkeiten. Ein Grandpère stellt mir stolz seine Enkelin vor: „Elle est belle, n'est ce pas?“ „Elle a 17.“ Sie ist belle. Aber auch die umgebende Landschaft ist eine Schönheit. Grandios der Steilabfall zum Doubs an der schweizer Grenze. Tiefer Einschnitt – unten braust der Doubs – ein Canon von seltener Schönheit. Sofortiger Gedanke: wie kommt man rüber? Aussichtslos – Felswände hüben – Felswände drüben und dazwischen ein Wildwasser mit reißenden Stromschnellen. Es war halt nur so eine Idee! In Charquemont trinkt man Bier – viel Bier. Und viel Ruhe.

Die ruhige Zeit endet am Sonntag, dem 8.9.1940 – natürlich nachts. 1 Uhr 20 Wecken, 3 Uhr 15 Abmarsch. Die haben ja eine Meise – man kann doch am Tage latschen! Unteroffizier S., Fw. K. und ich fahren vor, um Quartier zu machen. Ein gutes Dreigestirn. Wir sind ja nun alles alte Krieger – die Chargenunterschiede sind verwischt, nur die Offiziere genießen noch eine gewisse Autorität. Die Kompanie muß zwischendurch eine lange Rast machen. Wir drei haben den Abend für uns – verschlafen dann prompt die Ankunft der Kompanie!

Am 10.7.1940 überschreiten wir um 7 Uhr 10 die deutsch/französische Grenze (die neue, zum Elsaß notabene). 11.7. Ruhetag in Spechbach. Quartiermachen am 12.7. Gegen Morgen kommen wir durch die Maginotlinie und radeln dann über den Rhein. Erste deutsche Stadt: Neuenburg, total dem Erdboden gleich gemacht. Weiter über Müllheim nach Staufen. Quartier gemacht – ich suche mir die Apotheke aus (sie steht heute noch). In Staufen lerne ich auf der Ofenbank im „Gasthaus zum Löwen", dem Stammplatz des Dr. Faustus, das Schwarzwälder „Kirschwässerl" kennen und lieben. Wir genießen den Abend in fröhlicher Runde. Am Samstag besuchen wir die Burgruine Staufen. Es gefällt mir hier.

Die Freude dauert nicht lange. Am Sonntag, den 15.9. um 1 Uhr Wecken – immer nachts! 6 Uhr Abmarsch nach Heitersheim – Verladen. Um 9 Uhr geht die Fahrt ab. Heidelberg – Gießen – Nordhausen – Berlin – Grunewald. Halt direkt neben dem S-Bahnhof. Invasion von Landsern über die Gleise auf den S-Bahnhof. Jeder Wartende bekommt einen oder mehrere Briefe in die Hand gedrückt „Bitte stecken Sie ihn ein" – wir sind halt eine Berliner Division. Weiter geht's nach Osten. 7 Uhr Bromberg – 9 Uhr Thorn und 12 Uhr 30 unser nächstes Ziel: Leslau (Wloclavec).

Eine andere Welt! Erstes Ahnen tragischer Entwicklungen. Eine östliche Welt. Vor dem niedrigen Bahnhof ein großer Platz, mittelalterliches Kopfsteinpflaster, Grasbüschel dazwischen, niedrige Katen aus Holz, Panjewagen mit dem typischen östlichen Geschirr, Männer mit langen Bärten und Pelzmützen, Frauen mit dunklen Kopftüchern. Alles etwas verängstigt. Viel deutsche Soldaten.

Gegen Abend gehe ich ins Ghetto. Wieder eine andere Welt! Dunkle, enge Gassen, Funzeln an einigen Straßenecken. Männer im Kaftan mit Pajes und Gebetsriemen. Eintritt ins Ghetto für deutsche Soldaten verboten! Aber überall Landser, Geschäfte werden gemacht, jüdische Frauen waschen Wäsche für die Landser gegen Brot und andere Lebensmittel. Die Landser sind nicht kleinlich. Ab und zu wird auch in einer dunklen Ecke Liebe gekauft – Kinder gehen auf den Strich – Chlob, Pan, Chlob!

Es existiert ein Befehl: jeder Jude hat vor einem deutschen Soldaten den Bürgersteig zu verlassen. Vor dem ersten, der mir so ausweicht, schäme ich mich – gehe nun selbst auf dem holprigen Damm. Ein Landser klopft einem uralt aussehenden in Kaftan und Pajetten auf die Schulter: „Alter, laß doch die Faxen!" – „Pan, de bist a güte Mensch – aber was soll ich machen a Risiko?" Nachdenklich verlasse ich das Ghetto. Wo wird das hinführen? Dann esse ich im Hotel „Deutsches Haus“ Bratkartoffeln mit Ei und Speck – ohne Marken. Das Leben ist bitter.

Am nächsten Morgen bringt mir ein hübsches jüdisches Mädchen, vielleicht 14 Jahre alt – meine Wäsche. Ich gebe ihr 2 Brote, Schokolade, Zigaretten und zwei Büchsen Schmalz. Sie küßt mir die Hand: „Spacibo, Pan“ – mich schaudert es.

Der Leslauaufenthalt wird jäh unterbrochen. Das III/IR 9 wird aus dem Regiment herausgezogen und zur Neuaufstellung eines Regiments auf den Truppenübungsplatz Wandern verlegt. Aber vorher gibt es Urlaub. Um 16 Uhr reiche ich mein Urlaubsgesuch ein – um 17 Uhr Urlaubssperre. Am Samstag klappt es doch. Es wird eine schöne Zeit. Gleich in der ersten Woche erlebe ich den ersten Luftangriff auf Berlin, von 0 Uhr 05 bis um 2 Uhr 45. Das wird nun zur Regel. Am Montag von 23 Uhr 15 bis um 3 Uhr Alarm – erste größere Schäden. Wir hören stundenlang Bomben fallen. Dienstag und Mittwoch sind sie auch da, die Briten. Trotzdem: Freitag mal wieder im Theater, Kleines Haus: „Wie es Euch gefällt“, welch ein Genuß!

Am Samstag, den 28.9. feiern wir Poldi's Geburtstag. Alle verfügbaren alten Freunde waren da. Es war ein großes Fest. Um 0 Uhr 45 – Alarm! Es beginnt ein großes Halloween. Wir tanzen und singen bis zum Ende des Alarms und saufen unentwegt auf das Wohl der Briten. Hoch Churchill! Nur er kann uns vor dieser Höllenbrut retten – und wenn wir draufgehen dabei. Dreimal kommt der Luftschutzwart. Beim ersten Mal bekommt er einen Schnaps, die beiden anderen Male wird er so rausgeschmissen. Das Dumme ist nur, daß unter uns einer ist, auf den die Gestapo einen Kopfpreis ausgesetzt hat.

Der „Friede“ endet am 31.10. Abfahrt nach Leslau. Wird man sich wieder sehen?

Am nächsten Morgen beginnen nach der Ankunft in Leslau die Marschvorbereitungen; es bleibt viel freie Zeit. Abends meist Essen im „Deutschen Haus“ – die geben es ohne Marken.

10.10.1940. Es ist so weit. Um 9 Uh r 58 startet der Zug (5. Klasse – Güterwagen) und rollt über Thorn – Bromberg – Nakel – Schneidmühl – Küstrin zunächst mal wieder nach Soldin. Hier sollen Vorbereitungen für die Neuaufstellung auf dem Truppenübungsplatz getroffen werden. Für uns noch einen Monat Schokoladenseite des kriegerischen Militärlebens.

Soldin – ein typisches märkisches Städtchen im Warthebruch (Neumark). Ein alter Backsteindom, niedrige, saubere Häuser – handwerkliche Wohlhabenheit und noch unbeleckt von Sorgen und Nöten des Krieges. Bei unserer Ankunft gegen 11 Uhr am Freitag, dem 11.10. bleibt uns zunächst einmal die Spucke weg. Das ist ja ein Film aus Goebbel's patriotischer Ufa-Küche. Fast die ganze Stadt ist am Bahnhof – alles hat geflaggt, sogar der altehrwürdige Dom. Der Zug hält – Hurrarufe, eine Blaskapelle intoniert wieder einmal den „Hohenfriedberger“, die Glocken vom Dom läuten. Beim Marsch vom Bahnhof regnet es Blumen über Blumen. So muß es 1914 gewesen sein. Ahnen die Leute hier an der deutschen

Ostgrenze nicht, was uns bevorsteht? Na, uns soll es recht sein – alles kommt in Privatquartiere – die Leute reißen sich um uns. Soldin war nie Garnisonstadt – jetzt holen sie alles nach. Ein Traum? Ich lande beim Stellmachermeister. Abends soll ich die Knobelbecher vor die Tür stellen. Ein Dienstmädchen mit Häubchen und Schürzchen ist fast nur noch für mich da. Na, das wird einen schmerzlichen Abschied in die finstere Nacht der Realität geben. Was soll's – zunächst leben wir – carpe diem!

Am 17.10. werde ich zur 3. Kompanie versetzt und am Nachmittag auf Dienstreise nach Leslau geschickt. Ich soll Gewürze für die Feldküche einkaufen – die gab es dort in allen Nuancen. Auch gut. In Leslau suche ich mir ein Hotelzimmer – ich bin ja so ziemlich inoffiziell dort – solche Geschäfte sind natürlich nicht erlaubt – schon gar nicht im besetzten Gebiet. Ich finde ein Zimmer im „Hotel zur Klause". Na, das sieht mir eher nach ohne „K" aus und gefällt mir nicht so ganz. Der Wirt ist Pole und mein Zimmer nur durch ein anderes zu erreichen. Ich esse erst einmal im „Deutschen Haus" und begebe ich gegen 21 Uhr zur Ruhe. Im Vorderzimmer schnarcht schon ein etwas an„rüchiges" Individuum. Hoffentlich hat er nicht ein langes Messer im Gepäck. Nach meiner Leiche kräht hier kein Hahn. Die Leslauer wissen nicht, daß ich da bin und die Soldiner wissen nicht, wo ich abgeblieben bin. Aber die Gefahr ist halb so groß. Ich lege mich ins Bett, die Wäsche wird wohl nur einmal im Monat gewechselt und lösche das Licht. Kaum ist es dunkel, geht ein Geknatter los, als ob lauter Lichtschalter betätigt werden. Licht an! Auf meinem Bett ein schwarzes Gewimmel! Tausende von Kakerlaken machen einen Höllenlärm. Schlagartig wetzen sie – weiß ich wohin – völlige Ruhe. Ich probier's noch einmal – Effekt wie vorher. Es sind Kinder der Nacht. Da die Viecher 2 bis 3 Zentimeter groß sind, ist es kein gerade angenehmes Gefühl. Was hilft's, das Licht bleibt brennen. Früh werden die Einkäufe erledigt, alles bekommen. Ich beschließe, da ich noch zwei Tage Zeit habe und keinen Wert auf weitere Kakerlakenaufmärsche lege, nach Küstrin zu fahren. Ein Telegramm an die Eltern – das funktioniert sogar – und ab nach Küstrin. Dort finde ich eine bessere Bleibe im Hotel „Viktoria". Am Samstag, dem 20.10. kommen die Eltern um 9 Uhr an. Wir verbringen den Tag in der Stadt und fahren abends weiter, die Eltern nach Berlin, ich um 18 Uhr nach Soldin. Morgens werde ich der 7. Gruppe zugeteilt – also wieder in der Masse untergegangen.

23.10.1940. Um 6 Uhr 30 Antreten zur Rübenernte. Eine Knochenarbeit die Dinger bei trockenem Boden herauszuwuchten; die liegen wie Beton. Abends die Lohntüte: 2,50 RM für den Tag, hart verdientes, aber fürstliches Entgelt. Todmüde! Früh wieder hinaus auf den Acker, aber nur bis 10 Uhr. Ein Radmelder kommt: „Gefreiter Droßel, sofort zur Schreibstube!" – Was hab ich nun wieder ausgefressen? Mitnichten, ein Glückstag scheint angebrochen. Der Spieß empfängt mich: „Kann'ste Schreibmaschine schreiben?" – „Jawoll, Herr Hauptfeldwebel!" – „Also, abkommandiert zur Schreibstube". Nun bin ich so etwas ähnliches wie ein Angestellter im Öffentlichen Dienst. Dienstzeit von 8 Uhr bis 11 Uhr und 13 Uhr bis 19 Uhr. Meine erste Arbeit ist nicht unflott. Der Spieß: „Na, dann schreib Dir mal für morgen gleich einen Urlaubsschein.“ Das läßt sich hören. Auf der Schreibstube, das ist für die Landser so etwas wie eine Behörde für schlotternde Bürger, sind der Hauptfeldwebel Gerlach, ein Unteroffizier Prill und meine Wenigkeit. Beide sind übrigens sehr nett. So kommt man weiter, frei nach Hermann Hesse „Stuf' um Stufe heben!“ Routinearbeit bis zum 6.11. Prima! Und abends Privatleben bei Stellmachers.

Aber – das Ende naht. Vorher soll ich aber noch einmal nach Leslau zum Einkauf. Ich komme dort am 7.11. um 1. Uhr 30 frühe an. Ein Hotel suche ich diesmal nicht. Ich schlafe am Bahnhof, mache morgens meine Einkäufe und fahre abends nach Berlin. Bis Sonntag habe ich einen Dienstreiseausweis. Da ich ihn selbst – dienstlich, notabene und mit Vorsatz handschriftlich – ausgefüllt habe, fällt ein kleiner Zusatz „über Berlin“ nicht weiter auf. Zu Hause verbringe ich einen Abend mit Poldi und bin am Sonntagabend wieder in Soldin. Vom 13. bis zum 15.11. erfolgt der Marsch zum Truppenübungsplatz Wandern. Am 14. bin ich bei einem Jazzfreund untergebracht. Er hat tolle Platten. Wir hören fast die ganze Nacht Dixyland und Louis Armstrong. In den folgenden Wochen wartet in Wandern die übliche Routinearbeit einer Schreibstube, Meldungen an Bataillon und Regiment, Urlaubsscheine und Dienstreiseausweise ausstellen, Berichte schreiben, Vorbereitungen für den Einsatz der neuen Rekruten – so vergeht die Zeit. Es gibt viel zu tun, Unteroffizier P. ist in Urlaub, ich mache fast alles allein und selbständig. Unser Spieß ist ein prächtiger Mann – Berufssoldat und langjähriger Reitlehrer an einer Kavallerieschule. Ich lerne viel von ihm über Pferde und auch langsam reiten – beim Fachmann, was mir später sehr zu Gute kommen sollte.

Nach der Mittelung von zu Hause über den Tod von Herrn H. kommt am 22.11. die Nachricht vom Ableben meiner Großmutter Jenny Labové. Mein geliebter Großvater leidet sehr darunter.

Vom 10. Dezember 1940 bis zum 30.12.1940 verbringe ich schöne und glückliche Urlaubstage in Berlin. Alte Freunde und Bekannte werden besucht, abends regelmäßig bei mir in meinem kleinen Refugio die neuesten Informationen von Radio BBC gehört – manchmal drängen sich bis zu 12 Personen in dem kleinen Raum. Bis zum Beginn der Nachrichten kommt ein Kissen auf das Radio, das bum, bum, bum ist durchdringend. Über uns wohnt ein Eisenbahner, man weiß nicht.

Aus dem Brief an die Eltern vom Silvesterabend 1940:

> *„Wenn wir so auf das Jahr 1940 zurückblicken, so können wir uns trotz der harten und schweren Stunden, das es uns bereitet hat eines großen von Herzen kommenden Dankes nicht verschließen. In aller Not und in all den Strapazen hat der Herrgott seine schützende Hand über uns gehalten. Wir wissen nicht, was uns das Jahr 1941 bringen wird. Aber wir wollen es mit derselben Zuversicht beginnen wie das Jahr 1940. Wir wissen, daß uns Schweres bevor-*

> *steht. Aber ich weiß auch, das wir es gut überstehen werden, denn wir stehen weiter unter dem Schutz unseres Herrgottes. Im Vertrauen auf unsere gute Sache können wir ruhig und zuversichtlich das neue Jahr beginnen!"*

1941. Das Übungsplatzleben geht erst einmal weiter. Die Rekruten kommen laufend nach ihrer Grundausbildung. Es finden viel Gefechtsübungen statt, viel Ausbildung – hart, aber fair und menschlich. Ich bin nicht berührt – ich habe meine Sonderstellung. Selbst wenn der Spieß und Uffz P. an nächtlichen Übungen teilnehmen, ist mein Platz am bullernden Kanonenofen – Telefonwache. Das Leben ist eintönig, aber erträglich. Ich schlafe auf der Schreibstufe – allein und habe einen unschätzbaren Sondervorteil – Geschenk des Himmels – an meinem Bett steht der sehr leistungsstarke Wehrmachtsempfänger. Um Mitternacht gibt es stets die neuesten Nachrichten von Radio London. Manchmal kommt früh von hie rund dort eine leise, schüchterne Frage: „Was sagt bum, bum, bum?" – Am 13.2.1941 erfolgt unsere Verlegung von Wandern in das Barackenlager Pieske bei Zielenzig – ohne große sachliche Veränderungen. Die Truppe ist jetzt vollzählig.

Am 20.3.1941 steht Mars wieder langsam ins Haus! Wir werden verladen. Nach mancherlei Zweifeln besteht kein Zweifel mehr – es geht nach Ostpreußen. „Von dort beginnt der Angriff auf England – die Schiffe warten schon." Ach Du grüne Neune – es gibt welche mit wenig Geist und Verstand und solche ohne Beides. Mich deucht – wir werden demnächst Wodka saufen. – „Quatsch, wir haben einen Vertrag mit der Sowjetunion." Wie schön, es gibt noch Leute, die an Märchen glauben. Vom 20.3. bis zum 11.4. nehmen wir Aufenthalt in Kalkstein (Ostpreußen). Für Überraschungen sorgt im übrigen nur der „Führer".

24.3.1941. Beginn der Deutschen Offensive in Nordafrika; 6.4. Beginn der Kämpfe in Jugoslawien und Griechenland, Wieder ein Kriegsostern – das zweite, wieviele noch?

Aus meinem Brief vom 15.04.1941:

> *„Ostern ist nun wieder vorbei. Bei mir ist leider alles anders geworden, als ich mir es vorgestellt habe. Den ersten Feiertag verbrachte ich nach einer unfreundlichen Nacht schlafenderweise in einer zugigen Scheune, ungewaschen und unrasiert. Dafür geht es mir aber jetzt wieder sehr gut, ich wohne beim (evangelischen) Pfarrer eines schönen Dorfes, umgeben von Wäldern und Seen. Er ist ein gläubiger, feinsinniger Mensch, der sich freut in der Stille seiner Tage einen Menschen gefunden zu haben, mit dem er – wenn auch vielleicht nur für kurze Zeit – über vieles, was ihn interessiert und berührt, plaudern kann. Dieser Mann ist das, was man so selten findet, ein durchaus moderner Mensch und dabei ein wahrer Priester, ein Wahrheitssucher."*

Tagebucheintrag vom 16.04.1941: Geburtstag von Ursula. Wer ist Ursula?

Aus einem Brief vom Großvater:

> *„Deinen Brief aus Italien, den Du mir von der damaligen italienischen Reise geschrieben hast, habe ich wieder einmal durchgelesen. Darin schreibst Du mir, daß die Natur streng und unerbittlich ist, aber gerecht. Es geht mir so vieles durch den Kopf, über alles, Gott und die Welt und Kirche und Staat und die Natur. Lieber Enkel, ich möchte Dir viel schreiben, alles was mein Herz bewegt ... Wir können nur wünschen und hoffen. Das übrige müssen wir unserem unsichtbaren Gott überlassen und unser Schicksal in seine Hände legen."*

Mein lieber Großvater, ist Dein Atheismus ins Wanken gekommen?

Am 28.04.1941 werde ich zu einem Dolmetscherkurs für Russisch abkommandiert. „Ein Glück, daß niemand weiß, daß ich Rumpelstilzchen heiß!" Ich habe vor dem Krieg 2 Jahre Russisch mit Langenscheidt gelernt und beherrsche es einigermaßen. Also – die Zeichen mehren sich! Vorher werden wir über Bartenstein nach Laggarben verlegt. Die Schreibstube ist auf einem großen Bauernhof. Am Abend der Ankunft ist die halbe Kompanie vom Bauern eingeladen. Es gibt herrliches Bauernbrot, frische Butter in großen Schalen und ein Rührei mit Speck aus 300 Eiern. Sagenhaft! Außer der Betätigung mit der russischen Sprache, für die mir viel Zeit gegeben wird, erhalte ich einen Sonderauftrag. Alle abgehenden Briefe sind mir geöffnet vorzulegen. Ich hau meinen Stempel drauf, und kleb sie zu. Was kümmert mich das Geschwätz der Landser? Auch das geht vorüber. Offizielle Meinung der Kompanieführung: was soll der Quatsch? Es hat nie ein Offizier oder jemand anderes Einsicht in einen Brief verlangt. Irgendwo ist doch die Achtung vor der persönlichen Sphäre noch in Ordnung. Welch ein Trost in dieser persönlichkeitstötenden Zeit!

Am 11.5.1941 nehmen wir Abschied von den Fleischtöpfen Laggarbens. Es wird wieder marschiert. – Doch diesmal noch Eile mit Weile. 12.05. Quartier in Dörfingen, am 13. in Alt-Sauswalde, 14. Lorenzfelde, 15. Springen, 16. Petershausen – so lernt man Land und Leute kennen. Ich beginne Ostpreußen in mein Herz zu schließen. Weite Flächen, flachsgelber Weizen dunkle Wälder, blaue Teiche und Seen und schwarze Moore. Auch die Kraniche des Ibikus! Die Menschen scheu, aber herzlich.

Am 19.05.1941 erreichen wir Birkenfelde bei Schirwind an der Schirschuppe, der Grenze zum sowjetisch besetzten Litauen. Am jenseitigen Ufer ein Wachturm aus Holz. Wir werden beobachtet – die ersten sowjetischen Soldaten. An heißen Tagen wird in der Schirschuppe gebadet. Die Flußmitte ist die Grenze. Wer sie überschwimmt bekommt Warnschüsse vom Turm. Mit denen ist sicher nicht zu spaßen.

Hier also wird unser Golgotha beginnen!

Wir haben jetzt viel Arbeit. Alles wird nachgeprüft, alle nicht unbedingt notwendigen Geheimsachen nach rückwärts verladen. Ich bekomme Hilfe. Dagobert Schulze, ein Winzling, etwas verwachsen – ein feiner Kerl! Als Sani wird uns Heini Polzius zugeteilt – auch ein prächtiger Mensch!° Wir drei halten zusammen. Mitte Juni kommt der Kompaniechef Leutnant W. zu mir: „Mach Dich für Deinen Einsatz als Melder bereit!" Der Schreibstubendienst ist ab sofort suspendiert.

Noch ein herrlicher Sonntag vor dem Beginn eines entsetzlichen Leidensweges, für Russen und Deutsche!

Aus meinem Brief vom Sonntag, dem 15.06.1941:

> *„Wenn dieser Brief Euch erreicht haben wird, werden die Ereignisse sich vielleicht schon überstürzt haben. Doch behaltet ruhig Blut. Wenn es bisher gut gegangen ist, warum soll es nicht so bleiben? Heut hab ich noch einen herrlichen Tag gehabt! Mein Abschied von Ostpreußen – von Deutschland – vom Leben?"*

Weit schweift mein Blick über das Land. Unendlich dehnt es sich vor mir. Blühende Wiesen wechseln mit wogenden Getreidefeldern, hinten vom Horizont grüßt ein Wald herüber. Und überall stehen die kleinen weißen Birken wie Fähnlein im Wind. Weiter geht mein Blick über die Häuschen, die weit verstreut liegen, kleine Holzhäuser, angedrückt fast an die Erde, als wagten sie nicht in die Landschaft.

Ich wende mich zurück. Geheimnisvoll raunend liegt jetzt das Moor vor mir. Gleißend flimmert die Sonne über den wenigen Pfaden und leicht bebt die Erde unter meinen Schritten, als zittere sie davor, daß ein Mensch Eintritt sucht ins Reich der Kobolde und Gnomen. Über mir streicht der Wind leis durch die Birken und Eschen und es ist, als wollten mir die Bäume erzählen vom Moor und den dunklen Nächten, in denen der Moorgeist sein Unwesen treibt und kleine Irrlichter über die Wege huschen, den einsamen Wanderer fortzulocken vom sicheren Pfad über blühende Wiesen unter denen das Verderben lauert. Leise gluckert es in den Wiesen neben meinem Wege, eine kleine Schlange huscht über den Weg und weit draußen singt ein kleines Vögelchen ein Liedchen von Sonne und Leben. Enger wird der Weg und dunkler der Wald und das Dickicht. Nur vereinzelte Sonnenstrahlen fallen noch. Da öffnet sich der Wald und eine kleine Lichtung breitet sich vor meinen Augen. Ein kleines Häuschen liegt inmitten duftiger weißer Birken und herrlichen Flieders. Ein winziges altes Männchen steht vor mir – der Alte vom Moor. Er lebt seit Jahrzehnten hier mitten im Moor – allein. Nach einem kurzen Aufenthalt führt mich der Weg zurück.

Langsam fällt der Abend – ein leiser Wind ist aufgekommen und nur sein leises Rauschen ist noch vernehmbar. Fern quaken Frösche und eine verspätete Wildtaube gurrt über die kleinen Birken, die sich zusammenkuscheln und ganz traurig aussehen. Es wird dunkler. Die ersten Sterne leuchten auf. Fester wird wieder

der Boden unter den Füßen. Noch ein paar Wiesen, ein kleines Wäldchen, schemenhaft schwebt eine erste Eule über den Weg – ich bin wieder im Quartier.

21.06.1941. Der Kompaniechef ist nervös. Um 14 Uhr kommt er zu mir: „Melde Dich sofort zum Kompanietrupp“ Kurz danach werde ich als Melder zum Bataillon geschickt. Warten! Um 18 Uhr erhalte ich versiegelte Order. W. öffnet das Schreiben – wird blaß und zittert leicht, reicht mir wortlos das Papier:

Geheime Kommandosache

0 Uhr 30 Bereitstellung zum Übergang über die Schirschuppe melden.
3 Uhr 15 Beginn des Angriffs. Keine Artillerievorbereitung.

Befehl

Es werden keine Gefangnen gemacht!

Dieser Befehl ist sofort zu vernichten!

Ich gebe das Papier zurück. Sein Feuerzeug flammt auf – langsam fressen sich die Flammen hoch – zurück bleibt ein Häuflein Asche – und die Gewißheit, daß nun erst das große Grauen beginnt, ein gnadenloser Kampf um Sein und Nichtsein!

Aus meinem Brief an die Eltern vom 21.06.1941 um 20 Uhr:

> *„Der Herr ist mein Hirte, mir wird nichts mangeln (Psalm 22). Wir stehen jetzt wenige Stunden vor dem Angriff. Ich bin vollkommen ruhig und gehe mit großer Zuversicht in den Kampf. Seid ruhig und geht voller Ruhe in die Zukunft. Wir werden uns wiedersehen! Der Herr ist mit uns und hat die Seinen noch nie verlassen und wird in dieser schweren Zeit auch wieder bei uns sein. Er gebe uns Kraft und Stärke alles zu ertragen. Ein herrlicher Abend sinkt hernieder, ein wunderbarer Sommertag geht zur Neige. Ich muß nun Schluß machen. Ich wünsche Euch von Herzen alles Gute und seid herzlich gegrüßt und geküßt.“*

Wir sitzen bei Kerzenschein in einer Scheune, 20 oder 30 Mann. Schnaps macht die Runde und Karten knallen auf den rohen Holztisch. Sein oder Nichtsein – rien ne vas plus! Bis Mitternacht wechseln an die 30.000 RM den Besitzer – 17 und 4 macht's möglich. Wir drei trinken und spielen nicht. Es ist ein Bild wie aus einem Western.

Diesmal bin ich ganz ruhig. Wenn Luzifer siegt, dann hat sowieso alles keinen Sinn mehr. Die Nacht ist dunkel. Mitternacht beendet diesen Spuk. Fertigmachen – alles kriecht nach vorn. Vom Waldrand, etwa 50 Meter vom Fluß entfernt, ist der Umriß des Wachturms zu sehen und das silberne Leuchten einiger Strahlen des Mondes glitzert auf den langsam plätschernden Wellen der Schirschuppe.

Meldung an das Bataillon: Bereitstellung eingenommen. Von da an Stille – tödliche Stille – nur ein Käuzchen schreit.

22.06.1941. 3 Uhr 15. Ein Rauschen über uns – dann Einschläge jenseits der Schirschuppe. Auf, marsch! Wir ziehen in aufgelockerter Form auf den Fluß zu. Langsam wird es hell. Der russische Posten auf dem Turm rast die Holzleiter herunter und ab über die Wiese in ein nahes Wäldchen. Kein Schuß fällt. Weg ist er – und war nicht mehr gesehen. Keine Gegenwehr. Wir durchqueren die Schirschuppe, das Wasser geht bis zur Brust – dann sind wir drüben. Vorwärts, auf ein Wäldchen zu. Plötzlich MG-Feuer und MP-Salven. Unsere Landser stiefeln unbeirrt über die Flußniederung. Da – Russen! Sieben oder acht laufen quer zu uns. Ich sprinte vor: „Ruky wjerch!“ – „Hände hoch!“ Sie drehen sich um, werfen die Waffen weg, heben die Arme. Ich denke an den Befehl – laufe zu dem nächsten und fasse ihn am Arm, rufe den anderen zu: „Iti suda – iti suda!“ – „Hierher! Hierher!“ Da kommen sie und scharen sich um mich wie Küken um eine Henne. Bauerngesichter, unbewegt. Ich bringe sie zum Kompaniechef! „Da haben sie ihre Gefangenen!“ Er sieht durch mich hindurch, ringt mit sich – minutenlange Stille – alle Landser sind stehengeblieben und schauen herüber. Jetzt, ich sehe es, fühle es, Kadavergehorsam hat gesiegt. Er dreht sich zu den Gefangenen, zeigt nach vorn und ruft: „Haut ab, lauft!“ Sie zögern, dann begreifen sie – und schon rasen sie über die feuchte Wiese auf den 150 Meter entfernten Wald zu. 15, 20 Meter sind sie weg, dann W. mit heiserer Stimme: „Feuer frei!“ Ich rase hinter den Gefangenen her, wie ein Hase Haken schlagend um Schußfeld zu nehmen. Es fallen zwei oder drei Schüsse, hoch über uns hinweg. Ich bleibe stehen, vorn laufen sie um ihr Leben, jetzt haben sie den Waldrand erreicht und sind verschwunden. Die Landser stehen verständnislos, einige zittern. Ich bebe vor Wut, stehe vor W. und fauche ihn an: „Das wäre Mord gewesen Herr Leutnant, gemeiner Mord!“ Er steht einen Moment unbeweglich, dreht sich zur Kompanie: „Weiter, marsch!“ Ich war tief erschüttert, ich kannte ihn nur als warmherzigen, christlichen Menschen. Kann ein Mensch sich so schnell ändern? Nein. Er war später zu unseren Gefangenen von besonderer Fürsorge und Wärme – aber unser altes Vertrauensverhältnis hat sich nie wieder eingestellt. Weiß man in solchen Situationen noch, was man tut? Habe ich recht gehandelt? Die töten vielleicht später welche von uns. Ich mußte so handeln – ich konnte nicht anders. Und, ich glaube, daß es sich in späteren Situationen für mich und für uns ausgezahlt hat. Soweit ich erfahren habe, hat sich bei den Nachbareinheiten niemand um diesen Befehl gekümmert – anders als bei dem berüchtigten Kommissarbefehl.

Um 4 Uhr 30 fassen sich die Russen – sie waren total unvorbereitet. Es kommt zu schweren Kämpfen – aber keine schweren russischen Waffen. Erste Erfahrung: die Russen haben ausgezeichnete Scharfschützen, alle mit Zielfernrohrgewehren. Das kostet uns schon eine Reihe von Opfern. Um 10 Uhr geht es weiter. Und nun beginnt es wieder – marschieren, marschieren, marschieren. Nur ein Unterschied – waren es in Frankreich asphaltierte Straßen oder Wege, so sind es hier Waldwege, alles Sand, loser Sand. Die Fahrzeuge bleiben stecken und mein Fahrrad wird zu einer ungeheuren Qual für mich. Riesige Wälder, undurchsichtig, Sand und Sumpf wechseln sich ab. Der Vormarsch wird zur Qual. Es geht langsam – auch Motorisierte haben Schwierigkeiten, obwohl sie auf den größeren Straßen bleiben.

Wir ziehen auf einer Seitenstraße am Rande eins nicht allzu dichten Waldes. Rechts liegt an einem abfallenden Hang ein kleines Dorf. An einer Wegbiegung steht ein kleiner Schuppen vorn zur Straße eine Tür mit einem kleinen Fenster in Kopfhöhe. Aus diesem Fenster hängt ein Kopf, der Kopf eines alten, jüdischen Mannes mit unsagbar traurigen Augen. Seine Schläfenlocken und sein langer, weißer Bart sind an Nägeln links und rechts und unter dem Fensterchen festgezurrt. Neben diesem grauenvollen Bild lärmt ein deutscher Uniformierter antisemitische Hetzverse. Kein Soldat aus unserer Einheit kümmert sich darum – alle ziehen stumpf vorbei; mancher wohl aus totaler Übermüdung. Auch ich ziehe vorbei – aber in mir zerbricht mein letzter Glaube an das Volk, dem ich angehöre. Mein oberstes Leitbild ist – geprägt durch manches Vorbild, meinen Großvater, Öming, meinem Vater und noch manchem, dem ich in meinem jungen Leben begegnet bin – Menschenwürde. Hier wird sie zertreten, im Kot einer litauischen Straße zermalmt, ausgelöscht. Bisher habe ich das Naziregime politisch bekämpft, verachtet – jetzt hasse ich es! Und diese Augen einer geschundenen Kreatur, geschunden vom Abschaum eines einstigen Kulturvolkes – diese Augen werde ich nie vergessen. Ab heute bin ich ein anderer Mensch.

Zwei Tage marschieren wir nun schon mit jeweils nur ein bis zwei Stunden Rast. Es ist unheimlich, man sieht im Walde nichts. Und am 25.laufen wir prompt in die Falle! Es können nicht viel sein, ab und zu ein Knacken im Gehölz – wir sehen kaum jemand. Zweite Erfahrung: die Russen sind Meister in der Tarnung! Es knallt unentwegt – ein Schutz ist kaum möglich, wen es trifft, den trifft es.

Mittags kommt Dagobert Schulze und gibt mir seine Brieftasche und einen Brief. Ich winke ab, versuche ihn zu erheitern und abzulenken – habe aber Angst. Aus meinem Umgang mit ihm, den ich sehr ins Herz geschlossen habe, weiß ich, daß er so etwas wie ein zweites Gesicht hat. Wir sehen uns an, ein Händedruck, ein trauriges Lächeln auf seinen Lippen. „Mach's gut, es soll so sein!"

Abends stehen wir vor unserem ersten Massengrab. Sieben Tote senken wir in die Grube aus lockerem Sand. Dagobert ist der Dritte, den wir hinablassen. Ich schäme mich meiner Tränen nicht – ich habe einen guten Freund verloren. Auch Heini weint. Wir beginnen langsam die ganze Bitterkeit dieses Krieges und den Wahnsinn dieser Zeit zu begreifen. Es sollte aber erst der Anfang sein. Den Tag darauf marschieren wir durch Kowno. Die Motorisierten sind längst vor uns. Bis zum 10.7. quälender Vormarsch. Irgendwo gehe ich mit einigen anderen in die abseits liegenden Häuser: Eier kaufen. Die Litauer sind freundlich – sie sind froh, der sowjetischen Herrschaft entgangen zu sein. Ich komme zu einer strohbedeckten Kate. Zwei Landser reden auf eine verschüchterte Bäuerin ein. „Nix jeika" – „Na", lacht der eine, „woll'n mal sehen, wie schnell Deine Hühner legen!“ Er hält ein brennendes Feuerzeug ans Strohdach. Im Nu bin ich bei ihm – zum ersten Mal ziehe ich die Pistole: „Ich leg Dich um, Du Schwein!“ Böse Augen, dann „Is ja schon jut“. Er trollt sich. Der Bauer kommt heraus. Er gibt mir die Hand und sagt in gutem Deutsch: „Und wir hatten gehofft, von Willkür und Gewalt befreit zu werden. Gott steh uns bei!“

Mittwoch, den 9.7.1941. Wir marschieren durch dichte Wälder in der Nähe von Dagda. Gegen Mittag längre Rast – Motverbände müssen wieder vorbei. Wir liegen am Straßenrand, viel Lärm, viel Dreck, viel Staub. Hinter uns eine Wiese, dann Wald, dunkler Wald. Ich habe das Gefühl mal ausbrechen zu müssen, mal für eine viertel Stunde allein zu sein, mal nichts sehen zu müssen vom Krieg. „Heini, ich geh ein bißchen in den Wald dort oben.“ 200 Meter Wiese – ein schmaler Weg führt leicht bergauf. Ich stapfe durch Sand – Erinnerungen tauchen auf. Vorn gabelt sich der Weg, links ein dunkler Tann, vielleicht 3 Meter hoch die Bäumchen. Ich folge dem Weg ins Dunkle, 150, 200 Meter, dann eine Wegbiegung – es wird wieder heller – eine Lichtung liegt vor mir. Ich trete ins Licht.

Unter mir liegt ein kleines, von allen Seiten von vielleicht 30 bis 50 Metern hohen Hügeln umgebenes Tal. Etwa 15 Meter rechts vor mir, an einen Baum gelehnt, die Maschinenpistole (MP) lässig unter dem Arm, blickt ein Landser gebannt auf die Vorgänge im Tal.

Dort unten ein Massengrab – vielleicht 30 Meter lang und vier Meter breit, gefüllt mit Toten, Männern, Frauen und Kindern! Neue Opfer knien am rechten Rand des Grabes, Männer im Kaftan schütteln aus Säcken etwas Weißes auf die Reihen der Ermordeten. Die Gesichter der Knienden mit gesenktem Kopf auf die unter ihnen liegenden Schwestern und Brüder gerichtet. Hinter ihnen die Henker, SS-Männer oder Angehörige eines Polizeibataillons mit schußbereiter Pistole. Ein Mann, die Mündung seiner Pistole im Genick eines vielleicht sechsjährigen Kindes – ein Knall – der Mann stößt den kleinen Körper mit einem Fußtritt in die Grube, tot oder lebendig.

Ich will schreien – es wird nur ein Gurgeln. Aber der Posten rast schon mit angelegter MP auf mich los, stößt mich brutal vor die Brust: „Was hast Du hier zu suchen? Hau ab! Und halt die Schnauze!“ Ich laufe, weg von hier. Unter mir weitere Schüsse. Ein Blick zurück, er steht mit angelegter Waffe, weiter, weiter, aber ich habe gesehen, was wir nicht glauben wollten, nicht glauben konnten. Vermutung ist Gewißheit geworden. Unfaßbar, wir sind Komplicen von Mördern. Ich habe lange keine Ruhe gefunden – habe ich sie je wieder gefunden?

Heini kommt mir entgegen: „Mensch, bist Du besoffen? Du torkelst ja! Aber Du weinst ja!“ Ich merke die Tränen nicht – ich spüre nur ohnmächtige Wut und Haß, grenzenlosen Haß. „Was hast Du gesehen?“ „Das Inferno, Heini, das Grauen, die Hölle – ich kann nicht mehr, Heini, bitte.“ Ich liege im Graben bis zum Aufbruch. Und ich wollte mal nichts sehen vom Krieg. Krieg? Nein, das ist kein Krieg – das ist Mord – die Gewaltherrschaft des Teufels – es gibt ihn, den

Teufel und seine Henker! Irgendwann glaube ich MP-Salven aus dem Wald zu hören. Heini hat den Arm um mich gelegt. Er hört die Schüsse – fragende Augen: „Also ist es wahr?“ – „Ja., Heini, es ist wahr“ – „Also doch!“

Am Freitag, den 11.7. überschreiten wir die litauisch-russische Grenze. Vor uns wird schwer gekämpft. Wir sind Reserveregiment. 416 und 418 tragen heute die Last. Ein Sankra nach dem anderen kommt uns entgegen. Abends müssen wir 416 ablösen – sie haben heute 130 Mann verloren – aber der Widerstand war gebrochen. Zwei Tage Vormarsch liegen vor uns. Dann, am 15.7. liegen wir vor Kanaukowa. Und hier beginnt die Hölle, für mich ein schicksalsschwerer Tag. Nach Stunden harter Kämpfe, zum ersten Mal schwere russische Artillerie, läßt der Widerstand für zwei Stunden nach. Wir rücken vor – in Schützenlinie, 20 Meter Abstand. Heini rechts von mir. Dann ein schwerer Brocken rechts von mir – hoch spritzt der Dreck – und vor mich rollt der Kopf von Heini. – Stahlhelm auf, Augen und Mund weit geöffnet. Sein Leib liegt 20 Meter weiter rechts. Ein großer Splitter hat ihn glatt geköpft – hingerichtet! Ich laß mich neben einen Baum fallen und kotze, kotze, kotze.

Abends liegt Heini mit fünf anderen im zweiten Massengrab – mit Kopf. Ich zimmere das Birkenkreuz und tränke es mit meinen Tränen. Heini war Krankenpfleger – eine Seele von Mensch. Warum? Warum trifft es immer die Besten? Ich bin leergebrannt – und fühle mich so allein. Ich habe Euch nie vergessen Heini und Dagobert. Mit Euch ist ein Stück von mir in die Massengräber des unendlichen Rußland der Erde zurückgegeben worden. Neun Verwundete dieses Tages schaukeln im Sankra Richtung Heimat. Warum Dagobert, warum Heini?

Der 16.7.1941 wird für mich immer ein Rätsel bleiben. Wir durchqueren einen großen, einigermaßen lichten Wald und erhalten weder Gegenwehr noch Beschuß. Gegen Mittag öffnet sich der Wald und vor uns liegt weites Land, riesig, reife Weizenfelder wogen bei herrlichem Wetter im leichten Sommerwind. Nach links fällt das Gelände etwa 50 Meter ab – alles mit Weizen bedeckt. Auf der anderen Seite steigt das Gelände leicht an und verliert sich bis zu einem dunklen Wald am Horizont. Unten, an der tiefsten Stelle zieht sich eine Straße von links in einem Halbbogen nach Osten. Breit gefächert setzten wir den Vormarsch durch den Weizen fort. An der Stelle, an der das Gelände steiler abfällt: „Das Ganze Halt.“ Ich liege beim Kompanieführer, bekomme Befehl an die Züge „völlige Ruhe, Feuer völlig gestopft; sollten auf der Rollbahn Flugzeuge vorbeikommen, so ist kein Feuer zu eröffnen. Der Vormarsch wird erst auf besonderen Befehl fortgesetzt.“

Ich liege wieder neben dem Chef, wir sehen beide durch unser Glas auf die sonnengleißende Straße in Richtung Westen. Eine halbe Stunde lang, eine die Augen fast schmerzenden Helligkeit über dem Land, brennende Sonne, einzelne weiße Wölkchen ziehen nach Osten. Dann kommt für kurze Zeit Bewegung in die Landschaft. Von Westen her nähern sich in schneller Fahrt Autos, Limousinen, vorn und hinten Geländewagen – im Ganzen etwa 10 bis 12 Fahrzeuge. Durch mein Glas erkenne ich deutlich am dritten Wagen leuchtend rot den Sowjetischen Stander – im Wagen, nur undeutlich erkennbar drei oder vier Personen außer dem Fahrer. Das Ganze rollt vorbei und ist in wenigen Minuten im Osten verschwunden – nur eine Staubwolke senkt sich noch lange auf die Getreideflächen links und rechts der Straße.

Ich frage W., was das zu bedeuten habe. Er zögert etwas und sagt dann leise „ das war Stalin oder Stalins Sohn, so genau habe ich das nicht mitgekriegt." „Die Kolonne sollte jedenfalls freie Fahrt haben." Kurz danach: „Auf, marsch." Wir schinden uns durch das dichte Getreide, erreichen die Straße und folgen in aufgelockerter Form den geheimnisvollen Besuchern. Das Ganze schien wie ein Spuk – doch gleißende Sonnenglut bezeugte, daß wir nicht geträumt hatten. Ein seltsamer Krieg.

Am Abend vereinzeltes MG-Feuer von vorn. Eingraben! Gegen 21 Uhr ein kurzer Feuerüberfall – 10,5 cm. Zwei Treffer direkt zwischen unseren Stellungen, zwei Verwundete; es war eigene Artillerie. Morgens sind zwei Mann verschwunden – desertiert. Aber der Russe ist auch weg. Wieder geht es durch dichten Wald. Gegen Mittag treffen wir die beiden Kameraden wieder. Sie sind aufgehängt an einem Baum am Weg – die Schädel mit ihren eigenen Spaten gespalten, die blutig unter dem Baum liegen. Was für eine Welt! Und wie groß die Dummheit! Das spricht sich mit Windeseile herum. Von dieser Division ist keiner mehr übergelaufen – aber der Widerstandwille war verdoppelt. „Ehe die mich kriegen, lege ich so viel um, wie es geht – die letzte Patrone bleibt für mich." Die Alliierten haben im Laufe des Krieges so ziemlich alles getan, um einen zum Teil gar nicht vorhandenen Widerstandswillen bei den deutschen Landsern zu stärken. Hitler wird ihnen gedankt haben.

Am Morgen Gefechtslärm vor uns. Gegen Mittag gehen wir nach vorn. 19 Uhr 35 Bereitstellung! Dann beginnt der Angriff. Als Melder ist das immer ein bißchen mehr Himmelfahrtskommando als bei den anderen. Schwere Kämpfe um Kudowery. Wald – immer wieder dieser Wald. Eine Schonung scheint feindfrei. Langsam Vorrücken – ich bleibe beim Chef am hinteren Waldrand. Plötzlich lebt die ganze Schonung; russische Scharfschützen, meisterhaft getarnt, feuern aus allen Rohren. Vom jenseitigen Waldrand schießt russische Flak. Der erste Nahkampf. Die Russen ziehen sich zurück. Ein Gefreiter bringt einen Gefangenen. Maßuniform, Juchtenlederzeug wie aus einem Traum – keine Rangabzeichen – ein Kommissar. W. ruft mir zu: „Bring ihn zum Bataillon."

Ich lasse ihn etwa zwei Schritt vor mir gehen, Hände erhoben und halte meinen Karabiner in der rechten Hüfte, geladen und entsichert. Nach etwas über 100 Metern rückwärts geht links ein Waldweg ab, vielleicht zwei Meter breit. Ich befehle: „Links ab!" Ich spreche mit ihm russisch. Er biegt links ein, geht zügig weiter. Nach weiteren 100 Metern bleibe ich stehen: „Stoij towarischtsch! Hände herunter! Umdrehen!" Er läßt die Hände fallen und dreht sich um. Wir stehen uns jetzt auf etwa 2 Metern gegenüber, er zeigt keine Regung. Ich lächle ihn an, lasse den Karabiner herunter und sage auf russisch: „Keine Angst! Ich bin kein Mörder, ich bin ein Mensch. Laufen Sie jetzt diesen Pfad herunter, nach 100 Metern halten Sie sich rechts, immer rechts, dort sind keine deutschen Soldaten mehr. Laufen Sie!“ Er bleibt stehen, seine Spannung läßt nach, er nestelt an seiner Armbanduhr. Ich rufe: „Nein! Nein! Machen Sie schnell“ und „Mir Ti!“ (Friede mit Ihnen!). Er macht einen Schritt auf mich zu, streckt mir die Hand hin: „Spasibo!“ (Danke). Er hat eine angenehme, tiefe Stimme. Ich schlage ein, ein fester Händedruck. Er dreht sich um, ist mit zwei, drei federnden Sprüngen in der angegeben Richtung, dreht sich noch einmal herum, winkt mir: „A mir ti!“ (Friede auch Ihnen!).

Ich bin allein, mitten im russischen Wald. Langsam gehe ich zurück, zufrieden mit mir. Hier haben zwei „feindliche“ Soldaten den Krieg besiegt!

Die Ablieferung beim Bataillon hätte seinen sicheren Tod bedeutet – der Kommissarbefehl wurde in der Wehrmacht strikt durchgeführt – auch bei uns. Das wußte auch er. Ich aber bin kein Henker, auch kein Henkersknecht!

Eine Vollzugsmeldung unterlasse ich. W. nimmt schweigend zur Kenntnis, daß ich wieder da bin. Dachte er an die Gefangenen beim Einmarsch in Rußland? Mich hat niemals mehr jemand nach dem Kommissar gefragt.

Ich empfinde diesen Augenblick als eine Sternstunde in meinem Leben – und bin überzeugt, er wird bei möglichen Begegnungen mit deutschen Kriegsgefangenen diese mit anderen, menschlichen Augen sehen und behandeln.

Später machten wir Beute – einen beladenen Lastkraftwagen, der Fahrer war geflohen. Überraschender Inhalt: 30 Ballen feinsten englischen Tuches für Offiziersuniformen, olivgrün. Na, wie schön! – Unsere Verluste halten sich in Grenzen: ein Toter, drei Verwundete. Für den Gefallenen allerdings war die Grenze überschritten.

Der Vormarsch geht weiter – wir sind vorn, der Widerstand läßt nach. Abends Post: Heinz Hirschberg ist gefallen. So geht einer nach dem Anderen. Am 19.7. werde ich als Melder zum Regiment abgestellt. Meine Kompanie liegt in schweren Kämpfen um Michalkino. Der Sonntag sieht mich wieder bei der Kompanie. Die nächsten Tage verlaufen ziemlich gleichförmig. Eingraben, Sicherung, Vormarsch, Angriff – und immer wieder Artillerieüberfälle. Vermehrt jetzt auch das widerliche „Plopp – bum“, Abschuß und schon Einschlag. Direktbeschuß, das sind Panzer T 34 – eine feine Überraschung für die Oberste Heeresleitung – und für uns. Keine feine Wertarbeit, nicht abgeschliffen, Nieten stehen heraus, aber stabil, robust – und wirkungsvoll. Es tut sich was vor uns. Am 21.7. erhalten wir Verstärkung, leichte und mittlere Pak.

Der Morgen des 22.7. dämmert. Die ganze Nacht waren Kettengeräusche vor uns. Im ersten Büchsenlicht sehen wir durch leichte Nebelschwaden die Panzer auf uns zurollen – T 34, dazwischen russische Infanterie. Ein verdammt unheimliches Gefühl, die Dinger auf einen zukommen zu sehen. Nach 200 Meter –

unsere Pak greift ein. Das Gefecht dauert mehrere Stunden – dann ziehen sich die Russen zurück. Sechs Panzer liegen zerstört oder beschädigt auf der Wiese vor uns. Unter ständigen schweren Kämpfen geht es auf Beshanitzi. Am Freitag müssen wir das erste Mal sechs Kilometer zurück – aber in voller Ordnung. Ersatz kommt. Welche Überraschung, als sie Samstag eintreffen. Wer marschiert an der Spitze? Maier 17! Ihm ist nicht sehr wohl in seiner Haut. Immerhin hat er so lange beim Ersatzbataillon ausgehalten. Große Begrüßung. Zwei Tage später zur Abwechslung ein Überfall eigener Art. Wir marschieren durch ein Dorf. Plötzlich werden die Landser von vorn nach hinten durchlaufend vom Veitstanz befallen. Bienenvölker haben sich über uns hergemacht. Mal was anderes – es sieht aus wie eine Burleske – die Choreographie ist gut! Die Landser tanzen und hopsen, als spiele eine Dixyland auf. Außer einigen „Bienenstichen" keine ernsthaften Folgen.

Seit Tagen erschwert uns eine neue Variante russischer Landschaft das Leben. Es geht tagelang durch die Sümpfe westlich von Cholm. Stunden um Stunden über Knüppeldämme, ab und zu Abrutschen in schmatzenden Sumpf, knietief, es ist eine Tortur besonderer Art. Wie kommt hier der Nachschub eigentlich durch und der Troß? Schließlich stehen wir wieder einmal ausgelaugt vor Cholm.

Am 2.8. wird Cholm genommen. Aber bei Welikiji-Luki sind Angriffe der 252 und 253 Division gescheitert, offenbar unter fluchtartigem Rückzug. Am Nachmittag des 3.8. ist Cholm nicht mehr zu halten – es wird geräumt. Schon am nächsten Tag treten wir um 8 Uhr 30 erneut zum Angriff an. Nach schweren Kämpfen überschreiten wir den Lowath und gehen nördlich von Cholm in Stellung. Im Dorf hinter dem wir Stellung beziehen steht auf dem Dorfplatz ein hoher Baum, wie ein Maibaum, oben kreuzweis vier Balken, an jedem Ende schaukelt ein Gehängter im Wind. Wer war hier am Werk? Russen, die Rache geübt haben? Die SS-Division Totenkopf war mit Teilen am ersten Angriff beteiligt. Die SS hatte ja im Führerhauptquartier angeregt, alle geistig Behinderten in Rußland sofort zu töten.

Am 6.8. geht es weiter auf Wassiljewa. Wir werden 416 unterstellt. Wieder 7 Kilometer durch Urwald. Abends besetzt die 2. Kompanie IR 416 Wassiljewa, muß sich aber in der Frühe des 7.8. wieder aus dem Ort zurückziehen. Wir liegen an einem Waldrand etwa 2 Kilometer vor Wassiljewa und haben keinerlei Verbindung mehr. Hinter uns dichter Urwald. Unser 2. Zug bleibt hinter einer Lichtung vor dem Ort zur Sicherung – etwa 2 Kilometer von uns entfernt. Ich habe sie eingewiesen und bleibe bei der Kompanie. Wir sind abgeschnitten. Der Chef hält die Lage für zu gefährlich und will jede Zersplitterung vermeiden. Ich muß als Melder zum 2. Zug; Befehl: Rückzug auf die Kompanie. – Einigeln. Ich gehe einen schmalen Saumpfad durch den Urwald. Stimmen vor mir – gutturale Russenstimmen. Sie kommen direkt auf mich zu. Ein paar Sprünge zur Seite, Deckung hinter umgestürzten Bäumen. Da kommen sie – 12 bis 15 Mann, ziemlich laut. Sie ziehen etwa 20 Meter rechts an mir vorbei. Ich liege 10 Minuten, gehe dann weiter, tiefer im Wald sind noch mehr Russen. Ist der 2. Zug umgangen? Schließlich erreiche ich den Waldrand, springe in das erste Schützenloch – leer. Zwei, drei weitere nach rechts – verlassen. Vor mir die Lichtung, 100 Meter gegenüber die andere Waldseite. Wieder Stimmen – russische Offiziere kommen ganz salopp über die Lichtung, halten sich etwas rechts von mir. Ich türme – zurück in den Wald. Ich komme vielleicht 500 Meter weit, dann belebt sich der Wald immer mehr. Vereinzelt sehe ich Russen, höre aber von allen Seiten Befehle und Rufen. Einige umgestürzte Bäume, die schon von Brombeergestrüpp überwachsen sind, geben mir Deckung. Der ganze Wald wimmelt jetzt von Russen, einige pirschen nur 5 bis 6 Meter an mir vorbei. Ich wage kaum zu atmen. Die Stunden schleichen. Wann bin ich weg? Das war gegen 11 Uhr, jetzt ist es 15 Uhr. Neben mir streiten sich mehrere Russen, sie sprechen Dialekt, ich kann sie nicht verstehen. Ich schiele durch eine kleine Lücke – es sind Mongolen oder Tartaren. 16 Uhr Gefechtslärm in Richtung der Kompanie. Es wird langsam Abend. Da kommen sie wieder, ziehen sich jetzt zurück – nur jetzt nicht noch auffallen – es geht gut. Ich warte noch, 20 Minuten, 30 Minuten, dann ziehe ich vorsichtig los. Etwa 800 Meter vor unseren Stellungen wieder Bewegung vor mir – wieder Deckung gesucht. Dann die große Erleichterung – es sind Feldwebel Kern mit 5 Mann. Der Chef hat mich um 17 Uhr per Funkt vermißt gemeldet und dann den Spähtrupp losgeschickt, um nach mir zu suchen. Die Trage brauchten sie glücklicherweise nicht.

Das Geheimnis des 2. Zuges ist schnell gelüftet. Der Zug sah sich an der Lichtung mehreren russischen Spähtrupps gegenüber. Ein eigener Spähtrupp meldete starke Kräfte im Anmarsch. Der Zug hat sich dann wegen der Unübersichtlichkeit im Wald und weil russische Spähtrupps schon in den Wald eingedrungen waren, am vorderen Waldrand vor Wassiljewa zur Kompanie zurückgezogen. Wir sind ungefähr auf 1000 Meter aneinander vorbei. Ein halber Tag hinter den russischen Linien – meine armen Nerven!

Die Kompanie aber bleibt abgeschnitten. Wir sitzen auf engem Raum, nach allen Seiten gesichert. Zu allem Überfluß gegen 19 Uhr ein schwerer Artillerieüberfall – 21 cm, das kracht. Wir machen uns so klein wie möglich, glücklicherweise passiert nichts, trotz der 20 Schuß auf engem Raum. Ein Glück, daß die nicht schießen können – es war übrigens Deutsche Artillerie wie sich später herausstellt. Es war ihr Beitrag, uns zu entlasten. Na, der gute Wille war jedenfalls zu erkennen.

Kaum ist das Artilleriegewitter vorüber, neues Krachen – diesmal wirklich ein Gewitter. Es tobt um uns, die Nacht wird taghell, Blitz um Blitz. Nach 10 Minuten sind wir durchnäßt, als säßen wir in einem See. Um 21 Uhr ist alles vorbei und völlige Ruhe. Nach Mitternacht wieder starke Gefechte vor uns. Wir erhalten Meldung über Funk, daß die 9./416 Wassiljewa zurückerobert hat. Eine Stunde später schwere russische Gegenangriffe. Die 2./415 fällt auseinander, flüchtet mit Teilen zur 32. ID. Bei uns ist es ziemlich ruhig. Wassiljewa ist wieder russisch. In den nächsten Tagen erhalten wir schweres Artilleriefeuer – diesmal russisches, die Russen bereiten einen Großangriff vor. Oh, wie haben sich in drei Monaten die Zeiten geändert. Aber diesmal bleibt uns das Cannae noch erspart. Am 12.8. um 16 Uhr Brummen über uns – zum ersten Male sehen wir die deutsche Luftwaffe im Einsatz. Sie richten schwere Bombenangriffe gegen die russischen Aufmarsch und verhindern ihn schließlich.

In der Frühe des nächsten Tages besetzen wir Wassiljewa. Vorsicht ist geboten – der ganze Ort ist vermint. Öffnet man eine Tür, geht schon eine Mine hoch. Wir bleiben im Freien. Die nächsten Tage vergehen auffallend ruhig. In der Nachtwache des 14.8. schreibe ich im Mondlicht mein Gedicht „Russische Nacht" (siehe Seite 100) Meinen Kameraden gefällt es – die Nazis würden es wohl als „defaitistisch" ansehen. Ich kann meinen Notizkalender 1941 mit dem Gedicht als Vorspann und sämtlichen Tagebuchaufzeichnungen bis nach Hause retten.

In der nächsten Woche russisches Feldzugseinerlei: Artillerieüberfälle, Spähtrupps, dazwischen etwas Ruhe. Verpflegung: Dörrgemüse! Am 18. werde ich bei einem Granatwerferüberfall am Kopf verwundet, kann aber bei der Kompanie bleiben. Ich sehe aus wie ein Maharadscha. Der 22.8. bringt mir Gehaltszulage. Gefr. D. soll sich noch heute beim I c der Division melden. Ich fahre mit dem Bataillonsmelder im Beiwagenkrad und melde mich beim I c. „Sie sind doch Referendar? Wir haben morgen ein Verfahren wegen unerlaubter Entfernung von der Truppe. Ich brauche dringend einen Ankläger." Mir ist bei dieser Eröffnung nicht sehr wohl. Ich muß gleich bei der Division bleiben. Am nächsten Morgen lerne ich den Häftling kennen – ein ängstliches Bürschchen von 19 Jahren. Er war abgehauen – nach fünf Tagen hatten ihn die Kettenhunde. Prozeßbeginn um 9 Uhr. Alles lief ruhig und sachlich ab. Nach der Beweisaufnahme, vor dem Plädoyer eine Zigarettenpause. Ich gehe ein paar Schritte, der Vorsitzende schließt sich mir an. Beiläufig fragt er: „Haben Sie schon eine Vorstellung, was Sie beantragen wollen?" Ich bin vorsichtig, verweise auf mildernde Umstände und neige zu einem niedrigen Strafantrag. Wir gehen auf und ab. Schließlich bleibt er stehen und sagt: „Beantragen Sie nicht zu niedrig." Ich: „Was halten Sie denn für angemessen?" – Er ist ganz offen. „Wenn Sie 6 Monate beantragen, kommt er morgen in die nächste Wehrmachtshaftanstalt. Waren Sie da schon mal drin? Das ist wie ein Soldaten-KZ. Fordern Sie drei Jahre Zuchthaus, dann können wir drunter bleiben, es aber beim Zuchthaus belassen. Das bedeutet, daß wir die Strafe sofort zur Bewährung bei einem Bewährungsbataillon aussetzen können. Das ist zwar auch kein Honigschlecken, aber da ist er freier Soldat – und hat wenigstens eine Chance." Er läßt mich anschließend mit dem Gefangenen reden. „Wenn das stimmt, bin ich einverstanden" Ich halte mein Plädoyer, beantrage drei Jahre Zuchthaus. Das Urteil lautet: ein Jahr 6 Monate Zuchthaus, Aussetzung zur Bewährung. Am nächsten Morgen geht er ab zum Bewährungsbataillon – ich melde mich zur Kompanie zurück. Man muß überall erst hinter die Schliche kommen.

Inzwischen hat es einige Veränderungen beim Kompanietrupp gegeben. Feldwebel K. ist jetzt Kompanietruppführer und außerdem gehören Graf v. K. und Astra ihm an, sowie ehrenhalber Emil, der Putzer vom Chef. Graf von der Goltz ist seit dem 30.7. verwundet, aber irgendwo im Lande. Leutnant D., der Zugführer des 1. Zuges, er war im Realgymnasium T. einige Klassen über mir und wir haben zusammen Theater gespielt, übernimmt am 8.9. die 2. Kompanie.

Nachdem die Kompanie am 6.9. bei einem schweren russischen Gegenangriff, bei dem auf fluchtartigem Rückzug zum ersten Male schwere Waffen verloren gingen, nochmals größere Ausfälle hatte, darunter fünf Tote, beträgt die Zugstärke der Kompanie noch 1. Zug: 38 Mann, 2. Zug: 29 Mann, 3. Zug: 3 Mann. Insgesamt beträgt die Kompaniestärke jetzt 78 Mann bei 89 Ausfällen seit Beginn des Rußlandfeldzuges (das sieht bei Generaloberst Halder so aus: Notiz vom 22.9.1941: „ Hauptmann Meißner berichtet im Führerhauptquartier über seinen Besuch im Bereich der Waldaihöhen. Von den hier besuchten Infanteriedivisionen ist die 123 ID mit Abstand die Schwächste nach Zusammensetzung und Führung“).

Die Stimmung wird langsam nervös. Die Landser können nicht mehr. Bei uns ist es ruhiger geworden. Aber IR 416 ist auf dem Rückzug und wird am 18.9. von einer eilends herangeführten Mot.-Schützendivision abgelöst. Unsere Verbindungen sind nach Nord und Süd abgerissen. Der Russe löst sich unter ständigen Gegenangriffen mit Panzern langsam in Richtung Seeliger See. Dauernd schwere Artillerieüberfalle. Am 9.9. haben wir 17 Mann Ersatz bekommen. Mühsam überreichen wir – „Führerbefehl – der Vormarsch geht weiter!“ über Waljino den Ort Knjaschewa. Am 18.9. beziehen wir in Nowoselok Quartier. Wir bleiben dabei im Freien zu schlafen, halten uns aber erstmals tagsüber in einem Haus auf. Der Raum ist voller Menschen allen Alters. Rechts am Eingang der Ofen – ein riesiger Klotz, in der Mitte die offene Feuerstelle, auf der immer Holzscheite brennen. Zum Kochen wird die Glut beiseite geräumt und die großen Kessel werden auf die erhitzte Stelle gestellt. Es kocht schnell. Rings um den Ofen die Ofenbank, die nachts mehreren als Schlafstelle dient. Der eigentliche Schlafplatz ist die große quadratische Oberfläche des Ofens, die plan ist und auf der Decken und Felle liegen. Solange wir da sind wird das Idyll von einem Vorhang verhüllt, der nur einen Spalt freigibt; denn hier thront Großmutter, die Babuschka, für uns unsichtbar. In regelmäßigem Abstand von etwa einer Minute ertönt ein „Plopp“, aus dem Vorhangschlitz zischen die Schalen eines Sonnenblumenkerns hervor und sammeln sich vor dem Fenster auf einem gut gezirkelten Haufen, der von der Enkelin von Zeit zu Zeit weggeräumt wird. An diese Stelle kommen Sägespäne – das Spiel geht von vorn los.

Nachmittags beobachte ich die Russen bei der Kartoffelernte. Es fällt mir auf, daß jede dritte Staude fehlt. Auf meine Frage: „Pan, wir müssen die Kartuschki abgeben. Aber wir müssen doch auch leben. Da legen wir beim Stecken jede dritte Kartoffel beiseite.“ Wie nennt man das? – Ach ja, sozialistische Planwirtschaft.

Gegen Abend mache ich einen Waldspaziergang. Leichtsinnigerweise – ich bin halt Individualist – allein und etwa drei bis vier Kilometer auf einem Waldweg, der in einem großen Bogen wieder zur Rollbahn führt. Der Weg ist kaum begangen, der Wald dicht mit viel Unterholz; viel seltene Pflanzen. Es ist sehr ruhig – kein Vogelgesang. Nach einer Wegbiegung sehe ich einen Mann auf mich zukommen. – ein Riese, langer weißer Bart, hohe Russenstiefel. Er geht – nein er scheint über die Erde zu schweben – auf mich zu, ohne Zeichen von Erstaunen oder gar Furcht, auch ich habe keine Angst, obwohl die Gegend von Partisanen wimmelt. Er geht fast geräuschlos an mir vorbei, schaut kaum zu mir herüber. Ein leichtes Heben der rechten Hand „Mir ti!“ – „Y duchowi twojemu“ – „Der Friede sei mit Dir!“ – „Und mit Deinem Geiste“ antworte ich. Wem bin ich hier im russischen Wald begegnet?

Zwei Tage später lösen wir die 2./IR 89 in Otonez ab. Diesen Namen werde ich so schnell nicht vergessen.

Sonntag, der 21.9.1941 – mein 25. Geburtstag. Wir liegen in Schützenlöchern zwischen den Häusern. Um 7 Uhr verrichte ich meine kleine Morgenandacht. Es ist still – ein paar Vögel zwitschern in den herrlichen Septembermorgen.

Um 7 Uhr 30 bricht die Hölle los. Schwere Artillerie, Granatwerfer aller Größen, Panzer, Kanonen – alles, was dem Menschen das Lebenslicht ausblasen kann vereint sich zu einem mörderischen Trommelfeuer – dem ersten Trommelfeuer meines Lebens. Ein Höllenlärm. Gegen 10 Uhr fallen Erbsen vom Himmel – Schrapnell, wieder eine neue Erfahrung. Dazu Scharfschützen, Gewehrfeuer und MG-Salven, pausenlos. Es zischt und rauscht und knallt ohne Unterbrechung. Ich angle mir aus meinem Loch ein paar naheliegende Bretter, decke das Loch provisorisch ab – ein zumindest moralischer Schutz vor den widerlichen Schrapnellkugeln. Ansonsten ist es unmöglich, auch nur den Kopf herauszustrecken. Stunde um Stunde vergeht. Seltsamerweise kein Angriff – Zermürbung? Das wäre durchaus wirkungsvoll. Gegen Mittag grabe ich mir auf dem Boden meines Loches eine kleine Vertiefung, verrichte meine Notdurft. Jetzt hocken wir buchstäblich in der eigenen Scheiße. Das Grauen geht bis 19 Uhr. Schlagartige Stille – aber die ganze Nacht streichen ununterbrochen MG-Salven über uns hinweg. Auch da gibt es kein Hinaus aus dem Schützenloch.

Gegen 21 Uhr ein Anruf aus dem Nachbarloch: „Der Chef läßt gratulieren – Du hast heute das EK II verliehen bekommen. Er gibt es Dir, wenn wir hier lebend herauskommen. Wenn nicht hast Du den Trost, an einem Tage zwei Kreuze erhalten zu haben.“ An Essen ist nicht zu denken – nachts erst kommt der Hunger – die eiserne Ration muß ran. Morgens Punkt 7 Uhr geht das Spektakel wieder los. Pausenlos bis 19 Uhr – dann schlagartig Ruhe. Auch nur noch vereinzelte MG-Garben. Ich robbe zum Gefechtsstand, bekomme vom Chef einen Schnaps und mein EK angehängt. Grund zum Jubel bestand nicht, die Kompanie hat seit gestern 9 Tote und 12 Verwundete. Die Verwundeten können nicht abtransportiert werden – keiner weiß, wo ein Weg frei ist. Am Dienstag um 7 Uhr warten wir vergebens, die Russen sind für Abwechslung. Wir schieben die Stellungen bis vor das Dorf ohne dabei gestört zu werden. Ich grabe mir ein neues Schützenloch; hinter mir eine kleine Lichtung, dahinter wieder Wald. Irgend jemand hat einen Panjewagen entdeckt, mit dem die Toten auf die Lichtung hinter meinem Loch gekarrt und dort abgeladen werden. Gespenstisch – so ein Leichenberg!

Gegen 10 Uhr beginnen die Angriffe mit Panzern, die sehr dicht herankommen. Der Kampf geht bis in den späten Nachmittag. Kurz vor Einbruch der Dunkelheit folgt noch ein schwerer Panzerangriff; drei russische Panzer werden abgeschossen, dann tritt Ruhe ein. Der Leichenberg ist gewachsen. Nachts sitze ich – wie die anderen auch in meinem Loch, beobachte die vor mir liegende zerfetzte Landschaft, von einem fahlen Mondschein in ein fast magisches Licht getaucht. Ein leichter Nachwind weht, fünf Meter hinter mir klappern Arme und Beine der Gefallenen, ab und zu fällt einer ein Stück herunter – man muß schon gestählte Nerven haben, um keine Gänsehaut zu bekommen. Von Zeit zu Zeit ein scheuer Blick nach Hinten, fast alle haben die Augen offen – oh Gott, wird man das je wieder los? Was ist der Mensch? Und alle habe ich gekannt.

Am nächsten Morgen kommt starkes Brummen näher, Bomben fallen, es sind schwere russische Bombenangriff auf die in der Nähe gelegene Rollbahn. Danach hört jede Angriffstätigkeit auf, es beginnt zu regnen. Der Chef führt jetzt das Bataillon. Sch. ist verwundet. Abends kommt ein neuer Leutnant, Lt. M., er übernimmt die Kompanie, bis W. wieder da ist. In der Nacht erneut Kettengeräusch – diesmal sind des deutsche Sturmgeschütze, die den Weg zu uns freikämpfen. Bald danach kommt der Troß mit Verpflegung und viel Post. Ich bekomme die Nachricht vom Tode meines Vetters Rudi und Ernst Hagn, Poldis geliebtem Bruder. Er hatte mir noch am 17.5. geschrieben. Poldi hat diesen Schlag nie verwunden. Wir haben zwei Vermißte, dafür kommen acht Überläufer, die werden nicht erschlagen!

Die nächste Woche ist es ruhiger. Die Toten werden im Massengrab beigesetzt. Am 1.10. lerne ich zum ersten Mal die russische Sauna kennen. Wir liegen nackt auf der Pritsche in beißendem Dampf, ein alter Russe schüttet Kübel Wasser auf die glühend heißen Steine und dann peitscht er uns mit frischen Birkenzweigen den Rücken – es scheint ihm Spaß zu machen. Danach ein kalter Guß und wir fühlen uns wie neugeboren, vor allem sauber – und man soll es kaum glauben – wieder vollkommen fit.

2.10.1941. Der I c der Division hat wieder Sehnsucht nach mir. Ich stehe wieder vor ihm. Er ist sehr ernst und sagt: „Sie haben neulich Ihre Sache gut gemacht. Heute wird es tragisch. Da ist ein Wiener – ein netter Kerl – der weigert sich zu kämpfen, hat seine Waffen abgegeben und verweigert jeden Dienst. Einen Verteidiger lehnt er ab. Ich möchte, daß Sie dem Verfahren als Beobachter beiwohnen und gebe Ihnen im übrigen völlig freie Hand. Versuchen Sie mit ihm zu sprechen. Vielleicht kann man ihm helfen, ich habe aber keine große Hoffnung.“

Der Prozeß beginnt. Der Vorsitzende ist sehr vorsichtig, redet gütig auf ihn ein. Der Angeklagte ist ein ziemlich schmächtiger Mensch mit großem Wiener Charme. Er lächelt gewinnend – ist aber in seiner Auffassung stahlhart. Er töte keine Menschen, das verbiete ihm sein Gewissen und so könne er sich an diesem Krieg in keiner Weise beteiligen. Anklage „Zersetzung der Wehrkraft". Ihm droht die Todesstrafe. In der Pause erhalte ich Gelegenheit mit ihm zu sprechen. Wir haben sofort Kontakt miteinander und sprechen binnen weniger Minute wie zwei alte Freunde. Zwei Stunden lang gehe ich mit ihm ohne jede Begleitung im Wald umher. Er ist Student, 21 Jahre alt, hat in Wien noch seine Mutter und ist unbeirrbar. Er dankt mir sehr und bittet mich, nach seinem Tode seiner Mutter zu schreiben. Ich sage „Deiner Mutter wegen solltest Du so tun als ob". Die Antwort: „Nein, das ist eine grundsätzliche Sache. Ich mache niemand anderem einen Vorwurf, aber ich kann nicht anders handeln – und meine Mutter wird mich verstehen. Eine Bitte habe ich, sei in meiner letzten Stunde bei mir." Das Urteil: „Tod durch Erschießen." Vollstreckung: Morgen früh.

Ich berichte dem I c. er erlaubt mir, bis zuletzt bei dem Delinquenten zu bleiben. Dieser bittet nur darum, daß ich bei der Exekution bei ihm bin. Die Nacht will er zum Teil allein, den Rest der Nacht mit dem Divisionsgeistlichen verbringen.

4 Uhr. Ich werde geweckt. Kurze Wäsche, dann gehe ich – nein schleiche ich – ihn abzuholen. Er umarmt mich, dann gehen wir, zwei Posten hinter uns, zur Richtstätte. Das Exekutionskommando steht Gewehr bei Fuß. Das Gericht, der Geistliche und einige Offiziere warten schon. Er hat noch ein kurzes Gespräch mit dem Geistlichen, ein letztes Vater unser. Er kommt dann zu mir – niemand hindert ihn daran – umarmt mich noch einmal und sagt: „Ich danke Dir – und grüße meine Mutter!" eine Augenbinde lehnt er ab. Er blickt zu mir herüber, lächelt traurig. Ich höre weit entfernt das Kommando „Legt an." Fast automatisch geht meine rechte Hand zum Gruß an die Feldmütze. „Gebt Feuer!" Er sackt zusammen. Wie durch einen Schleier sehe ich alle Offiziere in Halbachtstellung, die rechte Hand am Stahlhelm, einige die Zähne zusammengebissen. Zwei Stunden später legen wir ihn ins Grab. Ich habe eine Waldblumenstrauß gepflückt, gebe ihn mit ins Grab.

Ich habe seiner Mutter einen langen Brief geschrieben, in aller Offenheit, habe auch mit meiner Meinung nicht zurückgehalten. Wochen später kam die Antwort – sie hatte ihn verstanden – und bedankte sich sehr herzlich bei mir. Leider ist mir dieser Brief in den späteren Kämpfen abhanden gekommen. Ich weiß nicht einmal mehr seinen Namen. Aber seit diesem Tag weiß ich, was ein Held ist!

Noch am 3.10. kehre ich zur Kompanie zurück – bin für den Rest des Tages nicht ansprechbar. Jetzt fehlen mir Heini und Dagobert. Wir bleiben noch am Ort und ich hänge meinen Gedanken auf einem langen Spaziergang bei herrlichem Wetter nach.

Wie schön – am 4.10. hat der Divisionär keine Halsschmerzen mehr. Bittere Gedanken quälen mich. Der eine hält ein Kreuzlein um den Hals, weil er andere krepieren läßt und ein anderer trägt sein Kreuz aus dem Holz, dessen Bäume ich so liebe, aus Birke.

Mein kleiner Wiener bleibt nicht allein ein Held – es wird nur nicht so tragisch. Am Sonntag, dem 5.10. wird unser Regimentskommandeur Oberstleutnant R. zum Obersten befördert.

Der 9.10. bringt eine Überraschung: der „Führer" verkündet, der Krieg in Rußland sei entschieden. Schade, daß die Russen nichts davon wissen. Wir erhalten jedenfalls an diesem Tag den Befehl zum weiteren Vormarsch. Es ist kalt geworden, ein eisiger Wind weht aus dem Osten, es schneit, der Boden ist schon gefroren – und das Anfang Oktober. General „Frost" in Bereitstellung – sind wir auf Napoleons Spuren?

12.10. 7 Uhr Abmarsch über Gari – Bitucha noch Pronina. Kurze Rast – Verpflegungsempfang. 3. Kompanie an die Spitze. Um 10 Uhr 48 ein für mich historischer Moment, ich überschreite mit der Vorhut der Kompanie die junge Wolga. Am Ufer steht eine Holzkirche mit dem russischen Kreuz. Wir schauen hinein – und sind erschüttert. Die Kirche hat zuletzt als Pferdestall gedient. Im Altarraum liegen herrliche Meßgewänder zerstreut am Boden, zerrissen und mit Fäkalien bedeckt. Mit Kot beschmierte wunderschöne Ikonen liegen zerschlagen am Boden. Hat dieses Volk sein Schicksal vielleicht doch verdient? Es geht weiter – das Landschaftsbild verändert sich. Die Waldai – Höhen liegen vor uns, Mittelgebirgszüge, die Straße wird zum Saumpfad, geblieben sind die Wälder, noch dichter, noch dunkler, noch unheimlicher. Unser Ziel: der Seeliger See.

13.10. Wieder zum Regiment kommandiert. Beim Stab gedrückte Stimmung, lediglich Flüstern, nur einer tobt: der Oberst! Er kümmert sich nicht um uns. „Ich denke nicht daran, die vor uns liegenden Höhen anzugreifen, ohne Artillerieunterstützung, ohne Panzer, ohne Luftunterstützung. Bei diesem Sauwetter erreichen wir das Ziel sowieso nicht mehr." Offiziere beraten. Ein Melder von der Funkstelle: „Führerbefehl! Sofort angreifen!" R. wird krebsrot: „Ich denke nicht daran. Funken Sie zurück, ich weigere mich anzugreifen." Der Oberst verschwindet, der Tag bleibt ruhig. Ich erfahre, daß Lufterkundung vor uns starke Kräfte ausgemacht haben. Abends kehre ich zur Kompanie zurück. Am nächsten Tag geschieht nichts. Abends kommt der Angriffsbefehl auf Mittwoch, den 15.10., früh. Morgens ist alles weiß, es ist sehr kalt. Um 8 Uhr wird der Angriffsbefehl aufgehoben. Wir bleiben an Ort und Stelle – es wird kälter.

Am 17.10. um 14 Uhr kommt ein neuer Befehl, der Vormarsch ist fortzusetzen – feindlicher Widerstand ist um jeden Preis zu brechen. Der Bataillonsmelder kommt, wir erfahren näheres. Gestern mittag ist Oberst R. als Regimentskommandeur abgesetzt worden. Major S. hat das Regiment vorläufig übernommen. Er führt das Regiment offenbar nach dem Motto: „Führer befiehl – wir folgen!"

– So leicht geht das. Oberst R. ist übrigens schon auf dem Weg nach Crossen, später erfahren wir, daß er als Bahnhofskommandant irgendwo in Jugoslawien eingesetzt worden sein soll. Er hat seinen Mut und sein Verantwortungsgefühl für das Leben anderer nicht mit dem Leben zu bezahlen brauchen.

Der Vormarsch geht weiter, teils gegen, teils ohne Widerstand. Die Strapazen sind kaum noch zu ertragen. Wir quälen uns durch die Sümpfe am Seeligersee. Überflutetes Land, eine nicht tragende Eisdecke. Bei jedem Schritt auf das Eis brechen wir ein, stehen bis zum Knie im eiskalten Wasser – nächster Schritt. Nach 10 Stunden sind wir mehr tot als lebendig. Dann erreichen wir trockenen Boden, rechts eine Lichtung. Wir gehen vor und stehen am Ufer des zugefrorenen Seeligersees nördlich von Ostaschkow. Der See hat hier eine große Ausbuchtung nach Westen. Eine gefrorene Straße folgt in einiger Entfernung vom See diesem Bogen. Die Ausbuchtung beträgt wohl an die 15 bis 20 Kilometer. Der See selbst ist an dieser Stelle etwa 5 Kilometer breit und im ganzen ca. 100 Kilometer lang, von Süden nach Norden gemessen. Durch das Glas können wir drüben starke Ansammlungen und starken motorisierten Verkehr sehen.

In tagelangen beschwerlichen Märschen diesseits des Sees zum Teil ohne Verpflegung erreichen wir über Schukowo – Karpowtschtina am 18.10. den Ort Dolguscha. Wir bleiben hier zunächst – die Trosse sollen herangezogen werden. Wird es unser Winterquartier? Doch am 25. geht es weiter. Raduchowo wird erreicht, der Troß bleibt rückwärts in Iwanowischtschi. Dem Chef gefällt die Lage gar nicht. Ringsum große Wälder, nachts Geräusche im Wald. Er entschließt sich, den 1. Zug als Stoßtrupp in den nächsten Ort zu schicken. Gefr. Droßel geht als Melder mit. Nun, wenn es denn sein muß – ich verstehe mich mit Feldwebel Kern sehr gut. Wir wissen, daß wir uns aufeinander verlassen können. Da am 26.10. starkes Schneetreiben herrscht und kaum Sicht ist, marschieren wir am 27. früh los, ungefähr 20 Mann, nur leichte Waffen. Der gesuchte Ort liegt etwa 6 bis 7 km abseits der Straße. Also – rein in den verschneiten Wald. Es herrscht völlige Ruhe bei 15° Kälte. Nach drei Kilometern zweigt links ein Weg in dunklen Tann ab. Nach weiteren 600 Metern – Spitze halt. Die Minensucher haben rechts am Weg eine Mine entdeckt, schlecht verscharrt im Schnee – eine der üblichen gemeinen Holzkastenminen. Zug auseinanderziehen, weiter durch den Wald links und rechts der Straße. Ein harter Knall – ein Schrei, links ist einer auf eine Mine getreten. Der Fuß sieht böse aus. Wir sind prompt auf den Trick mit der entdeckten Mine hereingefallen. Der Wald war vermint – die Straße frei. Der Verwundete wird verbunden und auf einer provisorischen Trage zurückgebracht, drei Mann als Begleitung dazu. Für die andren heißt es: Weiter. Drei Kilometer lang passiert nichts mehr. Fw. Kern und ich haben die Spitze übernommen, vor uns nur die Minensucher. Der Wald hört auf, der Weg führt hinunter ins Dorf – etwa 300 Meter entfernt. Rechts liegt ein mehrere hundert Meter langer zugefrorener See, etwa 100 Meter breit, dahinter mehrere Hügel, vielleicht 20 Meter hoch, Totenstille – kein Mensch zu sehen, kein Hinweis auf menschliche Nähe, kein Rauch – nichts. Das Dorf scheint leer – ungewöhnlich. Fw. K. befiehlt acht

Mann mit einem LMG bleiben zur Sicherung am Waldrand, wir anderen pirschen ins Dorf, jetzt Fw. K und ich allein vorn – die anderen fünf in 30 Meter Abstand weit auseinandergezogen folgen. Links von uns ein Steilhang, etwa 30 Meter hoch, oben ein Gehölz, wir erreichen den Ortsrand. K. flüstert: „Das gefällt mir nicht." Das Dorf ist ziemlich langgestreckt, den See entlang. Zwei Häuser liegen hinter uns.

Mir wird auch langsam unheimlich. K. hat die anderen zurückgewinkt. „Komm, wir gehen noch 2 Häuser weiter und machen dann kehrt." Das nächste Haus – ein großes Holzhaus – liegt ungefähr 40 Meter vor uns. Wir stehen am zweiten Haus, Richtung nach vorn. Los! ich links, er 5 Meter rechts von mir. Schritt für Schritt, 2 Meter, 4, 5 Meter – ein Schuß von vorn. Ich spüre den Luftzug am linken Ohr – verdammt, das war knapp. Ein, zwei Sätze nach hinten, K. kommt von der anderen Seite – noch ein paar Sätze und wir sind aus dem Dorf hinaus. Die anderen ziehen sich schon in Richtung Waldrand zurück. Dann geht es los!

Von den Hügeln jenseits des Sees wird mit LMG und sMG Sperrfeuer auf die Straße gelegt, aus dem Dorf knallt es aus allen Häusern – die einzige Chance ist der Steilhang. Die vorn sind schon oben – wir jagen rechts hinauf. Mein langer Mantel behindert mich. Noch 20 Meter, das MG hat sich jetzt auf mich eingeschossen. Es ist Gottlob ein altes mit sehr langsamen Feuerstoß. Ein harter Schlag, war es rechts oder links? Ich keuche mit letzter Kraft die letzten Meter hoch.

Ein Hechtsprung, ich liege auf dem Bauch oben ihm Gehölz. Drüben die Hügel sind niedriger – sie können uns sicher nicht mehr erreichen. Sammeln! „Du, sieh Dir mal Deinen Mantel an." Ich tue es. Links und recht in Höhe der dritten Rippe zwei Durchschüsse, auch die Feldjacke hat zwei Löcher. Später finde ich zwei schwere Blutergüsse an der linken und rechten Rippe. Ich bin direkt durch die MG-Salve hindurchgelaufen. Den Schmerz habe ich erst später empfunden – glücklicherweise keine Verletzung. Auf Umwegen geht es zur Sicherung am Waldrand. Sie hatten über uns hinweg das Feuer auf das Dorf erwidert – zu sehen war niemand. Fw. K. ist umsichtig. Fünf Mann bleiben am Waldrand zur Sicherung, folgen den anderen nach 150 Metern. Ich gehe als Sicherung nach vorn, etwa 200 m vor dem Zug. Da wir in Richtung auf unsere Kompanie gehen und der Weg bis auf wenige Biegungen übersichtlich ist, erscheint mir das eine vernünftige Anordnung. Wir marschieren langsam. An der verminten Stelle benutze ich die Straße – alles geht gut. Dann macht der Weg eine Biegung nach rechts, ich verliere für einige Zeit die Sichtverbindung nach hinten. Kurz danach der Seitenweg, jetzt von rechts. Dorthin ist der Tann sehr dicht. Ich erreiche die Abzweigung – und halte erst einmal die Luft an. Vor mir hält ein Panjeschlitten, darauf sitzt ein Iwan, MP umgehängt, hinter ihm stehen Kübel und Kästen. Er springt ab, schlottert vor Angst, ein breiter russischer Bauernschädel, nicht mehr ganz jung. Mich reitet der Teufel. „Pan, was hast Du da drin?" – „Verpflegung, Pan." – „Was gibt es denn?" – „Hirsebrei mit Fleisch!" Ich habe plötzlich einen Bärenhunger. „Na los, gib mir ein Schälchen!" Er nimmt eine Holzschale, öffnet den Kübel und reicht mir eine volle Schüssel Hirsebrei. Um die Biegung kommen die anderen, sie sind da und nach einem kurzen Moment stehen alle um den Schlitten und essen Hirsebrei. Es sieht aus wie an einem Kiosk im Zoo. Ich sage zu dem sanften Russen: „Pan, einer von denen am See wollte mich totschießen – jetzt freß' ich zur Strafe seinen Hirsebrei, in Ordnung?" – „Choroscho Pan" – ein breites Lachen auf dem breiten Gesicht. Er dreht sich um, gibt uns Machorka und ein Stück Zeitung und will sich auch eine drehen. Ich geb ihm eine Schachtel Papyrossi und eine Schachtel Schokakola. Die anderen suchen. Er bekommt von jedem etwas. Er strahlt. Dann ziehen wir weiter, wir nach Westen, er nach Osten – hoffentlich hat er keinen Ärger bekommen. Aber wie schön, mal wieder Menschliches erlebt zu haben. Das läßt mich fast die Rippenschmerzen vergessen. Abends besorge ich mir beim Furier eine neue Schokakola. Die Löcher im Mantel sind dringeblieben, solange ich ihn besaß.

In den nächsten Tagen nimmt die Kälte zu und es wird langsam zu kalt, die Nächte im Freien zu verbringen. So entschließt sich der Chef am 30.10. die Kompanie in Häusern einzuquartieren. Ich komme mit etwa 20 Mann – wir sollen möglichst zusammen bleiben – in ein kleines armseliges Bauernhaus. Kleine Fenster sind mit durchsichtigem Papier beklebt und sämtliche Wände von oben – die Kate ist nicht sehr hoch – bis zum Fußboden mit der „Prawda" tapeziert. Eine durchgehende Strohschütte auf die Erde, Zeltplanen darüber und fertig ist das Himmelbett. Wir liegen eng. Gegen 22 Uhr werden die letzten Kerzenstummel gelöscht und ein großes Schnarchen hebt an. Nach etwa 1 Stunde Schreie im Raum. Licht an! Welch ein Bild! An den Wänden ziehen von oben bis unten jeweils etwa ein Meter breite Ströme von Wanzen zur Erde, keine Lücke, schwarze, breite Bänder. Sieben oder acht Landser, fast völlig von den Untieren bedeckt, versuchen wieder einen Veitstanz. Es hilft nichts – raus aus dem Haus. Die befallenen Männer reißen sich bei etwa 15 unter 0 die Kleider herunter, wälzen sich im Schnee und werden die Dinger schließlich los. Sie sind total zerbissen. Komisch, die ganzen Wanzenscharen habe sich nur auf diese sieben oder acht Mann gestürzt. Wir anderen wurden von den Biester völlig ignoriert. Einige mutige „Immune" bleiben im Haus, der Rest wartet in Decken gehüllt auf das späte Morgengrauen.

Die Tage bis zum 6.11. vergehen ohne besondere Vorkommnisse. Um 5 Uhr erhalten wir die Meldung, daß der Russe bei der 1. und 2.Kompanie eingebrochen ist. Schwere Kämpfe um Swjagin. Am Nachtmittag quälen wir uns durch die Sümpfe nach Dosdowo – ein schönes, freundliches Dorf, in dem wir Quartier beziehen. Große Holzhäuser, auch hier die Wände mit Zeitungen tapeziert, diesmal mit der „Iswestja" – ein Zeichen eines gehobenen Intelligenzstandes. Die „Iswestja" stellt geistig hohe Anforderungen – sie ist das amtliche Regierungsorgan – vielleicht halten sich deswegen dort keine Wanzen? Der 7.11. – der 24. Jahrestag der Proletarischen Revolution (Oktoberrevolution) bleibt entgegen allen Befürchtungen völlig ruhig.

Am Samstag, den 8.11. Marsch über Swapuschtscha nach Pedgorj. Abends wieder eine armselige Kate. Wir sitzen bei Funzeln und lassen es uns schmecken – es hat Post und Verpflegung gegeben. Rudolf neben mir sieht mich an und sagt: „Mensch, regnet es?" – „Wieso?" – „Na mir tropft es von der Decke schon eine ganze Weile in den Hals hinten hinein." Ich spüre es jetzt auch. Ein Blick zur Decke, das Geheimnis ist gelöst – auch hier die lieben Tierchen. Aber die müssen aus einem Zirkus stammen. Sie krabbeln bis sie genau über dem Halsschnitt eines Landsers und lassen sich dann fallen – zielsicher bis zum Rücken. Sie machen keine Unterschiede, beglücken alle. Aufbruch bei Nacht und Umzug in ein anderes Haus, hier geht es. Auffallend, daß in fast allen Häusern in einem Eck eine Ikone oder ein Marienbild hängt, meist eine brennende Kerze davor.

Der Sonntag wird sehr schön. Herrliches Wetter – 15 unter 0, der Hauptfeldwebel kommt mit einem Pferdeschlitten und Lt. M., der Hauptfeldwebel und ich machen eine prachtvolle Schlittenfahrt durch träumerisch verschneite Wälder und Felder. Wir denken nicht an Partisanen – sie lassen uns auch die Freude. Sonntag früh waren wir übrigens in der Sauna – dann hinaus und im Schnee gewälzt. Schließlich ein Sprung in einen eisigen Bach, der noch gluckert. Wieder wie neugeboren. Die Sauna gehört in den nächsten Tagen zum morgendlichen Ritual.

Am 14.11. ist Oberst N., der neue Kommandeur, der gestern das Regiment übernommen hat, mit dem Bataillonskommandeur und Stabsoffizieren bei uns. Das sehen wir nicht so gern – dann tut sich meist bald irgend etwas.

Samstag, 15.11. Um 8 Uhr ist die Bereitstellung beendet. Um 9 Uhr 30 ein Feuerschlag unserer Artillerie – wir wußten gar nicht, daß wir noch so etwas haben – dann Angriff. Die 3. Kp. sichert, während die 2. eine Mühle nimmt – dann Vormarsch auf Dubowka. Nachdem der Ort in unserer Hand ist, kommt der Rückzugsbefehl. Vor uns brennt ein ganzes Dorf – Borowskoje. Abends sind wir wieder am Ausgangspunkt. Spät am Abend kommt der große Troß. Seit langem wieder Post und Verpflegung, Marketenderwaren. Es gibt Wein, Cognac und Kirsch mit Rum, selbst Bücher sind dabei.

Am Dienstag, den 18.11. erreichen wir am Spätnachmittag über Meshniki und Monakowo unser Cannae, das Dorf Salesje, vier Kilometer vor dem Seeligersee, dem nördlichen Teil des Sees, an dessen Ufern weiter südlich wir schon gestanden haben. Wir werden mit leichtem Artilleriebeschuß aus dem am diesseitigen Seeufer liegenden Dorf Owinjetz begrüßt, wir nehmen Quartier in den verlassenen Häusern des Ortes. Ein sauberes Dorf. Am nächsten Tag kommen Pioniere und sprengen Stellungen und Bunker in den gefrorenen Boden. Der Stellungsbau wird sofort forciert. Es zeichnet sich eine Stellungskette nach Osten im Halbkreis um den Ort ab, etwa 200 Meter von den jeweils letzten Häusern entfernt. Im Abstand von ungefähr 150-200 Metern werden ca. 15 Meter lange Gräben ausgehoben mit jeweils einem Bunker aus drei Lagen Baumstämmen für acht bis zehn Mann. Die beiden letzten Gräben nach Norden haben keine Bunker. Das also wird unser Winterquartier – bis zum bitteren Ende. Obert R. hat Recht behalten, wir haben das Ziel – den Seeligersee – doch nicht mehr erreicht. Der Russe hält in Owinjetz einen Brückenkopf.

Salesje – eine Oase in den riesigen umliegenden Urwäldern. Es liegt auf einer kleinen Höhe, umgeben von einem etwa 200 bis 300 Meter breiten, abfallenden Streifen von Feldern, jetzt verschneit – dann beginnt der dunkle, undurchdringliche Wald. Nach rückwärts eine Straße, wie üblich aus Lehm, jetzt gut befahrbar, bis zum 12 Kilometer entfernten Samoschenko, unserem Lebensnerv – dort liegt der Troß. Täglich muß der Nachschub vom Troß durch die Wälder zu uns gebracht werden. Rechts und links von uns liegen die anderen beiden Bataillone – auch sie jeweils in einem Dorf – 15 Kilometer entfernt, dazwischen nur Wald, keine Ortschaften mehr. Nach Osten eine ungefähr 800 m breite, waldfreie Schneise mit Blick über verschneite Felder und Baumgruppen auf Owinjetz, dem russischen Standort, höher gelegen als wir, hinter sich als riesige Nachschubbasis den gefrorenen See, über ihn können ganze Panzerdivisionen ohne Schwierigkeiten fahren.

Salesje – das bedeutet Abgeschnittensein von der übrigen Welt, eine schmale Straße durch 12 km Urwald als einzige Verbindung. Wir werden verstärkt, erhalten eine Abteilung Infanteriegeschütze, – vier Stück, Teile einer Meldeeinheit, die Pioniere ziehen wieder ab. 360 Mann inmitten riesiger Wälder, nur ahnend, daß 15 km rechts und links von ihnen wieder 300 bis 400 Mann langsam und zunächst unmerklich von einem lähmenden Entsetzen befallen werden, dem Gefühl, sich selbst überlassen zu sein – vor sich die unendliche Weite des russischen Giganten, unfaßbar nach geographischen Begriffen, Landschaft und Mentalität seiner Menschen. Wir beginnen uns abzufinden – und einzurichten, so gut es geht. Der Kompanietrupp liegt in einem netten, sauberen Haus mit angebauter großer Scheune. Im großen Wohnraum der Ofen, nach russischer Weise mit offenem Feuerraum zum Kochen, der Schlafplatz auf dem Ofen fehlt hier. Das Haus hat sogar einen Keller, zum Teil angefüllt mit Kartoffeln. Wir schaffen die Kartoffeln in die Scheune, decken sie mit Heu, Stroh und Säcken ab und beginnen, den Keller auszuschachten – wir bauen unter das Haus einen Bunker, Balken gibt es im Dorf genug. Das gibt größeren Schutz bei Artilleriebeschuß – nur brennen darf es nicht, dann können wir nur noch vertrauen wie die Jünglinge im Feuerofen. Bald stoßen wir auf Kisten, angefüllt mit sehr gutem Geschirr aus Porzellan, Silberbestecken und einem herrlichem Samowar. Es bleibt alles unangetastet, die Kisten werden wieder verschlossen, wir graben in der Scheune ein tiefes Loch und vergraben alles darin. Hoffentlich findet es der Besitzer einmal wieder. Wie lange mag das schon vergraben sein? Vielleicht schon seit der Revolution – die Kisten waren schon ziemlich morsch.

Rege Spähtruppentätigkeit rund um uns herum in den nächsten zwei Tagen, ab und zu ein paar Artillerieeinschläge, die alle sehr gut liegen. Die Russen müssen eine hervorragende – B-Stelle haben – im Dorf haben wir noch niemand feststellen können. Am dritten Tag unseres Aufenthaltes in Salesje herrscht große Ruhe. Die Bataillone erhalten Befehl, durch eigene Spähtrupps Verbindung aufzunehmen. Feldwebel Kern mit acht Mann und mir sollen nach Norden erkunden. Mit dem dort liegenden Bataillon wird per Funk verschlüsselt ein Treffpunkt ausgemacht – dann hat jeder Spähtrupp nur etwa 7 km durch den gnadenlosen Urwald zu machen. Auch am nächsten Morgen ist alles ruhig – also: Auf geht's! Um 9 Uhr verlassen wir das Dorf. Die Blicke der Wachen und Posten haben so etwas wie Abschied – man gibt uns nicht viele Chancen. Wir finden einen Pfad – gehen nach Karte und Kompaß. Nichts rührt sich. Um 11 Uhr ist Treffzeit. Gegen 10 Uhr 30 haben wir 6 km geschafft. Landschaftlich ist es berauschend schön – aber wir haben wenig Blick dafür. Die Stille zerrt an den Nerven. Lichter Wald wechselt mit dichtem Urwald voller Unterholz, dann Lichtungen mit Baumgruppen. Jetzt stehen wir vor einer ziemlich breiten Lichtung; es sind etwa 500 Meter bis zur anderen Waldseite. Dort am Rande steht ein Blockhaus; nur ein Eingang, uns zugekehrt, keine Fenster. Kurze Beratung. Einer muß zum Blockhaus, die anderen sichern. Nach kurzem Zögern erkläre ich mich bereit zu erkunden. Alle schleichen etwa 150 Meter vor bis zu einigen Strauchgruppen. Der Schnee glitzert im Sonnenschein. Dort geht das LMG in Stellung mit sechs Mann. K. mit zwei Mann pirscht noch etwa 150 Meter weiter, sie gehen dort in Stellung. Mir bleiben noch 200 Meter. Langsam, Schritt für Schritt, stehen bleiben – das Herz jagt – weiter. Ich halten auf einem Punkt etwa 4 Meter rechts von der Hütte zu und bin ziemlich sicher, in eine Falle zu stolpern. Hoffentlich klappt die Sicherung. Noch 20 Meter – irgendwo ein Geräusch. Ich stehe, sichere wie ein Stück Wild, lausche. 2, 3 Meter weiter. Das Geräusch kommt aus dem Blockhaus. Dort kramen welche herum. Haben sie mich entdeckt? Was tue ich, wenn sie herauskommen? Jetzt habe den anvisierten Punkt erreicht. Ein paar Sekunden durchatmen – dann will ich mit zwei, drei Sprüngen in die Deckung der Hüttenwand. Ich komme nicht mehr dazu – sie haben mich bemerkt; ich höre ein leises Gehen, meine Nerven sind zum Zerreißen gespannt. Jetzt, ein Kopf schiebt sich durch die Tür – er nimmt kein Ende. Mir wird nicht wohler – halb draußen bleibt der Bär stehen, sichert seinerseits, kommt dann heraus, richtet sich auf. Wir stehen uns gegenüber, Auge in Auge. Der Bär ist etwas größer als ich, vielleicht 1,70 Meter. Kleine, tückische Augen mustern mich. Mir scheint, er schwankt zwischen Zorn und Gleichmut. Ich halte den Atem an – eine erlösende Sekunde – er hält offenbar nicht viel von mir. Langsam auf alle vier Tatzen fallend dreht er sich nach halbrechts und geht – auch er Schritt für Schritt, fast unhörbar. Noch einige Sekunden, ein leises Brummen und er verschwindet zwischen den Bäumen. In der Hütte sind sicher keine Russen! Jetzt wird mir auch der Geruch klar, den ich in der Nase hatte. Als ich die Spuren im Schnee sehe, wird es mir ganz flau im Magen, das war ein richtiger alter Ephraim. Was so ein Gitter zwischen Bär und Mensch doch ausmacht.

Die anderen sind da – auch sie mit den Nerven fertig. Wir müssen ein spannendes Stück gespielt haben, der Bär und ich. Aber was wäre der Landser ohne seinen Galgenhumor. Ein Schlag auf die Schulter: „Mensch, Dir kann gar nichts mehr passieren, wenn der Iwan im nächsten Sommer in Berlin ist. Du dressierst russische Bären, da verdienst Du Dir allemal Deinen Hirsebrei!" Ein befreiendes Lachen, ein Aufatmen, ein Schnaps und noch ein Stück weiter. Am Treffpunkt warten wir – im Schnee in Deckung liegend eine halbe Stunde. Nichts – niemand! Wir ziehen uns zurück, erreichen ohne weitere Zwischenfälle das Dorf. Mir fällt ein Stein vom Herzen – aber man soll den Tag nicht vor dem Abend loben. Nach ein wenig Ruhe und gutem Essen machen F. und ich noch einen Sprung zum Bataillon, die wollen einen genauen Bericht über die „Bärenjagd". Wir sind kaum draußen, rauscht es kurz – vier Einschläge im Abstand von 40 Metern rund um unseren Gefechtsstand. F. und mich hat's erwischt, beide haben wir zum Glück nur leichte Verwundungen. Ich habe eine Fleischwunde am linken Arm – Sani! Tetanus – und noch 'nen Schnaps. Jetzt wissen wir es übrigens – es sind 17,2-cm-Geschütze – die haben sich wohl einiges mit uns vorgenommen. Nun für heute – Ende gut, alles gut. Nur aus dem Bärenbericht, daraus ist nichts mehr geworden an diesem Abend. Unser Gegenspähtrupp ist übrigens nur zwei Kilometer weit gekommen – dort wimmelte es von russischen Spähtrupps. Sie habe ihren Standort wieder ohne Ausfälle erreicht. Zu der Verbindungsaufnahme ist es nie mehr gekommen.

Von der Wanze bis zum Bären reichen jetzt meine russischen Bekanntschaften – was wird noch alles kommen?

Die nächsten Tage vergehen mit Stellungsbau und Routinearbeit. Dienstag Vormittag überfallen uns einige russische Maschinen – in niedriger Höhe. Deutsche Flugzeuge haben wir – außer ab und zu einen hochfliegenden Aufklärer – seit Wochen nicht mehr gesehen. Das Störungsfeuer am Nachmittag und Abend nimmt zu – unsere B-Stelle hat jetzt in und um Owinjetz vier gegnerische Batterien 17,2 cm ausgemacht, es ist etwas im Busch!

Am 26.11. früh 5 Uhr beginnt eine russische Offensive von Ilmensee bis zum Seeligersee. Wir werden von einem Bataillon Russen angegriffen. Schwere Artillerieunterstützung macht uns Meldern das Leben schwer. Die anderen sitzen wenigstens im Graben oder im Bunker. Dreizehn Stunden dauern die Kämpfe, nachts dann Spähtrupptätigkeit. Am ganzen nächsten Tag werden die Angriffe fortgesetzt, gegen Abend tritt Ruhe ein. Am Freitag ist Ruhe und alles Gelände vor unseren Stellungen feindfrei, die Russen haben ihre Toten mitgenommen. Mittags kommt unser Kommandeur Graf von der Goltz zurück, er übernimmt wieder das Bataillon. Wir haben wieder eine umsichtige Führung. Um 15 Uhr werden unsere Toten bestattet – wir legen sechs Mann ins Grab, unter ihnen unser beliebter Leutnant St.

Die Armee fragt auf Veranlassung des „Führerhauptquartiers" nach dem Grund der russischen Angriffe. Von der Goltz beschließt, der Sache selbst auf den Grund zu gehen. Am Spähtrupp am folgenden Morgen nimmt er selbst teil, auch ich bin wieder mit von der Partie. Wir kommen ungestört voran. Das Ziel: Owinjetz. Unterwegs zeigt uns der Graf große Spuren im Schnee: Wölfe! Er erklärt uns, es seien Waldwölfe, Einzelgänger und wesentlich größer als Steppenwölfe. Während letztere im Rudel jagen, kommen die Waldwölfe allein oder zu zweit. Sie seien unberechenbar und deshalb gefährlicher.

Wir erreichen den Waldrand von Owinjetz – etwa 250 m vor dem Dorf, gehen in Deckung und beobachten mit dem Glas. Die Russen – der Ort wimmelt von Soldaten – verhalten sich völlig ungestört. Wir machen zwei Batteriestellungen aus; sind grad beim Geschützreinigen, einer sitzt auf dem Rohr. Links und rechts des Orts jetzt je vier Panzer T 34. Nach einiger Zeit verläßt ein Spähtrupp den Ort in Richtung der anderen Seite, 12 Mann auf Skiern, im weißen Schneehemd. Skitruppen sind also da – damit ist alles klar. Wir ziehen uns unbemerkt zurück. Der Graf fährt am nächsten Tag zur Division. Er fordert, die russischen Batterien mit Artillerie oder Flugzeugen außer Betrieb zu setzen. Wir wissen genau wo sie stehen, unsere B-Stelle hat genaue Koordinaten mitgegeben. Die Antwort: Unsere Munition ist so knapp, daß selbst bei einem russischen Großangriff nur Störfeuer gegeben werden kann – und die Luftwaffe ist nur noch in der Lage, an einem Schwerpunkt des gesamten Nordabschnitts eingesetzt zu werden.

In den nächsten Tagen bleibt es verhältnismäßig ruhig. Viel russische Spähtrupptätigkeit, regelmäßige Artillerieüberfälle – immer wieder Tote und Verwundete. Es wird kälter. Am 5.12. früh haben wir 24° unter 0°. Fw. K. erhält das EK I, fünf Mann ein Birkenkreuz.

Ich bin jetzt oft zum Bataillon abgestellt, unterhalte mich auch öfter mit dem Grafen – er sieht schwarz und sucht nach Fluchtmöglichkeiten da er glaubt, daß die Straße nicht mehr lange offen bleibt. Ohne diese Verbindung können wir uns nur wenige Tage halten. Am Samstag, dem 13.12. gehen wir einen Spähtrupp zu unserem Troß nach Samoschenka auf einem nach der Karte ausgesuchten Schleichweg. Es ist saumäßig kalt, minus 29°, aber klar und windstill. Bei etwa 20 cm Schnee ist der 15 km lange Weg – ein Umweg – kräftemordend. Nach kurzer Rast und Verpflegung beim Troß geht es zurück. Es kommt darauf an, sich jede Einzelheit der Örtlichkeit genau zu merken, um den Weg in jeder Situation wieder zu finden. Kurz vor Salesje habe ich einen Schwächeanfall, setze mich für zwei Minuten, ziehe für einen kurzen Augenblick den Kopfschützer herunter – dann geht es wieder. In Salesje Mütze und Kopfschützer ab – allgemeines Entsetzen: „Mensch, wie siehst Du denn aus?“ Ich habe Ohren so groß wie ein Elefant und fast schwarz. Beide Ohren erfroren, sie sind völlig gefühllos. Die Kameraden sind rührend. Stundenlang reiben sie mir die Ohren ganz vorsichtig, damit sie nicht abbrechen – sie sind wie Glas – mit Schnee ab. Langsam fangen sie an zu brennen. Frostsalbe und zwei Tage Verbot nach draußen zu gehen, die Ohren sind gerettet.

Die Zeichen für einen russischen Großangriff mehren sich. Fast jede Nacht Alarm – Stellungen besetzt., Ablösung stündlich. Oblt. W. ist zur Führerreserve erklärt worden und befindet sich beim Troß. Am 16.12. erhalte ich mit einigen anderen das Infanteriesturmabzeichen. Von K. wird zum Grafen bestellt, der ihm erklärt, er habe ihn als ROA (Reserveoffiziersanwärter) gemeldet.

Die Kälte nimmt zu. Vor den Stellungen heulen die ganze Nacht die Wölfe – kommen bis auf wenige Meter heran. Ich bin morgens draußen, ziehe mir vor dem Hineingehen die Handschuhe aus, öffne die Tür. Ein kurzer Schmerz – die Haut der rechten Hand hängt in Fetzen an der eisernen Türklinke, minus 36° – wieder einmal Lehrgeld gezahlt. Auch dringend notwendige Geschäfte auf einem Örtchen in der Scheune laden nicht zu längerem Aufenthalt ein – burschikose Sprüche werden hier zur Realität.

Post kommt am 19.12., die erste Post seit Wochen – viel Post. Abends und nachts Patrouille mit Leutnant Sch. Stockdunkle Nacht – gestern war Neumond – klirrende Kälte. Wir gehen auf einen Meter Abstand – und sehen einander kaum. Auf Posten ist alles in Ordnung. Von der letzten Stellung gehen wir ins Dorf. Kurz vor den ersten Häusern funkeln mich zwei grüne Augen an, heißer, stinkender Atem schlägt mir entgegen. Ich sehe nur die Augen des Wolfes – es muß ein mächtiges Tier sein, die Augen liegen ziemlich hoch über dem Erdboden. Lt. Sch. steht neben mir – sechs Augen starren sich an – ein Satz an Lt. Sch. vorbei – vorbei auch dieser Spuk. Etwas weiter heulen sie von allen Seiten.

24.12.1941. Heiliger Abend in Salesje. Gegen 9 Uhr drei einzelne Schuß Artillerie mit jeweils einer Minute Abstand. Danach tritt Ruhe ein – völlige Ruhe. Waren die Schüsse ein Zeichen für eine Art befristeten Waffenstillstand? Schön wär's. Oblt. W. kommt vom Troß zu Besuch. Den ganzen Tag herrscht völlige Ruhe. Abends kommt Graf von der Goltz zu uns. In der Nacht schreibe ich nach Hause.

24.12.1941 „Heiliger Abend in Salesje“

Brief Nr. 51.

Heiliger Abend 1941 an der Ostfront.

Liebe Eltern,

Heiliger Abend – Weihnachten!
Blasses Mondlicht liegt über den verschneiten Wäldern Rußlands. Mein erster Kriegsheiligabend an der Front geht langsam zur Neige. Wenn ich ihn auch fern der Heimat erleben mußte, wenn auch das Bedrohliche der nahen Front uns zur Seite stand, so war es doch ein wahrer Heiliger Abend. Friede lag über der weiten Landschaft, der Russe hat uns in Ruhe gelassen! Und so konnte ich ungestört ein viertel Stündchen draußen weilen in stiller Zwiesprache mit Gott und in Gedanken an Euch. Mein Herz ist voll heißen Dankes meinem Herrn gegenüber, der den Mantel seiner Liebe um uns geschlungen hat und uns seine reiche Gnade zuteil werden ließ. So las ich meine Christmette für mich und meine inbrünstigen Gebete

gingen zum Herrn, daß Er uns weiterhin seine Gnade und Liebe schenken möge, auf daß wir uns recht bald gesund in die Arme schließen können. Wir wissen nicht, was uns das Jahr 1942 bringen wird. Aber eins steht fest – es wird hart und schwer werden! In unserer Mitte weilte heute abend unser verehrter Kommandeur Graf von der Goltz. Auf die Frage „das wird wohl nun unser letztes Kriegsweihnachten sein?" erwidert er: „In Rußland vielleicht." In Nordafrika befinden sich unsere Truppen in vollem Rückzug. Und das ist das erste Mal, daß wir dem Tommy Auge in Auge gegenüberstehen! Wem wird sich der Kriegsgott im kommenden Jahr zuwenden?

Herr, wenn ich diesen Kelch leeren soll, so sei es; denn Dein Wille geschehe. Aber ich bitte Dich, Vater, gib uns Kraft und Stärke, wende Deine barmherzigen Augen zu uns und segne unser Tun! Wir müssen diesen Weg nun zu Ende gehen.

So schließe ich mit den herzlichsten Weihnachtsgrüßen und Küssen

Euer H.

Der erste Feiertag ist herrlich – strahlend blauer Himmel, aber minus 39°. Es ist völlig ruhig. Die Stille hält auch am zweiten Feiertag an. Bis zum 30.12. fällt kein Schuß. Der Troß kommt wieder ohne Post. Die Leute vom Troß haben ein schweres Leben. Wir leben nur in der Gefahr – sie ständig daneben in der Angst.

Zwei Mal pro Tag 12 Kilometer zu uns und 12 Kilometer zurück, wissend, daß zwischen Samoschenka und Salesje nur Russen anzutreffen sind. Wir schicken ihnen ab und zu Spähtrupps entgegen – jedes Mal unterwegs große Freude. Wie lange wird das noch gut gehen?

Am 30.12. habe ich Wache in der Stellung. Wir sind zu zweit. Ablösung stündlich. Wir sind im Graben ganz links – es hat keinen Bunker. Es herrscht völlige Ruhe. Kurz vor 21 Uhr sage ich: „Los, hol die Ablösung!" Andere Verbindungen zum Gefechtsstand haben wir nicht. Diese Wache ist damit für etwa zehn Minuten mit nur einem Posten besetzt. In den anderen Stellungen liegen die Ablösungen im Bunker. Kaum ist J. weg, sehe ich sie! Dunkle Punkte nähern sich vom Waldrand. Acht, neun oder zehn Mann kommen. Bei der Dunkelheit sieht man sie erst auf 50 Meter. Die letzten 30 Meter laufen sie. Ich bin wie gelähmt – da sind sie schon im Graben, umringen mich, lachen und reden zugleich. Es sind Überläufer, ein Unteroffizier und acht Mann, alle mit Waffen. Ja, wissen die nicht um die Lage? Von ihnen höre ich, wie die Russen uns nennen. Wir sind die „Löwen von Salesje". Daher wohl das Vertrauen zu uns. Sehr gemütlich ist mir dennoch nicht, mit neun schwer bewaffneten Russen im Graben zu hocken. Ich krame meine Tasche aus, Papyrossi, Schokolade, Bonbons – alles wird genommen. Einer haut mir auf die Schulter: „Pan, Wojna – Scheiße!" Recht hat er. Die Ablösung kommt – kriegt fast einen Nervenschock. Ich ziehe mit meinem Trupp.

Der Graf befiehlt, daß sie bei uns bleiben und so verpflegt werden wie wir – die Rationen der Gefallenen machen es möglich. Es sind prächtige Burschen, sie machen sich nützlich, wo sie können.

31.12.1941 Silvester. 5 Uhr früh Alarm. Wieder Russen vor unseren Stellungen – diesmal keine Überläufer. Rote und grüne Leuchtkugeln zwischen Owinjetz und Salesje. Aber danach tritt wieder Ruhe ein. Um 9 Uhr wird der Alarm aufgehoben, der Tag bleibt ruhig. Abends gegen 23 Uhr machen wir eine kleine Silvesterfeier. Auch dabei bleiben wir ungestört. 0 Uhr! was wird 1942 bringen? Für uns nichts Gutes! Punkt 1 Uhr rauschen 15 Schuß schwere Artillerie heran, gezielt etwa 100 Meter vor unsere Stellungen, ein Schuß etwa 10 Meter neben dem anderen, aber so, daß normalerweise niemandem von uns etwas passieren kann. Der Silvestergruß von drüben. Leider können wir keinen Gegengruß hinübersenden – wir sind dazu zu arm. Unsere 30 Schuß0 7,5 cm Munition brauchen wir für schlechtere Zeiten. Der Burgfriede hält im übrigen an. Ist es nur Burgfriede – oder Vorbereitung von Schlimmerem? Wir werden bald Gewißheit haben.

Die Lage für den Nachschub wird kritischer. Halbwegs zwischen Samoschenka und Salesje liegt etwa 50 Meter von der Straße auf einer kleinen Lichtung ein Blockhaus. Dort soll zur Nachschubsicherung ein Stützpunkt errichtet werden. Wir haben 15 Paar Ski bekommen – abgelegte von der Winterhilfe. Ein Skitrupp wird zusammengestellt. Ich hab gottlob nichts vom Skilaufen gesagt – das fehlte meinen geplagten Nerven noch. Graf von K. geht mit dem Skitrupp in den Stützpunkt. Sie nennen ihn „Sorgenkind".

Am 5.1.1942 geht F. in Urlaub – er hat Glück – es war das letzte Mal, daß der Troß kam – wieder ohne Post. Abends kommt die Skitruppe zurück. Die Lichtung war völlig von Russen umgeben – sie haben die Stützpunktleute aber unbehelligt abziehen lassen. Am nächsten Morgen ist die Straße von einer Kompanie Russen besetzt. Wir sind abgeschnitten. Der Graf fordert von der Division per funk die Erlaubnis zum Durchbruch und Rückzug. Antwort drei Stunden später: „Führerbefehl aus dem Führerhauptquartier: Stellung bis zum letzten Mann halten! Nachschub aus der Luft wird zugesagt!" – Na denn man los, Herr Führer.

Am Donnerstag, dem 6.1. stößt unser B-Stellenspähtrupp auf russische Skitruppen – Sibiriaken. Bei uns steigt die Nervosität. Die Kälte läßt im Laufe des Tages nach, jetzt über minus 30°. Dafür ziehen Wolken auf und gegen Abend tobt ein Schneesturm unvorstellbaren Ausmaßes. Es sind Horchposten zusätzlich zwischen den Stellungen ausgestellt. Um 20 Uhr muß ich ablösen. Man kommt kaum vorwärts, der Sturm heult mit ungeheurer Gewalt, zu sehen ist nichts, zu hören ist nichts – außer dem Heulen des Sturms. Ich erreiche schließlich den genau fixierten Punkt und sehe meinen Mann erst auf einen Meter. Eine Verständigung ist nicht möglich – ein Winken – ich bin allein. Der Horchposten ist total überflüssig – er hört und sieht doch nichts. Er kann höchstens ganz mühelos geklaut werden – aber bei dem Wetterchaos finden uns selbst die Russen nicht. Eine gute

Stunde später tastet sich meine Ablösung heran – ich gehe zum Gefechtsstand zurück. Bei diesen Verhältnissen findet man den Weg nur noch mit dem inzwischen entwickelten Gespür eines halben Naturmenschen.

Am Morgen hat sich der Sturm ausgetobt – es wird wieder kälter. Rundum im Wald jetzt lebhaftes Treiben. Lautes Stimmengewirr auf allen Seiten, es wird gesägt, Bäume werden gefällt, Motoren brummen – sie bauen eine Straße quer durch den Wald, an uns vorbei. Es müssen Hunderte sein, die da schuften. Bald rumpeln große LKW über Knüppeldämme. Uns kriecht langsam eine Gänsehaut über den Rücken. Ein nochmaliger Versuch des Grafen Ausbrucherlaubnis zu erhalten ist gescheitert – jetzt ging es vielleicht gerade noch.

Gegen 7 Uhr 30 setzt Granatwerferfeuer ein, um 8 Uhr ist Alarm! Das Granatwerferfeuer verstärkt sich, die schwere Artillerie kommt dazu. Mehrere hundert Russen laufen in etwa einem Kilometer Entfernung quer vor unseren Stellungen zum anderen Waldrand – alles Skitruppen – in ihren weißen Schneehemden sind sie kaum zu sehen.

Um die Mittagszeit greift ein Bataillon Russen an – ein schwerer Abwehrkampf entwickelt sich. Alle Leitungen innerhalb des Bataillons sind zerstört, die Strippenzieher kommen nicht mehr mit – die Melder sind dran. Im unaufhörlichen Geschütz- und MG-Feuer ständig unterwegs. Wir liegen fast nur noch auf der Schnauze. Es gibt ja nach draußen keine Gräben. Über Funk hören wir, daß unser II. Bataillon auch angegriffen wird – sie halten sich auch noch. Die Angriffe lassen in der Nacht etwas nach, hören aber nicht auf. Immer wieder tauchen Gruppen von Schneehemdenleuten vor unseren Stellungen auf – die Artillerie schießt pausenlos weiter. Von unserer Seite werden sie geschont. Und von hinten antworten sie schon gar nicht mehr. Bis zur letzten Patrone – was soll man da noch einen Schuß Artillerie verwenden! Am Morgen setzen die Kämpfe wieder voll ein. Unser Gefechtsstand wird so eingedeckt, daß wir kaum noch hinauskommen. Und während der ganzen Zeit, Tag und Nacht, wird im Wald weiter gebaut! Am 10.1. abends ziehen sich die Russen zurück, lassen etwa 150 Tote vor unseren Stellungen, 41 Gefangene werden eingebracht.

Am Sonntag kommt der Baulärm schon von rückwärts. Gegen Mittag kommen 3 JU 52 und werfen Munition und Verpflegung ab – alles für die Russen. Ein Teil der Kisten bleibt zwischen uns und dem Wald liegen – ein Hinauskommen ist unmöglich. Die Maschinen sind gar nicht bis ans Dorf herangekommen, sie werden gleich hinter dem Waldrand ab und drehen sofort ab. Wir sehen die Kisten an den Fallschirmen herabschaukeln – aber es bleibt kein Herankommen. Über Funk kommt die Meldung, daß das II. Bataillon gegen ausdrücklichen Befehl geräumt habe. Also links kein Anschluß mehr – na ja, „Anschluß“, das war ja doch nur eine gedachte Größe. Wir haben dort einander nie gesehen.

12.1.942. Die Straße scheint fertig zu sein. Stundenlang ziehen unendliche Mengen von Russen mit lautem Geschrei und Getöse durch den Wald an uns vorbei, viele Fahrzeuge, auch Panzer. Die Lage wird bedrohlich – ein herrliches Gefühl. Es wird kälter, unter minus 40°. Mittags gibt der Graf den Befehl an die Kompanie hinaus: „Alles fertigmachen zum Durchbruch!“ Wir behalten nur das Notwendigste bei uns – mehr als das Sturmgepäck ist nicht drin. Ich sitze im Bataillongefechtsstand und warte. Dann um 21 Uhr kommt der Graf: „3 Uhr Teeempfang, 3 Uhr 30 Bataillon tritt an, Reihenfolge: 1. 4. 2. 3. Kp.!“ Na, dann gute Nacht, wir sind die letzten. Wie lautet das Sprüchlein von den letzten? Zurück zur Kompanie – auch dort Begeisterung, dann macht sich ein fast orientalischer Fatalismus breit. Draußen herrscht Ruhe – die russischen Divisionen sind wohl vorbei – nur noch Nachzügler kommen. Wir vertilgen noch einige Vorräte, unser Radio spielt heitere Melodien – fast alles sinnt vor sich hin.

Sendeschluß des „Deutschen Soldatensenders“. Wie üblich der Abschluß „Lilli Marleen“. Langsam verlassen alle das Haus, hören sich den Schluß von draußen an – ich bleibe als Letzter.

„Und sollte mir ein Leid geschehen,
Wer wird bei der Laterne stehen,
Mit Dir, Lilli Marleen?“

Aus – ein Knopfdruck, Klappe auf, Handgranate abgezogen, rein in den Kasten – Sprung zur Tür hinaus – ein scharfer Knall – die Landser stehen mit Tränen in den Augen, gehen langsam zum Teeempfang. 360 Mann treten um 3 Uhr 30 an, die 1. Kompanie voran, die Gefangenen und Überläufer läßt der Graf unversehrt zurück. Das Thermometer zeigt: minus 47°.

3 Uhr 43 – ein Artillerievolltreffer geht in das Haus der Infanteriegeschützabteilung. Wir sind schon aus dem Dorf hinaus – aber in wenigen Sekunden brennt das Haus lichterloh! Wir sehen den ganzen Zug ziemlich aufgeschlossen vor uns – das sehen die Russen auch – Exodus bei Festbeleuchtung! Es bleibt ruhig. Nach etwa einem Kilometer ist das Nadelöhr, eine Schlucht von vielleicht 100 Meter Länge und 60 Meter Breite, die Seiten nicht mehr als 20 bis 30 Meter hoch. Wir sind schon im Wald – da geht es vorn los! SMG-Feuer – es hört nicht auf. Wir kommen heran an den Holweg, vorn ein russisches SMG rechts, hinten eins links und vor uns nichts als Leichen, Berge von toten deutschen Landsern. Zwischen den Gefallenen Lücken, runter und im Schutz der Toten hindurchgerobbt; sie liegen ein bis zwei Meter hoch, dicht an dicht, die Schüsse von rechts und links bleiben in dem Wall von Leibern stecken, so kommen wir ziemlich schnell voran. Plötzlich – etwa 30 Meter vor dem Ende des Hohlweges hält mich jemand fest. Ein Blick nach hinten – mein Koppel hat sich am Sturmgepäck eines Gefallenen festgehakt – er hält mich fest, rutscht langsam auf mich herunter. Ich reagiere blitzschnell – Koppel auf, hinausgeschlüpft, weiter. Mein Koppel behält er als Vermächtnis zurück.

Es ist geschafft – dichter Wald wird diesmal unsere Rettung. 250 Meter weiter sammeln die Reste: 37 Mann, unter ihnen der Graf. – Mein Hesse, die „Nürnberger Reise" – sie war in der Kartentasche am Koppel. Ich will loslaufen, zurück, mir mein Koppel wiederholen – die Kameraden müssen mich mit Gewalt zurückhalten. Dann ist der Koller vorbei. Wir warten noch einen Moment – hinter uns ist es ruhig geworden – es kommt niemand mehr. So geht es zu im Leben – wir hatten gehadert als Letzte zu gehen – es war unsere Rettung. Wie war das mit dem Spruch? Es war der aus der Bibel „die letzten werden die ersten sein". 320 Mann vor uns haben den letzten 37 eine Gasse ins Leben geschaffen. Habt Dank – Ihr „Löwen von Salesje". Für die Vernichtung fast eines ganzen, verstärkten Bataillons haben die Gegner keine zehn Mann gebraucht – alles andere war Vorarbeit.

Bei Sonnenaufgang sind wir etwa drei Kilometer von Salesje entfernt. Es wird ein strahlender Tag, 40 cm hoch der Schnee und noch 12 km jungfräulichen weißen Gewandes Natur vor uns. Vorn sind die ersten erschöpft. Ich gehe mit von K. nach vorn und wir spuren für die anderen, total Erschöpften. Mein langer Mantel macht eine Spur – aber ermüdend ist der Marsch, kraftraubend. Ich bleibe vorn – auf diese Art bleibt man wenigstens warm. Der Wald wird lichter – freie Flächen wechseln jetzt mit Wald. Am späten Vormittag kommen uns Russen entgegen – auf Skiern mit Schneehemden ziehen sie etwa 200 Meter rechts an uns vorbei in Richtung Salesje; sie kümmern sich nicht um uns – halten sie uns für Russen? Später treffen wir auf eine ausgetretene Spur – es muß kurz vor Samoschenka sein. Ein Nachschubweg, also haben sie schon Stellung vor Samoschenka bezogen. Wir beeilen uns, biegen rechts ab. Wir haben Glück und begegnen niemand. Hoffentlich fällt unsere Spur nicht auf. Dann stehen wir am Waldrand von Samoschenka etwa 200 Meter vor dem Dorf in einer Mulde. Das Gelände fällt erst ab und steigt dann zum Ort hin an, er liegt etwas höher als wir sind. Drüben sehen wir Stellungen, das muß unser Troß sein. Rings um das Dorf sind hügelartige Erhebungen. Wir stellen fest, daß alle mit russischen MG-Stellungen besetzt sind, ab und zu fallen ein paar Schüsse oder eine MG-Salve ins Dorf. Die Fläche ist weiß und leer – keine Deckung, ungefähr 50 cm Schnee in der Mulde und bergauf. Wir werden abgeschossen wie die Hasen. Es ist 14 Uhr. Wir bleiben liegen, die Landser fallen um wie die Kartoffelsäcke. Strahlender Sonnenschein bis auf eine kleine Wolke über dem Dorf; und sicher noch unter minus 40°. Gegen 15 Uhr sagt der Graf leise: „Es hilft nichts – bis zum Einbruch der Dunkelheit sind alle erfroren." Die Leute schlafen schon dauernd ein, wir haben Mühe sie wach zu halten. Der Graf will gerade den Befehl geben zum Dorf hinüberzustürmen – soweit die Kräfte dazu noch reichen, da geschieht etwas Unfaßbares! Die kleine Wolke senkt sich ziemlich schnell auf das Dorf, wird größer und dichter. Nach wenigen Minuten herrscht dichter Nebel, man sieht keine zehn Meter weit. Auf! Die Senke hinunter, den Hügel hinauf. Kurz vor den Stellungen Rufe hinüber: „Nicht schießen, wir sind es!" Im Nebel tauchen die Stellungen auf, wir stehen vor unserem Spieß, fallen uns in die Arme, es ist kein Schuß gefallen. Zehn Minuten später ist der Nebel verschwunden, die kleine weiße Wolke schwebt wieder über dem Dorf – vom Waldrand zieht sich eine breite Spur durch den Schnee ins Dorf.

Wir werden in Häuser gebracht, erhalten heißen Tee und Verpflegung, die Leute vom Troß halten die Stellung. Sechzehn Mann werden ärztlich versorgt und gehen nachts nach hinten, Erfrierungen zweiten und dritten Grades. Einige haben noch einen Fuß opfern müssen.

Kurze Übersicht: Die Gefechtsstärke des Bataillons beträgt noch zwei Offiziere – darunter der Graf – drei Unteroffiziere und 17 Mann, alle Waffen – auch fast alle Handwaffen – sind verloren. Wir fallen für ein paar Stunden in tiefen Schlaf.

Gibt es noch Wunder in dieser Welt? Übrigens: zwei Tage später kommt ein Funkspruch vom Nachbarbataillon, die auch riesige Verluste hatten: 12 unserer russischen Gefangenen sind mit je einem verwundeten deutschen Soldaten unseres Bataillons durch die russischen Linien dort angekommen. Ob das umgekehrt auch möglich gewesen wäre?

Die Ruhe dauert nicht lange. Am nächsten Morgen sind die russischen Panzer schon da. Wir bauen wieder einen Bunker unter dem Keller des Hauses. In den nächsten Tagen wird der Troß wieder nach rückwärts verlegt. Wir erhalten ein paar Mann Verstärkung von irgendeiner Auffangstelle. Rund 30 Mannmüssen jetzt das Dorf halten – schöne Aussichten! Zwei Tage später ein Funkspruch: russische Panzer sind durchgebrochen – wir sind schon wieder abgeschnitten. Auch wir werden angegriffen. Wir müssen nachts aus den Stellungen heraus, flüchten in die Bunker in den Häusern, alles verrammelt und die russischen Panzer fahren Patrouille im Dorf, vor dem Haus russische Zurufe und Befehle. Morgens ziehen sie sich wieder zurück. In den nächsten Tagen teilen wir uns auf diese Art „die Macht“. Am Tage halten wir das Dorf, nachts sie.

Im übrigen blüht das Geschäft für Scheißhausparolen.

- *„Luftlandetruppen in Demjansk gelandet.“*
- *„81 ID auf dem Weg zu uns.“*
- *„Skitruppen aus Norwegen in Demjansk gelandet.“*

Von irgendeiner Hoffnung muß der Mensch ja leben. Im übrigen erfahren wir auf diese Weise wenigstens die beruhigende Nachricht, daß das ganze Armeekorps eingekesselt ist. Auch bei uns tut sich jetzt etwas! Unsere Artillerie schießt wieder und am Sonntag früh bombardieren 30 Flugzeuge der deutschen Luftwaffe die russischen Linien. Jetzt scheinen wir Schwerpunkt für die Luftwaffe zu sein – kein gutes Zeichen. Aber es bleibt bei dem einen Einsatz. Immerhin hat es Luft gegeben, es wird ruhiger, wir bleiben auch nachts ungeschoren.

Es geht auch wieder Post ab.

„Liebe Eltern,

endlich komme ich dazu, Euch wieder mal einige Zeilen schreiben zu können. Es ist eine ziemliche Zeit vergangen inzwischen, doch laßt Euch deswegen nicht beunruhigen. Was in dieser Zeit vorgefal-

len ist, darüber möchte ich schweigen. Daß in dieser Zeit etwas vorgefallen ist, habt Ihr wohl ersehen aus meinem Nichtschreiben, den Wehrmachtsberichten und (selbst gestrichen). Von der Post habe ich Euer Weihnachtspäckchen noch erhalten, alles andere ist verloren gegangen, Poldi schrieb mir einen netten Brief, den ich leider mit all meinen Privatsachen verbrennen mußte. Von den Büchern ist mir nicht eins geblieben. Wenn die Post immer noch unregelmäßig kommen wird, dann liegt das daran, daß das Feldpostwesen erst neu organisiert werden muß. Verliert nicht die Hoffnung und den Mut, meine Lieben, der Herr ist mit uns und seine Gnade weit wie der Weltraum. Bitte Grüße an alle diejenigen ausrichten, die es verdient haben, da es mir unmöglich ist, noch an andere zu schreiben.

Alles Gute und recht herzliche Grüße

Euer H.“

Am Tage darauf fühle ich mich nicht wohl, habe 39° Fieber. Glücklicherweise geht das vorbei. Es ist noch kalt, minus 15°, aber die Sonne beginnt zu wärmen. Zwischen den verschneiten Stellungen liegen vom Schnee befreite Felsblöcke – auf ihnen sonnen sich unzählige widerliche Vipern. Am Samstag, den 2.2. fällt den ganzen Tag kein Schuß. Nach Einbruch der Nacht ertönt irgendwo Gesang. Die Posten rufen uns in die Stellung, Unten, am jenseitigen Waldrand lodert ein großes Lagerfeuer – Russen sitzen im Kreis herum und singen. Sie singen herrlich, Lieder von denen mir viele bekannt sind, es sind Donkosaken, die uns gegenüberliegen. Bald erklingt bei uns Klatschen, fast alle fallen ein. Die Russen rufen etwas herauf – ich kann es nicht verstehen, sie geben Zugaben. Jetzt fangen sie an zu tanzen. Bei uns ist fast alles in Stellung – eine solche Vorstellung bekommt man nicht alle Tage. Dann geht leider das Singen in Grölen und Schreien über, es wird sehr laut, die Tänze immer rasender. Gegen Mitternacht sind sie total besoffen. Sie grölen bis gegen Morgen – wir können in dieser Nacht ruhig schlafen. Schade, es hatte so schön begonnen.

Am nächsten Tag wird mir für meinen Einsatz beim Rückzug aus Salesje das EK I verliehen. Einige Tage darauf müssen Graf v. K. und ich uns beim Grafen melden. Zu unserer Überraschung werden wir beide zum Unteroffizier und Fahnenjunker befördert. Der Graf erklärt, er habe mich ebenfalls als ROA gemeldet – die Bestätigung sei heute über Funk gekommen. Wir sollten uns zum sofortigen Abmarsch bereit halten.

Das war nicht meine Absicht – mir lag nichts an einer Offizierskarriere – aber, wir sind in einer Mausefalle; der Graf erklärt uns, daß die ganze 16. Armee eingeschlossen sei. Außer einer Verwundung ist das im Augenblick der einzige Weg hier lebend herauszukommen. Ich akzeptiere die Lösung. Lt. D. gibt mir einen Brief für seine Frau mit und bittet mich, sie zu besuchen. Wir gehen ja zur Kriegsschule nach Potsdam. Beim Bataillon gibt es eine große Enttäuschung für

v. K. – alle über 30 Jahre alten ROA sollen bei der Truppe zum Offizier befördert werden. Ich werde neu eingekleidet, erhalte meine Marschpapiere und herzliche Abschiedsworte vom Grafen. Seine letzten Worte: „ Viel Glück! Sehen Sie, daß Sie noch irgendwie herauskommen – die Falle ist zu!" Später erfahre ich, daß sämtliche Dienstreisen gesperrt sind. Der Graf nimmt diesen Befehl offiziell erst zur Kenntnis, wenn ich nachts mit dem Troß das Bataillon verlassen habe.

Herzlicher Abschied von einem sehr traurigen Grafen v. K. Nachts eine abenteuerliche Schlittenfahrt zum Troß, dauernd auf Partisanenangriffe wartend, dann ein kurzer Aufenthalt dort. Abschied von meinem von mir sehr geschätzten Hauptfeldwebel G. und anschließend – schon damals – per Anhalter nach Demjansk getrampt – Richtung Flughafen, dem einzigen Loch in der Mausefalle am Wolchow. Ich bin einige Tage unterwegs, allein marschiert, mit Trossen mitgefahren, von LKW mitgenommen. Schließlich stehe ich an der Rollbahn nach Demjansk. Nach einiger Zeit kommt ein offener LKW, Landser hinten drauf. Er hält, hinauf zu den anderen. Sie haben verschiedene Ziele, einer will auch „Heim ins Reich" – aber kein Reserveoffizieranwärter, aus irgend einem anderen geheimnisvollen Grund hat er seine Papiere. Der Flughafen liegt rechts von der Rollbahn. Der LKW hält, wir beide springen ab, gehen die letzten zwei Kilometer zu Fuß. Es sind keine Maschinen auf der Rollbahn. Wir melden uns in der Baracke am Rande des Flugfeldes. Ausreisesperre – nur Verwundete kommen noch hinaus. Wir verlassen die Baracke, rechts um die Ecke, dann in Richtung Startbahn. Mein Kumpel, ein echter Berliner „die können uns mal, wäre doch jelacht, wenn wir det nich schaffen."

Eine Maschine schwebt über dem Wald am Rande des Rollfeldes ein, landet, rollt aus. Eine JU 52. Ladeklappe auf, Kisten und Säcke fliegen bei laufendem Motor hinaus. Sanitäter schleppen Tragen mit Verwundeten, die Gehfähigen rennen zur Maschine. Jetzt sind wir auch dran – noch 20 Meter, da, der Dreck spritzt hoch auf. Artillerieeinschläge rings um die JU, vielleicht 50 bis 60 Meter entfernt. Der Pilot geht auf Touren – wir haben das Flugzeug erreicht, die Sanitäter bleiben zurück. Wir recken die Arme hoch, Hände packen uns, ziehen uns hoch, die Maschine hebt schon ab, einen Moment hängen wir zwischen Himmel und Erde, dann sind wir drin, die Klappen gehen zu. Das Flugzeug ist fast leer – drei oder vier Tragen mit Verwundeten stehen da, vielleicht acht bis zehn gehfähiger Landser, die JU hat große Fenster. Der Pilot dreht auf Gegenkurs, wir sind jetzt über dem Wald, halten uns an den Stützen unter dem Fenster fest. Na, das hat ja gerade noch geklappt – aber noch ist das Ziel nicht erreicht. Wir sind vielleicht zehn Minuten unterwegs, dicht über den Bäumen, 70, 80 Meter hoch, mein Kumpel zeigt nach unten – Truppen marschieren, Panzer rollen. Es knattert um uns herum, wir sehen sie unten stehen, sie schießen mit Karabinern und LMG's – die Russen! Dann ist auch dieser Spuk vorbei, aber schon kommen neue Kolonnen in Sicht. Diese haben leichte Flak dabei. Der Pilot läßt durchsagen, er gehe jetzt auf Höhe, die Schießerei sei lästig. Die Welt wird klein – mein erster Flug – ein herrliches Bild, die kleine weite verschneite Waldlandschaft. Der linke Motor fängt an zu spucken, setzt dann aus. Es geht etwas unruhiger weiter, Höhe 2000-3000 Meter. Plötzlich versagt auch der rechte Motor. Ein Beobachter schreit „festhalten“; wir klammern uns an die Haltestange. Die Maschine senkt die Nase – im Winkel von etwa 45° geht es im Sturzflug hinunter. Bei aller Gefahr – es ist faszinierend, die Erde auf sich zurasen zu sehen – immer größer, immer näher. Ein Tuckern – der rechte Motor läuft wieder. Elegant fängt der Pilot die Maschine im Gleitflug ab – es geht wieder. 20 bis 30 Meter hoch fliegen wir jetzt im Tiefflug über den Baumwipfeln. Noch mal darf das nicht passieren. Russen sind unter uns keine mehr, nur Moor, Sumpf und Baumgruppen. Wir sind heraus aus dem Kessel. Noch zehn Minuten – wir landen sicher auf dem Flughafen von Riga. Die JU hatte 37 Einschüsse.

Ich übernachte auf dem Flughafen. Morgens werde ich geweckt. „Hören Sie, eine Me 111 fliegt in einer halben Stunde nach Königsberg, wollen Sie mit?“ – 30 Minuten später begrüßt mich der Pilot – ein bekannter Jagdflieger – mit Handschlag. Leicht löst sich die Maschine vom Boden, sie ist, so glaube ich, das schnellste Flugzeug der damaligen Zeit. Wieder eine halbe Stunde später landen wir in Königsberg. Vom Flughafen fahre ich mit dem Wehrmachtsbus zum Bahnhof – abends bin ich in Berlin, übernachte zu Hause.

Meine Eltern fallen aus allen Wolken, als ich nachts vor der Türe stehe.

Morgens melde ich mich in Potsdam in der Kriegsschule. Das übliche Zeremoniell beginnt: Aufteilung, Waffen- und Materialausgabe; je vier Mann haben ein geräumiges Zimmer mit anschließendem zweckmäßigem Arbeitsraum. Es ist alles reichlich vorhanden.

Ich melde mich gleich für den nächsten Samstag bei Frau D. Sie empfängt mich strahlend – eine nette, junge Frau von etwa 25 Jahren. Mir zu Ehren gibt es den

Fahnenjunkerunteroffizier 1942

schon selten gewordenen Kaffee und einen selbstgebackenen Kuchen aus ersparten Zutaten und erschnorrten Eiern. Es sind – so glaube ich – ein Paar glückliche Stunden für diese junge Frau, jemandem gegenüber zu sitzen, der ihren Mann aus den schweren Stunden an der Front kennt und der ihn noch vor wenigen Tagen gesehen hat. Sie will viel wissen und hört aufmerksam zu. Ich schwäche viel von den Tatsachen ab und berichte lieber über ihn selbst, was mir nicht schwer fällt, da er ein liebenswerter Mensch ist. Seinen Brief liest sie sofort und ist gleich in der Stimmung, über ihn berichten zu hören. Ich fahre zurück in dem Gefühl, einer jungen Soldatenfrau ein paar frohe Stunden bereitet zu haben. Hätte ich gewußt, was ich eine Woche später erfahre, daß Leutnant D. an diesem Nachmittag schon einige Tage in russischer Erde lag – mir wäre wohl der Bissen im Halse stecken geblieben. Wie bitter ist doch diese Zeit!

Das Kriegsschulleben ist abwechslungsreich und besteht im wesentlichen aus Unterricht und Geländeübungen: Taktik, Spiele am Sandkasten, Aufsätze, Waffenkunde, Schießen. Mir liegt mehr die Arbeit draußen. Als alter Wanderer und Bergsteiger machen mir Geländekunde, Geländebeschreibungen, nächtliche Orientierung am Sternenhimmel und Entfernungsschätzen keine Schwierigkeiten. Das Schießen liebe ich nicht so sehr – bin auch eine Niete in dieser Kunst, nur beim Pistolenschießen bin ich konzentriert, man kann nie wissen...

Erfreulich sind die Wochenendbesuche zu Hause, wenn sie auch zunehmend durch die Luftangriffe beeinträchtigt werden. Man fährt aber am Sonntag nicht mit dem Gefühl totaler Ungewißheit zurück. Meine heimliche Hoffnung, durch mäßige Leistung bei dem mir zugefallenen Unteroffizierrang bleiben zu können, erfüllt sich nicht. Zwar hat mein Ausbilder – ein Major und Stabsoffizier in der Theorie dauernd an mir herumzumeckern, aber vor dem Abschluß des Lehrganges stehe ich auf der Liste derer, die sich eine Woche vor dem Ende eine Offizieruniform zulegen sollen.

Großer Abschluß: Verabschiedung durch den „Führer" im Sportpalast. Ich habe einen Platz in der zweiten Reihe und kann so das Spektakel in Ruhe beobachten. Wohl an die 1000 junge Offiziere, die meisten unbeweglich im Ausdruck, ohne Begeisterung – erst als „er" mit seinem Klüngel kommt, rauscht tobende Begeisterung im hinteren Teil des Ovals auf, in den Reihen der Ortsgruppen – und sonstigen Leiter, die als Gäste diesmal mit den hinteren Plätzen vorlieb nehmen müssen. Sein nichtssagendes Geschrei und Getobe ist kaum zu verstehen. Zum Schluß geht er die erste Reihe ab und ich habe Gelegenheit mich davon zu überzeugen, daß „Großdeutschland" von einem Irren regiert wird. Hochgereckter Kopf, Maskengesicht, weit aufgerissene Basedowaugen, der lächerliche Schnurrbart zittert vor Verkrampfung und Erregung, der rechte Arm in seiner Spezialausführung des „Deutschen Grußes" nach oben abgewinkelt und ein Blick, der einen schaudern läßt – das ist gebündelter, fanatischer Wille zur Vernichtung, das ist „der Böse" in Person. Wo sind die Psychologen und Psychiater in Deutschland?

Anfang Juni 1942 werde ich zum Ersatzbataillon nach Landsberg Warthe versetzt. Dort wird ein Marschbataillon für verschiedene Infanteriedivisionen zusammengestellt. Wir liegen in Kasernen, auch die jungen Offiziere im Großraum mit Stockwerksbetten und Blechspind. Vornehm ist man nur im Kasino beim Essen. Schöne Klubräume, in denen man sich 15 Minuten vor dem Essen trifft. Nach und nach kommen die höheren Ränge, ältere und alte Offiziere und schließlich der Bataillonskommandeur mit Gefolge. Er bittet zu Tisch. Etwa 30 bis 40 Offiziere an einem langen, rechteckigen Tisch, der Kommandeur auf der Fensterseite in der Mitte und dann rangabwärts rings um den Tisch, zuletzt die jungen Leutnants. Hier erfolgt die Erziehung zum „Komment", das tägliche Ärgernis. Die Ordonanzen treten an mit Schüsseln und Platten, Fleisch, Gemüse und Kartoffeln und meist einen Nachtisch. Wie das Essen war haben wir Leutnants nie erfahren. Serviert wird zuerst beim Kommandeur. Wenn die Ordonanzen bei uns letzten ankommen, legt der Kommandeur sein Besteck fort, er ist mit dem nicht all zu üppigen Mahl fertig. Sofort hat alles Messer und Gabel fortzulegen und das Essen ist beendet. Mit leichter Wehmut sehen wir „unten", wie unsere gefüllten Teller wieder davonschweben. Anschließend nach dem Essen noch eine kurze Rauchpause im Salon, dann traben wir in unsere „Stuben", wo wir vorsorglich einen Kanten extra Brot – Köche und Furiere haben volles Verständnis – und eine Scheibe Wurst hinunterschlingen. Es ist eine vornehme, aber entbehrungsreiche Zeit!

Der Ersatz rollt heran und nach einer Woche steht das Bataillon. Ich bekomme, wie alle jungen Leutnants, eine Kompanie und habe das Glück, einen prächtigen Hauptfeldwebel zu erhalten, einen etwas älteren Prokuristen. Ich kann ihm alles Organisatorische überlassen und mich ganz der Ausbildung widmen. Ich erkläre meinen Leuten, daß sie sich während der kurzen Frühausbildung Mühe geben sollten; denn von dem, was ich ihnen beizubringen versuche, hinge unter Umständen ihr Leben ab. Im übrigen sollten sie die Zeit aber noch genießen. Praktisch sieht das so aus: Um 7 Uhr Ausrücken ins Gelände. Dort wird bis 10 Uhr hart geübt und dann kommt von mir der Befehl „Flieger von links, volle Deckung, Sicherung nach vorn". Wenige Minuten später liegt tiefe Ruhe über der Landschaft, ab und zu kräuselt sich ein Rauchwölkchen einer Zigarette in den Himmel; die Sicherung nach vorn muß wach bleiben und vor etwaigen Besuchen vom Bataillon warnen. Es kam niemals jemand – die schlafen wohl auch. Um 11 Uhr Rückmarsch in die Kaserne. Oft muß ich unterwegs sagen: „Kinder, nicht so forsch, Ihr seid müde!"

Ich selbst habe am Nachmittag Reitausbildung, bei der Reitlehrer und Pferd so müde sind, wie meine morgendliche Ausbildung.

An einem Wochenende besucht mich mein Vater. Ich bin ihm in diesen Stunden näher gekommen als in Jahren vorher.

Samstag, 14 Uhr, Wochenschlußappell. Morgen vormittag ist Kirchgang. Wer teilnehmen will: Katholiken rechts raus, Protestanten links raus. Ich komme hinzu, rechts stehen etwa 15 Mann, links 20 (die Mehrzahl der Kompanie besteht aus Protestanten), ich übernehme vom Hauptfeldwebel das Kommando: „Antreten Katholiken 9 Uhr 30, Protestanten 9 Uhr 45 vor der Unterkunft. Die Katholiken führe ich selbst, die Protestanten der Hauptfeldwebel."

Sonntag 9 Uhr 30. Ich traue meinen Augen kaum. Fast alle Katholiken, ungefähr 70 Mann stehen zum Kirchgang bereit, bei den Protestanten sind es weit über 100.

Wir marschieren im Gleichschritt durch die Stadt, ich vor der Abteilung Katholiken. Jedem Zug schließen sich insgesamt einige hundert Zivilisten an, viele Angehörige, aber auch Ortsansässige. Es ist eine eindrucksvolle Demonstration. Sicher sind die beiden Kirchen lange nicht so gefüllt gewesen. Viele Männer gehen zur Hl. Kommunion bzw. zum Abendmahl.

Wenige Tage danach ist Abschlußmanöver. Ich werde zum Leiter der Übung bestimmt. Zwei blaue Kompanien greifen an, zwei rote verteidigen. Zu dieser Zeit wird in Deutschland noch angegriffen, darum sind die Angriffstruppen immer „blau". Auf dem „Feldherrnhügel" der Bataillonskommandeur und ein General mit ihren Stäben. Der General wackelt leicht mit seinem greisen Haupt, hält sich aber ganz passabel im Sattel. Er muß vor 60 Jahren mal ein recht fescher Leutnant gewesen sein, forsch ist er immer noch – wenigstens was die anderen betrifft.

Die Übung entwickelt sich wie ein großdeutsches Sandkastenspiel – die Angreifer haben Erfolg und stürmen schließlich in einem Wäldchen die Abwehrlinie der „Roten". Es kommt zum Nahkampf, ich höre einen der Stammfeldwebel die jungen Krieger anheizen „feste, haut feste druff!" – Ein schrilles Pfeifen aus meiner Trillerpfeife „Übung beendet". Ich erkläre die „Sieger" zum Sieger und auf geht's zum Feldherrnhügel. Aufstellen im Karree – ich und meine Helfer in der Mitte vor den „Hohen Herren". Manöverkritik! Es gibt aus dem Munde des Herrn Generals nur einen gewaltigen und wortreichen Anschiß für mich. „Was haben Sie Mensch sich dabei gedacht, in dem Augenblick, in dem es richtig losging, die Übung abzubrechen? Sie – Sie ..." Drei Schritte vor, Haltung angenommen, Hand an die Feldmütze: „Zu Befehl, Herr General! Der Führer braucht die Soldaten an der schwer kämpfenden Front, von der ich komme. Ich wollte mich und die rangälteren Offiziere davor bewahren, im Falle von Verletzung oder gar des Todes eines Rekruten wegen Zersetzung der Wehrkraft vor ein Kriegsgericht gestellt zu werden!" Der General schnappt dreimal nach Luft und reitet dann ohne ein weiteres Wort – nun nicht mehr sehr passabel – in Richtung Kasino. Er braucht wohl einen französischen Beutecognac. Ein sonst übliches allgemeines Beisammensein der Offiziere nach der Übung im Kasino fällt aus.

Drei Tage später ist das letzte Wochenende vor der Verlegung an die Front. Es herrscht großer Andrang von Angehörigen und Freunden. Die Organisation über den Ablauf des Wochenendes ist den Kompanieführern überlassen worden.

Aus Angst vor Deserteuren ordnen die anderen drei Marschkompanien Ausgangssperre für Sonntagabend an, geben aber Besuchserlaubnis bis 24 Uhr. Ich lasse meine Kompanie antreten. „Männer, heut ist Euer letzter Abend in der Heimat. Alle Kompanien haben Ausgangssperre, aber Angehörige und Freunde dürfen in die Kaserne. Ich möchte, daß Ihr eine gute Erinnerung an diesen Abend habt, das geht schlecht, wenn man eingesperrt ist. Ich lasse Euch hinaus zu Euren Angehörigen und Freunden, aber ich erwarte, daß um 2 Uhr früh alles wieder da ist – alles, verstanden? Ich hab Verständnis, wenn Ihr vor dem was kommt Angst habt, hab ich auch gehabt, aber das vergeht. Wenn einer glaubt, er kann sich drücken, dann irrt er. Ihr wißt, auf „unerlaubtes Entfernen" steht die Todesstrafe. Warum Selbstmord verüben, wenn man so wenigstens eine Chance hat davonzukommen? – Und nun geht, es kommen alle hinaus – Rückmeldung beim Hauptfeldwebel und um 2 Uhr ist alles wieder da, verstanden?" – „Jawoll, Herr Leutnant."

Um ein Uhr bin ich am Tor beim Spieß, er hakt die Kompanieliste ab. Eine Minute vor zwei Uhr kommen die letzten beiden angerannt. Als die Glocke 2 Uhr schlägt sind alle wieder da – und gegenseitiges Vertrauen ist entstanden.

Am nächsten Morgen ein gewohntes Bild – Marschbataillon; keinen Troß habend außer der Feldküche, es geht ziemlich schnell. Ein Unterschied zu früher – ich fahre jetzt zweiter Klasse, gepolstert, die Mannschaften 3. Klasse. Zwei offene Loren mit den Feldküchen und zwei geschlossene Güterwagen für einiges Material sind in der Mitte des Zuges. Es geht Richtung Osten. Im Nebenabteil sitzt der Führer des Marschbataillons, der wieder in die Heimat zurückfährt, ein widerlicher, aufgeblasener älterer Major. Irgendwo in Schlesien ist längerer Halt – Essensempfang. Ein junger Grenadier balanciert mit seinem Kochgeschirr und seiner Verpflegung vorbei, übersieht den Herr Major. Er wird angebrüllt, daß alles die Luft anhält, muß sein Geschirr hinstellen und dreimal mit vorschriftsmäßigem Gruß am Major vorbeidefilieren – anschließend zur Strafe in die Küche zum Kartoffelschälen. Er nimmt sein Geschirr auf, sieht mich, will alles wieder wegstellen, um mir die „Ehrenbezeigung" zu erweisen. Ich winke ab – ich kann es nicht lassen – und sage so laut, daß es weithin in die eingetretene Stille zu hören ist: „Lassen Sie, vorschriftsmäßig zu grüßen brauchen Sie nur die Etappenoffiziere. Ich bin Fontoffizier, wir sind Kameraden." Er zieht ab zur Feldküche, der Major will jetzt mich fertigmachen. Da muß er früher aufstehen. Ich winke betont lässig und zivil ab und sage: „Herr Major, Sie scheinen keine Wehrmachtsberichte zu hören und haben offenbar keine Ahnung, was die jungen Burschen da draußen erwartet, aber wir Frontoffiziere müssen da draußen mit denen den Kopf hinhalten, auch für Sie, Herr Major." Ich entferne mich ohne Gruß aus seinem Abteil und höre ihn noch eine Weile toben. Was kann mir hier schon passieren?

Wieder ein längerer Halt auf offener Strecke. Der Zugführer telefoniert am Streckentelefon – es wird etwa 2 Stunden dauern. An der Bahn finden sich Zivilisten ein, unter ihnen einige junge Mädchen, sie flirten mit den Landsern. Eine bildhübsche, schwarze Schönheit steht vor mir. In etwa 100 Metern Entfernung steht eine Bank unter einer Birke. Ich nehme sie bei der Hand, wir sitzen auf der Bank, der Zug steht unter uns mit seinem Treiben. Wir unterhalten uns, sie erzählt von ihrem jungen Leben in reinem Hochdeutsch, etwas hart oberschlesisch gefärbt. Schließlich sitzen wir schweigend – die Gegenwart nimmt wieder Besitz von uns. Ein harter Pfiff der Lok, ein zarter Kuß – wie schön könnte das Leben doch sein – ich bin 26 und sie 17.

Etwas später auf der Fahrt gibt es einen Zwischenfall. Lautes Schreien von vorn – es dauert zwei bis drei Kilometer bis der Zug hält; es gibt ja keine Verbindung von Waggon zu Waggon. In einer Kurve hat sich eine Feldküche aus der Verankerung gelöst und ein Teil des kochenden Dörrgemüses hat sich über einen der Kartoffelschäler ergossen, glücklicherweise war es nicht der „Strafversetzte". Der Betroffene hat ziemlich schwere Verbrennungen und wird notdürftig behandelt. Auf dem nächsten Bahnhof muß das Bataillon seinen ersten Verwundeten ausladen. Ein Sankra wartet schon – dank des Streckentelefons.

Ankunft bei der Endstation: Dnjeprpetrowsk. Es ist der 15.7.1942. Nach einem Marsch in eine Schule erfolgt die Verteilung auf die Einheiten. Leutnant Droßel versetzt als Ordonanzoffizier und stellvertretender Adjutant zum II/IR 457. Ich gehe auf die Suche und finde das Bataillon in einem netten Dorf in der Umgebung der Stadt. Mein erster Eindruck: ein strahlender Himmel, schneeweiße Bauernhäuser, gedeckt mit Stroh und Sonnenblumen, so weit das Auge reicht – bis zum Horizont, Erinnerung an van Gogh. Es ist Ende Juli 1942 – Ukraine, Land des Lichts und der goldenen Blumen.

Ich finde nette Aufnahme beim Bataillon. Der Bataillonskommandeur Hauptmann D., Reserveoffizier und Humanist, er gehört einer protestantischen Glaubensgemeinschaft an, und Oberleutnant P., der Adjutant, aktiver Offizier, jünger als ich, unternehmungslustig, etwas unbesonnen, aber ein guter Kamerad. Meine Aufgaben werden gleich erweitert, ich werde zusätzlich Führer des Stabes. Die Einheit gefällt mir, es herrscht allgemein ein guter, menschlicher Ton und Hilfsbereitschaft. Unterkunft finde ich in einem der schmucken, kleinen weißen Häuser bei einer Russin, Mitte 40, deren Mann Soldat der sowjetischen Armee ist und ihrer 13jährigen Tochter Aljoscha. Ich erhalte hier viele nützliche Ratschläge für das tägliche Leben in der Ukraine, so wie man Fliegen aus einem Zimmer treibt, wie man ein Haus nach Ungeziefer durchsucht – sehr wichtige Dinge, die einem manche lästige Erfahrung ersparen können. Das Haus strahlt vor Sauberkeit. Man sieht diesen Häusern ihre Zusammensetzung nicht an. Sie werden aus einigen wenigen Balken zusammengefügt, die Wände bestehen aus einer Mischung von Lehm und Kuhdung, werden von der Sonne getrocknet und dann mehrere Male weiß gekalkt. Der Fußboden bleibt im Naturzustand, Lehm glatt gewalzt und mit Sägemehl bestreut. Dieses wird mehrmals täglich zusammengefegt, neues gestreut – es ist immer blitzsauber!

In unserem Stallmeister habe ich einen hervorragenden Reitlehrer, auch er war Reitlehrer bei der Kavallerie. Nach zwei Wochen bekomme ich mein erstes Pferd, ein zu mir gehörendes lebendiges Wesen, mit dem ich mich vertraut machen und langsam zusammenwachsen muß. Es ist ein Kosakenpferd. Es hat eine andere Ausbildung genossen und ich muß es erst einreiten. Eine Woche lang kümmere ich mich fast ausschließlich um mein Tier. Beim ersten Ausritt ist es nicht zu halten. Ich lasse es laufen – die Ukraine ist groß. Es ist unheimlich schnell, hat einen federnden, sehr leichten Galopp und ermüdet beim ersten Ritt erst nach ungefähr einer halben Stunde. Dann beginnt seine Ausbildung; es ist ein Wallach. Nach einer Woche sind wir soweit. Wenn ich in den Stall komme wiehert es und reibt seine Nüstern an meine Schulter. Der Stallbursche versteht auch prächtig mit ihm umzugehen. Dieses Pferd hat mich noch viel Kraft gekostet, aber wir werden ein gutes Paar. Sein angeborener Steppeninstinkt hat mir in manch einer gefährlichen Situation geholfen.

Die Ausritte in der weiten Ebene der Umgebung von Dnjepropetrowsk mit unendlichen Sonnenblumen- und Weizenfeldern sind mir unvergeßlich geblieben. Es ist leichter Dienst und ich habe mit meinen Leuten vom Stab keinerlei Schwierigkeiten. Mein Bursche wird der Schneider des Bataillons, Günter Busch, mit dem man offen reden kann; sein Bruder ist im KZ. Er erleichtert mir das Leben, wo er nur kann.

Drei Wochen vergehen wie im Flug, dann kommt der Marschbefehl. Unsere Division geht zur 6. Armee, bei der im Bogen des Don westlich von Stalingrad eine wilde Schlacht tobt. Unsere beiden ersten Regimenter sind bereits mit der Bahn unterwegs in Richtung Stalingrad. Unser Verladetermin rückt heran – wir sind das letzte Bataillon der Division. Die Verladung dauert den ganzen Tag, abends sind wir fahrbereit. Die Abfahrt verzögert sich. Unterwegs stellen wir anhand der Karte fest, daß wir in Richtung Norden auf Charkow zufahren. Aus dem Wehrmachtsbericht erfahren wir, daß bei Woronesch eine große Schlacht im Gange ist. Verwundete Offiziere, denen wir auf dem Bahnhof begegnen ergänzen die Lage dahin, daß es zu tiefen sowjetischen Einbrüchen in die deutsche Front gekommen ist. Also – Feuerwehr!

Am 27.8. bekommen wir die erste offizielle Meldung. Die Lage bei Woronesch habe sich entspannt – unser weiterer Einsatz bleibe vorbehalten. Der Zug wartet noch einen Tag, setzt sich dann in Richtung Orel ab. Dann geht es – mit vielen Aufenthalten – in tagelanger Fahrt nach Westen. Wir passieren Orel und Brjansk und durchfahren dann westlich Gomel das gefürchtete Partisanengebiet der Pripjet- und Polessjesümpfe. Vor den beiden Loks drei leere Loren zur Minensicherung. Hinter der Lok, in der Mitte des Zuges und an seinem Ende je ein offener Waggon mit fest eingebauten Maschinengewehren zur Luft- und Partisanenabwehr. In jedem Abteil zwei Mann schußbereit an den Fenstern links und rechts. Die eingleisige Bahnschneise ist vielleicht 60 bis 80 Meter breit, dahinter auf beiden Seiten dichter, undurchdringlicher Urwald, bei dessen Betreten man bis zum Bauch oder Hals im saugenden Sumpf versinkt. Das Verlassen des Zuges ist – auch bei Überfällen – streng verboten. So schleichen wir mit 15 bis 20 Kilometer Geschwindigkeit durch eine unheimliche, gefahrdrohende Welt. Ab und zu an beiden Seiten umgestürzte Loks und Waggons, einmal ein ganzer umgestürzter Zug, immer wieder große Minentrichter. An einer Stelle mitten in diesem Hades ein deutscher Bahnstützpunkt – ein großes Blockhaus, zwei Meter hohe Palisaden, zwei Türme aus Baumstämmen, nur Scharten an allen Seiten, aus denen Maschinengewehre starren; das Ganze mit einem viele Meter tiefen Wall von Stacheldraht umgeben. Auch das Blockhaus hat keine Fenster, über die Palisade kommt man nur mit Strickleitern. Wildwest 1842 – Wildost 1942? Im Innenhof ein paar Gestalten mit versteinerten Gesichtern – Winken, minutenlange Erleichterung, nicht allein zu sein. Auf einem Anschlußgleis steht eine Draisine mit Handbetrieb. Kurzer Halt – Austausch von Informationen durch die Bahnbeamten – dann geht es weiter. Wenn das kein Himmelfahrtskommando ist!

Aufatmen bei Brest – wir sind heil durch. Jetzt geht es schneller. Über Radom und Oppeln erreichen wir einen Truppenübungsplatz in der Nähe von Breslau. Die Gleise enden an einer aufgeschütteten Rampe mitten im Wald, Vorbereitungen zum Ausladen werden getroffen. Neuaufstellung? Reserve? Der Ausladebefehl läßt auf sich warten. Ein Offizier des dortigen Stabes erscheint bei Hauptmann D. Über Funk sei mitgeteilt worden, daß eine neue Lage entstanden sei – wir bleiben in Fahrbereitschaft. Scheiße, nichts mit der Ruhe. Gegen Abend wird am hinteren Ende des Zuges eine neue Lok angekoppelt – sie bleibt die ganze Nacht unter Dampf. Wir spielen Skat, versuchen dann etwas zu schlafen. Ohne weitere Meldung setzt sich der Zug im Morgengrauen in Bewegung. Wohin geht nun die Reise? Zurück in die grauenhaften Sümpfe? Mit Spannung werden Fahrtrichtung und nächste Station erwartet. Nanu, es geht heim ins Reich! Liegnitz – Cottbus, schließlich fahren wir wieder einmal durch Berlin. Über Magdeburg und Kassel geht es über den Rhein nach Frankreich. Die Reise endet vorläufig auf einem tristen Truppenübungsplatz hinter Epernay. Ausladen, Unterbringung in Baracken, ganz triste Angelegenheit. Wir haben ständig alarmbereit zu sein, es gibt keine Übungen, nur Warten und Langeweile – das ist tödlich für eine Truppe. Es kommt zu den ersten Krisen unter den Mannschaften. Ein Bordell für Mannschaften wird eingerichtet – von übelster Sorte, bessern tut sich dadurch nichts. Wir Offiziere beim Stab erfahren, daß am 19.8. an der Kanalküste eine Invasion versucht worden war. Später stellt sich heraus, daß es nur ein Probeunternehmen bei Dieppe gewesen ist. Immerhin ist die Oberste Heeresleitung aufgeschreckt – man kann nie wissen, und so war man froh, in uns eine unverhoffte und greifbare Reserve zu haben. Der „Atlantikwall" muß sofort verstärkt werden. Bald heißt es wieder: Verladen. Wieder auf Achse. Es geht südlich an Paris vorbei. Ausladen im französischen Kriegshafen Brest, jetzt deutscher Flottenstützpunkt. Von dort erfolgt der Marsch zu unserem ersten französischen Quartier: St. Renan. Es ist ein nettes bretonisches Städtchen; die Mannschaften liegen in Gemeinschaftsquartieren, die Offiziere in Einzelzimmern in einem kleinen, beschlagnahmten Hotel. Gegenüber ist ein Bäcker, bei dem es noch Kuchen und Torten ohne Marken gibt. Davon wird reichlich Gebrauch gemacht, ohne daß die Franzosen zu kurz kommen. Viel Ausbildung ist hier nicht möglich und wir haben demgemäß viel Freiheit. In einigen kleinen Bistros kann man noch essen, ebenfalls ohne Marken. P. und ich habe ein typisches Fischerbistro entdeckt. Eine füllige, schlampige aber redegewandte Wirtin, ein schmächtiger kleiner Patron, ständig mit Baskenmütze. Zum Reden kommt er nicht; wenn er den Mund öffnet, bekommt er irgendeinen Befehl von Madam. Madame versteht sich vorzüglich auf Kaninchenbraten, delikat zubereitet, täglich anders gewürzt. Eines Tages ist es auch damit vorbei. Auf Befragen antwortet Madame: „Messieurs – es ist schauderhaft – aber es gibt jetzt weit und breit keine Katzen mehr." Wir haben den Schock mit Rotwein hinuntergespült.

21. September 1942 – mein 26. Geburtstag wird gefeiert. Hier kann man noch prachtvoll feiern. Unser Unterarzt, mit dem ich häufig zusammen bin, organisiert alles – auf das Beste. Morgens erstes Frühstück um 9 Uhr 30 im provisorischen Kasino. Eine halbe Stunde später stehen sechs Landauer zweispännig vor dem Hause. Die Offiziere des Stabes und einige Kompanieführer, sowie ein paar Feldwebel und Unteroffiziere fahren genüßlich bei strahlendem Sonnenschein und leisem Wind gen Westen. Weit geht es ja hier nicht mehr, dann kommt Amerika, dazwischen ein bißchen Wasser und ach ja, die U-Boote. Es geht zur westlichen Spitze von Kap Finistere. Eine Landzunge mit einigen tief geduckten Häusern mit Schieferdächern – dem Weiler Le Conquet – ragt ins Meer hinaus. Die Straße endet direkt auf der Mole von Pointe St. Mathieu. Von dort sieht man schemenhaft weit im Nordwesten die Insel Quessant. Alte Piratenküste – faszinierendes Land. Schon die Sprüche und Namen des Kaps und Buchten sprechen für sich.

„Qui voit Quessant, voit son sang"

„(wer Quessant sieht, sieht sein Blut)"

„Qui voit Sein, voit sa fin"

„(wer Sein sieht, sieht sein Ende)".

Die „Enfer de Plogoff" (Hölle von Plogoff) oder die „ Bai des Trépassés" (Bucht der Toten). Wer sieht da nicht förmlich die Strandräuber und Piraten, Schiffswracks und Korsarenschiffe? Wir genießen eine Weile den Zauber – und auch den Schauder dieses geheimnisvollen Landes mit seinen noch heute geheimnisvollen Menschen keltischen Ursprungs, verschlossen und abweisend – aber auch wieder heiter mit ausgelassenen Festen, bei denen die herrlichen Trachten getragen werden, die Frauen mit ihren hohen, mit kostbaren Spitzen verzierten Hauben. Ein Land mit Bräuchen, in denen Religiosität und Aberglauben kaum zu trennen sind, bei den „Grands Pardons", den Wallfahrten zu den Kirchen, die jede ihren eigenen Heiligen hat, zu den Kirchen und Kalvarien, die zum Eindrucksvollsten gehören, was ich je gesehen habe. Sie vermitteln den Eindruck von Ewigkeit; denn ihre Erbauer hatten als Material nichts als den härtesten Stein zur Verfügung – Granit.

Ein Land, in dem auf dem Lande in abgelegenen Weilern noch heute ein Teller vom Nachtmahl vor die Haustür gestellt wird, für die „Trépassés“ – für die Toten der vorhergehenden Generationen.

Auf der Rückfahrt Einkehr in einem sehr schönen Landgasthaus – die Tafel gedeckt mit altem Silber und brennenden Kerzen. Es gibt Hummer und Langusten in allen Variationen, zum Abschluß eine Riesentorte und Mokka. Ja, man versteht dort zu feiern – selbst beim Geburtstag eines kleinen Ordonnanzoffiziers der Besatzung läßt ihr Stolz keine Alltäglichkeiten zu.

Abends fröhlicher Ausklang bei echtem Champagner und feinen Delikatessen. Gegen Mitternacht geht der Kommandeur, die Stimmung wird ausgelassen. Zwei Stunden später geht der Unterarzt hinaus und fängt an, in die Luft zu schießen, das ist in diesem Zustand so eine Art Gewohnheit bei ihm. Er wird zu Bett geschickt. Um 4 Uhr morgens endet das große Fest und alles fällt in tiefen Schlaf. Ich werde diesen Tag nie vergessen – auch das ist Krieg im Jahre 1942. In diesen Zeiten muß man die Feste feiern, wie sie fallen, mehr als sonst, weiß man, was morgen ist? Im Einschlafen denke ich unvermittelt an meinen letzten Geburtstag – in Otonetz, eine Entschädigung?

Das Morgen folgt auf dem Fuße. Eine Woche später schicke ich Günter, meinen Burschen zum Bäcker: „Günter, hol mir mal ein Stück Torte, ich habe einen Riesenappetit darauf.“ Er kommt mit einem leckeren Stück zurück. Ich sehe es an, mich schüttelt es. „Weißt Du Günter, ich habe jetzt eher Appetit auf etwas Saures.“ Er geht und bringt mir Gurken und eingelegten Fisch. Jetzt hab ich gar keinen Appetit mehr. Später kommt der Unterarzt, ist entsetzt: „Mensch, Sie haben eine prächtige Gelbsucht, ab ins Lazarett.“ Er ißt Gurken und Fisch samt Torte als Dessert und schreibt die Lazaretteinweisung aus. Am nächsten Morgen bringt mich Günter mit der Bahn in ein Lazarett ostwärts von Quimper. Es ist ein Kloster, herrlich gelegen, von einer hohen Mauer umgeben. Der Arzt stellt eine schwere Hepatitis mit Gelbsucht fest. Die Pflege haben französische Ordensschwestern mit großen Hauben. Ich liege in einem weißbezogenen Bett in einem großen Zimmer – allein. Endlich einmal Ruhe und Selbstbesinnung. Eine reizende Nonne kommt nachmittags, stellt Blumen an mein Bett, fragt, ob ich französisch verstehe und setzt sich, nachdem ich die Frage bejaht habe, ans Fenster und liest mir mit leiser, einschmeichelnder Stimme aus einem Buch vor, aus Joseph Conrad „Der Nigger von Nazissus“. Nach dem Abendessen – streng Diät – kommt die Schwester Oberin, betet das Nachtgebet und wünscht mir baldige Genesung. Ich fühle mich geborgen. Sonntags ist Heilige Messe – alles geht hier französisch zu. Nach 14 Tagen darf ich aufstehen, darf bald in den Klostergarten. Herrliche Herbstblumen blühen, Ordensschwestern beten ihr Brevier – alles Ruhe und Frieden, ach, könnte es immer so sein.

Nach vier Wochen herzlicher Abschied. Ich werde mit einem Wagen der nächsten Kommandantur nach Quimper gebracht, habe Zeit genug, mir die wunderschöne Stadt anzusehen, bewundere den herrlichen, mittelalterlichen Dom – ich fühle mich ins Mittelalter zurückversetzt, Männer und Frauen in ihren wunderschönen Trachten machen Stadteinkäufe.

Nachmittags geht mein Zug. Von Brest aus fahre ich mit dem Zivilbus zu meinem Quartier – ich bin der einzige Deutsche im Wagen. Abends bin ich wieder beim Bataillon. Ich komme grade recht zur Verlegung der Truppe weiter nach Norden, an die Küste zur Sicherung in den „Atlantikwall". Der Bataillonsstab nimmt Quartier in Lesneven. Es wird langsam Spätherbst – aber es ist herrlich mild. Die Felder mit Blumenkohl werden zur Ernte vorbereitet.

Auch hier bleiben wir nur kurze Zeit, gekennzeichnet durch nette Abende im Kasino mit großen Doppelkopfpartien. Ein kurzer Heimaturlaub zusammen mit meinem Burschen Günter verkürzt die Zeit hier.

Mein erster Heimaturlaub als Offizier. Aber dieser Urlaub hat es in sich. Nach kurzen Besuchen bei Verwandten und zwei, drei schönen Abenden mit meinem Schul- und Gesinnungsfreund Poldi und seiner Freundin Charlott bin ich endlich wieder einmal im „Alten Berlin". Am letzten Abend meines kurzen Urlaubs, ein langer Bummel „Unter den Linden" und durchs Brandenburger Tor endet im „Alten Nußbaum" bei einer Berliner Weiße mit Schuß (Weißbier mit Himbeer). Aber dieser Tag Anfang November 1942 hatte noch einige Überraschungen mit mir vor. Langsam führt mich mein Weg zu Spree. Es ist schon dunkel – sehr dunkel – es ist Verdunklung, nur ab und zu eine kleine, abgeschirmte Lampe. Zu einer der wenigen, noch fahrenden Straßenbahnen muß ich die Spree überqueren. Ich suche mir die Jungfernbrücke aus, die letzte erhaltene Zugbrücke Berlins. Im schwachen Licht sehe ich eine Person auf der Brücke. Sie geht – offenbar sehr unruhig – auf und ab. Bei meinem Näherkommen beugt sie sich tief über das Brückengeländer. Ich gehe dicht an die Person heran. Es ist eine Frau, die sich abwendet... Ich lege meine Hand auf ihren Arm, sie dreht sich herum, ihr Blick fällt auf meine Uniform – große, angsterfüllte Augen sehen mich an. Sie will sich über das Geländer fallen lassen, ich packe sie und drehe sie zu mir um – ein Blick und ich erstarre vor Überraschung – vor mir steht die junge Frau aus Neu-Tempelhof. Wann war das? 1938 – eine Ewigkeit her. Ich frage: „Geht es Ihnen nicht gut?" – Dumme Frage, vor mir steht ein von Entsetzen geschüttelter Mensch. Mir erscheint jetzt alles klar. „Sind Sie Jüdin?" Sie fällt in sich zusammen – Tränen stürzen über ihr Gesicht. Sie nickt. Ich nehme sie in den Arm: „Haben Sie keine Angst – ich bringe Sie in Sicherheit!" Ich stütze sie. Wir erreichen die Straßenbahn, total verdunkelt, nur ein Landser auf dem offenen Perron. Wir bleiben draußen, hier ist es noch dunkler als im Wagen. Die Schaffnerin kommt, ich zahle, sie geht wieder hinein, der Landser macht eine flapsige Bemerkung zur Schaffnerin. Sie ist es wohl gewohnt, auch Offiziere mit einer Frau im Arm bedienen zu müssen.

Das letzte Stück gehen wir zu Fuß – da kenn ich mich aus. Ich bringe sie in meine Wohnung, beruhige sie und muß sie dann für kurze Zeit allein lassen. Poldi wohnt nur wenige Minuten entfernt. Sie hat sich etwas beruhigt. Charlott bleibt diese Nacht bei ihr, wir Männer gehen zu Poldi zurück und beraten. Am Morgen gehe ich zur Sparkasse hebe 6.000 RM von meinem Guthaben ab und gebe das Geld Poldi. Ich denke an das Kind – an ihr Kind und das in der Grube bei Dagda. „Poldi, tu mit dem Geld alles, um sie in Sicherheit zu bringen". Ich gehe in meine Wohnung und verabschiede mich von ihr. Marianne heißt sie. „Sie können Charlott und Poldi völlig vertrauen". Mir blieb der Weg zurück nach Frankreich...

Ende November erfolgt dann der Einsatz des Bataillons im „Atlantikwall". Der Bataillonsstab nimmt Quartier in einem kleinen Ort etwa 2 bis 3 Kilometer südlich der Kanalküste.

Die Truppe bezieht Stellung am „Aber-Wrc'h" in der Nähe von Lannilis über die „Baie des Anges" bis fast an die Abbiegung der Küste zum Atlantik. Es ist eine herrliche Landschaft. Leicht hügeliges Land mit den typischen Steinmauern, eine felsige Küste, zum Teil 20 bis 30 Meter steil abfallend zum Meer, wild, zerklüftet, weite Buchten dazwischen mit herrlichem Sandstrand, bei Flut von Wasser bedeckt.

Wir besichtigen den gepriesenen „Atlantikwall" und finden abschnittsweise ausgehobene dürftige Gräben mit wenigen Unterständen und zwei oder drei primitive Bunker, die mehr Mausefallen gleichen, das ganze mit Stacheldrahtverhauen abgesichert und ein paar schlampig hergestellte Panzerfallen. Das ganze ist ganz gemütlich solange Frieden herrscht. Im Falle eines Angriffs ist das Gelände keine paar Stunden zu halten, zumal es weit und breit keine Artillerie gibt. Der „Atlantikwall" – ein Bluff!

Der Adjutant und ich haben ein Quartier in einem sehr schönen Haus am Ortsende – sehr gern sind wir nicht gesehen, wer kann es ihnen verdenken? Von dort zieht schnurgerade eine Straße etwa 2 bis 3 Kilometer nach Westen. Ich richte Sicherungen an den Ortsausgängen an und Patrouillen in der Nacht. In der Bevölkerung wittere ich Gefahr – man ist sehr reserviert, in der Kirche werden wir ziemlich feindselig geschnitten. Sonst geht alles sehr korrekt zu. Ich habe den Eindruck, daß zwischen der Bevölkerung und dem im westlichen Teil des Ortes gelegenen Buschwald existierenden Macquis (französischer Widerstand) ein gutes Einvernehmen herrscht.

In diesem Ort geschehen seltsame Dinge. Die Stabseinheit liegt geschlossen in der Schule, ebenso die Arbeitsräume, Geschäftszimmer und Kommandantur. Der Hauptfeldwebel schläft im Geschäftszimmer. Nach wenigen Tagen kommen einige junge französische Kriegsgefangene durch den Ort, entlassen, geflohen? Sie sind am nächsten Tag verschwunden. Kurz danach komme ich in das Geschäftszimmer. P. sitzt am Schreibtisch, vor sich seine Pistole und versucht, einen etwa zehn Jahre alten Jungen zu verhören. P. versteht nicht viel französisch.

Der Junge ist erwischt worden, als er aus einem Schuppen Kisten mit Munition entwendete. Dem kleinen Kerl steht die Angst im Gesicht. Ich winke P. ab, frage den Jungen, zu wem er gehört. Er ist der Sohn des Schlossers gegenüber. Ich nehme ihn an die Hand und bringe ihn zu seinem Vater. Für P. ist die Sache erledigt. Der Vater ist offensichtlich ahnungslos. Ich erkläre ihm die Zusammenhänge und mache ihm klar, welche Gefahr in solchen Aktionen liegt, selbst wenn sie von Kindern verübt werden – Geiselerschießungen sind im besetzten Frankreich keine Seltenheit mehr. Ich sage schließlich: „Hauen Sie ihm ein paar hinter die Ohren und versuchen Sie, ihm die Gefahren klar zu machen, das müssen Sie als Vater tun." Der Vater bedankt sich bei mir. Ehe ich gehe sage ich leise beiläufig: „Sollten Sie Verbindung mit dem Maquis haben, ich wäre an einem Gespräch mit einem Verantwortlichen interessiert – aber nur ich persönlich, freies Geleit zugesichert!" – Ein langer Blick prüft mich, dann ein Nicken, ein Händedruck, ich gehe.

Zwei Tage später erhalte ich einen großen Brief mit der französischen Post – zugestellt an meine Privatanschrift. Was finde ich? Ohne Kommentar das Original unserer gesamten Minensperren vor unserem Abschnitt – Geheime Kommandosache! Ich stecke das Dokument ein, gehe zum Geschäftszimmer an den Panzerschrank (aus Blech), zu dem nur der Adjutant und ich selbst Zugang haben. Eine Nachprüfung ergibt sehr schnell, daß die Unterlagen fehlen. Ich hefte sie wieder ein und lasse die Angelegenheit auf sich beruhen. Wie war das möglich? P. hatte in der Nacht zuvor ein Mädchen bei sich.

Wieder einige Tage darauf erhalte ich Besuch. Ein ordentlich gekleideter Mann mit Bart und Baskenmütze sucht mich in meinem Quartier auf. – wegen der Schlosserarbeiten. Ich frage, ob wir einen Spaziergang machen können. – P. sitzt im Zimmer nebenan. „A votre Service." Wir gehen über die Wiesen. Ich erkläre ihm ich verabscheue diesen Krieg, gestehe dem französischen Volk sein Widerstandsrecht zu und habe Verständnis für sie. – „Moi – j'aime la France et les français (ich liebe Frankreich und die Franzosen). Aber ich möchte unbedingt unnötiges Blutvergießen vermeiden – vor allem das Unschuldiger. Wenn einem von uns etwas passiert, dann seien unschuldige Bürger dran. Das machen nicht wir – dann kommt die SS. Und bedenken Sie, – Sie brauchen alle Kräfte für den Endkampf, um Ihr Land zu befreien!" „Sie glauben, daß Deutschland den Krieg verliert?" – „Ich glaube nicht daran, ich bin überzeugt davon – habe nicht den geringsten Zweifel." Ich setze noch hinzu, daß ich an einer Verbesserung des Klimas interessiert sei und, daß wir gegen unseren Willen hier stünden. Wir haben einen Wald hinter uns gelassen – vor uns liegt das Meer, still und trügerisch. Zwischen dem Meer und uns die Minensperren. Ein kleiner Felsen bietet Platz zum Sitzen. Er erzählt noch eine halbe Stunde über Land und Leute, erklärt mir die Gegend und steht dann auf. „D'accord, Mr. Lieutnant, et salut!"

Eine Woche danach kommt ein junger Bursche zu mir – offiziell in das Geschäftszimmer. Die Jugend des Ortes wolle gegen eine deutsche Soldatenmannschaft ein Fußballspiel austragen. Es gelingt mir, den Bataillonskommandeur zu überzeugen, habe aber noch Herzklopfen, als der Nachmittag heranrückt. Unsere Leute haben sich große Mühe gegeben. Auf dem örtlichen Fußballplatz stehen Erfrischungen bereit, Schokolade für die Teilnehmer und ein Siegespreis. Bei herrlichem Wetter wird das Spiel angepfiffen. Schiedsrichter ist einer unserer Unteroffiziere. Er leitet das Spiel sehr fair und gerecht. Halbzeit 1:1. Zehn Minuten vor Schluß fällt der Siegestreffer für die französische Jugend – Gott sei Dank! Auf den Rängen waren 200 bis 300 Franzosen, auch aus benachbarten Orten und vielleicht 150 sind Soldaten dem Spiel mit südländischer Begeisterung gefolgt. Es folgt noch eine Stunde gemütliches Beisammensein – das Eis ist gebrochen.

Ein Anruf von einer der Kompanien, ich möchte doch mal nach vorn kommen und jemand vom Fernsprechtrupp mitbringen. Am Nachmittag bin ich vor dem Bunker. Der Kompaniechef: „Sehen Sie sich doch mal an, was meine Männer entdeckt haben!“ Wir gehen ganz vor ans Meer. An der linken Seite der Bucht steht ein kleines Transformatorenhäuschen, die Tür aufgebrochen. Wir gehen hinein – Leitungen. Unser Fernsprechmann zapft die Leitung an, gibt mir einen zweiten Hörer und ich sage: „Hallo!“

Kurzes Schweigen, ein Knacken in der Leitung, dann auf englisch ein Codewort. Ich spreche mit London! Die Leitung wird totgelegt. Bisher gab es also hier eine direkte Telefonverbindung mit dem englischen Geheimdienst.

Der Krieg hat andere Dimensionen angenommen. Fast jede Nacht fliegen ganze britische Bomberschwärme über uns hinweg, wir können die Maschinen gegen den dunklen Nachthimmel erkennen – es sind Lancasterbomber. Kurz danach stechen die Finger der Scheinwerfer in den Himmel, Flak bellt auf, mit hellem Schein explodieren die Bomben – Feuerschein – „Brest in Flammen“!

Zwei- bis dreimal in der Woche wird unsere Straße nach Westen zur Landebahn. Gegen 23 Uhr brummt es von Westen – ein Flugzeug landet auf der Straße. Zehn bis fünfzehn Minuten später geht der Motor auf Touren, die Maschine hebt ab. Es muß eine Moskito sein. Sie bringt mit der Regelmäßigkeit einer Linienmaschine Waffen und Munition, Agenten und was sonst noch und entfernt sich mit Informationen, jungen Männern für die Armee De Gaulles und wahrscheinlich auch mit unseren Minenplänen. Zu machen war nichts – wir konnten den Ort bei Dunkelheit nicht verlassen, unseren vorgesetzten Dienststellen war der Vorgang bekannt – auch von dort erfolgte nichts. Mir war es recht so.

Einen Anschiß bekomme ich auch – unverständlicherweise von meinem sonst so vernünftigen Kommandeur. Ich mache Gefechtsübung mit dem Stab. Sprung auf, marsch, marsch über die Steinmauern und Dornen. Die Männer müssen hart bleiben, ihr Leben hängt davon ab. Der Grenadier G. kommt zu mir und sagt, er könne das nicht, er habe es mit dem Herzen. Ich winke ab, scheuche ihn über die Mauer – drüben bricht er zusammen, ein Herzanfall. Am Nachmittag erholt er sich schnell im Revier. Am nächsten Morgen wie üblich Frühappell. Ich pflege danach zur Begrüßung zu kommen. Ich erscheine, der Hpfw.: „Kompanie stillgestanden – zur Meldung die Augen – links!“ Er meldet: „Guten Morgen Männer!“ –„Guten Morgen Herr Leutnant“ „Grenadier G. vortreten.“ Er tritt vor die Front, nimmt Haltung an. „Grenadier G., ich habe Ihnen gestern Unrecht getan – ich bitte Sie um Verzeihung!“ Er reicht mir die Hand, tritt zurück ins Glied. Nachmittags erhalte ich Vorwürfe vom Kommandeur. Ein Offizier bittet grundsätzlich nicht um Verzeihung, schon gar nicht vor der Front, das schwäche die Autorität. Na schön. Meine Leute haben mich jedenfalls nie mit größerem Respekt behandelt, als nach diesem Morgen.

Ich werde als Gasschutzoffizier zu einem Gasschutzlehrgang in Le Mans kommandiert. Mal was anderes. Mit der französischen Staatsbahn geht es nach Osten. Bei Morlaix überquert die Bahn einen imposanten Viadukt, 59 Meter hoch und 284 Meter lang. Über St. Brieux und Rennes wird schließlich Le Mans erreicht. Wir sind in einer tristen Kaserne über der Stadt untergebracht. Den Abend verbringen wir, wieder einmal schales Bier trinkend, in einem kahlen Raum – keiner kennt den anderen. Am nächsten Tag ist harter Dienst. Vormittags Theorie – nachmittags stundenlanges Marschieren mit Gesang unter der Gasmaske in finsteren Kellerlöchern. Echte Gas- und Nebelschwaden lassen es nicht geeignet erscheinen, mal die Gasmaske zu lüften. Um 17 Uhr Ende der Vorstellung. Wir haben Ausgang, erhalten aber den Rat, bis zum 22 Uhr zurück zu sein; das sei ein Rat, kein Zapfenstreich. Auf jeden Fall soll nach 22 Uhr die Stadt gemieden werden, nachts gingen keine Patrouillen in der Stadt. Die Stadt so trist wie die Kaserne. Wir sind sieben Mann, die einen Stadtbummel machen. Um 19 Uhr wollen wir zurück „hier ist doch nichts los“. Einer meint, wir sollten an den gestrigen schauderhaften Abend denken, er wisse übrigens etwas, wo man sich aufhalten könne. Über einen Platz erreichen wir eine Villa. Innen sehr gepflegte Klubräume. Die Begrüßung erfolgt durch eine sehr elegante etwa 40jährige Französin. Zur Begrüßung gibt es einen ausgezeichneten Aperitif. Dann kommen die Mädchen. Alle sind sehr hübsch und charmant, jung. Wir setzen uns, je drei Paare an einen Tisch.

Es gibt Gabelbissen und Champagner. An meinem Tisch sitzt zusätzlich die Madame. Sie und auch die Mädchen sind ausgesprochen intelligent, haben höhere Schulbildung. Es wird sehr interessant, über manches Thema wird sehr geistreich geredet. Langsam wird es auch lustig. An einem Ecktisch sitzt ein alter Knilch in Uniform, liest Zeitung und trinkt Wein. Wer ist das? Vorsicht ist am Platze. Madame: „Ach, das ist der Sanitäroffizier vom Dienst.“ Sie meint, er sei ein harmloser Gockel. Schließlich ist Aufbruchzeit, gegen Mitternacht. Die Herren vom Nebentisch entfernen sich mit ihren Damen ins obere Stockwerk. Ein junger Leutnant von meinem Tisch, ein äußerst sympathischer Bursche, war den ganzen Abend sehr reserviert. Er gehe zurück in die Kaserne. Madame erklärt ihm, das sei unmöglich – zwischen 23 Uhr und 4 Uhr morgens beherrscht der Widerstand die Stadt. Jetzt zur Kaserne zurückzugehen wäre Selbstmord. Er erwidert, er habe vor 14 Tagen in seinem Heimaturlaub geheiratet und könne es seiner Frau, die er sehr liebe, nicht antun, dann ganz leise „eine Nacht in einem solchen Haus zu verbringen". Für solche Liebe hat jede Französin Verständnis. Es wird ihm ein Zimmer Solo angeboten. Ich verspüre auch keine Lust auf Begleitung, will mit ihm das Zimmer teilen. Er läßt sich von seinem Vorhaben nicht abbringen. Allein das Bleiben über Nacht würde ihn hindern, seiner Frau jemals wieder in die Augen zu schauen. Die Damen sind zu Tränen gerührt. Er schnallt um, will sich verabschieden. Ich entscheide mich: „Ich lasse Sie nicht allein gehen." Die hübsche, sehr charmante Schwarze, mit der ich Konversation getrieben habe, legt mir die Hand auf den Arm „Attendez! – Warten Sie!" Sie legt sich einen Schal um und verläßt das Haus. Nach zehn Minuten ist sie wieder zurück. Sie gibt uns Anweisung: „Gehen Sie über den Platz und in die Straße direkt gegenüber, Gehen Sie hintereinander mit zehn Meter Abstand in der Mitte der Straße. Schauen Sie nicht rechts und nicht links und greifen Sie „au nom de Dieu" nicht zur Waffe, was auch geschieht. Nach etwa 500 Metern kommen Sie zu einer Eisenbahnbrücke, die die Straße überspannt. Gleich danach geht rechts aufwärts der Weg zur Kaserne. Von dort sind Sie in Sicherheit." Sie drückt mir die Hand, Madame umarmt uns, Tränen in den Augen, ich küsse beiden die Hand, lege einen großen Schein in eine Schale und gehe. Ich lasse ihn vorangehen. Meine Partnerin hält mich einen Moment zurück. „Ich erwarte Dich morgen früh." Ich zucke die Schulter, wir sprechen jetzt französisch. „Schade, aber morgen früh um neun Uhr fährt mein Zug nach Brest ab." Sie lächelt. „Morgen früh wird dieser Zug nicht fahren, glaub mir, ich warte auf Dich!"

Wir halten uns genau an die Anweisung. Zwanzig bange Minuten vergehen. Ich höre überall Geräusche und sehe Gespenster, wage aber nicht mich umzusehen. Wir gehen im blassem Mondlicht durch die ausgestorbene Stadt, Schritt für Schritt, erreichen die Brücke und stehen kurz vor ein Uhr vor der Wache. Der Wachhabende ist geradezu erschüttert: „Ja, gibt es denn so was?"

Selbst die Männer von der résistance (Widerstand) honorieren also offenbar eine echte, große Liebe.

Am folgenden Morgen bin ich am Bahnhof. Ansage: „Heute fahren keine Züge nach Brest! Weitere Meldungen abwarten!" Na denn, ich kann ja nicht den ganzen Tag und die kommende Nacht in der von Partisanen beherrschten Stadt verbringen. Ich horche noch hinaus: „Der Viadukt von Morlaix ist heute Nacht gesprengt worden." Meine Ahnung über das Etablissement war also nicht unberechtigt. Zugelassen von der Deutschen Wehrmacht. Wer hat da wohl mitgespielt?

Um zehn Uhr stehe ich vor der Villa. Meine hübsche Partnerin erwartet mich. Wir bleiben den Tag über in ihrem Zimmer. Abends sind wir für eine Stunde mit den anderen Mädchen bei einem Glas Champagner bei der Madame. Gegen 21 Uhr kommen Gäste – alles deutsche Offiziere. Der „Gockel" ist auch wieder da. Wir beide gehen hinauf.

Am nächsten Morgen Abschied von einer reizenden Französin und der Madame und Ende einer seltsamen Reise.

Die Rückfahrt dauert lange. Ich muß von Rennes über St. Nazaire und Lorient, den deutschen U-Boot-Stützpunkten und Quimper nach Brest zurück. Der Viadukt bei Morlaix ist gesprengt. In St. Nazaire liege ich neben dem Bahnhof eine halbe Stunde in der Gosse – die Briten statten gerade einen Besuch ab.

Beim Bataillon beginnt wieder das Alltagsleben. Vormittags Übungen mit dem Stab oder Appelle. Ich verstehe mich mit den Leuten ausgezeichnet, es sind meist „alte Hasen". Günter sorgt bestens für mich. Ich habe einen offenen Kamin im Zimmer, es gibt „ Kartoffelpuffer" – eine Wucht!

Nachmittags Schreibarbeiten im Geschäftszimmer, danach Ausritt. Ich mache weite Ausritte allein oder mit dem Unterarzt. Wenn er mitkommt, habe ich immer ein wenig Angst um sein Leben – er glaubt, ein guter Reiter zu sein, ist es aber nicht, dafür tollkühn wie ein doppelter Don Quichote. Eines Nachmittags reite ich in den Macquis hinein – einen Meter links dichtes Unterholz. Plötzlich stehe ich vor einer kleinen Lichtung – aus dem Schornstein eines kleinen Hauses kräuselt ganz dünner Rauch – Holzfeuer. Ich schätze, daß es ein Quartier des Widerstandes ist. Ich winke kurz hinüber und mache unbehelligt kehrt. Ein anderes Mal finde ich im Keller einer Burgruine frische Spuren eines nächtlichen Aufenthaltes – die Asche auf dem Boden ist noch warm. Das paßt alles in die geheimnisvolle, sturmgepeitschte karge Heidelandschaft. Alles hat hier Bestand, alles, auch der Boden ist ewiger Granit, hart und nackt oder mit Moos bedeckt. Eine wild zerklüftete Küste, das dunkle Rauschen des Meeres und das Steigen und Fallen der See machen die Sagen und Geschichten des Landes glaubhaft, die Heldentaten der Korsaren und Seeräuber, eines Jean Bart und Dugay-Truin, die Verzauberung der Matrosen durch die Sirene Dahut und das Grabgeläute der versunkenen Stadt Ys im Tosen das Armor – des Meeres. Der Kalvarienberg von Landerneau, die Schädelstätten von Plougastel – Daoulas und Guimiliau, die gewaltigen Druidenmonumente von Carnac aus mächtigen „Menhirs" (Steinpfeilern) und riesigen „Dolmen" (Steinplatten), noch heute Rätsel für die Wissenschaft, nötigen einem einen hohen Respekt ab vor diesem schönen und unbegreiflichen Land mit seinem tief religiösen und stolzen Volk, verbunden mit Aberglaube und uralten Kulten.

Ich reite mit meinem Stallburschen durch die Minensperre an die Klippen, die Pferde steigen vorsichtig einen halsbrecherischen Saumsteig 30 Meter hinunter an das Meer. Es ist Ebbe – herrlicher, fester Sand, eine Lust hier zu galoppieren. Wir machen kehrt – das Meer kommt – es kommt rasend schnell. Wir haben uns verschätzt. Eine steile Klippe ragt weit ins Meer, scharf wie ein Dolch das Gestein, der Strand ist schon überspült. Los – schnell! Jetzt geht es um Tod und Leben. Noch einen Kilometer – wir stehen vor der Klippe, das Wasser reicht den Pferden schon bis an die Brust, schlägt schäumend von der Klippe zurück. Die Tiere kämpfen um ihr und unser Leben – der Sog nach draußen ist gewaltig, wir allein wären verloren. Die Pferde schaffen es – die Klippe liegt hinter uns, der Saumpfad ist erreicht. Ganz vorsichtig treten die Pferde – jetzt nur nicht abrutschen in das tosende Wasser. Wir stehen oben, unten peitschen die Wogen, Pferde und Menschen zittern. Es war ein ehrlicher Kampf mit der Natur. Ich umarme mein Pferd, es reibt seine Nüstern an meinem Kopf und Hals. Wir sind die wahren Kameraden!

Die Abende vergehen im Kasino mit Doppelkopf mit allen Schikanen bei Wein und Brot. Wir haben nette Stunden miteinander. Am „Atlantikwall" ändert sich nichts. Nach Westen haben wir übriges keinerlei Anschluß. Militärisch gesehen ist dort gähnende Leere. Eine schöne Zeit also, dies halbe Jahr, eine ruhige Zeit.

Und dennoch: ich bin dieser psychischen Belastung fast nicht mehr gewachsen. Gedanken über Gedanken plagen mich. Wie schwer war es in Rußland und Frankreich als Soldat, der das Verbrecherregime seines Volkes haßt und volles Verständnis für die überfallenen und vergewaltigten Völker hat. Und jetzt habe ich auch noch die Verantwortung fur viele deutsche Soldaten, die den Krieg und das Morden ebensowenig wollten wie ich, von denen jeder eigentlich nur um sein Leben kämpft; denn Nazis waren bei den vorderen Truppen die Ausnahme. Denen, die es vielleicht einmal waren, ist es schon längst vergangen. Vor welche Situationen werde ich gestellt? Trotz aller äußeren Annehmlichkeiten wird meine Stimmung von Tag zu Tag gedrückter. Wie gern würde ich dieses herrliche Land als Gast genießen – so bin ich, zu Recht, ein gehaßter Fremdling, dem die Verachtung der ganzen Welt gilt – und auch meine eigene. Aber mit meiner bin ich allein – ganz allein. Was ändert es, wenn ich versuche, ihnen zu helfen. Selbst wenn es mir gelingt, das eine oder andere zu erreichen – zu ihnen gehöre ich doch nicht. Und wenn es darauf ankommt, werden sie mich behandeln, wie die anderen auch. Trotzdem – ich habe mich gegen den Ungeist gestellt – ein Trost?

Eines Abends gehe ich ans Meer – allein. Ich sitze auf einem Felsen und blicke über das Land, Mimosen blühen. Wolkenfetzen geistern über das Meer – das weite Meer – Amor! Ich kann nicht mehr – die Sirene Dahut ruft mich wohl. Ich ziehe meine Pistole, die im Übungsschießen nie versagt hat, ein ungeliebter, aber treuer Begleiter. Ich streichle lange den blauen Stahl, entsichere, setze die Waffe an die Schläfe, drücke ab – klack, sonst nichts. Die Waffe ist durchgeladen, entsichert – ich ziele nach oben, drücke ab, der Schuß fällt – es hat nicht sein sollen. Wofur bleibt mein Leben bewahrt? In dieser Nacht finde ich keinen Schlaf.

Die Zeit als Herrgott in Frankreich geht dem Ende zu.

Februar 1943: wieder einmal verladen. Es dauert diesmal länger – wir sind zusätzlich mit Kübelwagen und Beiwagenkrädern ausgerüstet worden. Dann beginnt die ermüdende Fahrt vom Atlantikhafen Brest nach Osten, quer durch Frankreich, Deutschland, Polen, Westrußland zu einer alten Bekannten: Dnjepropetrowsk. Sofort ausladen und Abmarsch – diesmal wirklich nach Osten. Wir werden in die Schlacht zwischen Dnepr und Donez hineingeworfen. Beim Vormarsch bin ich nun öfter mit Kübelwagen und Krad unterwegs. Auch das Bild der Ukraine ändert sich. Weite, endlose öde Steppen, durchbrochen von steil abfallenden Schluchten – den Balkas. Sie sind Hindernis und Hilfe in gleichem Maße. Stößt man auf sie, meist liegen mehrere hintereinander, muß man sie – zum Teil weit – umfahren; denn es geht fast senkrecht hinab – auf beiden Seiten, 50 bis 60 Meter tief und 100 bis 200 Meter breit, nicht zu überbrücken. Andererseits bieten sie hervorragenden Schutz durch in die Seitenwände getriebene Stollen und Bunker. Wer hier wohnt, ist von der Artillerie kaum zu erreichen und auch Flieger haben es schwer. Meist liegen natürlich Stäbe darin. Es ist Ende Februar, Anfang März und nun kommt der Schlamm. Jetzt ist mein Pferd wieder gefragt.

Nicht nur das Land ist verändert, auch der Krieg – zunächst nur ahnbar, dann wird es immer deutlicher: ein Wandel ist eingetreten. Es existiert eine russische Luftwaffe – eine sehr unangenehme, mit einem sehr schnellen, äußerst wendigen Jagdbomber, der Ratta. Sie wirft Bomben in marschierende Kolonnen, sprengt Trosse auseinander und jagt einzelne bis zur Erschöpfung. Sie greift vornehmlich von vorn oder hinten an und rast unaufhörlich mit MG und Bordkanonen schießend die Kolonnen ab. Sie fliegt sehr tief und ist für unsere – seltenen – Jäger kaum zu fassen. Es gibt überall Spuren von Panzern – es müssen jetzt Legionen sein. Und die Zahl der Artillerie, der Geschütze, übertrifft die unsrige wohl jetzt um das Zehnfache. Dennoch geht es vorwärts. Motorisierte Einheiten und SS-Verbände machen die Vorreiter. Beim Stocken des Angriffs sind wir gefragt. Die Russen leisten Widerstand, ziehen sich blitzschnell zurück – keine Kesselschlachten mehr.

Mich erwischt ein übles Sumpffieber. Ich liege ziemlich unversorgt vorn mit ein paar Tabletten in einem Stollen, unrasiert, schwach und deprimiert. Nach einigen Tagen geht es wieder – die Schwäche bleibt noch eine Weile. Unter schwersten Strapazen und Opfern kommt der Angriff voran – es sollte unser letzter sein. Eine SS-Division hat die Russen bei Isjum über den Donez zurückgeworfen. Ende März tritt Ruhe ein.

Ich soll mit dem Kommandeur der SS-Division „Wiking" die Ablösung vorbereiten. Ich treffe ein impertinentes, eingebildetes „Herrenvolk" an – wir sind da zweite Wahl. Auch bei der Ablösung werden unsere Landser wie ein Stück Dreck behandelt. Hier wird mir offen vor Augen geführt, was geschieht, wenn dieser Abschaum Sieger bleibt. Auch das deutsche Volk wird dann behandelt werden, wie Polen und Tschechen heute – Deutschland würde ein riesiges KZ mit mehreren Klassen werden.

Die Truppe richtet sich südlich in Isjum ein, baut Gräben und verschanzt sich. Der Stab liegt etwa abgesetzt in Zelten und Bunkern. Ich bringe die Routinearbeit in Ordnung, schreibe das Kriegstagebuch und nehme Verbindung mit links und rechts auf. Die Truppe liegt eingegraben diesseits des Donez, der Russe etwa 100 Meter gegenüber; es ist hier die einzige Stelle, an der er noch einen kleinen Brückenkopf hat. Nach drei Wochen werde ich zu einer unserer Kompanien abgeordnet, der Kompaniechef geht in Urlaub, seit dem 26. März ist die Urlaubssperre aufgehoben. Ich bin viel bei den Männern im Graben. Seltsam, hier fällt Tag und Nacht kein Schuß – und das vor einem Brückenkopf. Eines Abends sehe ich bei einem Kontrollgang, daß einer der Landser Juchtenstiefel trägt, herrliches, weiches Leder, wie es nur von Russen getragen wird. Manchmal kann man sich ein Paar schnappen, wenn irgendwo welche liegen geblieben sind. Ein anderer hat eine russische Kartentasche um, auch ein beliebtes Beutestück. Aber das hier kommt mir irgendwie spanisch vor. Ich bohre und frage – schließlich höre ich Erstaunliches. Die Gruppe treibt mit ihrem Gegenüber regen nächtlichen Handel – Uhren gegen Lederwaren. Ein deutscher und ein russischer Landser spielen nachts zusammen Schach. Na, wenn das so ist! Ich arrangiere ein nächtliches Treffen mit dem Offizier von gegenüber. Wir treffen uns nach Einbruch der Dunkelheit auf halbem Weg. Kurze Zurückhaltung – dann ein Gespräch – ein begeisterter Krieger ist der auch nicht. Wir vereinbaren ein Schachturnier, drei Paare bei uns im Graben, drei Paare drüben. Es geht hervorragend. Die Russen gewinnen das Turnier 5:1. Wir Offiziere sitzen mal auf der einen, mal auf der anderen Seite, trinken Wodka und – aus unseren Beständen – französischen Cognac. Wir kommen uns näher und vereinbaren uns gegenseitig zu warnen, wenn etwas schiefgehen sollte. In der dritten Nacht bleiben die Russen aus. Später ein leiser Ruf, der russische Offizier steht an der vereinbarten Stelle. Ich gehe aufrecht hinüber, wir begrüßen uns, er sagt mir, daß wir unsere Begegnungen sofort abbrechen müßten – er würde mit seiner Truppe im Morgengrauen abgelöst. Die Revanche konnte nicht mehr stattfinden. Ich gehe noch zu ihnen hinüber, die russischen Soldaten nicken mir zu. Es wird ein herzlicher Abschied zwischen uns. Wir leeren ein Glas Wodka „Nastrowje“, dann sagt er, mir lange die Hand schüttelnd: „Do swidanje, towarischtsch leftenant y mnogaja leta“ – „mnogaja leta, towarischts y do swidanje!“ – „Auf Wiedersehen, Genosse Leutnant und auf viele Jahre (der alte christlich-orthodoxe Friedensgruß).“

Am nächsten Morgen sind die Stellungen gegenüber leer, sie haben sich über den Donez zurückgezogen, den Brückenkopf geräumt.

Stellungswechsel – wieder beim Stab. Wir beziehen ein Dorf, bauen in einem großen Bauernhaus unten im Keller einen Bunker für den Kommandeur, den Adjutanten und mich. Es wird ein feudaler Bunker, sogar mit Fensterscheiben vor sandsackgesichertem Fensterschacht. Es gibt Betten, einen Schrank und irgendwoher sogar einen Schreibtisch. Das Dorf war leer. Schräg gegenüber der Dorfstraße auf dem Dach eines Hauses die B-Stelle der Artillerie. Ich sitze oft am Scherenfernrohr und beobachte das lebhafte Treiben auf der anderen Seite. Das Gelände fällt von uns hinab zum Donez, der an dieser Stelle nicht sehr breit ist, aber sicher zu tief, um ihn zu durchwaten. Auf beiden Seiten sind Wiesen, dann wieder Wald. Die Russen benehmen sich völlig ungeniert, fahren nachmittags auf der Wiese direkt vor dem Fluß ihre Feldküche auf und kommen zum Essenfassen. Sowohl unsere Artillerie als auch wir haben Schießverbot – nicht aus Menschenfreundlichkeit, sondern wegen akuten Munitionsmangels. Das wissen die da drüben. Oft bin ich auch bei den Stellungen der Kompanie. Es ist so das letzte, was ich gesehen habe. Sie liegen direkt am Fluß, der hier durch undurchdringliches Dickicht in vielen kleinen Armen läuft. Das ganze Gelände ist Sumpf – es gleicht den Everglades in Florida. Der Donez fließt ziemlich schnell, vielleicht 30 bis 40 Meter breit mit unzähligen Armen und Abzweigungen nach beiden Seiten durch Lianen, Schlinggewächse und Urwald. Die Pflanzen hängen bis in das Wasser hinab. Es ist fast dunkle Nacht dort unten – auch beim hellsten Sonnenschein. Die Schützenlöcher, obwohl mit Brettern hochgelegt, sind bis zu einem halben Meter voll Wasser. Ablösung stündlich. Millionen Mücken und Moskitos umschwirren jeden, auch ich trage dort unten und nachts ein Moskitonetz. Trotz des Netzes sind alle total zerstochen – Tag und Nacht wird Chinin gekaut. Gegenüber eben solch undurchdringliches Dickicht – wieviel Augen starren wohl herüber? Selten fällt ein Schuß – dennoch, ein mörderischer Krieg.

Ein Stoßtrupp geht eines Nachts hinüber, in Kähnen mit umwickelten Riemen. Sie kommen nicht weit, verfranzen sich in den Seitenarmen, müssen zurück, dabei fällt ihnen aber ein Russe in die Hände. Der Gefangene wird sofort zu uns gebracht. Ich verstehe kein Wort, erfahre nur, daß er aus dem Himalayagebiet stammt. Es ist ein kleiner Mann mit tierhaften Bewegungen, hellen, unentwegt hin und her gehenden Augen; er setzt sich sofort im Lotossitz und beobachtet uns dann mit fremden Augen. Er berichtet in einer Zeichensprache, daß drüben viele „Bum-Bum" seien und zeigt zehnmal beide Hände hoch. Ungläubiges Lächeln – es sollte uns bald vergehen, der kleine Mann hatte eher untertrieben.

Die Russen beginnen am jenseitigen Ufer eine Brücke zu bauen. Material wird herangebracht und offen gelagert. Nachts hört man ununterbrochen Kettengeräusche. Trotz wiederholter Vorstellungen des Kommandeurs darf die Artillerie nicht schießen.

Wir haben etwa 30 Meter außerhalb des Dorfs eine Latrine angelegt – auch sie feudal, ein kleines Häuschen mit Tür und Herzchen darin. Es führt zur Sicherheit ein Graben dorthin. Nachmittags kommt regelmäßig eine Ratta und kontrolliert den Ort, auch ohne einen Schuß abzugeben. Auch Ordonnanzoffiziere müssen mal. Ich sitze im Häuschen und lese beiläufig in einem Handbüchlein.

Ein Geräusch – die Ratta kommt. Plötzlich packt es mich – ich rase aus dem Häuschen, im Laufen in den Graben die Hosen hochziehend. Die Ratta ist da, ein Zischen, ich liege tief auf der Schnauze, eine gewaltige Detonation, ein Regen von Sand rieselt auf mich herab – die Ratta fliegt direkt ungefähr 40 Meter über mir weiter. Ich stehe auf und schaue aus dem Graben. Dort, wo unser schönes Häuschen gestanden hat ist nur noch ein Loch – aber was für ein Loch! Etwa 10 Meter tief und 20 bis 30 Meter breit. Ich stehe lange dort – was hat den wohl an mir gestört? Das Häuschen wurde nie wieder aufgebaut, meine Nerven mit einigen Wodka notdürftig in Ordnung gebracht.

Der Morgen des 17.7.1943 graut. Ich gehe, wie üblich, gegen 4 Uhr durch das Dorf, es gibt nichts außergewöhnliches, die Wachen sind auf dem Posten. Ein leichter Wind geht, es wird ein heißer Tag werden, wie heiß, kann sich mein ahnungsloses Gemüt zu dieser frühen Stunde noch nicht vorstellen. Mein Weg führt mich anschließend zur B-Stelle. Ich steige auf den Boden des Hauses, durch ein kleines Loch im Dach hat das Scherenfernrohr freien Blick nach drüben. Der Artilleriebeobachter meldet keine besonderen Vorkommnisse. Ich setze mich vor das Scherenfernrohr und schaue hinüber. Keine Menschenseele zu sehen; seltsam, sonst sind immer einige dabei sich zu waschen. Ich drehe nach links, zum Fluß – bin wie elektrisiert auf den Beinen. „Menschenskind, die Brücke liegt über dem Fluß! Habt Ihr denn nichts gehört?" Schon bin ich unten, gehe zum Bunker, um dem Kommandeur Meldung zu machen. Mein Schritt stockt – es ist etwas Ungewöhnliches im Gange, ich kann es im Moment nur noch nicht fassen. Dann wird mir alles klar. Ganz in der Ferne ein sehr leises Grummeln – wie ein weit entferntes Gewitter. Es wird langsam lauter, rückt näher. Es kommt von Süden, wird zum Rauschen – wie eine anschwellende große Orgelkantate – Trommelfeuer! Ich schreie „Alarm!" bin im Bunker, da fängt schon der Boden an zu zittern. Jetzt, ein Höllenlärm, tausende Abschüsse, Rauschen, Detonationen, alles wackelt. Die große Offensive im Südabschnitt hat nicht zu einer fixen Zeit begonnen, sondern abschnittweise, mit Intervallen von nur Minuten.

Die Hölle ist losgebrochen. Bei dem Lärm ist keine Verständigung mehr möglich, die Erde bebt ununterbrochen – jetzt ist jeder auf sich allein gestellt – vor allem die Männer vorn. Treffer großen Kalibers neben dem Fensterloch – es wird dunkel im Bunker. Hindenburgkerzen brennen jetzt. Der Kommandeur hockt neben dem Fenster in der einen Ecke, P. und ich auf der anderen Seite. So geht es Stunde um Stunde. Ich wage einen ganz kurzen Blick nach draußen – es steht nicht mehr viel, alles umgewühlt, überall Fontänen von Dreck, Sand und Rauch. Die Einschläge liegen jeweils nur etwa 7 bis 10 Meter auseinander. Das sind hunderte von Geschützen aller Kaliber, Granatwerfer aller Größen – zum ersten Mal bei uns auch Stalinorgeln – allein in unserem Abschnitt.

Das irrsinnige Feuer trommelt jetzt schon stundenlang. Es gibt keine Verbindung mehr, weder nach vorn noch nach hinten. Zwei- oder dreimal kommt im Laufe des Tages ein Melder von vorn, dreckig, verschmiert, ausgepumpt, meldet, daß vorn noch nichts geschieht, kein Angriffsversuch – nichts zu sehen in dem Dschungel, aber das schwere Feuer liegt auch auf Ihnen, nur 50 bis 60 Meter vor den vermuteten russischen Angriffswellen. Auch die Funkverbindung ist jetzt gestört – Störsender sind am Werk. Es wird Abend, das Feuer läßt etwas nach – immer noch kein Angriff. Ich lege mich unter meine Pritsche, nur liegen, rauche eine Zigarette nach der anderen. Wir ernähren uns von der eisernen Ration – ein Durchkommen von Verpflegung und Nachschub ist selbst nachts unmöglich. Ein Wunder, daß unser Bunker allen Treffern – mehreren Volltreffern auf das Haus – standgehalten hat. Es wird Nacht – immer noch bebt die Erde. Gegen Morgen schrecke ich hoch; ich bin eingeschlafen, die brennende Zigarette ist mir in das Gesicht gefallen. 5 Uhr. Ein Melder kommt wieder durch – bisher keine großen Verluste, in dem Sumpf unten gibt es viele Blindgänger, wenigstens ein Vorteil der Stellung – aber die Leute sind fertig, sehen dauernd Gespenster.

7 Uhr. Urräh! Urräh! Sie kommen. Raus – da kommen sie schon den Hügel hinauf, hunderte. Unsere Landser laufen um ihr Leben. Solange sie angreifen wird von der Artillerie nicht geschossen. Raus aus dem Bunker, nach hinten in ein kleines Wäldchen, sammeln – soweit das geht – weiter zurück. In einem kleinen Bachbett wird eine neue Linie aufgebaut. Die Russen haben das Dorf, scheinen damit zunächst zufrieden. Wir graben uns ein. Es kommt wieder ein Funkspruch durch: „Das Dorf ist wieder zu nehmen!" Der Kommandeur winkt mich „Fahren Sie zur Division – ohne Panzer ist da nichts zu machen!" Ich krauche zurück, suche meinen Kradfahrer, das Krad ist glücklicherweise gerettet – der Fahrer ist auf Draht – bin schon unterwegs. Das russische Feuer liegt jetzt weiter rückwärts bei den Regimentsstäben. Wir kommen durch. Kurzer Halt beim Regiment, Informationen beim Regimentskommandeur, die Nachbarn sind auch aus ihren Stellungen geflogen, haben aber offenbar mehr Verluste gehabt als wir. Der Kommandeur teilt die Ansicht meines Kommandeurs – der Regimentsadjutant kommt mit. Bei der Division herrscht Ratlosigkeit. Sie sind froh, jetzt etwas über die Lage an der HKL (Hauptkampflinie = vorderste Linie) zu erfahren – immer noch sind die Verbindungen vom Regiment zu den Bataillonen unterbrochen. Der Divisionskommandeur läßt sich von mir berichten, meint dann, „wir sollen sehen, was sich machen läßt". Er hat Verbindung zum Korps. Nach fünf Stunden haben wir die Zusage: Panzer kommen! Wir sollen abends noch einmal kommen, um mit dem Panzerkommandeur die Einzelheiten des Gegenangriffs zu besprechen. Gegen Nachmittag hinter uns Kettengeräusche – die Panzer sind da – allgemeines Aufatmen. Abends sind der Regimentsadjutant und wieder bei der Division. Etwa 5 bis 6 km hinter unserer Linie sehen wir sie – 30 bis 40 Panzer, einige „Tiger" dabei. Ein stolzes Bild – die Ernüchterung kommt sofort. Der Panzerkommandeur ist nett, erklärt uns aber, die Panzer würden nicht in den Kampf eingreifen. Erstens könne die Armee keine weiteren Panzerverluste verkraften, zweitens reichen Sprit und Munition nicht für einen längeren Kampf. Bei der Gefahr eines russischen Durchbruchs, mit dem angesichts der gewaltigen Massierung gerechnet werden müsse, bestünde schließlich die Gefahr, daß seine Panzer ohne Sprit liegen bleiben würden. Die Panzer würden bei Beginn des Gegenangriffs eine Weile herumfahren, um einen Panzerangriff vorzutäuschen und sich dann zu ihrem Ausgangspunkt zurückziehen, Sie könnten auch nicht bleiben, wo sie jetzt sind. Es könne sich nur um eine moralische Unterstützung handeln, in der Hoffnung, daß das auf die deutschen Landser ebenso wirken würde wie auf die russischen Soldaten. Potemkin'sche Dörfer auf Hitlerdeutsch!

Zurück beim Bataillon, der Kommandeur ist entsetzt. Kein Wort darf hinausdringen. Morgens beginnt der Gegenangriff. Die Panzergeräusche kommen näher, werden dann leiser – verschwinden schließlich ganz. Zwei, drei Stunden dauert jetzt der Kampf, die Russen haben offenbar Kräfte abgezogen. Gegen

Mittag verliert ein Mann des 3. Zuges die Nerven. Er springt auf und rennt mit lautem Hurragebrüll auf die russischen Linien los. Im Nu läuft der ganze Zug mit. Jetzt stürmt die ganze Kompanie. Es dauert nur Minuten, dann sind sie mit Hurra im Dorf. Die anderen Kompanien ziehen jetzt nach. Gegen Abend ist der Ort wieder fest in unserer Hand. Der Zugführer des stürmenden Zuges wird befragt. Die Erklärung war einfach: die Leute hatten Angst, die Nacht im Freien ohne jeden Schutz zu verbringen und sahen die einzige Möglichkeit zu überleben darin, wieder in ihre alte Stellungen zu kommen. Es hatte Verluste gegeben – aber angesichts dieses Trommelfeuers und der Zahl der Angreifer hielten sie sich in Grenzen.

Die Lage am Donez ist bereinigt. Der Russe versucht sein Heil – mit mehr Glück – weiter im Norden, vor allem bei Orel, das am 3. August 1943 verloren ging. Brjansk folgte einige Tage später. Bei uns tritt zunächst wieder Ruhe ein.

Ende August 1943 kann ich in Urlaub fahren. Es werden ein paar ruhige Tage bei meinen Eltern in Senzig und zwei, drei Tage in Tempelhof; aber hier wird es langsam ungemütlich – fast jede Nacht sind die Tommies da. Ein Abend bei Poldi und Charlott. Sie berichten mir, daß Marianne Ende 1942 mit falschen Papieren zusammen mit der jüdischen Familie bei der sie wohnte, illegal ausreisen wollte.

Nach meiner Abreise im November 1942 habe Poldi ihr die 6.000 RM dafür, vor allem für die falschen Papiere, gegeben. Wenige Tage vor der beabsichtigten Ausreise, kurz nach Weihnachten 1942, sei sie aber zusammen mit ihrem Sohn von der Gestapo im Zuge einer allgemeinen sogenannten „Judenaktion" verhaftet und im Lager „Große Hamburger Straße" gefangengehalten worden. Mitte Februar 1943 habe man sie unter der Auflage, ab sofort den Stern zu tragen, entlassen. Direkt nach ihrer Entlassung aus dem Lager habe Marianne Poldi aufgesucht, weil ihre jüdischen Vermieter verschwunden und die Wohnung versiegelt gewesen sei. Poldi habe ihr geraten, die Wohnung durch die zuständige Polizei öffnen zu lassen, da sie ja ordnungsgemäß mit einem Entlassungsschein aus der Haft zurückgekommen sei. Das sei geschehen und nachdem der Polizist die Wohnung geöffnet und das Haus verlassen hätte, habe sie im Beisein von Poldi festgestellt, daß die in ein Kleidungsstück eingenähten 6.000 RM zusammen mit anderem Eigentum nicht mehr da gewesen und offenbar von der Gestapo beschlagnahmt worden seien. Poldi habe ihr noch 300 RM zur Überbrückung ihrer Notlage gegeben.

Danach hätten sie keinen Kontakt mehr mit ihr gehabt. später aber erfahren, daß Marianne im Februar 1943 noch einmal verhaftet, im Lager „Levetzowstraße" einige Wochen lang festgehalten worden und aus ihrer Ausreise nichts mehr geworden sei. Seitdem hätten sie nichts mehr von ihr oder über sie gehört.

Mitte September 1943 gehe ich mit sehr schwerem Herzen zu meiner Einheit zurück. Bei der Rückfahrt erfahre ich auf der Leitstelle in Dnjepopetrowsk, daß der Rückzug vom Donez auf den Dnjepr in vollem Gange sei. Ich müsse mein

Regiment halt suchen, bekomme aber einen ungefähren Anhalt, wo es sein könnte, irgendwo zwischen Dnjepopetrowsk und Slawjansk. Es gibt noch Zugverkehr nach Osten. Vor allem wird alles, was nicht niet- und nagelfest ist, aus dem Raum abtransportiert einschließlich der Menschen und des Viehs, was das Chaos natürlich nur noch vergrößert. Es ist auch die Zeit der „Verbrannten Erde“ – eine Glanztat des „Führers“ eines Kulturvolkes. Überall brennen die Dörfer, selbst die Heu- und Strohmieten bleiben nicht verschont. So finde ich denn einen Leerzug nach Osten. Es sind alles offene Waggons – vor der Lok eine Lore als Minensicherung. Am Nachmittag setzt sich der Zug in Bewegung. Langsam geht es voran – noch einmal nach Osten. Gegen 23 Uhr ist ein längerer Halt an einer Ausweichstelle mitten im Wald. Im Zuge sind an die 30 bis 40 Landser, alle auf der Suche nach ihrer Einheit. Ich bin froh, meinen langen Mantel anzuhaben, die Nacht ist schon empfindlich kalt. Ich sah mit meinem langen Mantel zwar immer ein wenig komisch aus, aber er war praktisch, Mantel, Decke und Schlafsack in einem. Außerdem sah ich ihn ihm bei Nacht und Nebel wie ein Russe aus – sie trugen ja fast alle so lange Mäntel, vor allem die Sibiriaken. Nach etwa 2 Stunden kommt ein Unteroffizier zu mir und sagt: „Herr Leutnant, es geht gleich weiter. Kommen Sie doch nach vorn. Der Waggon hinter der Lok – der einzige geschlossene Waggon – hat ein Bremserhäuschen, da ist es einigermaßen warm und es zieht nicht so.“ Bei bald 0° ein verlockendes Angebot. Ich sitze geborgen im Bremserhäuschen, doch der Zug steht und steht. Der Lokführer hat keinerlei Verbindung mit vorn, das Streckentelefon ist stumm. Offenbar ist einiges von der Bahn nicht mehr besetzt. Ich steige aus, um noch eine Zigarette zu rauchen. Da sitzen eng aneinandergerückt ein paar Landser mit dünner Feldbluse, ohne Mantel und zittern und frieren. Sie waren auf die Kälte nicht vorbereitet. Sie tun mir leid, vor allem zwei junge Bürschchen, sie sitzen und klappern mit den Zähnen. Ich hole sie und räume ihnen meinen Platz ein im Bremserhäuschen. Dankbar kuscheln sie sich dort aneinander. Der Lokführer entschließt sich noch ein Stück weiterzufahren – trotz der Dunkelheit und der Ungewißheit dessen, was vor uns liegt. Wir fahren ganz langsam – ich sitze in einem offenen Waggon in eine Ecke gedrückt – es ist wirklich kalt, ich friere trotz meines Mantels. Ganz langsam schiebt sich der Zug voran. Plötzlich eine gewaltige Detonation – der Zug steht schlagartig. Ich springe hinaus, lasse die Männer rechts und links sichern und eile nach vorn. Ein Riesentrichter, von der Minenlore ist nichts mehr zu sehen, die Trümmer der Lok liegen neben dem Gleis, der Waggon mit dem Bremserhäuschen hängt zerfetzt in den Bäumen. Ich habe von den Beiden nie wieder etwas gesehen. Nach Stunden kommt Hilfe – für einige zu spät.

Morgens finden wir uns an der Rollbahn. Ein LKW von meiner Division nimmt mich auf – sie sind also in der Nähe. Er fährt bis zum Divisionsnachschublager, das geräumt wird. Dort erfahre ich, wo unser Troß liegt. Mit Krad, Panjewagen und LKW komme ich schließlich nachmittags dort an. Herzliche Begrüßung durch den Hauptfeldwebel. „Herr Leutnant, wir wissen nicht, wo unser Bataillon liegt. Bitte übernehmen Sie die Führung des Trosses, bis wir wieder Verbindung haben.“ Gut – was soll ich tun, das Bataillon finde ich heute doch nicht mehr.

„Was habt Ihr für Weisung?“ – „Wir sollen gegen 22 Uhr abmarschieren und zwar die Straße 150 Meter unterhalb des Dorfes, dort werde es kaum andere Bewegungen geben. Nach drei Kilometern gabelt sich die Straße, wir müssen nach rechts und treffen dann nach weiteren vier Kilometern auf die Rollbahn. Dort müssen wir uns irgendwie einfädeln und dort steht auch eine Verbindungsstelle der Division.“ Ich schaue mich um. Die Männer schuften wie verrückt. „G., was machen denn die Leute da?“ – „Sie bereiten alles vor, um bei Abmarsch das Dorf anzustecken, strenger Befehl, es ist alles zu vernichten und zu verbrennen. Das Dorf ist im übrigen verlassen.“ Ich verzweifle langsam – sind denn alle verrückt?

Ich gehe von Haus zu Haus, G. begleitet mich. In den Häusern ist Stroh in allen Räumen ausgebreitet – zwei Mann sollen beim Abmarsch von Haus zu Haus, um anzuzünden. Ich schmeiße alle hinaus. „Hier wird nichts angezündet, verstanden? Die Verantwortung trage ich“ Der Hauptfeldwebel meint leise „ich bin froh, daß Sie da sind, Herr Leutnant“ Auch die Männer schienen erleichtert.

Mein Pferd ist beim Troß. Es gibt eine stürmische Begrüßung. Langsam wird es Nacht. Um 21 Uhr 45 ist es stockfinster. Ich habe mir vorsorglich die Karte genau eingeprägt. Der Spieß hat die Marschordnung festgelegt. Um 22 Uhr steht alles, Spitze zur Straße. Ich beordere den Hauptfeldwebel, das Dorf als letzter zu verlassen, um alle Pannen zu verhindern. Punkt 22 Uhr setzt sich die Spitze in Bewegung. Vor uns Geräusche, Wagen fahren. Tatsächlich, an der Straße müssen wir warten, ein Troß zieht vorüber. Von wegen – keine anderen Bewegungen. Ich warte bis das Ende der Einheit heran ist, man kann es wegen der Finsternis nur ahnen – marsch! Wir biegen ein, schweigend wälzt sich der lange Lindwurm von Wagen und Reitern nach Westen. Ich reite die Kolonne ab nach hinten, treffe G., alles in Ordnung. Jetzt auch hinter uns Geräusch von Fahrzeugen. Der ganze Rückzug scheint sich auf dieser Straße zu vollziehen. Ich bin wieder vorn – man sieht kaum die Straße vor sich. Ich beschließe Verbindung nach vorn aufzunehmen – und will gerade fragen, um welche Einheit es sind handelt – da stockt mir der Atem. Sie unterhalten sich leise – russisch! Ich rufe auf russisch halblaut in die Dunkelheit hinein:

„Wo ist der Offizier?“ Ein Russe antwortet: „Weiter vorn.“

„Spacibo.“ Schnell zurück. Ich reite von Wagen zu Wagen, ordne leise völliges Schweigen und größte Ruhe an. Ob die etwas ahnen? Dann bin ich bei G., der immer noch den Schlußmann macht. „G., ich bleibe etwas zurück – mal sehen, wer hinter uns ist.“ Es ist schnell geklärt. Sie sind etwas lauter. Das gutturale Russisch ist nicht zu verkennen. Wieder nach vorn – an die Spitze gesetzt – G. weiß Bescheid. Hoffentlich kommen die hinter uns nicht auf die Idee, Verbindung nach vorn aufzunehmen. Gott sei Dank gibt es keinen Stau. Wie kommen wir bloß wieder hier heraus? Bis zur Abzweigung müssen es noch ungefähr 800 Meter sein. Alle Nerven sind zum Zerreißen gespannt. – Da, kaum zu erkennen, die Abzweigung. Ich bin fast vorüber, halte, weise meine Leute nach rechts ein. Die vor uns sind, wie ich erwartet und erhofft hatte, geradeaus weitergezogen. Nach vorn sind wir also wieder frei. G. mit dem letzten Fahrzeug ist vorbei, ich bleibe an der Abzweigung. Jetzt hilft nur noch eins: Frechheit und etwas für Rußland Unverzichtbares: Fluchen! Ich muß auf jeden Fall dafür sorgen, daß die hinter uns geradeaus fahren; denn erfahrungsgemäß fährt in der Kolonne einfach einer hinter dem anderen her. Wenn es auch dunkel ist und sie einigen Abstand haben, so sind doch die Fahrzeuggeräusche zu hören, in der Finsternis besonders gut. Richtig – sie haben mitbekommen, daß wir rechts abgebogen sind – wollen folgen. Schon bin ich dran, fluche wie ein Moskauer Droschkenkutscher. – „Aber, die vor uns..." – „Halt's Maul Du stinkende Kröte, links geht es nach xy – ich nenne den Ort, der an dieser Straße liegt und den ich mir eingeprägt habe." Sie biegen wieder nach links und fahren weiter. Jetzt sind sie es, die fluchen. Ich höre sie noch eine Weile. Es war mein Russisch und – der lange Russenmantel, die uns wieder einmal gerettet haben, mein Pferd trottet brav neben mir. „Mensch G – wenn Ihr den Ort angesteckt hättet!" Nach langer Zeit antwortet er: „Herr Leutnant, ich habe gewußt, daß uns mit Ihnen nichts passieren wird. Sie glauben nicht, wie froh ich war, als Sie heute morgen aufkreuzten. Mensch, Herr Leutnant, diese Stunde werde ich nie vergessen." Nach drei Stunden sind wir an der Rollbahn.

Wir machen Rast. Da erfahren die Landser, in welchem Abenteuer sie heute nacht gesteckt habe. Mich streifen viele scheue – und wie ich meine auch dankbare – Blicke. Ich weise den Troß noch in die endlose Kolonne deutscher Trosse auf dem Rückzug und gehe dann auf die Suche nach meinem Bataillon. Nachmittags finde ich sie. Sie sehen alle reichlich mitgenommen aus. Die „georderte Absetzbewegung" war in Wirklichkeit eine ununterbrochene Schlacht. Die Russen drängten stürmisch nach – es gab keine Pause für die Truppe. Halten – Sichern – Absetzen, in der Sprache des Wehrmachtsberichts „hinhaltender Widerstand". Je näher wir dem Dnjepr kommen, um so schwieriger wird die Lage. Es gibt nur wenige Brücken über diesen gigantischen Fluß. Wir müssen die Brücke bei Dnjepropetrowsk erreichen.

Mitten in diesem Chaos erhalte ich von der Division wieder einen Sonderauftrag. Irgendwo im Divisionsbereich ist eine Schweinerei passiert. Ich soll als Gerichtsoffizier die Untersuchung übernehmen und die erforderlichen Maßnahmen einleiten. Die Division stellt mir Beiwagen mit Fahrer. In der Nähe eines kleinen Gehölzes finde ich den Tatort, erfahre näheres. Ein deutscher Landser hat in einem neben dem Wäldchen liegenden Häuschen ein vierzehnjähriges Mädchen vergewaltigen wollen. Der Großvater, der mit dem Kind allein lebt, hatte sich vor die Kleine gestellt.. Der Landser hat den Alten mit einem Spaten erschlagen – zur Vergewaltigung ist es nicht mehr gekommen, seine Kameraden kamen hinzu, waren empört und haben Meldung erstattet. Ich vernehme den Beschuldigten und höre die Zeugen – das Mädchen und die beiden Landser, die dazugekommen waren. Die Angelegenheit ist klar, der Täter legt ein Geständnis ab. Ich nehme ihn fest, fertige einen Tatbericht und erhebe Anklage wegen Mordes. Ich lasse ihn unter Begleitung zur Division bringen, gebe selbst auf der Rückfahrt die Unterlagen ab und fahre zurück zu meinem Stab. Abends erhalte ich Nachricht von der Division, es habe sich herausgestellt, daß meine Zuständigkeit nicht gegeben und die Angelegenheit für mich erledigt sei. Freiheit für einen gemeinen Mörder? Ich habe jedenfalls nie wieder etwas von der Sache gehört. Bei einem Verfahren hätte ich ja wohl zumindest als Zeuge gehört werden müssen.

In der halbjährigen Abwesenheit vom Osten hatte sich vieles verändert; der Krieg war ein anderer geworden. Wir merken es stündlich. Der Russe ist uns während dieser Zeit vielfach überlegen geworden. Er hat eine große materielle Überlegenheit erreicht – und die Luftherrschaft gewonnen. Eine gewaltige Überzahl russischer Artillerie bestimmt jetzt die Ereignisse. Seine neuen Waffen sind vielleicht gar nicht so gefährlich als zermürbend und wirken durch ihre Vielzahl. Zum Panzer T 34, der in gewaltigen Mengen aufkreuzt, kommt jetzt ein überschwerer Panzer T 54. Verheerend die Wirkung der „Stalinorgel" – eine auf einem LKW aufgebaute Batterie von 16 Werfern, die gleichzeitig abgeschossen, heulend ihr Ziel erreicht. Die Sprengwirkung ist verhältnismäßig gering, aber fünf LKW bedeuten allein 80 Geschosse auf engstem Raum – und die Russen haben einen schier unerschöpflichen Vorrat davon. Auch aus der Luft gibt es keine Ruhemehr. Rattas jagen die zurückflutenden Verbände und mit Einbruch der Nacht sorgt die „Nähmaschine" dafür, daß es keine Ruhe gibt. Es ist ein schwer gepanzertes, sehr langsam fliegendes Flugzeug, das langsam herantuckert, in der dunklen Nacht kaum zu sehen ist – irgendwo planlos ein oder zwei schwere Bomben abwirft – man erzählt sich, daß sie vom Beobachter über Bord geworfen werden, weil die Maschine keine Abwurfvorrichtung hat. Danach tuckert sie weiter. Das Geräusch verschwindet langsam in der Nacht, während von der anderen Seite die nächste kommt; eine ist immer in der Nähe. Trotz drakonischer Maßnahmen kommt es vor, daß ganze Bataillone nachts zurückfluten, ihr schweres Material zurücklassen und die paar deutschen Panzer vorn sich selbst überlassen. Aus dem Siegeszug der deutschen Armeen ist ein „Blitzkrieg verkehrt" geworden.

Unser Bataillon kommt noch halbwegs geordnet über den Dnjepr. Wir müssen sofort nach Süden abbiegen und beziehen Stellung auf dem Westufer des Flusses zwischen Dnjepropetrowsk und Saporoshje. Die Lage ist eigentlich zur Verteidigung günstig. Unsere Flußseite liegt hoch, hat eine Steilküste, der Fluß ist tief und ziemlich breit und die gegenüberliegende Seite erheblich niedriger und unbewaldet. Aber – nichts ist vorbereitet, keine Stellungen, keinerlei Nachschubvorrichtungen; für den überschlauen „Führer" hat es ja kein zurück gegeben und damit auch keine Auffangstellungen oder sonstige Vorsichtsmaßnahmen. Es war ein Verbrechen eines Wahnsinnigen „Führers", nicht nur an fremden Völkern und Rassen, sondern auch an dem eigenen Volk.

Wir beziehen ein Dorf hoch über dem Dnjepr. Es ist bewohnt – allerdings gibt es nur Frauen. Der Bataillonsstab richtet sich in einem geräumigen Haus am Rande des Ortes ein, das verlassen ist. Wir drei, der Kommandeur, der Adjutant und ich, schlafen in einem großen Raum, haben sogar Feldbetten. Sofort wird mit dem Bau von Stellungen begonnen. Abgesehen von der Grabenbesatzung bleibt die Truppe zunächst in Häusern. Ich mache am ersten Abend die Runde durch das Dorf. Die Landser, von augenblicklichem Druck befreit, mit dem Gefühl, einen breiten Fluß zwischen sich und den Russen zu haben, sind wie toll. Es kommt Lärm aus einem Haus, Gelächter, Kreischen und Frauenrufe. Sofort bin ich im Raum, eine entfesselte Schar von Landsern ist dabei, ein Mädchen fast zu zerreißen. Sie war bisher nur davongekommen, weil jeder sie haben wollte. Ich schaffe brüllend Ruhe, langsam wird es still. Sie steht da, die Bluse zerrissen, ein bildhübsches Mädchen von etwa 19 Jahren. Ich frage sie auf deutsch: „Wie heißt Du?“

Sie antwortet: „Tanja.“ – „Tanja, Du kommst mit mir zu den Offizieren und wirst unser Haus in Ordnung halten; Dur brauchst keine Angst zu haben, dort geschieht Dir nichts.“ – „Ja, Herr Leutnant.“ Sie spricht ein tadelloses Deutsch, kennt auch unsere Dienstgrade. Ich nehme sie mit, die Landser knurren; sie werden sich mit Schnaps trösten. Tanja wird bei uns in einem kleinen Raum in einem Anbau des Hauses untergebracht. Morgens hat sie eine Begleiterin – eine zahnlose alte Hexe mit schrägen Krötenaugen. Trotz aller Versuche ist sie nicht wegzukriegen. Tanja meint, sie solle auf ihre Unschuld aufpassen. Nach einigen Tagen fällt mir auf, daß Tanja das einzige junge Mädchen im Dorf ist.

Der Gegner hat das andere Flußufer noch nicht besetzt. Wir erhalten gelegentlich Fliegerbesuch, haben aber sonst Ruhe. Das Soldatenleben spielt sich wieder ein, die Landser haben sich beruhigt, richten sich auf einen Winter am Dnjepr ein.

Langsam bemerken wir die ersten Zeichen, daß unsere Freunde das Ufer drüben erreicht haben. Auch sie graben sich ein – nur gibt es keine Ortschaften, sie liegen im Freien. Nachts gehen wir jetzt viel Patrouille. Hinter unserem Haus beginnt eine Schlucht zum Ufer, die muß gesichert werden, dient aber auch unserem Spähtrupps als Erkundungsweg. Drüben müssen jetzt auch Panzer sein. Ein abendlicher Versuch der Genossen, mit einem kleinen Kahn den Fluß zu überqueren wird vereitelt. Es war sicher nicht ihr einziger Versuch und mahnte zur Vorsicht. Wir bauen einen Bunker hinter dem Haus. Eines Vormittags sind der Kommandeur und der Adjutant zur Inspektion bei den Kompanien, ich komme von einem Rundgang durch das Dorf zurück, betrete das Haus, höre leise Stimmen im Zimmer, gehe leise hinein und bleibe ruhig an der Tür stehen. Tanja steht mit dem Rücken zu mir, hat den Wehrmachtsempfänger eingeschaltet und hört russische Nachrichten. Ein paar Sätze und mir ist jetzt alles klar. Ein Verdacht wird zur Gewißheit. Es sind verschlüsselte Nachrichten an Agenten. Darum ist sie das einzige junge Mädchen hier. Sie weiß nicht, daß ich russisch spreche. Sie hört ein Geräusch, schnellt herum, wird blaß, faßt sich schnell wieder und sagt auf deutsch: „Ich wollte mal wieder Russisch hören, sind Sie bös?“ – Ich blicke sie lange an, sage dann langsam auf russisch: „“Tanja, bist Du Rotkehlchen oder Haselnuß? Was wollte der Dompfaff von Dir? Wir stehen uns lange schweigsam gegenüber. Dann senkt sie den Kopf und sagt leise: „Ich wollte es ja nicht, aber dann wollten sie mich in ein Soldatenbordell stecken – und das ist die Hölle! Bitte, bitte verrate mich nicht.“ Warum muß ich immer solche Entscheidungen treffen? „Tanja, Du wirst nur noch durchgeben, was ich Dir sage und Du wirst mir alles sagen, was Du weißt; dann bleibt alles unter uns. Und was ist mit der Alten?“ – „Sie ist meine Aufpasserin und überbringt die Meldungen.“ – „Wo?“ „Hinten an der Schlucht ist ein alter Brunnen – da trifft sie zweimal in der Woche einen Boten von drüben; er kommt in Zivil. Aber paß auf, sie schleicht wie eine Katze.“ Ich wollte die Alte zunächst einsperren lassen – aber dann wäre alles aufgeflogen. Im Moment passiert ja nichts – und verraten konnte sie ohnehin nicht viel, was da war konnte ja jeder sehen. So blieb alles unter uns und das Leben ging weiter. Langsam fallen ein paar Schüsse von drüben – die Artillerie schießt sich ein. Der Nachschub klappt wieder – aber sonst ist von der deutschen Wehrmacht nicht viel zu sehen; keine Artillerie, keine Panzer, selten mal ein hoch fliegender Aufklärer.

Drüben vollzieht sich ein Aufmarsch – wir können viel sehen; denn wir blicken ja nach unten und drüben ist flaches Land. Wir machen etwa 100 Geschütze auf unserem Abschnitt aus, die Panzer dahinter nicht mitgerechnet. Es wird sehr rege drüben.

Ab und zu versuchen sie den Fluß zu überqueren, auch bei Tag. Ich halte es für Ablenkungsmanöver. Verhindern können wir es nicht. Mit Sorge beobachten wir, daß der Fluß von Tag zu Tag weniger Wasser führt und schmaler wird.

Der Kommandeur und der Adjutant fahren Anfang Oktober zum Divisionsgefechtsstand und wollen dort über Nacht bleiben. Dafür kommt der Oberzahlmeister, auch ein Kompanieoffizier ist bei mir. Gegen 16 Uhr fährt ein Wagen vor. Wir werden etwas blaß – in der Tür erscheint der kommandierende General – er will sich an Ort und Stelle von der Lage überzeugen. Die Division weiß von dem Besuch nichts, er ist unangemeldet erschienen. Jetzt kommt nach dem ersten Schreck – meine große Stunde. Ich heize dem Kommandierenden ein, halte mit nicht zurück, führe ihn an die B-Stelle und zeige ihm den Aufmarsch drüben. Die sind wieder ganz ungeniert. „Rechnen Sie mit einem Angriff?“ – „Jawohl, Herr Generaloberst, innerhalb von zwei Wochen.“ – „Wie beurteilen Sie die Chancen?“ – „10 zu 1 für die da drüben!“ – „Danke, Herr Leutnant, Sie waren sehr offen.“ Die hohen Herren sind weg. Unsere Beklemmung löst sich. Unser Kommandeur hätte alles in rosigen Farben gemalt, mit vielen wenn und möglich. So hat wenigstens das Korps jetzt ein klares Bild der Lage. Das muß begossen werden. Flasche um Flasche geht den Weg alles Irdischen. Irgendwann um 22 Uhr liege ich total besoffen auf meiner Pritsche. Nachts geht das Telefon, am Apparat ist der Kommandeur – er hat inzwischen von dem Besuch erfahren. Nach langem

Klingeln nehme ich ab und brumme ohne Aufforderung: „Leck mich am Arsch", und schlafe weiter. Der Kommandeur kommt noch nachts zurück. Den Anschiß konnte ich erst am nächsten Morgen entgegennehmen. So etwas hatte ich von ihm noch nicht gehört – sogar P., der völlig Unschuldige, legte die Ohren an. Vom Kriegsgericht bis zum versoffenen Schwein war alles auf der Platte. Aber – froh war ich doch.

Meine Beurteilung der Lage stimmt ziemlich genau. Zwar passiert bei uns eigentlich nicht viel; ein paar kleine Landungsversuche, einmal mit einem T 34 auf dem Kahn, der aber auch ohne unser Zutun in den Dnjepr fällt. Da kommt Mitte Oktober der Befehl, uns sofort abzusetzen. Der Russe war nördlich bei Krementschug und auch südlich über den Fluß. Saporoshje war verloren, er marschiert auf Krivoj Rog – das ist genau in unserem Rücken. Wir haben sehr schnell verladen, es gibt einen Abschied von Tanja unter vier Augen, die alte Hexe hatte ich unter Begleitung wegschicken können, dann Abmarsch – eigentlich alles sehr ordentlich und geregelt. Wir marschieren ein paar Tage, ohne daß uns jemand stört. Gegen Abend machen wir Rast, graben uns auf einer kleinen Höhe ein, vor uns eine Senke, dann wieder ansteigendes Land. Wie üblich senden wir Spähtrupps aus, um festzustellen, was sich neben und hinter uns tut. Heute sind sie sehr schnell zurück. Nach rechts besteht keine Verbindung mehr. Starke russische Kräfte sind im Eilmarsch hinter uns – viel motorisierte Verbände, motorisierte Infanterie, Panzer, Artillerieeinheiten. Kurz vor Einbruch der Nacht erscheinen sie auf der gegenüberliegenden Höhe. Sie halten sich nicht lange mit der Vorrede auf – greifen sofort an. Und dann beginnt die Nacht der Nächte.

Auf dem Befehlsstand ordnet der Kommandeur an: „Bei mir bleiben nur der Adjutant und zwei Melder, sowie der Funker. Alles andere geht nach vorn in den Graben. Dies Stellung muß um jeden Preis gehalten werden. Droßel, Sie gehen zur Kompanie Müller." – um jeden Preis – der Preis sind immer wieder neue Menschenleben. Ich gehe nach vorn, es dämmert bereits, lasse mich in einem Schützenloch neben M. nieder. Es ist etwas eng im Loch, das dauert aber nicht lange. Die Stellung ist beschissen. M., mit dem ich Sicht- und Rufverbindung nach links habe, stimmt mir zu. Wir haben nur etwa 30 Meter Sicht, dann fällt das Gelände ab, die Senke ist nicht einzusehen. Drüben rasen sie hinunter in die Senke, viele, viel zu viele, zu weit und schon zu dunkel, um viel machen zu können. Hilflos sehen wir zu. Jetzt schießen unsere MG – schießen sich in ihr eigenes Verhängnis hinein. Jetzt weiß der Russe, wo sie sich befinden. Bald sind sie am Abhang vor uns – auf Handgranatenwurfweite. Ein MG nach dem anderen wird ausgeschaltet. Mein mir ungekannter Partner im Loch will sehen, was los ist, fällt zurück – Halsschuß – tot. Ich werfe ihn aus dem Loch – ich kann mich sonst überhaupt nicht bewegen. Es wird dunkler – ich sehe M. nur noch als Silhouette. Er will mir etwas zurufen, sein Kopf fällt zur Seite, er sackt zusammen. Mit drei Sprüngen bin ich drüben – Kopfschuß, ein schönes, rundes Loch im Stahlhelm. Ich rufe – keine Antwort, ich bin alleine, höre kurz vor mir die Russen. Zurück zum Gefechtsstand. Ein Wunder, daß ich ihn finde. Der Kommandeur ist allein mit den Funkern. „Gehen Sie sofort P. suchen – ich habe ihn zur rechten Kompanie geschickt, ich brauch ihn." Man sieht so gut wie nichts mehr, ganz in der Ferne brennt ein Haus. Ich arbeite mich nach rechts vor, stolpere, laufe an Bäume, bin plötzlich mitten in einem Trupp Russen – hier geht alles durcheinander – völliges Chaos. Ich stolpere weiter, stoße an einen Körper, beuge mich nieder – P. liegt vor mir, verwunderte, offene Augen ohne Blick. Russische Flüche zwei oder drei Meter rechts. Ich haste zurück, höre nur noch russische Laute. Dann einen Moment Ruhe – völlige Depression – ich will das nicht mehr mitmachen. Ist der Preis nicht hoch genug – für das wahnsinnige Abenteuer eines zynischen Verbrechers?

Neben ein paar Büschen kauere ich mich nieder, warte, wieder russische Zurufe, jetzt schon hinter mir. Ich bin entschlossen – ziehe meine Pistole, richte sie gegen meinen rechten Arm, drücke ab. Zum zweiten Mal versagt sie ihren Dienst. Im selben Augenblick durchfährt es mich glühend. Ich hatte den linken Arm auf mein linkes Knie gestützt, um nicht zu zittern. Der Schuß wäre durch den Arm gegangen und hätte das Knie zerschmettert – das sichere Ende in dieser diabolischen Nacht. Die Russen grölen schon, sie haben genug getrunken. Jetzt handle ich, ganz überlegt, den linken Arm von mir gestreckt, die Pistole auf den Unterarm gerichtet, abgedrückt. Diesmal fällt der Schuß. Ich merke gar nichts, fühle es aber warm in den Ärmel laufen. Jetzt nur nicht die Nerven verlieren. Trotz der Dunkelheit und des Tohuwabohus finde ich den Gefechtsstand, bin jedem Schatten ausgewichen. Ich melde mich beim Kommandeur: „Herr Hauptmann, Oberleutnant P. ist tot, die Frontlinie existiert nicht mehr, ich bin im Nahkampf verwundet." Er läßt kurz die Taschenlampe aufblinken, funkelt mich an „Sie bleiben hier – an der Wunde sterben Sie nicht." Jetzt bin ich ganz kalt: „Herr Hauptmann, ich habe Anspruch auf ärztliche Versorgung wie jeder Soldat – ich melde mich ab zum Truppenverbandsplatz." Ich gehe, lasse ihn allein zurück – er hat es überlebt. Ich nehme Richtung auf das brennende Haus in der Ferne, weiß, 200 oder 300 Meter weiter in dieser Richtung ist der Tr.V.P. (Truppenverbandsplatz). Plötzlich stehe ich in einer Gruppe russischer Offiziere mit langen Mänteln – ich passe zu ihnen. Es ist so dunkel, daß man die Gesichter nicht sieht. Sie sprechen leise miteinander. Ich kann hier nicht Wurzeln schlagen, sage zu meinem Nachbarn: „Laß mich durch, Genosse, ich muß zu meinen Leuten." Er lacht: „Paß man auf, daß Dich die Deutschen nicht kalt machen." – Wie Recht er hat kann er nicht ahnen. Ich bin draußen, stehe nach zehn Minuten vor dem Tr.V.P. Sie rücken schon ab. Ein Sanitätsgefreiter gibt mir noch zwei Verbandspäckchen, hat keine Zeit mehr, sie mir anzulegen. „Sehen Sie zu, Herr Leutnant, daß Sie zum Feldlazarett in ... kommen – wenn sie noch da sind; hier geht nichts mehr." Ich mache mich auf den Weg, verbinde notdürftig meinen Arm. Nach einer halben Stunde treffe ich – außer zurückflutenden deutschen Soldaten – ein russisches Bäuerlein mit Panjewagen, beladen mit wenigen Habseligkeiten. Ich frage ihn, „komm Väterchen, sitz auf." So fahre ich nach etwa zwei Stunden in ... ein, danke meinem russischen Gastgeber und suche das Feldlazarett. Auch hier Nervosität und Aufbruchstimmung. „Wir verlegen – keine Neuaufnahmen mehr." Zwei Sanitäter tragen eine Schüssel mit abgeschnittenen Armen und Beinen vorbei. Ob meiner wohl auch dazu kommt? – Ich warte in einem großen Saal, gefüllt mit Landsern, schwer und leicht Verwundeten. Warten – nichts geschieht. Ein Sanitätsunteroffizier kommt vorbei. „Herr Leutnant, hier wird nichts mehr gemacht – wir müssen machen, daß wir hier wegkommen – breiter russischer Durchbruch." Wieder warten, die Landser werden unruhig. Ein Sani sieht mich, kommt zu mir, setzt sich neben mich. Meine Feldbluse ist offen, mein goldenes Kreuz, das ich immer um habe, hängt heraus. Er sagt: „Kommen Sie, Herr Leutnant, ich versorge Sie und gehen Sie vor zum Bahnhof, es fahren noch Lazarettzüge." Er schneidet sorgfältig ein großes Loch in den Ärmel, reinigt die Wunde, legt einen Verband an und schreibt einen Transportzettel. Dann sagt er leise lächelnd: „Herr Leutnant, man muß die Pistole mindestens 30 Zentimeter weghalten, die Brandspuren verraten alles. Ich habe alles gereinigt, jetzt merkt keiner mehr etwas – und nun gehen Sie mit Gott!" – dann nach kurzer Pause „ich bin katholischer Kaplan." Unwillkürlich geht mir ein Stoßgebet von den Lippen – er ist schon weiter.

Ich finde den Bahnhof, besteige einen Güterwagen voller Verwundeter oder solcher, die es vorgeben zu sein. Bald geht es los. Neben mir hockt ein Berliner im Stroh – und merkt, daß ich Landsmann bin. „Mensch, Herr Leutnant, jetzt uff'n Ku-Damm und denn 'ne Molle und 'nen Korn." Wir fahren Richtung Odessa. Dort ist der Weg frei – aber etwa 10 km vor der Stadt sind die Schienen gesprengt. Wieder warten. Mein Berliner Nebenmann wird unruhig. „Herr Leutnant, Sie sind mit Ihrem Arm doch ooch nich reif für die Mulde. Hier schnappen se uns noch als eiserne Reserve – kommen Sie, wir verduften." Recht hat er, der Soldatenklau geht um. Wir steigen aus, wie viele andere auch, entfernen uns langsam, schlagen uns in die Büsche und finden schließlich eine Landstraße. Nach einer Weile kommt wieder einmal ein Panjewagen mit einem Bäuerlein – er nimmt uns mit bis zum Stadtrand. Panjewagen bleiben bei mir in guter Erinnerung. Als die ersten Häuser kommen – „Mensch, ick wer verrückt." – Da steht eine Straßenbahn. Wir steigen ein, zum Flugplatz. Mein Berliner übernimmt das Kommando. Wir haben Glück, die Linie fährt bis zum Flughafen. Die Schaffnerin will unbedingt kassieren. Mein Berliner „Mensch Frollein, wir Sieger, verstehen, fahren umsonst." Sie zuckt mit der Schulter – wir fahren umsonst. Die Fahrt dauert lange, wir sind die einzigen Soldaten. Schließlich kommt die Endstation. Hier herrscht tiefer Friede. Wir melden uns ganz harmlos in der Leitbaracke. Ein rotbackiger Unteroffizier der Luftwaffe sieht uns an, bekommt gleich Mitleid. „Ihr armen Schweine, Verzeihung, Herr Leutnant." – „Ist schon gut." – „Aber Sie haben Glück, in einer halben Stunde startet Deutschlands schönstes Flugzeug – die Hindenburg"; er hat nicht übertrieben, es war in der Tat damals die größte Zivilmaschine. Hier geht alles ordentlich und zivilisiert zu. Wir bekommen Flugpapiere, gehen zur Maschine – ein riesiger Vogel – steigen ein, bekommen zwei schöne Plätze am Fenster. Den Start merkt man kaum. Das ist wirklich wie im

Frieden – eine Ordonnanz bringt Erfrischungen – Apfelsinen – Mensch! Es wird ein herrlicher Flug. Strahlender Sonnenschein, die Maschine fliegt ruhig in zwei- bis dreitausend Meter Höhe. Unter uns wechselt weite russische Ebene langsam zu ungarischer Pußta – dann geht es nach Norden, das Ziel ist Düsseldorf. Über die Berge und Wälder der Tschechoslowakei geht es nach Schlesien, dann Kurswechsel nach Westen.

Die Ordonnanz kommt: „Herr Leutnant, amerikanische Flugzeuge sind im Anflug auf Mitteldeutschland, wir müssen zwischenlanden." Mir recht, ich kann doch nichts ändern. Ein kleiner Flugplatz in Schlesien taucht auf – viel zu klein für die riesige Maschine. Das muß verdammt eilig sein. Der Pilot macht sechs, sieben Landeversuche, es wird spannend. Er muß einen ganz genauen Punkt zur Landung treffen, sonst rast er in das Flughafengebäude. Schließlich klappt es. Der Riesenvogel rollt aus, bleibt wenige Meter vor dem Ende der Piste stehen – bravo, Herr Pilot!

Wir bleiben hier. Neben dem Flugplatz befindet sich ein kleines Luftwaffenlazarett. Wir werden empfangen wie Helden – die haben noch nie einen Verwundeten gesehen, führen ein Leben wie Gott in Frankreich. Schwestern empfangen uns. Wir kommen erst mal ins Bad – das war mehr als nötig. Die Schwestern lösen die Verbände, sind entsetzt – tausende von Läusen haben es sich dort bequem gemacht. Wir dürfen keinen Finger rühren. Die Schwestern ziehen uns aus, baden uns, bringen frische Wäsche und dann geht es erst einmal in blütenweiße Betten. Ein kleines Frühstück folgt, danach Kekse und Konfekt, ein Glas Sekt. So läßt es sich leben. Wir haben Einzelzimmer, Radio am Bett; nachmittags gehen wir im Park spazieren. Am Spätnachmittag wird von sehr wohlwollenden Ärzten eine gründliche Untersuchung vorgenommen – alles ist sehr nett zu uns. Drei herrliche Wochen folgen. Aus ausgemergelten Frontschweinen werden feinste Etappenhengste. Nach einer Untersuchung meint der Stabsarzt: „Bei allem Wohlwollen, länger kann ich Sie nicht halten. Ich schicke Sie zu Ihrem Heimatlazarett, da müssen Sie weitersehen – und viel Glück!" Herzlichen Dank Ihr Leute vom Luftwaffenstützpunkt in Schlesien. Man bringt uns mit dem Auto zum Bahnhof mit viel Marschverpflegung „erster Jüte."

Die „Hindenburg" ist dort übrigens unter größten Schwierigkeiten wieder heil herausgekommen.

Anfang Dezember bin ich wieder einmal in Berlin, melde mich im Garnisonslazarett Tempelhof. Hier herrscht ein anderer Wind. Der Oberstabsarzt kocht vor Wut. Was ich mir gedacht habe, mit solch einer läppischen Verwundung in die Heimat zu kommen. So was gehöre aufgehängt, vor's Kriegsgericht – wieder einmal – und überhaupt beseitigt. Wo der „Führer" doch jeden Mann in Rußland braucht – bis auf die unentbehrlichen Stabsärzte vom Lazarett in T. Ich werde gar nicht erst ins Lazarett aufgenommen, sondern bekomme gleich meine Reisepapiere zum Ersatztruppenteil. Ich wohne fünf Minuten vom Lazarett entfernt, bleibe über Nacht, fahre früh nach Landsberg. Im Lazarett habe ich geschwiegen, das schien mir klüger – die Etappenhengste sind hier in der Überzahl. Außerdem hatte er wohl schlecht geschlafen, kein Wunder bei den ständigen Nacht- und neuerdings auch Tagesangriffen. Berlin hat sich auch ganz schön verändert.

In Landsberg sehen die Dinge sehr viel freundlicher aus. Ich bekomme erst einmal Genesendenurlaub bis kurz vor Weihnachten. Die Stimmung im Urlaub ist etwas gedrückt, man weiß nicht, was alles noch kommen wird. Die Führung wird immer zynischer, die Lebensmittel knapper und die Luftangriffe immer verheerender. Von meinen Kameraden, Schulfreunden und Bekannten ist keiner mehr da, nur noch die Freunde meiner Eltern.

Weihnachten 1943 wird ein sehr bedrückendes Fest. Ich verbringe die Feiertage bei meinen Eltern in Senzig. Silvester 1943/44 „feiere“ ich zusammen mit Poldi und Charlott. Auch hier eine sehr trübe Stimmung. Wird 1944 uns das Ende des Krieges bringen? Die Freiheit? Die Freiheit ist nur über eine totale Niederlage Hitlerdeutschlands zu bekommen. Werden wir das „Neue Jahr“ überleben? Wie wird die Welt danach aussehen? Fragen! Fragen!

Meinen Urlaub habe ich schon überzogen. Nun ist schon alles egal. Weiß ich .. .

In Landsberg erwartet mich eine Überraschung. Man erklärt mir, daß ich mich von meiner Einheit trennen muß. Das schmerzt mich zunächst; denn in den nächsten Tagen geht ein Marschbataillon hinaus mit meinem guten, alten Burschen Günter. Andererseits – von meinem Kommandeur hatte ich wohl nicht viel Gutes mehr zu erwarten. Ich bin auf Anordnung des Oberkommandos des Heeres als Gerichtsoffizier zum Infanteriebataillon 561 zbV versetzt, einem Bewährungsbataillon. Nun lande ich also auch dort – allerdings als Stammoffizier. Ich bekomme sofort meine Reisepapiere, kann über Weihnachten in Berlin bleiben und soll am 30.12.1943 bei der Truppe sein. Sie ist im Nordabschnitt in Rußland eingesetzt. Näheres weiß man nicht. Nun ist schon alles ganz egal. Es wird wohl der letzte Jahreswechsel sein – in Hitlerdeutschland, überhaupt? Weiß ich, was mich als Gerichtsoffizier bei einem Bewährungsbataillon für „Aufgaben“ erwarten? Ich bleibe über Silvester, fahre am 2. Januar 1944 los. Mein Ziel ist „meine alte Heimat“ – die Gegend der Waldhai-Höhen. Bis zur litauischen Grenze geht alles gut. Dort ist die erste Kontrolle: ein Offizier der Feldgendarmerie: „Sie sollten längst bei Ihrer Einheit sein. Na, sehen Sie zu, wie Sie das in Ordnung bringen – da braut sich sowieso etwas zusammen, viel Glück!“Er grinst, gibt mir meine Papiere zurück – weiter geht es nach Osten. Die Reise wird immer langsamer, die Zugverbindungen sind schlecht, tagelang fährt gar nichts – das bessert meine Lage.

Zehn Tage dauert nun schon die Fahrt, dann geht es nicht weiter. Ich finde eine Leitstelle, die weiß, wo ich meine Truppe suchen kann. Das Bataillon ist ständig der 28. Jägerdivision zugeteilt. Eine große Schlacht soll im Gange sein. Viel Lazarettzüge rollen nach Westen. Schließlich bin ich kurz vor dem Ziel. Noch eine kurze Bahnfahrt, sie wird sehr kurz. Mitten im Wald steht der Zug. Feldgendarmerie, Stabsoffiziere und viel Hektik und Nervosität. Ich melde mich bei einem Major, frage nach meiner Einheit. Er sieht mich groß an, lacht dann zynisch und sagt: „Fragen Sie mich nichts. Ich weiß nur eins, daß jetzt alles zusammenbricht."Ich erreiche zu Fuß ein Dorf, ringsum Wald. Viele Landser, alles Versprengte – keine Führung, nichts. Ich übernachte, in einer Ecke hockend, in einem Bauernhaus, etwa 70 Leute im Raum. Nicht weit entfernt ständiges schweres Artilleriefeier – MG-Rattern, eine Nähmaschine löst die andere ab. Am nächsten Morgen finde ich den Stab der 28. Jägerdivision. Ich finde in all dem Gewühl eine herzliche Aufnahme – aber eine sehr gedrückte Stimmung. Ich kann kurz mit dem I a sprechen. Er ist seit Tagen unrasiert, hat rote Augen, eine leise, müde Stimme: „Es tut mir leid; Ihr Bataillon existiert nicht mehr. Wir haben etwa 15 Mann aufgelesen – sie sind und bleiben in einer Alarmeinheit. Fahren Sie zurück – er nennt einen Ort in Lettland – es ist ein Dorf, besteht wohl aus verstreut liegenden Gehöften. Das Bataillon soll dort neu aufgestellt werden. Manch Sie selbst dort eine Leitstelle auf und versuchen Sie, ob Sie irgendwelche Reste von den Trossen finden können. Ich hoffe, wir sehen uns wieder." Zurück, marsch, marsch. Meine Probleme waren gelöst, typisch lettische Landschaft, weit verstreut liegende, reiche Höfe, Felder, Wälder, Wiesen und Seen.

Wer läuft mir da gleich über den Weg? Der Oberzahlmeister des Bataillons. Wir fangen also neu an. Er erklärt mir zunächst einmal, was ein Bewährungsbataillon ist. Es hat ein aus vielen Einheiten zusammengesuchtes Stammpersonal, Offiziere und Unteroffiziere und besteht im übrigen aus Bestraften. Alle Vergehen finden sich – meinst unerlaubte Entfernung von der Truppe, Kameradendiebstahl, unter den degradierten Offiziere viele wegen Vergewaltigung einheimischer Frauen und Mädchen in besetzten Gebieten, vor allem Norwegen und was sonst noch alles im kriminellen und militärischen Leben vorkommt. Es gibt keine „Politischen", die sind im Bataillon 999 und im Bataillon „Dirlewanger" – die sind unbewaffnet und werden zum Minenräumen und sonstigen Himmelfahrtskommandos eingesetzt. Außer uns gibt es noch zwei weitere Bewährungsbataillone, wir haben aber keinerlei Verbindung zu ihnen. Der Oberzahlmeister meint, die Männer seien prima, bestens ausgebildet, mit meist großer Kampferfahrung, es sei gut mit ihnen auszukommen und sie seien ziemlich unproblematisch. Der ganze Betrieb entspräche dem in einem normalen Bataillon, es sei aber stärker als solches, habe eine eigene Stabskompanie, eine eigene Geschützkompanie, sei im wesentlichen selbständig und werde zusammen mit den schlesischen Jägern häufig an Brennpunkten eingesetzt. Meine Aufgabe sei sehr tröstlich – ich sei mehr Hilfe für die Landser, habe Gnadengesuche vorzubereiten und einzureichen – und, da ich, wie er rückwärts eingesetzt ist, als einziger und verantwortlicher Offizier den Troß zu leiten. Ich habe eine eigene, große Geschäftsstelle, weil ich die gesamten Personalunterlagen zu verwalten habe. Als Ansprechpartner für alle Soldaten solle ich mit möglichst jedem persönlichen Kontakt aufnehmen, bei einer Gefechtsstärke von über 1000 Mann eine umfangreiche Aufgabe. Ich ahne, daß mir hier Möglichkeiten gegeben sind zu helfen. Aber zunächst müssen wir wieder mal ein Bataillon haben.

Höheren Ortes ist man offensichtlich an diesem Bataillon interessiert. Im Laufe des Februar finden sich noch 50 bis 60 Mann ein und ein Teil des Trosses mit Fahrzeugen und Fahrern. Wir sind bespannt, haben aber außer Krädern und LKW auch einen Muli, ein Halbkettenfahrzeug. Von anderen Einheiten kommt langsam neues Stammpersonal. Sie müssen eingewiesen und mit ihrer Aufgabe vertraut gemacht werden .Als Anerkennung für die frühere Zusammenarbeit hat die 28. Jägerdivision dem Stammpersonal das Recht verliehen, die Gebirgsjägermütze mit Edelweiß zu tragen. Unsere direkte Kontaktstelle wird – wie bisher – das 8. Jägerregiment sein, die Hirschberger Jäger.

Bald haben wir auch einen vorläufigen Kommandeur. Der bisherige Adjutant Hauptmann G. – von Zivilberuf evangelischer Pfarrer aus dem Spessart – übernimmt zunächst das Bataillon, er war in Urlaub. Damit werde ich frei für meine eigentliche Tätigkeit. Der erste Ersatz kommt, etwa 150 Mann – man kämmt offenbar sämtliche Wehrmachtsgefängnisse aus. Für alle kommen gleichzeitig die Personalpapiere. Ich beginne mit dem Studium der Akten, Herkunft, Beruf, Straftat, früherer Dienstrang, Urteilsabschrift und bisherige Beurteilungen. Ich habe die Absicht, mit jedem Ankömmling ein ausführliches Gespräch unter vier Augen zu führen und kann das auch durchführen, habe die volle Unterstützung von Hpm. G. Das macht viel Arbeit – aber schafft von Anfang an ein Vertrauensverhältnis. Dann kommt der neue Schreiber für mich. Schließlich suche ich mir aus der ersten „Lieferung eine Ordonnanz“für mich heraus. Ich bin bemüht, die älteren Leute rückwärts unterzubringen, mit Ausnahme der ehemaligen Offiziere, die alle nach vorn wollen. Auch hinsichtlich dieser Einstellung läßt man mir weitgehend freie Hand. Ich entscheide mich für einen vierzig Jahre alten Wiener – wie sich herausstellt, ein hervorragender Griff. Er ist nicht nur völlig loyal, er kann auch kochen und backen wie einer aus dem Hotel „Sacher“ und ist einfach für alles zu gebrauchen. Er ist eine Seele von Mensch und hat ein echtes „Weaner“ Gemüt. Wenn er in kritische Lagen kommt „Ach, Herr Leutnant, bleiben's doch recht schön ruhig, bitt'schön“ ist die Welt wieder in Ordnung.

Es kommen Pferde und Geschütze. Ich suche mir einen herrlichen Halbtrakehner aus, etwas hochbeinig für mich, aber ein wunderbares, liebes und anhängliches Tier, das mich bald meinen temperamentvollen Kosaken vergessen läßt. Auch mein Reitbursche ist in Ordnung. Ich fühle mich bald unter den „Kriminellen“ sehr wohl. Im Laufe der Zeit kommen eigentlich alle mit ihren Nöten und Sorgen – manchmal sehr persönlichen – zu mir. Ich habe viel Verständnis für ihre Probleme und mache aus meiner eigenen Haltung auch keinen Hehl. Nazis gibt es hier glücklicherweise so gut wie nicht – hier haben alle ihre Erfahrungen gemacht. Viele tragen Schuld, sie waren nur der Situation nicht gewachsen, in die man sie hineingetrieben hatte. Andere haben aus Überzeugung oder Leichtsinn gehandelt. Gott sei Dank trägt hier so gut wie nichts einen Strafcharakter. Das Stammpersonal ist ja schließlich auch von ihnen abhängig.

Es kommt immer mehr Ersatz, langsam werden wir einsatzbereit. Es wird auch Ausbildung gemacht, aber mehr als Beschäftigungstherapie – das sind ja alles alte Hasen, zum großen Teil ehemalige Unteroffiziere und Offiziere; militärisch eine Eliteeinheit, wie die Pateneinheit, die 28. Jägerdivision, bei der wir sehr beliebt sind.

Wir liegen in Livland – ein schönes Land. Es hat eine gewisse Ähnlichkeit mit Ostpreußen, große Güter, weite Wälder und Seen – Gelegenheit zum Reiten. Bei aller Arbeit kommen die Freuden des Lebens nicht zu kurz. Ausritt zu einem der vielen Seen, Fischen, Rudern, Sonne – mein Pferd ist ein herrliches Tier und sehr anhänglich. Wenn ich früh auf die Weide komme – ein Pfiff – die Ohren gespitzt und schon kommt sie herangetrabt – es ist eine Stute. Große Begrüßung, echt und herzlich. Diese Stunden lassen mich manches Leid und manche Not vergessen. Den Augenblick leben – das habe ich in diesen Jahren gelernt. Die Gutsfrauen – die Männer sind fast alle eingezogen – bereiten uns manchen unvergeßlichen Abend – wie in einem Heimatfilm. Ein herrlich gelegenes großes Gutshaus, eine riesige Halle von vielen Kerzen erleuchtet, ein festlich gedeckter Tisch – es gibt hier noch alles, danach die Nachtstunden vor dem Kamin, die Scheite prasseln, die Flammen flackern, die Schatten an den Wänden leben, manchmal tobt ein Sturm ums Haus – an manchen Tagen ist Hausmusikabend. Am Tage wechseln Ausritte mit Schlitten – später Kutschfahrten mit alten, ergrauten Kutschern in das herrliche Land hinein.

Dabei gibt es viel Arbeit – Arbeit mit Menschen, die einen brauchen und die dankbar sind, als Menschen behandelt zu werden – Menschen, die fast alle die Hölle der Wehrmachtsgefängnisse kennengelernt haben. Manch einer erklärt mir dennoch im persönlichen Gespräch, er könne das nicht verkraften – er müsse weg von hier. Ich sage ihnen immer, die Entscheidung läge bei ihnen – ich werde niemanden hindern. Aber ich stelle ihnen das Wagnis vor Augen. Ich sehe keine Chancen für sie; auf der einen Seite die Partisanen oder eine sehr ungewisse Kriegsgefangenschaft, auf der anderen Seite die immer zahlreicher werdenden Häscher und Henker. Die Alternative heißt fast immer – Tod. Bei uns ist noch eine Chance, verwundet oder begnadigt zu werden. Nach dem Gespräch bei Zigaretten und Wein entscheiden sich alle zum Bleiben. Ich hoffe, sie haben es nicht bereut. Eine meiner Haupttätigkeiten, die Bearbeitung und Einreichung von Gnadengesuchen beginnt erst mit dem Einsatz, der „Bewährung".

Ich werde mit einem Teil meiner Leute zu einer Bauernhochzeit eingeladen, der Großknecht eines Bauern heiratet. Die Bäuerin stattet das Fest aus, es dauert drei Tage und Nächte. Sie gibt uns den Rat, es genauso zu machen wie sie und ihre Leute – vor allem beim Essen und Trinken. Wir kommen gut zurecht damit – immer vor dem Essen einen Schnaps. Noch einmal flackert die urwüchsige, ungebändigte Kraft eines Jahrhunderte alten baltischen Bauerntums auf – inmitten der Trümmern einer zusammenbrechenden Epoche. Ein gewaltiges Erlebnis und eine Erinnerung an eine nie wieder kommende Welt.

Ich erhalte den Auftrag, zwei Häftlinge aus dem Wehrmachtsgefängnis Riga abzuholen. Ich nehme meinen Schreiber mit. Die Fahrt geht ziemlich reibungslos – es ist ja nicht mehr weit. Wir müssen übernachten. Mein Gefreiter bekommt sein Quartier und ich ein Hotelzimmer mit allem Komfort. Zum Abendessen bekomme ich eine Eintrittskarte zum Kasino.

Eine ganz andere Welt tut sich auf – ich finde mich in Wien vor dem ersten Weltkrieg. Ein glänzendes Gebäude, innen strahlender Lichterglanz, riesige Kronleuchter, ein großer Saal, viele Offiziere und Zahlmeister, Intendanturräte und alles, was so zu einer Etappe gehört, fast alle mit ihren „Damen" in großer Robe – Russinnen, Litauerinnen, Baltinnen und einige Deutsche. Ein Essen mit drei Gängen, ein kleines Orchester, Stimmengewirr – träume ich? Im ersten Augenblick bin ich empört – so also lebt die Etappe in Riga. Aber dann werde ich ruhiger – haben sie vielleicht Recht? Was steht uns – und ihnen – bevor? Andererseits verbluten draußen Hunderttausende für sie. Gibt es hierfür eine Antwort? Ich finde sie nicht. Ich esse mein Menü mit drei Gängen – es schmeckt nicht so recht – und gehe.

Das Gefängnis ist ein düsterer Bau – aber geradezu freundlich gegenüber dem, was sich hinter diesen Mauern abspielt. Im Geschäftszimmer lege ich die Papiere vor. Der Kommandant, ein älterer Hauptmann, unterschreibt, ich „quittiere" den Empfang der beiden. Dann werden sie geholt. Draußen sehe ich sie, was hier Alltag ist. Wie sagte der Kriegsgerichtsvorsitzende bei meiner ersten Verteidigung? Ein Soldaten-KZ. Es ging nur im „marsch, marsch" – ausgemergelte Gestalten – und viel Schläge. In mir kocht es. Da kommt ein Feldwebel mit meinen beiden. Schneller – er schlägt ihnen einen Lederriemen über's Kreuz. Ich sehe rot vor Wut, brülle den Hauptmann an, ihm die Papiere unter die Nase haltend: „Herr Hauptmann, diese beiden gehören jetzt dem Infanteriebataillon 561 zbV an und sind freie Soldaten und unterstehen damit meiner Disziplinargewalt. Noch ein Schlag – und das hat Konsequenzen!" Jetzt ist er rot wie ein Puter – ein Wink an den Feldwebel, wir gehen. Wir stehen vor dem Tor, gehen zum Bahnhof, die beiden zwei Schritte vor uns, kommen gut beim Bahnhof an. Der Zug steht da, wir erhalten ein Sonderabteil, verschlossen – ich habe den Schlüssel.

Riga – eine Erfahrung eigener Art!

Diesmal geht die Fahrt langsam – es wird Nacht. Spät abends ist ein längerer Aufenthalt in einer kleinen Stadt. Wir gehen alle hinaus, setzen uns vor dem Bahnhof an einen Tisch der Bahnhofswirtschaft, trinken irgendein Gesöff. Mein Schreiber muß mal. Ich lasse ihn gehen – bleibe mit den beiden allein. Sie sind zugeknöpft, sie kennen sich ja. Dann „wir müssen auch mal." Ich nehme mir die beiden vor. „Ihr habt sicher Schreckliches durchgemacht, aber ihr kommt jetzt zu einer Einheit, da gibt es so etwas nicht – trotz zbV. Aber eine Lebensversicherung ist das nicht." Ich mache ihnen die Gefahren klar, die vorn und die hinten. „Ich gebe Euch für die Flucht nach vorn eine Chance von höchstens 5 %, für die nach hinten gar keine, da wartet nur der Galgen – aber es ist Eure Entscheidung!" Mein

Schreiber kommt. „Die beiden müssen auch – nimm sie mit". Er geht mit ihnen ins Bahnhofsgebäude. Es dauert lange, dann kommt er zurück – allein. Die beiden sind zum hinteren Fenster hinaus aus dem Bahnhof, stockdunkle Gassen – keine Menschenseele. Hier findet man sowieso niemand. Grotesk: Ein deutscher Leutnant steht in der stockfinsteren Gasse einer lettischen Kleinstadt und ruft laut: „Habt Ihr Euch genau überlegt, was Ihr tut?" Schweigen.

Wir melden uns beim Bataillon zurück – so allein wie wir gegangen sind. Unser Interimskommandeur Hauptmann G. läßt sich von mir berichten – lädt mich zu einem Glas Wein ein. Lange sieht er mich an, nachdenklich, hebt dann sein Glas und trinkt mir zu. Leise: „Daß sie gut durchkommen!." – Es hat übrigens nie jemand nach ihnen gefragt.

Die Zeit geht ins Land – es ist April geworden, die Schneeschmelze vorüber, wieder Schlamm und Dreck. Unsere Zeit naht. Wir sind einige Tage unterwegs, landen irgendwo ostwärts Dünaburg – wieder in Rußland. Die Front ist hier zur Zeit verhältnismäßig ruhig. Das Bataillon wird eingegliedert, der Troß selbstständig hinter der Front untergebracht. An einem der ersten Tage melde ich mich bei der Division, beim I c. Dieser, Major K., erklärt mir, ich würde bald zu tun bekommen, es lägen eine Reihe von Tatberichten vor. Ich nehme zugleich die Aufgaben eines Gerichtsoffiziers für die Division wahr. Abends bleibe ich bei der Division – bin Gast bei den beiden Wehrmachtspfarrern. Es wird ein interessanter Abend. Am Anfang auf allen Seiten Zurückhaltung – doch der Wein löst Zungen. Gegen Mitternacht gibt es ein offenes politisches Gespräch. Ich bekomme den Rat, mich immer an den I c zu halten, der ohnehin für mich zuständig ist.

Jetzt beginnt das Frontleben wieder – für mich allerdings aus anderer Sicht wie bisher. Ich bin mit dem Troß etwa 15 bis 20 Kilometer hinter den vorderen Linien – das gibt relative Ruhe vor der Artillerie.

Das Bataillon hat Stellung bezogen. Es ist verhältnismäßig ruhig, aber es liegt ein Ahnen vor sich überstürzenden Ereignissen über allem. Der Troß liegt in einem verlassenen Dorf, etwa 20 km hinter der Front. Ich bin oft vorn. Meist bin ich zu Pferd unterwegs, gelegentlich mit dem Krad oder dem Muli, unserem Hauptnachschubtransportmittel. Es ist ein Problem, den richtigen Fahrer zu bekommen. Er muß technisch begabt sein, gut mit einem Raupenfahrzeug fahren können und zuverlässig sein. Schließlich finde ich Erwin. Erwin ist ein Prachtkerl, Anfang zwanzig, begabt und lebenslustig, aber ein Windhund. Einige Male Bau wegen Zapfenstreichüberschreitung um Tage, dann unerlaubte Entfernung von der Truppe, zwei Jahre Zuchthaus. Er ist mir sehr dankbar für den Posten – er hält nicht viel vom Heldentod; je weiter weg von der Front, um so besser – aber er hat andererseits keine Angst und ist, wenn es darauf ankommt, ein Draufgänger. Er macht seine Arbeit glänzend, ist für alles zu gebrauchen und geht für mich durch's Feuer. Er versorgt die Truppe zuverlässig. Auf seinem Muli fährt er Munition und Verpflegung durch das dickste Artilleriefeuer – er betreibt das als eine Art Sport. Mit ihm zu fahren ist immer eine Art Himmelfahrtskommando.

Meine erste Aufgabe von der Division ist eine Verteidigung, eine heikle Sache. Ein Oberarzt ist angeklagt wegen Feigheit vor dem Feind; da geht es um Sein oder Nichtsein. Ich mag ihn – er ist offen und klug, aber nicht sehr mutig; sicher ein guter Arzt. Der Vorfall liegt zwei Wochen zurück. Er soll als Bataillonsarzt einem vor eigenen Linien liegenden Soldaten keine Hilfe geleistet haben – ein schwerwiegender Vorwurf. Ich bin Tage unterwegs, recherchiere vor Ort und ermittle durch Befragen von Zeugen. Der Termin ist da. Ich gebe ihm Verhaltensmaßregeln. Er macht vor Gericht einen guten Eindruck und sagt auf Befragen – wie von mir eingeschärft – nur Nichtssagendes. Einer der Richter, ein Major, ist ein Scharfmacher, der Vorsitzende ruhig und sachlich. Der zweite Beisitzer ist Oberarzt. Ich kann nachweisen, daß mein Mandant im fraglichen Zeitpunkt in einem Bunker in vorderster Linie gelegen und Verwundete versorgt hatte. Der Bunker lag mehrere Stunden unter schwerem Beschuß, so daß er nicht weiter konnte. Die Angelegenheit läuft gut, mein Plädoyer kommt gut an. Ich setze alles auf eine Karte, beantrage „Freispruch wegen erwiesener Unschuld". Fünfzehn Minuten dauert die Beratung. Das Urteil fällt antragsgemäß aus. Er ist überglücklich, sein Vater ist hoher Militärarzt.

Zwischendurch kommen kleinere Sachen. Anklagevertreter bei Wachvergehen, Verteidigung wegen unerlaubter Entfernung von der Truppe. Ich erreiche viel Freisprüche und milde Strafen, in einem Fall von Wachvergehen mit einem geradezu erbarmungslosen Anklagevertreter statt der beantragten sechs Monate Gefängnis nur fünf Tage verschärften Arrest.

Ich bin auf dem Weg zur Front. Von weitem sehe ich jemanden auf mich zukommen. Er kommt näher – es ist ein Flieger im Fliegerdreß, wahrscheinlich abgeschossen. Jetzt stehen wir uns gegenüber, ich steige ab. Er trägt eine fantastische Fliegerkombination, ganz modern mit allen Schikanen, im Schulterhalfter eine Pistole. Er lächelt und spricht mich an: russisch! Er ist mit seiner Ratta abgeschossen worden; ein sympathischer Bursche. Er fragt: „Wo ist das nächste Gefangenenlager?" – Ich entgegne: „Sind Sie sehr scharf darauf dorthin zu kommen?" – „Nein, nicht unbedingt." – „Hier gibt es so etwas nicht, das nächste Lager ist sehr weit. Aber wenn Sie geradeaus gehen, kommen Sie nach 3 km in ein bewohntes Dorf, es sind keine deutschen Soldaten dort." Er nickt, bietet mir eine Zigarette an – eine Camel. „Spacibo y do swidanje" – „Do swidanje." Ich steige auf, reite weiter, drehe mich um. Er geht langsam und bedächtig geradeaus, wird kleiner und kleiner und verschwindet hinter einer Baumgruppe. Ich mach mir Gedanken über seine nagelneue amerikanische Ausrüstung und den Fortgang des Krieges.

Wir haben einen neuen Kommandeur. Ich stelle mich vor und halte erst einmal den Atem an. Es ist mein Ausbilder von der Kriegsschule, der schon in Potsdam dauernd an mir herumgemeckert hat. Er ist der falsche Mann hier, hat wohl Halsschmerzen. As erstes ordnet er an, daß ich zum Stab nach vorn komme. „Das geht nicht, Herr Major, ich brauche die Personalunterlagen, das ist ein Gefechtswagen voll." Er besteht darauf, obwohl Hauptmann G. meine Auffassung unterstützt. Nun gut. „Herr Major, ich unterstehe in Gerichtsangelegenheiten der Division direkt (das stimmt nicht ganz), ich muß die Entscheidung von einer Weisung dese Divisionsgenerals abhängig machen." Er schielt auf mein EK I (hat er mir wohl nicht zugetraut), lächelt sauer – es bleibt alles beim Alten. Ich habe ihn nicht oft gesehen. Er wird bald danach verwundet und verschwindet. Hpm. G. übernimmt das Bataillon jetzt endgültig und ich werde zusätzlich zum Kompanieführer der Stabskompanie ernannt und bald danach zum Oberleutnant befördert.

Der Muli braucht Ersatzteile. Ich schicke Erwin ins Materiallager, das nächste ist drei Tage entfernt. Erwin: „Dort wird es das, was ich brauche, wohl nicht geben." – „Na, dann geh zum nächsten. Wie lange brauchst Du?" – „Eine Woche, Herr Oberleutnant." Er bekommt seine Papiere, er braucht mal etwas Freiheit. Die Woche vergeht, wer nicht kommt, ist Erwin. Ich warte 3 Tage, 5 Tage. Am 12. Tag nach seiner Abreise geht es nicht mehr, ich werde sowieso schon einen Rüffel bekommen. Ich mache Tatbericht und schicke ihn zur Division zwecks Fahndung. Entweder er hat es geschafft oder er wird geschnappt. Ich war zu schnell – am nächsten Morgen steht Erwin vor der Tür meines Bunkers. „Na, Erwin, Du wolltest wohl durchgehen?" „Jawohl, Herr Oberleutnant, aber da is nischt zu machen – hinten ist alles dicht. Aber jekricht ham Se mich nich!" Den Ärger habe ich, ich muß meinen Tatbericht zurückziehen. Meine Begründung: ich hätte mich um eine Woche im Datum geirrt. Der Rüffel bleibt aus. Beim nächsten Treffen mit dem I c grinst er und fragt nur lakonisch: „Na, wie geht's Erwin?" Aber Erwin ist wenigstens nicht allein gekommen. Er war begleitet von einer ausgenommenen herrlichen Gans, einem kleinen Eimer Schmalz und einem Rehrücken – das ist Erwin. Mein Weaner macht ein Freudenfest daraus. Erwin ist dabei, so wird er für sein „Zapfenwichsen" noch belohnt. Mein Bursche, Erwin und der Oberzahlmeister bilden zusammen mit dem Stallmeister, unserem Sanitätsunteroffizier und mir ein hervorragendes Doppelkopfteam.

Der Krieg entbehrt manchmal nicht einer gewissen Komik. Wir machen Stellungswechsel. Der Troß übernachtet in einem kleinen Dorf. Ich bin mit meinen Leuten in einer kleinen Hütte. Mein Weaner brutzelt ein Menü, Erwin putzt meine Stiefel und ich mache mich daran, meine Maschinenpistole zu reinigen. Es ist eine russische mit Trommel. Sie ist zwar schwer, hat aber 36 Schuß in der Trommel. Ich habe sie zwar nie gebraucht – aber man fühlt sich sicherer. Der Nachteil ist, daß sich, wenn man sie hart aufsetzt, ein Schuß löst. Der Raum ist voll, ich nehme meine „Lissy", setze sie mit der Mündung nach oben auf einen Tisch – bum! Zugleich ein Schrei über uns. Vom Flur aus geht eine Klappe zum Boden. Sie öffnet sich, eine Leiter wird herabgelassen und herab steigen leichenblaß ein Bursche und hinter ihm eine junge Matka. Er hält sich achtern – der Schuß ist ihm direkt in den Hintern gegangen – durch beide Backen, aber nur ins Fleisch. Denen ist da oben wohl die Zeit lang geworden. Er bekommt vom Sani ein Pflaster und eine Tetanusspritze, dann lassen wir sie laufen. Haben die sich geschämt – haben wir gelacht. Nun habe ich doch auf einen Menschen geschossen – und mitten hinein ins Vergnügen.

Es knistert in der Luft – irgend etwas passiert demnächst; man hat ein Gefühl dafür – es ist zu ruhig an der Front. Sie schießen auf alles, was sich bewegt.

Ich bekomme Besuch. Zwei Mann von der zweiten Kompanie. „Herr Oberleutnant, wie sieht das mit dem Krieg aus, der ist doch sowieso verloren? Die hauen uns doch demnächst in die Pfanne. Wir haben die Schnauze voll, jetzt wollen wir schon gar nicht mehr sterben für den Dreck. Nach hinten ist ja wohl nichts mehr zu machen – wir haben mit Erwin gesprochen. Herr Oberleutnant, wir gehen rüber, helfen Sie uns." Ich erwidere nur: „Geht zurück, ich komme zu Euch raus."

Zwei Tage später reite ich nach vorn. Das letzte Stück ist immer interessant. 400 Meter freies Gelände, voll von drüben einzusehen, ihre Kanonen und Werfer sind genau auf die Straße eingeschossen. Erwin rauscht mit seinem Muli immer hier durch, daß von drüben nur eine Staubwolke zu sehen ist. Daß ihm noch nichts passiert ist, grenzt an ein Wunder, die Einschläge liegen immer nur Sekunden hinter ihm. Ich pariere mein Pferd, rede ihm gut zu. Die Ohren spielen – sie kennt die Stelle. Dann die Sporen – sie rast über die Fläche, SMG-Salven ganz in der Nähe, vor uns Einschläge von Kanonen auf der Straße. Ratsch – Bum! ich ziehe nach links, nehme eine Abkürzung, dort ist aber ein Gatter. Ein paar Hilfen, mein Pferd streckt sich, zieht hoch über das Hindernis, noch 20, 30 Meter – wir haben es geschafft.

Ich gehe zur 2. Kompanie, spreche mit den Landsern im Graben. Unteroffizier M. kenne ich als vernünftigen Mann. Wir gehen abseits – sehen lange hinüber – es sind nur vielleicht etwa 200 Meter bis drüben. „M., was machen Sie, wenn von uns welche hier hinübergehen?" – „Herr Oberleutnant, mir wäre lieber, wenn Sie das nicht gefragt hätten." – „Ich habe nichts gesagt, M." – Pause. „Aber Sie können sich auf mich verlassen." Später spreche ich mit meinen beiden Besuchern „geht mit Uffz. M. auf Posten." Bei jedem Posten ist jemand vom Stamm dabei.

Drei Tage später Anruf von Libelle (unser Bataillonsgefechtsstand). „Wir haben heute Nacht zwei Überläufe gehabt." – „Ich komme." Wieder nach vorn. Vernehmungen, Tatbericht. Den Postenführer, Uffz. M., trifft kein Verschulden. Der Fall ist erledigt – denke ich . Nachts um 2 Uhr ein Anruf von Libelle, der Kommandeur ist am Apparat. „D., die beiden Überläufer haben über Lautsprecher gesprochen und zum Überlaufen aufgefordert. Zum Schluß hat eine Stimme – offenbar ein gefangener Offizier vom „Nationalkomitee Freies Deutschland" – gesagt: wenn Ihr Sorgen habt, geht zu Eurem Gerichtsoffizier – Mensch, seien Sie vorsichtig!" Morgens weiß die Division Bescheid. Ich warte auf einen Rapport – es kommt nichts.

Einige Tage später bin ich wieder bei der Division. Ich soll einen Unterarzt verteidigen. Ich gehe zum I c in den Bunker. Er muß mein Klopfen überhört haben

– liegt auf seiner Pritsche und hört England. Sein erstes Wort: „Ich höre dienstlich." – „Selbstverständlich, Herr Major." Wir besprechen die bevorstehende Verhandlung. Zwischendurch eine Bemerkung: „War ja ein tolles Ding, die Propaganda von drüben für Sie!" Er zeigt auf den Wehrmachtsempfänger. „Nach allem was man hört, ist in Kürze in Frankreich mit einer Invasion zu rechnen – vielleicht auch noch mit mehr. Die Armee wollte uns so einen Politoffizier schicken, einen NS-Führungsoffizier, wie die das nennen. Ich habe gesagt, daß wir das selbst machen würden. Erzählen Sie Ihrer Stabskompanie irgend etwas." – „In Ordnung, Herr Major." Ich verabschiede mich. Seine letzte Frage „wenn Sie durch irgendwelche Umstände bedingt plötzlich das Bataillon übernehmen müßten ...?" – „Herr Major, Sie können immer auf mich rechnen!" – „Auf Wiedersehen, Windrose." – „Auf Wiedersehen, Herr Major." Das Stichwort Windrose ist nie gekommen – aber Major K. hat dicht gehalten – bis zum bitteren Tod.

Den Unterarzt habe ich rausgehauen – Freispruch. Er hatte die übliche Typhusimpfungen vorgenommen. Nadel rein in die Brust, dann fielen sie langsam um, einer nach dem anderen, acht Mann – er hatte mit Benzin geimpft. Es war eine grobe Fahrlässigkeit des Sanitätspersonals. Nach drei Tagen waren die Geimpften alle wieder auf dem Posten, aber der forsche Einheitsführer hatte Tatbericht wegen „Zersetzung der Wehrkraft" eingereicht. Mein blumenreich vorgetragenes Argument „entschuldbares Versehen bei schwerer Belastung des Sanitätspersonals – keine Folgen" vermochte zu überzeugen.

Ich rufe die Stabskompanie und den Troß zusammen, mache politische Aufklärung. Ich erkläre anhand einer großen Karte von Frankreich – woher die kam weiß der Teufel – die Lage am Atlantikwall, erzähle ihnen, daß ich ihn kenne „war nicht toll, aber macht ja nichts." Wenn eine Invasion kommt, wird sie eben zurückgeschlagen. Nur, wenn die Alliierten sich in Frankreich festsetzen sollten, aber das passiert ja nicht, aber wenn – ja, dann ist der Krieg wohl endgültig verloren. Das war am 2. Juni 1944. Welche Ironie des Schicksals – zwei Wochen später sitzen die Alliierten in Frankreich fest im Sattel. Wenn die Landser mich jetzt sehen, grinsen sie – sie hofften alle auf ein baldiges Ende.

Wir spüren alle, bald sind wir dran.

Am 22.6.1944 ist es soweit. Das russische Trommelfeuer übersteigt alles bisher dagewesene. Stundenlang bebt die Erde, obwohl wir 20 km hinter der Front sind. Nach sechst Stunden Anruf von der Division: „Vorn ist alles auf der Flucht, wir haben keine Verbindung mehr. Sofort abrücken – auf eigene Initiative handeln – viel Glück!"

Wir hatten schon sechs Stunden lang gepackt und beladen – wir sind bereit. Nach zehn Minuten sind wir auf dem Marsch – Eilmarsch. Immer mehr Trosse ballen sich auf den Straßen. Jetzt kommen die Rattas – es gibt Ausfälle. Sie rasen immer die Straße lang, mal von vorn, mal von hinten, schießen ununterbrochen mit Bordkanonen. Ich will sehen, was weiter hinten los ist, da ist Gefechtslärm zu hören. Ich lasse mein Pferd bei meinem Pferdeburschen, nehme B. mit dem Krad, fahre zurück. Meine Anweisung an den Hauptfeldwebel: Keine Rast – nicht ausscheren – wir kommen nie wieder rein! Andere Trossen kommen – alles hastet über eine große freie Fläche, links in 200 Metern Wald. Plötzlich ratsch – bum! Da kommen sie aus dem Wald, 3, 4, 5 T 34 direkt auf die Straße zu. Die Panik ist nicht zu vermeiden. – Chaos bricht aus. Pferdefahrzeuge rasen im Galopp, werden von LKW von der Straße gedrängt, kippen um, Einschläge überall. An den LKW hängen Trauben von Landsern, einige fallen herunter, werden überrollt. Jetzt sind die Panzer auf der Straße, zermalmen alles, was da steht, Menschen, Tiere, nur noch Krachen, Splittern, Knirschen und Schreien. „Mensch, B. ab zu unserem Troß." Ich sitze schon im Sattel hinter B. – er rast los, schlängelt sich durch. Nach mehr als einem Kilometer stehen Offiziere mit gezückter Pistole, schießen auf die eigenen Landser, werden überrannt. Dann tritt langsam Ruhe ein. Wir haben die Front weit hinter uns gelassen – wenn es noch eine gibt. Ich versuche Verbindung aufzunehmen – alles vergebens, jeder hat nur mit sich und seiner Einheit zu tun. Wir wissen nicht, wo die nächste Verpflegungsstelle ist, wo sich die Division aufhält, wo das Bataillon steht – oder läuft.

Nach einigen Tagen gelingt es mir über eine Reihe von Zwischenvermittlungen ganz kurz Verbindung mit dem Bataillon zu bekommen. Sie kämpfen sich irgendwo in der Nähe von Wilna zurück, Wilna ist schon verloren – 120 km von uns entfernt. Letzte fast unverständliche Worte von G.: „Bleibt, wo Ihr seid – wir ziehen uns nach Norden zurück in Richtung auf Euch zu." Wir sind jetzt aus der unmittelbaren Gefahrenzone heraus. Aber zwischen der Heeresgruppe Mitte und der Heeresgruppe Nord klafft offenbar eine große Lücke – wenn die Russen schon vor oder in Wilna sind! Die bruchstückartigen Nachrichten, die Mitteilungen Verwundeter und offizielle Angaben von Stäben lassen langsam ein Bild der Lage zu. Ich bin dauernd bei irgendwelchen Stäben, um Neues zu erfahren. Es sollen ganze deutsche Armeekorps vernichtet sein, – eine Nachricht, die sich bald als zutreffend herausstellt. Durch die Lücke strömen ganze Sowjetarmeen. Überall herrscht Ratlosigkeit. Das alles trägt nicht zu einer Besserung der Stimmung unter den Soldaten bei – auch unsere Landser haben Ohren und haben in vielen Kriegsjahren zwischen richtig und falsch unterscheiden gelernt.

Wir waren in einem kleinen Dorf. Eines Abends kommen einige Landser zu mir: „Herr Oberleutnant, da oben in dem kleinen Häuschen ist eine Zigeunerin, die sagt die Zukunft voraus." Na schön – aber ich gehe hinauf, damit sie mir nicht die Leute verrückt macht, betrete den kleinen Raum, erleuchtet nur vom flackernden Feuerschein der Scheite im Kamin. Vor mir steht eine atemberaubende schöne Zigeunerin, lange schwarze Haare, eine weite, weiße Bluse, langer roter Rock, schwarze Glutaugen. Ich bin kaum im Zimmer, da kommt sie auf mich zu „Herr Oberleutnant, geben Sie mir Ihre Hand" – sie hat sie schon. Lange fährt sie mit einer Fingerspitze über meine Handlinien. Schließlich läßt sie mich los, begleitet mich hinaus, es ist hier alles friedlich, hier ist nicht zu veranlassen. Draußen sagt sie: „Herr Oberleutnant, Sie werden noch manche schwere Stunden durchmachen, aber Sie werden lebend und gut hier herauskommen, den Krieg überstehen, eine Familie mit mehreren Kindern haben – es wird Ihnen gut gehen und Sie werden alt werden." Ich lächle. „Sie glauben mir nicht? – Ich bin ganz sicher." Auf jeden Fall war sie die tollste Frau, die ich je gesehen habe.

Mitte Juli treffen wir wieder mit dem Bataillon zusammen, noch einmal in Rußland – nur für wenige Tage noch, südlich Dünaburg. Die Russen sind nicht mehr weit. Das Bataillon ist weit nach Norden abgedrängt worden. Wir übernehmen wieder die Versorgung des Bataillons. Aber es gibt kein Halt – weiter geht es nach Norden.

20. Juli 1944. Wir marschieren den ganzen Tag. Abends gegen 21 Uhr ist Rast in einem kleinen Wäldchen. Dort bekommen wir die erste Nachricht vom Attentat auf Hitler. Aber in diesem Augenblick war schon alles vorbei – Hitler lebt. Es fand sich nicht einmal besonderes Interesse für die Meldung. Die Männer waren müde und hungrig, sowieso an allem uninteressiert was mit Politik zu tun hatte – und außerdem – das Attentat war mißlungen. Hier und da leichtes Bedauern in den Mienen, sonst kaum eine Regung. Die Offiziere hören zu – schweigen. Das Attentat war für die Ostfront in eine ganz schlechte Situation hineingeplatzt. Die halbe Front war auf der Flucht, jeder kämpfte oder lief um sein Leben – und Berlin war weit weg. Ich selbst hörte nichts. Nur Major K. hatte dran glauben müssen. Die „Windrose" kann ich wohl vergessen Für die Ostfront fast ein Tag wie jeder andere.

Wir nähern uns der russischen Grenze – diesmal von der anderen Seite – von Osten, die Grenze nach Lettland. Ich habe Befehl, mit dem Troß noch in Rußland zu bleiben, auf Befehl kurz vor der Grenze die Reste des Bataillons zu erwarten und bis dahin in der Umgebung zu erkunden. Der Troß ist eng zusammengedrückt, es gibt heute keine Fremdeinwirkung, keine Flugzeuge. Rechts von uns in etwa 300 Metern Entfernung noch einmal der undurchdringliche russische Urwald, links in etwa 2 bis 3 km einige Hügel, Baugruppen, Hecken und Kuscheln dazwischen. Nach der Karte gibt es nur rechts in ungefähr drei Kilometern Entfernung ein Dorf – der Weg geht 700 Meter vor der Grenze rechts ab. Ich reite vor, ja, da ist der Weg, schmal, aber es wird gehen, auch einigermaßen fest für die Gefechtswagen. Meine Leute kommen. Ich weise nach rechts ein, schicke einen Melder zum Bataillon mit der genauen Ortsangabe und reite langsam mit dem ersten Wagen voran. Wir sind kurz vor dem Waldrand. „Herr Oberleutnant, sehen Sie mal, da rechts vor uns." Ich schaue hinüber. Kurz vor dem Anfang des Waldes, direkt neben dem Weg – eine knorrige alte Eiche. Und an dem dicken Ast, der bis über den Weg reicht, schaukelt im Wind ein Gehenkter – eine lebensgroße Stoffpuppe. Die Warnung! Wir betreten also Partisanengebiet. Ich zögere kurz, aber es gibt keine andere Übernachtungsmöglichkeit. Sicherung nach vorn – es ist alles ruhig. Neben dem Weg, etwas im Grund, ein Bach, am Ufer Erlen und Weiden, Totenstille – ab und zu wiehert ein Pferd, leise Flüche der Fahrer – alles wie üblich. Nach etwa 2½ km macht der

Weg eine Biegung nach rechts, auf eine kleine Höhe, dahinter liegt eine Lichtung. Ich befehle halt und reite zum Waldrand vor. Eine große Lichtung, Felder, Brachland, Sträucher. 600 Meter weiter drüben geht der Wald weiter, rechts liegt das Dorf. Ich lassen den Haupttroß mit Pferden und Fahrzeugen am Bach im Grund, ordne doppelte Wachen an und lasse den Rest am Hang unmittelbar vor dem Dorf zelten. Es wird schon dunkel. Auch ständige Wachen und ½-stündliche Patrouillen. Die Nacht vergeht ruhig. Auch am Morgen ist nichts zu sehen – im Dorf rührt sich nichts. Ich blicke lange hinüber – der Ort ist mir irgendwie nicht koscher. Aus ein oder zwei Schornsteinen zieht dünner Rauch nach Oben. 10 Uhr: ein Rauschen und ein Einschlag ca. 30 Meter vor dem letzten Zelt. Es muß Kaliber 7,5 cm sein. Eine Stunde später – Volltreffer in einen Gefechtswagen im Grund.

Jetzt muß etwas unternommen werden. Ich rufe meinen Melder und gehe langsam ins Dorf. 4, 5 Holzhäuser, dann ein Platz, bewachsen mit alten Linden, davor ein Feuerplatz, an dem drei Alte sitzen, lange, weiße Bärte, Pelzmütze, einen Umhang malerisch um die dürren Körper geschlungen, ein Bild wie aus Karl May „In den Schluchten des Balkan". Keiner nimmt Notiz von uns. Wir gehen langsam durch das Dorf – sonst keine Seele zu sehen. Fast am Dorfende ein Backhaus – in vollem Betrieb; zwei alte Frauen räumen Brot aus dem Ofen, herrliches braunes Brot. Ich überfliege – es sind mindestens 60 Dreipfundbrote. Wir kehren um. Bei den drei Alten bleiben wir stehen. „Wer ist hier der Natschalnik?" Der imposanteste der Alten fragt: „Schto eto?" („Was wollt Ihr?)" Sie sitzen mit untergeschlagenen Beinen. Ich winke meinem Melder, wir setzen uns ebenso daneben. Ein weiterer Einschlag zwischen den Zelten – später höre ich, daß grade niemand dort war – zwei Zelte sind zerstört. Ich nehme mir den Natschalnik vor. „Ihr braucht Verpflegung für Eure Männer drüben im Wald. Und die Kanone wird von hier aus gesteuert. Natschalnik – wir lassen Euch in Ruhe, wenn..." Eine lange Pause. „Choroschow Pan." Wir gehen. Das Feuer wird eingestellt. Wir müssen den Tag dort bleiben. In der Abenddämmerung sehe ich durch das Glas die Verpflegungsholer aus dem Wald kommen, mit Kübeln und Tragen, meine Wachen bleiben, aber die Nacht ist ruhig.

Etwa zwei Kilometer nördlich liegt nach der Karte eine Rollbahn, von deutschen Truppen auf dem Vormarsch benutzt. Ich beschließe, einen Spähtrupp zu machen. Mit sechs Mann gehe ich los, zu Fuß. Am Dorfende hockt auf einem Baumstumpf der Natschalnik. Ich grüße – er hebt die Hand. Wir sind 10 Meter weg, ein Ruf „Gospodin!" (ich bin also schon „Herr" geworden). Ich drehe mich um, er sitzt unbeweglich da, dann sagt er: „Dort gibt es nichts!" Ich erwidere: „Ich muß nachsehen bei der Rollbahn." Pause. „Gospodin, nach 300 Metern im Wald steht rechts eine kleine Birke, in der Mitte abgebrochen. Da biegt rechts ganz zum Wald ab und haltet Euch 100 Meter ganz am Wald – meidet die Straße bis zu einem Felsbrocken auf der linken Straßenseite." Wir halten uns an die Weisung. In der Mitte des angegebenen Stücks ist eine winzige Brücke, kaum zu sehen, das Stück ist natürlich vermint, wir erreichen die Rollbahn – alles ruhig, und doch habe ich dauernd das Gefühl, beobachtet zu werden – Einbildung? Diese Rollbahn ist seit Monaten nicht benutzt. Hohes Gras, Gestrüpp, eine kleine grüne Schlange – sonst nichts. Wir kehren um, meiden die Brücke und kommen unbehelligt wieder ins Lager, der Alte ist weg. Nachmittags erhalte ich Funkbefehl: Morgen früh am Treffpunkt.

Ein schöner Abend bricht an. Die Landser brutzeln irgend etwas, Käuze beginnen zu rufen. Ich bin im Zelt, da ruft mein Melder „es kommt jemand, Herr Oberleutnant". Schon bin ich draußen – vor mir steht ein bildhübsches Mädchen, vielleicht siebzehn Jahre alt in einer herrlichen Tracht, vor sich einen Gegenstand tragend. Sie zieht das Tuch ab: ein geschnitzter Holzteller mit einem Laib herrlichen Brotes und ein kleiner Holzbecher mit Salz. Sie strahlt mich an und sagt in tadellosem Hochdeutsch: „Herr Offizier, Großvater möchte, daß Du uns als Gast verläßt!" Ich breche ein Stück Brot ab, tunke es in das Salz und esse langsam, es schmeckt köstlich. Dann nehme ich das Mädchen in die Arme und küsse es. Die Kleine erwidert unbefangen den Kuß. Ich frage: „Ihr wißt, daß wir morgen früh weggehen?" Sie lächelt „Ja, Herr Offizier." Dann ist sie in der Dunkelheit verschwunden.

Ich gehe zum Zahlmeister, der immer irgendwelche Schätze verborgen hält und erkläre ihm die Lage. Er bringt mir später ein sehr schön gemustertes Stück Seide, vielleicht zehn Meter. Ich habe noch eine schöne Tabakspfeife, nehme fünf Päckchen feinen Tabak dazu und gehe mich verabschieden.

In der Hütte ein Holzfeuer, die Schatten des Alten flackern an der Wand, die Alte und die Enkelin sitzen auf der Ofenbank. „Natschalnik, darf ich Deiner Enkelin ein kleines Geschenk machen?" – „Sie wird sich freuen, Gospodin." Ich gehe hinüber, gebe ihr die Seide. „Spacibo" – Danke – jetzt ist sie doch ein bißchen rot geworden. Dann gebe ich dem Natschalnik Pfeife und Tabak, er winkt zu der Kleinen hinüber. Natascha, die Enkelin bringt eine Flasche Wodka und Gläser – und die Nacht wird lang. Wir sind meist stumm, die Frauen summen alte russische Melodien, das Feuer brennt nieder, ich gehe. Auf dem Rückweg ziehe ich die Wachen ein, sie sollen ruhig noch ein paar Stunden schlafen – hier passiert nichts mehr, hier sind wir sicher.

Am Morgen ist um 5 Uhr Aufbruch. Unten am Bach steht der Natschalnik, ein Händedruck – ein russischer Bruderkuß auf beide Wangen und dann nimmt er beim Abmarsch gewissermaßen die Parade ab. Ich sitze auf, drehe mich um und winke lange zurück. Ich sehe niemand, bin aber sicher, daß jemand den Abschiedsgruß gesehen und verstanden hat.

Unwillkürlich denke ich an Tolstoj: Krieg und Frieden! – und alles an einem Tag!

An der Rollbahn warten wir zwei Stunden bis das Bataillon kommt. Troß voran, rechts schwenkt, marsch! Nach 500 Metern die russische Grenze.

Mir ist fast ein wenig weh ums Herz!

Nach 7 bis 8 Kilometer kommen wir in das erste lettische Dorf. Bäuerinnen stehen an der Straße mit großen Körben herrlicher Erdbeeren. Sie verteilen alles, was sie haben an uns. Auch ihnen steht die Angst im Gesicht.

Anfang August marschieren wir nachts durch Riga. Die Stadt brennt von russischen Luftangriffen. Wir kommen nordostwärts von Libau zum Stehen. Die Lage stabilisiert sich etwas. Der Troß zieht weiter in Richtung Libau und bezieht wieder einmal Quartier. Kurz vorher begegne ich einem fetten Major von irgendeiner Etappe. Ich grüße ihn, hoch vom Roß hinab. Er hält mich an, ob ich nicht wisse, daß die Wehrmacht jetzt mit dem „Deutschen Gruß" grüße – haben die Sorgen! Ich will grad aufbrausen, bleibe dann aber ruhig: „Herr Major, wir kommen gerade von der Front und haben wochenlange, mörderische Kämpfe hinter uns. Über militärische Grußvorschriften hatten wir keine Zeit, uns zu informieren. Davon dürfte das Schicksal Deutschlands heute auch wohl kaum abhängen. Im übrigen bin ich Soldat und nehme Befehle nur von meinen Vorgesetzten an – nicht von Fremden auf der Straße. Weiß ich, ob Sie deutscher Major oder Partisan sind?" Ich grüße wieder mit der militärischen Ehrenbezeugung und reite weiter. Mein Bursche dreht sich um: „Herr Oberleutnant, der kriegt gleich einen Schlaganfall." – wäre kein Verlust. Aber man muß hier vorsichtig sein. Vor wenigen Tagen hat Generalfeldmarschall Sch. die Armee übernommen – dieser Sadist läßt gleich jeden an die Wand stellen.

Trotz einiger schwerer Abwehrschlachten haben wir beim Troß jetzt wieder Ruhe. Aber Ende August kommt eine Hiobsbotschaft: die Russen sind zwischen Libau und Heydekrug an die Ostsee durchgebrochen – wir sind wieder einmal abgeschnitten. Zunächst merken wir aber wenig davon. Dieser Krieg – oder jeder Krieg – bleibt unergründlich und rätselhaft bis zur letzten Phase. Nach dem Durchschreiten einer Hölle von Kampf, Blut und Opfern folgen fast paradiesische Tage; weil wir vorher die Hölle erlebt haben?

Ich habe meine eigenen Probleme. Seit ich hier beim Bataillon bin, ist es mir gelungen, eine ganze Anzahl von Bataillonsangehörigen erfolgreich zur Begnadigung vorzuschlagen. Habe ich ihnen damit einen Gefallen getan? Gewiß – sie sind rehabilitiert, aber haben sie es bei ihrem früheren Truppenteil besser als bei uns? Bleiben sie dort „verfemt"? Und wie sieht es jetzt aus? Wenn jetzt einer begnadigt wird, erfolgt seine Entlassung aus dem Bataillon. Aus Kurland heraus kommt er nicht – auch die Marinesoldaten und ehemaligen Marineoffiziere nicht. Sie kommen zu irgendeiner Alarmeinheit, kennen keinen, sind verlassen, keiner kümmert sich um sie – sie sind fast verloren. Mit ihrem Weggang haben sie eine – wie auch immer geartete – Heimat verloren. Die meisten, mit denen ich die Frage ihrer Begnadigung bespreche, wollen unter den gegenwärtigen Verhältnissen hier bleiben. Ich stelle erst einmal viele zurück. Ich bin aber viel vorn bei der Truppe, halte mich oft in den vordersten Gräben auf. Viele zeigen mir die – jetzt sehr spärlich – eintreffenden Briefe von zu Hause. Vielerlei Probleme belasten auch die Männer. Eltern und Frauen sind ausgebombt, vermißt, Todesnachrichten von allen Seiten, Verlust von Hab und gut und die Angst vor dem Kommenden.

Ende September wird noch einmal freigekämpft, durch einen Panzerverband im Zusammenwirken mit Seestreitkräften. Aber im Oktober schnappt die Falle endgültig zu. Der Wehrmachtsbericht spricht jetzt von der „Kurlandarmee" wie einst von der Stalingradarmee. Und dennoch – der Wechsel von Licht und Schatten, Leben und Tod bleibt.

> *Liebe Eltern!*
>
> *Stürmisch wie die Zeiten so war der heutige Tag. Tief jagten die Wolken von der See her, der Regen peitschte, das bunte Laub wirbelte wild umher. Und jetzt ist wieder Ruhe eingetreten. Geheimnisvoll funkeln die Sterne und nur vereinzelt ziehen noch regenschwere Wolken über den Himmel. Nur die Bäume stehen kahl und leer im bleichen Licht der Sterne und recken ihre Zweige wie drohen gegen den nachtschwarzen Himmel.*
>
> *Einen herrlichen wilden Ritt hab ich durch dieses Inferno der Wildheit und des Aufruhrs gemacht. Schwer mußte sich mein Roß aufbäumen gegen die Wucht des Sturmes. Und so wild der Sturm peitschte, so gewaltig der Wind hell aufheulend auf Häuser und Bäume fegte, so aufgeregt der Regen gegen den einsamen Reiter peitschte, so ruhig war dieser in seinem Inneren, ausgeglichen und besonnen steht er über alle dem Chaos. Die Würfel sind gefallen, es gibt kein Zurück mehr, es gibt nur noch eine Heimkehr.*
>
> *So laßt denn die Stürme toben, laßt die Gewalt streiten. Nach all dem Sturm wird sich der weiße Schleier über die Erde legen und ein neuer Frühling wird ein neues Erwachen bringen.*

„Seht, ich bin bei Euch alle Tage bis zur Vollendung der Welt."

Mattäus 24, 6-23

Alles Gute und herzliche Grüße

Euer H.

St. Martin 1944. Ich liege in einem kleinen Bauernhaus, habe ein kleines Zimmer für mich. Hier ist es wieder ganz anders. Man lebt in der Küche. In der Mitte eine offene Feuerstelle, darüber hängt an dicken, eisernen Ketten ein riesiger Kessel, in dem für die ganze Großfamilie gekocht wird, sehr reichlich und sehr fett. Martinsmorgen ganz früh kommt die Bäuerin in mein Zimmer. Auf einer gewaltigen Schüssel liegt eine halbe, gebratene Gans – zum ersten Frühstück. Daneben eine Flasche Klarer, das sei hier an St. Martin so üblich!

Der Soldatenklau geht um. Rückwärtige Einheiten und Trosse werden „ausgekämmt". Zu mir kommt ein kleiner, dicker Major. Eine große Einheit – da müssen wir 15 Mann freimachen zum Einsatz in einer Alarmeinheit. Ich sage „soviel habe ich kaum noch" – „Na, dann zeigen Sie mal die Listen" – „die sind vorn bei der Truppe" – „Menschenskind, Sie haben doch hier die Schreibstube" – „Bei uns ist das alles ganz anders – wir sind ein Bewährungsbataillon. Wissen Sie, Herr Major, wenn Sie zufällig mal ein paar Marketenderwaren mehr empfangen haben, als Ihnen zustehen, dann werden Sie degradiert und kommen zu uns als einfacher Soldat – und dann müssen wir mit Ihnen fertig werden. Ich kann genau sagen, wieviel Zuchthäusler und zum Tode Verurteilte wir hier haben – alles andere kümmert mich ein Dreck." Man sieht ihm an, er wäre froh wieder aus diesem Haufen von Ganoven und Mördern heraus zu sein. Er geht schließlich – sichtlich erleichtert, daß ihm keiner die Kehle durchgeschnitten hat – auch ohne seine 15 Mann. Nach 10 Minuten sind alle meine Schäflein wieder da, klopfen sich Heu, Häcksel und Stroh von der Feldjacke und atmen tief auf. Der dürre kleine Major ist nie wiedergekommen. Man darf nur nicht dem Schörner in die Hände fallen, der hat immer gleich ein Dutzend Henker bei sich und läßt einen gleich hinter dem Straßengraben umlegen. Das Urteil spricht er – mit einer Handbewegung – à la „Röhmputsch". „Mit rücksichtloser Härte das Letzte aus der Truppe herausholen" nennt er das – wahrlich, ein Mann nach des „Führers" Geschmack.

Die zweite Kurlandschlacht ist geschlagen – erfolgreich und verlustreich, die dritte bald danach.

Und wieder ein Abglanz aus der „anderen Welt".

Aus dem Brief vom 12.11.1944:

> *„Liebe Eltern!*
>
> *Leis rinnt der Regen und eintönig grau wallen die Novembernebel vor den Fenstern, während im Zimmer noch die letzten Klänge aus dem Klavierkonzert Nr. 3 von Ludwig van Beethoven nachhallen. In dem lichtlosen Grau dieses frühen Tages steht mächtig und fordernd das Wunder der Komposition eines Giganten. Herrisch gebietet er im Reich der Töne – und doch, wieviel Zartheit und stillen Frohsinn kann dieser Mann in seine Klänge legen.*
>
> *Vorgestern hatte ich Gelegenheit neben Beethovens Leonoren Ouvertüre 3 – diesem geheimnisvollen Suchen nach dem Rätsel des Lebens – die lichten und reinen Klänge des Konzerts in G-Moll von Wolfgang Amadeus Mozart zu hören.*
>
> *Ich möchte wieder einmal die „Eroica" hören und die Brandenburgischen Konzerte von Joh. Seb. Bach."*

Advent 1944. Ich liege in einem Försterhaus. Langsam aber sicher wird der Kessel kleiner. Alle sind sehr nett zu uns – alle haben Angst vor dem, was kommt. Sie kennen ja die Russen und kennen die Sowjets.

Aus dem Brief vom zweiten Advent:

> *„Die Försterfamilie ist streng christlich und fromm. Da sie zur Zeit keine Gelegenheit haben zur Kirche zu gehen – sie sind evangelisch – versammeln sich im Forsthaus jeden Sonntag eine Anzahl von Bauern, die dann unter der Leitung der Försteroma eine Andacht abhalten. Die „Försteroma" – wir nennen sie auch so, ist eine herzensgute Frau, die sehr für uns sorgt. Man fühlt sich hier so recht heimisch. Wenn alles abends um den Kamin sitzt und der blinde Sohn des Hauses Violine spielt, dann holt die Oma Bratäpfel aus der Bratröhre und wir haben immer noch ein Schnäpschen. Es werden dann abwechselnd deutsche und lettische Volkslieder gesungen oder auch Weihnachtslieder."*

Meine Arbeit geht unablässig weiter. Vor wenigen Tagen hatte ich erst wieder eine große Verteidigung, bei der es mir gelang, für einen Mann einen Freispruch zu erzielen; es ging um Tod und Leben. Es gelang mir, das Gericht von der Schuldlosigkeit des Mannes zu überzeugen.

Weihnachten naht. Unser Oberzahlmeister, der in den nächsten Tagen versetzt wird, kann herrliche Berliner Pfannkuchen backen; er kann auch organisieren, was dazugehört. Na ja, ein Oberzahlmeister hat ja auch Tauschobjekte. Zu Weihnachten bekommt jeder sechs Pfannkuchen. Auch die Armee hat sich nicht lumpen lassen, jeder erhält zwei Büchsen Ölsardinen zusätzlich und eine halbe Flasche Schnaps. Wir bereiten für den Abend grad eine kleine Feier vor, da kommt von der Division der Befehl „Marschbereitschaft". Also – vor dem Packen wird alles vertilgt. Man kann ganze Landschaften dem Russen in die Hände fallen lassen, aber keine sechs Pfannkuchen! Das ist das Geheimnis, an dem die marxistisch/leninistische Lehre immer wieder scheitert „wenn das arme Luder mal zu etwas kommt – will er nicht teilen – aus ist es mit der Solidarität." Auch ich handle nach diesem verabscheuungswürdigen Rezept. Der Erfolg stellt sich prompt ein. Strafe? Glück? Nachmittags muß ich mich heftig übergeben, habe hohes Fieber. Ich geh mal zum Heeresverbandsplatz. Die behalten mich gleich da. Hochgradige Hepatitis mit Gelbsucht im Rückfall. Mein Bursche holt den Oberzahlmeister – kurzer Abschied – aus mit meiner Tätigkeit.

Ich bin kaum noch ansprechbar. Am ersten Feiertag werde ich sitzend im Sankra in das nächste Feldlazarett gebracht, es gibt wohl nur noch eins vor Libau, dem einzigen Loch im Kessel.

Trotz meiner Lethargie ist mein Eindruck im Lazarett überwältigend. Das ist wirklich ein fideles Gefängnis. Alle Leute ohne Arme und Beine, zerschunden und zerschossen, die nur noch ein Bestreben haben: rechtzeitig raus aus diesem Schlamassel. Ich komme in einen Barackenraum mit 20 Betten. Hier liegen nur Offiziere, vom Leutnant bis zum Major. Ein Ton wie unter Zuhältern, das Verhalten entsprechend brutal – nicht untereinander – da sind sie sich einig. Mein Eintritt erregt keine besondere Aufregung – ich gehöre dazu.

Nach Weihnachten bin ich beim Oberstabsarzt. Nach eingehender Untersuchung erklärt er mir, ich gehöre in ein Heimatlazarett zu einer gründlichen Behandlung. Mein Befinden sei schlecht, die Diät hier mangelhaft, Medikamente für mich seien nicht vorhanden. Aber er bedauert, er könne mich nicht in die Heimat schicken – nur schwer Verwundete bekämen eine Ausreisegenehmigung. In Libau erfolgte eine genaue Kontrolle aller Verwundeten, für Kranke gäbe es überhaupt keine Genehmigung. Leichter Erkrankte seien trotz ordnungsgemäßer militärischer Papiere schon sofort erschossen worden. Krankheit sei, so meint er offen, in Schörner's Armee so etwas wie „Feigheit vor dem Feind". – Das sind ja feine Aussichten.

Die Stimmung wird immer erregter – ständig krakelt irgendeiner herum. Silvester 1944. Es gibt nur die übliche Lazarettverpflegung – keinen Alkohol. Um 23 Uhr geht der Stabsfeldwebel des Lazaretts von Raum zu Raum und öffnet alle Türen zum Gang. „Tür zu, es zieht!" – „Tut mir leid, meine Herren, in wenigen Minuten spricht der Führer, alle haben die Rede anzuhören." Riesegelächter, dann eine sonore Stimme aus dem Raum – in aller Ruhe – „Sani, steck Dir Deinen Führer in den Arsch und mach die Tür zu!" Das war ein Major der Luftwaffe. Der Stabsfeldwebel wird stur „die Tür bleibt offen". Schon saust ein Knobelbecher durch den Raum – von einem, der nur noch einen braucht – der Stabsfeldwebel kann grad noch ausweichen, der Stiefel trifft voll den Lautsprecher, es klirrt und scheppert – dann ist Ruhe. Der „Führer" ist hier nicht gefragt, zumindest nicht mehr. Der Major hat plötzlich einen Revolver in der Hand. „Hör mal zu Sani, wenn jetzt noch einer kommt und uns stört, dann könnt ihr den noch heut Nacht verscharren – und die Lautsprecherreste dazu." Er sagt das in tödlicher Ruhe. Der Stabsfeldwebel verschwindet – in dieser Nacht erscheint niemand mehr.

Nach Neujahr bin ich wieder beim Oberstabsarzt. Er ist völlig mit den Nerven fertig. „Wenn ich Ihnen gegen den Befehl von Sch. als Krankem Transportpapiere ausstelle, bin ich dran. Ich gebe Ihnen jetzt die genaue Diagnose ‚Hepatitis epidemica im Rückfall bei akuter schwerer Gelbsucht'. Alles andere ist Ihr Risiko." Er verläßt den Raum. Ich warte ein paar Minuten, gehe dann an den Schreibtisch, dort liegen Transportpapiere, blanko unterschrieben. Ich nehme mir den obersten Schein, gehe zurück ins Zimmer. Abends gehe ich kurz hinaus, fülle den Schein mit meinen persönlichen Daten und der Diagnose aus und warte, was nun geschieht. Gegen 21 Uhr kommt immer der Hauptfeldwebel, um den Transport für den nächsten Tag zusammenzustellen. Er kommt ins Zimmer: „Wer hat sein Transportpapier?" Zwei, drei melden sich, ich schließe mich an. Er sieht mich an, fragt „sitzend oder liegend, Herr Oberleutnant?" – „Sitzend." – „In Ordnung. – Also morgen früh um 8 Uhr."

Morgens geht alles reibungslos, der Oberstabsarzt läßt sich nicht sehen. Die Fahrt ist kurz – die drei Sankra halten am Hafen von Libau. Der Hafen ist mit

Stacheldrahtverhauen verbarrikadiert und streng bewacht. Am Durchlaß stehen 6 bis 8 Kettenhunde, sämtliche mit MP in den Händen und die „Kommission". Ein Offizier und drei Ärzte, darunter der Generalarzt. Es geht langsam, obwohl es bei einem Beinamputierten ja nicht viel zu überlegen geben sollte. Noch zwei vor mir – mit ist nicht sehr wohl in dieser Umgebung – ich sehe wohl ganz grün aus. Ich zeige meine Papiere in der Hand, er kommt heran, untersucht kurz die Skleren und sagt dann: „Herr Generalarzt, dieser Mann muß raus hier." – „Kommt nicht in Frage, Kranke bleiben hier!" – Der Oberarzt läßt nicht locker, fragt mich „wie oft hatten Sie das schon?" – Ich lege ein Mal zu und sage „es ist das dritte Mal." Der Oberarzt bleibt ruhig, aber fest. „Herr Generalarzt, wenn dieser Mann hier bleibt, kann er in kürzester Zeit die ganze Division anstecken" und setzt zynisch hinzu „oder das, was von ihr übrig geblieben ist. Was wird dann wohl der Herr Generalfeldmarschall dazu sagen?" Der Generalarzt zögert „geben Sie her", er zeichnet die Papiere ab, ich bin durch.

Wir werden in Jollen verladen, die Schiffe liegen auf Reede. Das ist bei den Schwerverwundeten nicht ganz einfach. Dann geht es hinaus auf Reede. Mir war vorher schon speiübel. Wir steuern auf einen alten Kahn zu, der jeden Augenblick auseinanderfallen könnte. Auf welchem Schiffsfriedhof haben sie denn den aufgegabelt? Der säuft ja demnächst auch ohne Feindeinwirkung ab. Na schön, als „Kurlandexport" nimmt man schließlich den letzten Seelenverkäufer.

An Bord komme ich gleich in einen riesigen Laderaum, ausgefüllt mit dreistöckigen Betten. Ich kann laufen, bekomme den obersten Platz. Ein Gestank kommt von Eiter, Kot und Urin – nicht auszuhalten. Der Kahn schaukelt leicht – wir können erst nach Einbruch der Dunkelheit auslaufen – im Geleitzug. Ein Oberarzt kommt, liest die Papiere: „Für Sie kann ich noch weniger tun als für die anderen. – Aber warten Sie, ich schicke Ihnen etwas." Nach einer Weile kommt ein Sani mit einer 2½ Kilobüchse – Apfelmus. Das soll ich langsam essen, Löffel um Löffel. Ich kann kaum noch atmen. Der Kahn fährt jetzt. Ich hangle mich herunter, unten stöhnt ununterbrochen ein frisch Amputierter – sie haben nicht genug Morphium, gehe an Deck, man hindert mich nicht. Es ist dunkel, noch ein paar Landser sind an Deck, Frische Luft – welch eine Wonne – mir wird gleich besser – und das Apfelmus tut gut. Wir stehen die halbe Nacht an der Reling. Der Geleitzug – drei Schiffe – wird nun von zwei Torpedobooten begleitet, hinter ihnen im matten Mondlicht auf den Wellen zwei Streifen. Wir fragen einen Matrosen. „Ach, das sind die Schnorchel der beiden russischen U-Boote, die uns immer begleiten. Manchmal schießen sie einen Torpedo ab – sie drehen aber schon eine ganze Weile vor Königsberg ab." Gegen Mitternacht dreht der Mann auf der Brücke kurz nach Backbord ab – ein Torpedo rauscht knapp vorm Bug vorbei. Schwein gehabt.

Es wird hell. Königsberg wird erreicht, das Ausladen beginnt. Am Pier steht ein Lazarettzug. Wir paar Sitzenden bekommen Fensterplatz, fast alle anderen sind liegend. Im Zug ist eine gute Betreuung durch nette Rotkreuzschwestern. Ein paar Stunden Fahrt, mein Waggon wird in Elbing abgekoppelt, nach einer weiteren Stunde ist das Ziel erreicht. Ich bin im Lazarett in Stuhm/Ostpr.

Es erfolgt eine sehr herzliche Aufnahme und eine hervorragende Betreuung für alle Patienten durch Schwestern und Ärzte. Ich bin der einzige Offizier im Lazarett. Im Offizierzimmer stehen sechs Betten, ich bin also allein. Nach Minuten bin ich gebadet, liege in einem blütenweißen Bett – man fühlt sich wieder als Mensch. Sofort kommt der Arzt, die ersten Untersuchungen werden vorgenommen. Trotz der Aufregungen und Strapazen bin ich auf dem Wege der Besserung. Ich bekomme Bücher und Zeitungen. Um 21 Uhr kommt der Oberarzt. Er hat eine Bitte. „Ich habe einen schwerverwundeten Feldwebel, Bauchschuß, er liegt mit zehn Mann in einem Raum, er findet keine Ruhe. Darf ich ihn zu Ihnen legen, Herr Oberleutnant?" – „Aber selbstverständlich." Ich freue mich, nicht allein zu sein, vielleicht kann ich ihm irgendwie helfen, ich kann ja aufstehen. Schon kommt die kalte Dusche. „Er bleibt nicht lange, Herr Oberleutnant, er wird noch vor Mitternacht sterben." Was ist der Mensch – jetzt bin ich Durchgangsstation für die Ewigkeit. Sie schieben ihn herein. Ein ganz kleines Gesicht, kalkweiß, große Augen; er ist nicht ansprechbar. Die Schwester kümmert sich um ihn, geht dann. Um 21 Uhr geht das Nachtlicht an. Ich liege quer an der gegenüberliegenden Wand vor seinem Bett. Er murmelt, ruft ab und zu etwas Unverständliches. Kurz vor Mitternacht richtet er sich auf, sieht mich lange mit seinen großen Augen an, öffnet den Mund – aber er bringt keinen Laut heraus. Dann legt er sich langsam zurück. Es scheint, als habe er mich als Wesen zur Kenntnis genommen. Minuten vergehen – dann beginnen seine Hände auf der Brust zu kreisen. Ich klingle nach der Schwester. Sie ist sofort da, läuft hinaus; ich höre sie rufen: „Herr Oberarzt, Herr Oberarzt, er stirbt!" Auch er ist gleich da, kann dem armen Kerl aber nur noch die Augen zudrücken Er wird mit einem Laken bedeckt und hinausgeschoben. Es ist kurz nach Mitternacht – ich bin wieder allein – oder doch nicht? Ich habe kaum geschlafen in dieser Nacht. Mir bleibt wohl nichts erspart.

Die nächsten Tage vergehen für mich sehr angenehm. Man tut alles, um mir das Leben lebenswert zu machen. Morgens zum Frühstück kommt ein junges Mädchen, 13 Jahre alt, bringt mir die Zeitung. Sie setzt sich immer auf mein Bett und plaudert unbefangen von allem möglichen. Gott ist das schön, die Welt mal wieder mit Kinderaugen zu sehen – diese mörderische Welt. Dennoch bleibt mir eine steigende Nervosität im Lazarett nicht verborgen. Ich frage den Oberarzt. Er sieht mich lange an und sagt: „Herr Oberleutnant, die große russische Offensive hat begonnen. Wie lange noch?"

Es vergehen einige Tage wie gewohnt. Nachts ist mir, als höre ich Panzer schießen, gegen Morgen ist wieder Ruhe. Zum Frühstück ist meine Kleine wieder da. Verändert – sie scheint heute mindestens 25 Jahre alt zu sein. Sie schweigt lange, hält nur meine Hand. Dann beginnt sie zu erzählen, ganz ruhig und ganz sachlich. Gegen Morgen seien einige ihrer Verwandten aus dem Nachbarort, sieben Kilometer südlich von Stuhm hier eingetroffen. Am Abend vorher seien dort die Russen eingerückt – was dann gekommen sei wäre entsetzlich gewesen. Als sich die Russen morgens zurückgezogen hätten, sei alles geplündert gewesen, fast die Hälfte der verbliebenen männlichen Bevölkerung, alles ältere Leute, haben erschlagen oder erschossen auf der Straße gelegen – keine Frau, selbst die Älteren, die nicht sechs oder mehr Male vergewaltigt worden wäre. Sie geht, kommt aber nach einer Stunde noch einmal zurück. Sie drückt mir noch einmal die Hand, gibt mir einen Kuß und sagt: „Lieber Herr Oberleutnant, kommen Sie gut hier heraus, ich habe Sie liebgewonnen. Ich gehe jetzt mit meiner Mutter über die Weichsel – Auf Wiedersehen, lieber Herr Oberleutnant.“ Meine Tränen kann ich zurückhalten bis sie draußen ist – noch Kußhand, dann ist sie verschwunden. Gott möge ihr die Rettung gegeben haben! Südlich von Stuhm geht eine Fähre über die Weichsel, der einzige Übergang hier. Kann sein, daß sie über das Eis mußten.

Gegen 17 Uhr läßt mich der Chefarzt zu sich bitten. Sämtliche Ärzte sind bei ihm versammelt. Er wendet sich an mich: „Herr Oberleutnant, sie sind der einzige Offizier hier. Wir müssen damit rechnen, daß der Russe gegen Morgen in Stuhm ist. Nach Elbing ist er bereits durchgebrochen, das übrige Ostpreußen ist abgeschnitten. Ein weiterer Angriffskeil geht auf Danzig vor, dann sind auch wir dran.

Ich habe mich entschlossen, das Lazarett aufzulösen. Ich weiß, es geht Ihnen noch nicht allzu gut – aber ich habe keine Wahl mehr. Sie werden erfahren haben, was sich in der Umgebung abgespielt hat. Bitte führen Sie heute nacht alle Gehfähigen nach Marienburg – und dann sehen Sie weiter. Ich bin am Ende meiner Weisheit.“ Ich sage sofort zu. Der Unterarzt, ein netter Kerl, mit dem ich mich in dieser Woche öfter unterhalten habe, wird versuchen, ein paar Waggons auf dem Bahnhof und eine Lok für die Liegenden zu ergattern. „Herr Oberleutnant, wenn die Russen nicht vorher hier sind, können Sie sich auf mich verlassen. Bitte, warten Sie in Marienburg auf mich.“ Wir vereinbaren einen Treff auf dem Bahnhof in Marienburg.

Nach Einbruch der Dunkelheit stehen alle Gehfähigen auf dem Hof. Es ist kalt, Glatteis. Wir ziehen los. Humpelnd, fluchend und ächzend setzt sich der Zug der Verlorenen in Bewegung. Stunde um Stund geht es langsam voran, es fängt an zu schneien. Ich versuche all meine Schäflein zusammenzuhalten. Die Angst im Nacken der Geschundenen hilft mir dabei.

Gegen Morgen erreichen wir den Bahnhof von Marienburg. Hier herrscht totales Chaos. Landser liegen besoffen in der Gosse, Kettenhunde müssen um ihr Leben bangen, hier sind sie ganz klein und jämmerlich. Fast jeder Landser hat alles weggeworfen – nur eine Waffe, die hat er schußbereit in der Hand. Offiziere sieht man überhaupt nicht. Ich bringe meine Leute in einer Ecke des Bahnhofs unter – alle sind angekommen, vielleicht 150 Mann. Dann suche ich verantwortliches Bahnhofspersonal – ein hoffnungsloses Unterfangen. Ich gehe von Tür zu

Tür, treffe schließlich einen älteren Bahnbeamten, der Verständnis hat und noch nüchtern ist. Es gelingt ihm, einen Lokführer und einen Heizer, sowie einen Rangierer zu bewegen, einen Güterzug zusammenzustellen. Wir bekommen 60 Achsen zusammen. Meine Leute ziehen um, verlorengegangen ist keiner, hier läuft keiner mehr weg. Sie haben in den Waggons wenigstens ein Dach über dem Kopf. Aber eine Lok nach dem Westen zu bekommen, erscheint aussichtslos. Wir warten, nichts geschieht. Ich habe bereits alle Hoffnung aufgegeben, da keucht von Süden her ein Zug heran – ein Güterzug, fährt in den Bahnhof ein, kommt zum Stehen. Mein Unterarzt springt mir in die Arme. Ich erkläre ihm die hoffnungslose Lage. Er ist nicht beeindruckt; „Lassen Sie mich nur machen, Herr Oberleutnant." In den beiden ersten Waggons seines kleines Zuges sind Schnaps, Sekt, Schokolade und sonstige herrliche Sachen. „Verpflegung habe ich keine, das habe ich nicht mehr geschafft. Das hier ist wichtiger. Als wir Stuhm verließen, fuhren von Süden die russischen Panzer ein. Ich bin übrigens der einzige Sanitätssoldat. Sämtliche Ärzte, Schwestern und Pfleger sind südlich von Stuhm über die Weichsel. Also, los geht's!"

Innerhalb von zwei Stunden hatte er einen Lokführer und einen Heizer, die bereit waren, den Zug nach Westen zu fahren. Der Preis: Schokolade in Mengen und je Mann zwei Kisten Schnaps. Von Marienburg bis in die Gegend von Stolp sind die Signalanlagen bereits außer Betrieb. Na, von Westen wird ja wohl keiner mehr kommen. Die Waggons von Stuhm werden einrangiert und die Reise kann beginnen. Bei geschlossenem Signal setzt sich der Zug langsam in Bewegung, er hat jetzt 80 Achsen. Der Bahnhof und die Umgebung sind jetzt fast leer. Was nicht total besoffen war, hat sich in den Waggons verkrümelt. Ich fahre auf der Lok mit – eine Eingebung? Ein später Kindheitswunsch? Ich interessiere mich für jeden Hebel, darf alles probieren, der Lokführer ist stolz und hilfsbereit. Wir überfahren die Weichselbrücken, laufen in Dirschau ein. Wir halten. Der Bahnhof ist noch von verängstigten Beamten besetzt, aber sonst funktioniert nichts mehr. Auf dem Bahnhof drängen sich Flüchtlinge, Frauen mit Säuglingen im Arm – eine Frau hält ihr totes Baby fest, will es nicht hergeben. Eine andere Frau tränkt ihr wenige Wochen altes Baby mit eiskaltem Wasser an der Pumpe. Unbeschreibliches Elend – grausame Bilder – die Apokalypse! Ich spreche mit dem Unterarzt, sage „wir nehmen alles mit, was hier noch herumliegt." – „Herr Oberleutnant, wir brauchen dringend Verpflegung; hier ist ein großes Verpflegungslager in der Nähe." „In Ordnung, schnappen Sie sich irgendein Gefährt und holen Sie, was Sie bekommen können. Das Lager wird ja in den nächsten Stunden gesprengt werden." Eine Stunde vergeht, dann kommt ein Bahnbeamter: „Herr Oberleutnant, bitte ans Telefon." Am Apparat ist der Unterarzt und unterrichtet mich leise: „Der Intendanturrat ist stur wie ein T 34. Am Lager stehen Posten unter Gewehr, da ist nichts zu machen." Ich überlege kurz, antworte: „Haben Sie ein Fahrzeug?" – „Ja, ich konnte einen kleinen LKW requirieren." – „Schicken Sie ihn mir sofort her und geben Sie mir den Intendanturrat – für den General, verstehen Sie?" – Kurze Pause – dann eine Stimme: „Ja, hier Intendanturrat F." – Ich: „Hier General von Alvensleben, Herr Intendanturrat – ich bekomme sofort drei LKW, vollgeladen mit allem, was der Unterarzt aussucht. Ich mache Sie persönlich für das Einladen verantwortlich. Wenn ich das Zeug nicht in einer Stunde habe, lasse ich Sie alle füsilieren. Das ist ein Befehl! Ich schicke sofort ein Exekutionskommando, Ende!" Ich suche mir aus der Menge, die Landser spazieren jetzt auf dem Bahnhof, einen Unteroffizier, der mir einen recht guten Eindruck macht und sage: „Nehmen Sie zehn Mann mit Karabiner, lassen Sie scharf laden und beziehen Sie vor dem Verpflegungslager Posten. Ich komme später nach – weitere Befehle abwarten. Bis ich komme, hat der Unterarzt volle Befehlsgewalt, und er soll mir den Helden von Intendanturrat vom Halse halten. Unteroffizier, das hier ist kein Spaß – es geht um unser aller Leben." Er klettert mit seinem ziemlich rabiat aussehenden Kommando auf den LKW und verschwindet. Ein Glück, daß in Preußen Befehle Wunder wirken.

Ich inspiziere inzwischen die Bahnsteige, lasse die Flüchtlinge einsteigen. Irgendwo steht ein verlorenes Häuflein Arbeitsmaiden, ohne Führerin, die ist unterwegs. „Was wollen Sie denn hier?" – „Wir sollen an die Front, aber es fährt kein Zug." – „Hiermit seid Ihr alle beschlagnahmt – mitkommen." Ich verteile sie auf den Zug, lasse die ersten drei Waggons freimachen – und bin im übrigen neugierig. Nach eineinhalb Stunden fahren drei voll beladene Lastwagen mit dem Unterarzt und dem Kommando vor. Er strahlt: „Ich habe alles – das reicht bis Hamburg für alle. Herr Oberleutnant, das hat gewirkt; das Tränentier schlotterte noch mit den Knien." Er hat allerdings nachgeholfen, er ist ein Prachtkerl – mit ihm kann man wirklich Pferde stehlen. Der Unteroffizier erzählte mir später, der Unterarzt habe den Befehl gegeben, die Schlösser am Lager aufzuschießen – und dann habe der Boß alles herausgerückt, die Leute dort hätten geschuftet, daß ihnen der Schweiß von der Stirn getropft sei.

Die Verpflegung kommt in die ersten drei Waggons, acht von den Maiden kommen dorthinein, erhalten den Auftrag, ununterbrochen Brote zu schmieren. Wir bleiben noch eine Stunde, Brot und Fett sowie allerlei Leckerbissen werden an die Waggons verteilt, Milch und Büchsengemüse an die Flüchtlingsmütter – jeder, Soldaten und Flüchtlinge, bekommen ausreichend zu essen und zu trinken. Frage an den Unterarzt: „Müssen wir jemand ausladen?" – „Eigentlich ja, aber das ist hier noch zu unsicher – wir warten noch." Er war durchgegangen und hatte, wo es nötig war, Hilfe geleistet und die Maiden im Anlegen von Verbänden angeleitet – im Schnellverfahren.

Mittags geht es weiter. Ich bin wieder auf der Lok – es hat mir gefallen. Wir haben Dirschau kaum hinter uns gelassen, feuert der Lokführer selbst. Ich frage: „Wo ist denn der Heizer, ist der in Dirschau getürmt?" – „Nee, der liegt auf dem Tender und ist duhn (betrunken)!" Er stottert auch schon. Also – ich übernehme die Arbeit des Heizers. Es schlaucht gewaltig. Klappe auf – glühendheiße Flammen, Klappe zu – eisige Zugluft. Ich habe nachgeschüttet, schaue nach dem Lokführer – auch er ist weg. Ich drehe mich um, da liegt er und schnarcht wie eine Ratte. Ich schüttle und rüttle – der Kerl ist nicht wach zu kriegen. Nun geht also wenigstens ein Kindertraum noch in Erfüllung. Ich probiere zunächst jeden Hebel, bald weiß ich Bescheid. Ich hatte mich ja vorher – ungewollt – informiert. Der Zug fährt und fährt. Ich heize abwechselnd und bediene mal diesen, mal jenen Hebel. Da – vorn ein Häuschen, davor ein Bahnbeamter mit einer Klappe in der Hand auf der eine Zahl steht. Lesen kann ich sie nicht, es geht zu schnell, nutzt ja auch nichts. Ich ziehe – ein langer Pfiff heult über Hinterpommerns Landschaft. Ich bremse langsam ab – es soll ganz schön geschüttelt haben – fahre langsamer, arbeite wie ein Besessener.

Vorn ist mir heiß – hinten kalt. Dann wird mir etwas mulmig. Vorn taucht eine Stadt auf – da ist doch sicher auch ein Bahnhof. Auch backe! Hoffentlich steht nichts auf dem Gleis, wir sind ja nicht angemeldet – oder doch, durch den Mann am Häuschen? Ich bremse weiter ab, der Zug fährt jetzt langsam. Der Bahnhof kommt in Sicht – ach du meine Güte – ein Kopfbahnhof! Ich bremse noch einmal, Räder quietschen, ich bekomme einen Schlag, daß ich fast in die Feuerklappe fliege – die Schubkraft von 80 Achsen ist enorm. Ganz langsam rollt der Zug jetzt in den Bahnhof, noch einmal bremsen – ganz schaffe ich es nicht, die Lok fährt auf den Prellbock auf – aber es war harmlos – es haben alle überstanden! Jetzt bin ich reife für einen Schluck aus der angebrochenen Pulle.

Hier ist die Welt noch in Ordnung. Der Bahnhofvorsteher kommt, fällt aus allen Wolken. Als er meinen Bericht aus Marienburg hört, sagt er: „Ich helfe Ihnen selbstverständlich weiter." Wir haben zwei Stunden Aufenthalt; zwei Tote und einige sehr schwer Verwundete werden ausgeladen – in Minuten sind Sankra da, der Unterarzt geht von Waggon zu Waggon – aussteigen tut keiner. Nach zwei Stunden ist alles fertig, der Zug abfahrbereit – diesmal mit nüchternem Lokführer und Heizer. Ich bleibe auf der Lok. Der Stationsvorsteher verabschiedet sich, „die Leute bringen Sie über Köslin bis nach Stettin und haben Anweisung, alle Ihre Befehle auszuführen. Bis Stettin ist bahnmäßig alles unterrichtet, die örtlichen Krankenhäuser und Lazarette wissen Bescheid." Ich bedanke mich, wir lassen einige von unseren „Schätzen" da und fahren weiter – Richtung Westen. Der Unterarzt ist in seinem Element. Er lacht schallend über meinen „Fahrbericht" und meint, die Lokführerprüfung hätte ich gerade mit „noch ausreichend" bestanden. Unterwegs halten wir einige Male, um Schwerverwundete auszuladen – auch ein paar Tote. Es geht jetzt alles sehr zivilisiert zu. Gegen Abend sind wir in Stettin. Der Bahnhof ist von SS besetzt. Ich verhandle mit dem zuständigen SS-Führer. Der Unterarzt hat darauf bestanden, bis nach Hamburg zu fahren. Na schön, mir recht – aber ob die mitmachen? Hier ist der Krieg noch weit weg. Der SS-Führer fragt: „Haben Sie Deserteure im Zug?" – „Nein, nur Schwerverwundete und Flüchtlinge. Ich selbst habe Ausreisegenehmigung durch Feldmarschall Sch." Mir ist nicht sehr wohl in meiner Haut. Der Zug wird kontrolliert. Der Unterarzt war vollkommen. Es ist kein Landser mehr an Bord, nur noch Verwundete, die Maiden und Flüchtlinge. Woher er in aller Eile für 15 Arbeitsmaiden Rot-Kreuz-Armbinden besorgt hat, habe ich nie erfahren. Der SS-Führer meint, die Verwundeten sollten in Stettiner Lazaretts kommen, gibt aber zu, daß diese schon alle überfüllt seien. Der Unterarzt meutert – das sei eine ärztliche Frage und es handle sich überwiegend um sehr schwere Fälle, die eine Spezialbehandlung brauchten. Die gäbe es aber nur in Neumünster. Der SS-Führer zögert, willigt dann aber ein und besteht nur darauf, daß alle Flüchtlinge aussteigen müßten. Ich wiederum erklärte mich unter der Voraussetzung einverstanden, daß die Betreuung durch das Rote Kreuz gewährleistet werde. Sie sind ja hier – zumindest vorläufig – in Sicherheit. Bald wimmelt es von Rotkreuzschwestern, Angehörige von Hilfsorganisationen – auch NS-Frauenschaft kreuzt auf – für die Flüchtlinge ist erst einmal gesorgt.

Gegen Morgen fahren wir als reiner Lazarettzug weiter. Ich fahre jetzt mit dem Unterarzt zusammen. Ich frage ihn: „Menschenskind, warum wollen Sie partout nach Neumünster? Sind Sie da zu Hause?“ Er lacht: „Nein, aber dort ist mein Vater Leitender Militärarzt, Generalarzt.“ Nun wird mir so manches klar. In Stettin hat er seinen Vater schon unterrichtet – wir hätten noch höhere Unterstützung erhalten. Er war ein Prachtmensch – ohne ihn hätte ich das alles gar nicht geschafft.

Im Morgengrauen fährt der Zug in Neumünster ein. Der Vater – telefonisch informiert – wartet schon mit einer langen Reihe von Sankra. Stürmische Begrüßung von Vater und Sohn. Ich erkläre ihm, daß er einen prachtvollen Sohn habe. Das Leben geht weiter. Ich bekomme eine Einweisung in das Lazarett Kurhaus in Bad Travemünde. Vater und Sohn fahren glückstrahlend ab. Ein letztes Winken – dieser Prachtmensch hat manchem Verwundeten und manchem Flüchtling Leben und Freiheit gerettet.

Ich tuckere mit dem nächsten Bummelzug nach Travemünde. Dort werde ich im Kurhauslazarett ohne große Begeisterung aufgenommen. Ich habe es wohl nur dem Umstand zu verdanken, aufgenommen zu werden, daß ein Generalarzt meine Einweisung verfügt hat. Ich liege mit sechs anderen Offizieren in einem Zimmer mit Blick auf die Förde. Das Essen ist gut – es gibt sogar Diät – die ärztliche Behandlung ist korrekt, aber ansonsten lieblos und interesselos.

Brief vom 24.1.1945:

> *Liebe Eltern.*
>
> *Hoffentlich habt Ihr inzwischen mein kurzes Schreiben aus Stettin erhalten, das Euch meine Reise nach hier ankündigte. Ja, diese Woche stand wieder unter einem unruhigen Stern. Was ich in diesen Tagen an Elend und Not gesehen habe, läßt sich mit Worten gar nicht beschreiben.*
>
> *Aus meinem ersten Aufstehen wurde gleich eine durchwachte Nacht, da ich die Sicherung des Lazaretts übernehmen mußte. In letzter Stunde sind wir dann gut herausgekommen, haben jedoch eine Fahrt hinter uns, wie sie auch nur unter derartigen Umständen passieren kann.*

Na, ich bin glücklicherweise, wie ich bereits schrieb, fast ganz ausgeheilt gewesen, so daß ich alles gut überstanden habe. Ich bewohne nun eines der elegantesten Krankenhäuser Deutschlands (wenigstens früher). Mein Blick fällt aus dem Fenster meines Zimmers direkt auf die Ostsee; es ist ganz prächtig. Wie lange ich noch hierbleiben werde, weiß ich noch nicht, aber lange wohl nicht. Ich denke, es werden noch einige Tage zur Beobachtung sein. Na und dann hoffe ich ganz stark auf meinen Urlaub, da ich ja in einem Reservelazarett bin. Ich liege jetzt so, daß ich immer über Berlin fahren muß und auf jeden Fall hinkommen kann. Dahin, wo ich hergekommen bin, wird ja kein Weg mehr führen. Sucht Zuflucht im Gebet, das ist immer noch stärker, als alle Geheimwaffen zusammen.

Ich wünsche Euch alles, alles Gute.

Euer H.

Es geht schneller als ich denke – immerhin ist mir noch eine Woche gegönnt. Nach einigen Tagen kann ich das Lazarett wieder verlasen und Spaziergänge machen.

30.01.1945. Wir machen uns nach dem Essen „landfein", marsch los. Die große Freitreppe, die an beiden Seiten nach unten die große Eingangshalle führt, ist gerammelt voll. Landser quetschen sich auf den Stufen von oben bis unten dicht aneinander. Unten stehen Rollstühle mit Amputierten, Tragen mit Schwerverwundeten, in der Mitte der Halle auf Stühlen und Sesseln das ärztliche Team vom Unterarzt bis zum Chefarzt, einem Oberstabsarzt. Einige Stühle sind frei, reserviert für uns, wie sich schnell herausstellt. Wir ziehen lässig durch die schweigende Menge in Richtung Ausgang, irgendwo plärrt ein gewaltiger Lautsprecher Militärmärsche. Der Chefarzt erhebt sich, stellt sich uns in den Weg: „Meine Herren, es ist Ihnen wohl entgangen, daß jetzt der Führer spricht. Bitte nehmen Sie Platz." Er weist gebieterisch auf die beiden Stühle. Unser Sprecher, ein Hauptmann, lächelt den Mediziner freundlich an: „Ja, und was geht das uns an, Herr Oberstabsarzt." Beim Chefarzt zittert die Unterlippe: „Meine Herren, bis Ende der Veranstaltung ist Ausgangsverbot!" Der Hauptmann kramt provozierend in seinen Taschen, findet seine Zigaretten, zündet sich nervenaufreibend langsam eine an, lächelt wieder und sagt: „Wir gehen uns jetzt ein wenig die Stadt ansehen, wo ist denn hier etwas los?" – Der Chefarzt sabbert fassungslos vor Zittern – Schweigen. Der Hauptmann: „Na denn nicht. Wiedersehen – und viel Spaß mit dem da!" Er winkt zu den Landsern hinauf, öffnet die Tür und wir marschieren hinaus – einer nach dem anderen – wie die sieben Schwaben. Abends sind wir zurück – stocknüchtern. Niemand sagt etwas. Die Visite kommt, ein Oberarzt mit Oberschwester – nichts geschieht.

Am nächsten Morgen kommt nach dem üblichen Frühzeremoniell das Frühstück. Jeder erhält auf einem Tablett Tee, zwei Weißbrotschnitten mit Ersatzmarmelade. Daneben liegt für jeden ein Brief – die Entlassungspapiere zum Ersatztruppenteil – Abreise bis 12 Uhr. Der Hauptmann lächelt nicht mehr; er nimmt seinen Brief und verläßt schweigend den Raum. Nach einer Stunde kehrt er zurück. Er gibt jedem ein weiteres Papier und sagt: „Ich habe denen auf dem Geschäftszimmer die Leviten verlesen – die werden noch lange an uns denken, den Chefarzt habe ich nicht mehr gesehen. Hier sind Ihre Urlaubsscheine – jeder 14 Tage Genesungsurlaub." Das war ein echter Frontoffizier. Kurzer Abschied – ab zum Bahnhof.

Ich muß nach Olmütz/Mähren, also auf jeden Fall über Berlin. Nach Berlin lautet auch mein Urlaubsschein. Am Bahnhof ist ja viel Betrieb. Ja, wann ein Zug nach Berlin fährt ist Glückssache. Die Strecke wird ununterbrochen von britischen Jagdbombern kontrolliert. – Wie war das mit den britischen Jagdbomber, Herr Maier?

Abends ist es soweit. Ich klemme mich in ein überfülltes Abteil. Irgendwo nachts – alles raus! Wir liegen eine Stunde im Graben, die Nacht taghell erleuchtet von Leuchtfallschirmen, die Briten grasen ganz niedrig die Strecke ab – bekannte Töne: Bordkanonen.

Aber morgens bin ich dann doch in Berlin, schaffe es auch bis Königswusterhausen. Meinem Vater hat man 1943 sein Geschäft, das er sich mühsam zwischen zwei Weltkriegen aufgebaut hatte, geschlossen – auf Veranlassung der Partei. Nur mit Mühe und Hilfe eines befreundeten Arztes ist er mit seinen nun 65 Jahren einer Verpflichtung zum Arbeitseinsatz entgangen. Meine Eltern leben jetzt in einem netten, kleine Häuschen, das mein Vater rechtzeitig mit Hilfe meines Offiziersgehaltes gekauft hatte in Senzig bei Königswusterhausen.

Am zweiten Tag meines Aufenthaltes in Senzig kommen Nachbarn, ein Ehepaar mit Tochter, einem hübschen jungen Mädchen, schwarzhaarig, das sich durch Schweigen auszeichnet. Sie sind in Berlin ausgebombt und leben seit zwei Jahren in einer benachbarten Laube. Sie sind mir schon wegen ihres Namens sympathisch – sie heißen Hesse und kommen auch, um Radio zu hören, sie haben bei sich keins. Es werden Nachrichten gehört – Radio BBC – London natürlich. Andere Leute nimmt mein Vater gar nicht auf. Herr Hesse ist ziemlich offen mit seiner Meinung, wie auch mein Vater. Da muß noch ein junger Mann sein, der nicht mitgekommen ist. Ein junger Mann? Ich höre zu, beobachte – und schweige. Das junge Mädchen wirft mir mißtrauische Blicke zu. Ich bin in Uniform – halte es für angebracht, hier als verwundeter Offizier zu gelten – das schafft eine gewisse Freiheit, auch der Partei gegenüber.

Am nächsten Abend sind sie wieder da, ohne die Tochter und den jungen Mann. Heut wird diskutiert. Wann wird der Krieg endlich zu Ende sein? Ich hoffe, das Ende noch hier zu erleben. Ich entwickle einen Plan – sollten die Alliierten zu spät kommen, gilt es, die Brücke über die Dahme zu retten. Ich habe in früheren Urlauben Waffen mitgebracht, eine MP, zwei Pistolen, eine weitere habe ich bei mir. Es wird Utopie bleiben.

Das Haus in Senzig

Ich komme in Zeitnot, mein Urlaub läuft ab und die Nachrichten sind schlecht. Wegen der Ardennenoffensive ist eine Verzögerung im Vormarsch der westlichen Alliierten eingetreten. In Königswusterhausen ist der für mich zuständige Arzt, ein sehr verständiger älterer Mann, der hier seine Praxis und offiziell Soldaten im Urlaub ärztlich zu betreuen hat. Er hat volles Verständnis und schreibt mich wegen einer Verschlechterung meines Gesundheitszustandes für eine Woche krank, verlängert die Frist dann noch um eine weitere Woche – mehr darf er nicht, dann muß er mich zum nächsten Militärarzt schicken – zwecklos.

Bei meinem letzten Besuch bei ihm gerate ich abgebrühtes Frontschwein in helles Erstaunen. Ich bin grad in Königswusterhausen – Fliegeralarm! Unterstände gibt es nicht. Ich stehe auf der Straße und sehe fassungslos in etwa 2000 Meter Höhe am hellichten Tag weit über 1000 riesige amerikanische Bomber auf Berlin zufliegen, in Reih und Glied, wie auf dem Exerzierplatz. Rundherum schwirren wie Mücken unzählige US-Jäger. Phantastisch! Später rummst es aus Richtung Berlin ganz gewaltig. Irgendwo ballerten zwei oder drei Flak, von Herrn „Maiers" Luftwaffe war nichts zu sehen.

Abends sind unsere Gäste, die Tochter ist wieder dabei, sehr gedrückt. Sie gehen früh. Beim Abschied bittet mich Herr Hesse, für einen Augenblick mitzukommen. Ihre Laube ist sehr primitiv. Wir setzen uns an einen Gartentisch, der junge Mann ist auch dabei. Nach längerem Schweigen erklärt Herr Hesse: „Herr Droßel, wir sind Juden und leben hier illegal. Wir haben einen Hinweis bekommen, daß wir verraten sind – die Gestapo kann jeden Moment hier sein. Wir wis-

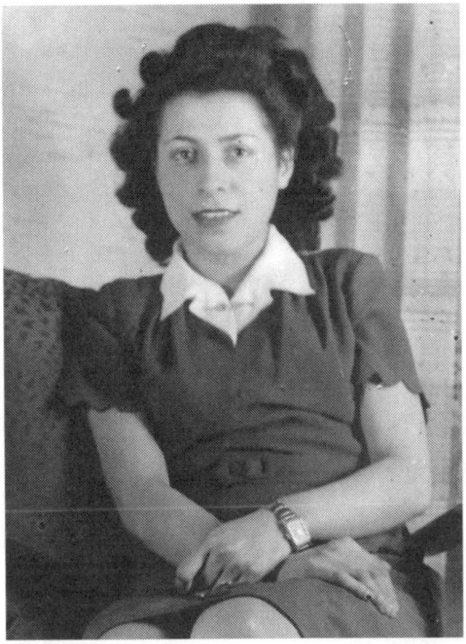

Margot

Jack und Lucie Hass

Die Geretteten

Professor Dr. Ernest Fontheim, USA
(1955 als wissenschaftlicher Mitarbeiter an einer Universität in USA)
Mitarbeiter der NASA an Weltraumprojekten

sen nicht mehr weiter." Ich überlege kurz – das bedeutet für sie eine Ewigkeit von Angst. – „Ich helfe Ihnen, warten Sie." Ich gehe zurück, erkläre meinen Eltern die Lage. Meine Mutter packt sofort Lebensmittel zusammen. Ich gehe zurück und erkläre Ihnen, daß sie mit dem ersten Bus nach Königswusterhausen und von dort mit der Bahn nach Berlin fahren sollten. Ich gebe ihnen meine Adresse in Tempelhof und meine Wohnungsschlüssel, übergebe ihnen einen Revolver mit ausreichend Munition und weise die beiden Männer kurz in den Gebrauch der Waffe ein. Ich sage: „Wenn vorher jemand kommen sollte, haben Sie keine Hemmung. Legen Sie alle um – das sind alles Schweine! Ich bin dann auch sofort da."

Ein weiteres Problem: sie haben in einer großen Kiste viele Unterlagen über früheres Eigentum, Stellung, „Judenabgaben" usw. Außerdem persönliche Papiere, die sie als Juden ausweisen, die sie aber natürlich nicht bei sich tragen können. Auch diese Schwierigkeit wird gelöst. Günter, der junge Mann, und ich transportieren im fahlen Mondschein gegen 2 Uhr morgens alles auf unser Grundstück, wo es mein Vater später vergräbt. Günter meint: „Da ist noch etwas. Wir haben immer von G. aus telefoniert und mußten die angerufenen Nummern eintragen. Das sind alles Juden, die ebenfalls illegal leben oder Treffpunkte illegal lebender Juden. Die fliegen doch auf!" Ich beruhige ihn und erkläre, daß ich das in Ordnung bringen werde. Gegen 4 Uhr ziehen sie los. Eine Stunde später ist die Gestapo da. Sie finden eine leere Bruchbude und ziehen wieder ab. In meiner Wohnung in Tempelhof war ein Zimmer für mich freigehalten, in den anderen, beschlagnahmten Räumen lebten Flüchtlinge, die sich um nichts kümmerten. Hesses haben alle ein paar Tage dort gewohnt, bis sich für die Familie Hesse etwas anderes fand, Günter, der nicht zur Familie gehörte, aber die Tochter später in Amerika geheiratet hat, ist bis Kriegsende in meiner Wohnung geblieben.

Am nächsten Tag bin ich – in Uniform mit allen Orden – bei der Familie G. in S., ich mußte telefonieren. Glücklicherweise hatten wir dort kein Telefon. G.'s waren Nazis. Ich verwickle die alte Frau G., die allein war, in ein Gespräch, bitte um ein Glas Wasser und eine Schmerztablette. Sie verschwindet. Günter hatte mir gesagt, das Buch liege im rechten Schreibtischfach. Auf dem Schreibtisch steht das Telefon. Ich wähle eine beliebige Nummer, suche hastig. Das Schreibtischschloß ist glücklicherweise offen. Da – ein langer Terminkalender; ich sehe nach, ja, es ist das Buch voller Namen und Telefonnummern mit Datum. Aber das Ding ist so lang, daß ich es nicht einstecken kann. Ich höre Frau G. kommen und kurz entschlossen stecke ich das Buch unter die Uniformjacke, es ist noch zu lang. Ich schiebe es in das linke Hosenbein, das geht, wenn ich den Arm anwinkle und das Buch so festhalte. Aber – ich kann das Knie nicht mehr beugen. Frau G. gibt mir Wasser und Tablette, ich schlucke das Ding – es hat mir nicht geschadet – trinke einen Schluck. „So, Frau G., ich habe keine Anschluß bekommen." – „Ja, aber die Nummer müssen Sie trotzdem aufschreiben, wir haben Anweisung vom Ortsgruppenleiter." Auch das noch – strenge Sitten herrschen hier in der

Vater's Geschäft (1945 Günter Fontheims Versteck)

Heimat. Sie will mir das Buch geben, sucht; verflixt, damit hatte ich nicht gerechnet. Sie wird verwirrt, „nanu, das Buch war doch heute morgen noch hier drin." – „Na, immer mit der Ruhe, Frau G., ich helfe Ihnen suchen." Wir suchen, ich so gut das mit dem Bein geht. „Na, Frau G., es wird sich schon wieder auffinden, ich schreibe die Nummer dann später ein – als Offizier bin ich ja wohl nicht verdächtigt?" – „Aber nein!" Ich gehe etwas langsam und steif aus dem Haus, das fällt ihr auf. „Ja, Frau G., Soldatenschicksal, ich habe einen Steckschuß im Bein. Da haben Ihre Söhne als PG's es ja besser gehabt!" – Jetzt ist sie ruhig. Ich humple die Straße hinunter zu unserem Haus. 30 Minuten später ist alles verbrannt, die Asche im angrenzenden Wald vergraben. Nachmittags bin ich bei Günter, beruhige ihn wegen des Buches. Dann gehe ich zu unserem dortigen Nachbarn, einem eingefleischten Kommunisten und erkläre ihm, da ihm ja die Anwesenheit Günters nicht verborgen sein konnte, es handle sich um einen Deserteur. „Na, da können Sie beruhigt sein. Wenn es Schwierigkeiten geben sollte, soll er zu mir kommen, notfalls habe ich auch noch eine Adresse." Ich hätte es ihm nicht sagen können, daß Günter Jude war. Hesses haben alle überlebt, der Name Hesse war allerdings ein Pseudonym.

Günter und Margot haben nach dem Krieg geheiratet. Er ist heute weltweit bekannter Weltraumphysiker und hat bei der NASA Anteil an den amerikanischen Weltraumerfolgen gehabt.

Doch meine Zeit ist nun endgültig abgelaufen. Der stramme Nazi gegenüber beobachtet mich schon seit einigen Tagen. Die wahnsinnige Ardennenoffensive im Dezember 1944 hat meinen Zeitplan völlig durcheinander gebracht – ich hatte die Amerikaner früher erwartet. Nun denn – es lebt sich hier als Deserteur gefährlich – sie hängen inzwischen schon an Laternenpfählen mit einem Schild um den Hals „ich bin ein Feigling." Also – Flucht nach vorn. Es wird nicht ganz einfach werden – ich habe die letzte Krankschreibung auch schon wieder um eine Woche überschritten – immerhin dabei eine jüdische Familie gerettet. Meine Hoffnungen auf die Alliierten erfüllten sich nicht – also muß ich selbst aktiv werden. Ungewisser Abschied von zu Hause, ein kurzer Besuch in Berlin bei Günter – dort läuft alles zufriedenstellend. Ich fahre zum Bahnhof Friedrichstraße. Dort erfahre ich, daß mein Zug vom Anhalter Bahnhof fährt. Viel steht dort nicht mehr – aber Züge fahren noch; die Gleise werden jede Nacht wieder geflickt. Dort suche ich mir schleunigst einen Zug – an die Westfront, ich habe es mir anders überlegt. Dort wird man schon weiterkommen. Ich sitze im Zug. Wieder ein Irrtum – die kontrollieren schon hier. „Wo wollen Sie hin, Herr Oberleutnant?" – „Zu meinem Ersatztruppenteil nach Kassel." Ich zeige meinen Lazarettentlassungsschein. – „Da sind Sie falsch informiert, Ihr Ersatztruppenteil liegt irgendwo in Böhmen – fragen Sie doch bitte bei der Leitstelle." Nun dann, es soll wohl sein, aber die Leute sind hier wenigstens höflich. Raus aus dem Zug zur Leitstelle. Dort ist mir nicht ganz wohl; ich habe außer dem Lazarettentlassungsschein keine gültigen Marschpapiere mehr. Aber es geht gut – man will gar nichts sehen – ein Mann, der an die Front will, ist wohl nicht verdächtig. Ich frage nach meinem Ersatztruppenteil, ein kurzes Suchen, dann die Antwort: „In Olmütz, fahren Sie über Dresden – Prag.“ Endlich sitze ich im Zug nach Prag. Die Fahrt dauert endlos. Irgendwo in der Nacht steht der Zug auf einem Bahnhof. Eine Stimme fragt: „Wo sind wir denn?“ – Eine andere antwortet: „In Theresienstadt.“ Nie gehört den Namen – bis dahin.

Morgens Ankunft in Prag. Es wimmelt von SS. Nichts wie raus hier. Da steht ein Zug nach „Olomouc“ – der wird es sein. „Geht der Zug nach Olmütz?“ – „Ja.“ Kaum bin ich drin, geht es los. 4.-Klasse-Abteile, nur Zivilisten, die zur Arbeit fahren. Ich klemme mich zwischen einige von ihnen. Nach einigen Minuten sagt mein Nachbar – ein Tscheche – leise auf deutsch zu mir: „Sie sind hier im falschen Zug, der ist nur für Tschechen – er ist für deutsche Soldaten verboten. Hier suchen sie ständig nach Deserteuren. In 10 Minuten kommt eine SS-Kontrolle.“

Was nun? Und keine Papiere! Jetzt bin ich dran. Mein Nachbar tuschelt leise mit den anderen, wendet sich dann wieder an mich: „Setzen Sie sich dort in die Ecke am Fenster, hängen Sie den Mantel von dem Langen da drüben um und schlafen Sie.“ Ich ziehe um, krieche ganz in mich zusammen, verschwinde unter dem Mantel. Bange Minuten. Ich höre während der Fahrt die Tür zum Perron aufgehen, eine forsche deutsche Stimme: „Irgendwo deutsche Soldaten hier?“ Ich höre seine harten Schritte – jetzt ganz dicht, ein paar Tschechen reißen einige Witze, lachen, die Schritte entfernen sich. Die Tür auf der anderen Seite fällt zu. Ich luge unter dem Mantel hervor, sehe grinsende Gesichter, winke ihnen zu – sie freuen sich – wieder einmal der verhaßten SS ein Schnippchen geschlagen. Es kommen keine Kontrollen mehr. Der Zug hält auf jedem Bahnhof, leert sich langsam. Schließlich Olmütz.

Ich steige aus – es gibt einen Bahnhofsoffizier, einen netten, älteren Herrn, einen Hauptmann. Ich frage ihn nach dem Infanterieersatzbataillon 561 zbV. Er ruft eine Ordonnanz und gibt ihr einen Befehl. Ich traue meinen Augen nicht – ein Fiaker rollt heran. Ein Einspänner mit einem lahmen Zossen – aber gepolsterte Sitze – verblichener Prunk einer besseren Zeit; der ist noch aus der K. u. K. Monarchie. Genüßlich zuckele ich plötzlich wieder auf vornehme Art und Weise zu meiner Kaserne. Diese Welt besteht offenbar nur noch aus Gegensätzen.

Dort erwartet mich eine weitere Überraschung. Ich bekomme sofort ein Zimmer und kann mich frisch machen. Danach erhalten ich Essen auf das Zimmer, zum Essen ein echtes „Pilsener“ – na, das sieht ja nicht unflott aus. Ich schreibe kurz nach Hause – werde dann zu meinem neuen Fürsten geführt.

Die Überraschungen nehmen heute kein Ende. Ein Oberstleutnant kommt mir mit ausgestreckten Händen entgegen, begrüßt mich sehr herzlich „Herr Kamerad, Sie sind uns aus Berlin schon vor Tagen avisiert – na ja, die Verbindungen! Sie übernehmen also das Außenfort als Kommandant, aber vorher ruhen Sie sich mal von der Reise aus, dann nehmen wir einen Kaffee und gegen Abend lasse ich Sie hinausfahren. Der Adjutant wird Sie dort einweisen.“

Ich muß ziemlich blöd ausgesehen haben, trage aber mein Schicksal mit Fassung. Jetzt gilt nur noch eins: laufen lassen! Hoffentlich kommt der Avisierte nicht noch. – Er ist nie in Erscheinung getreten. Angesichts der Lage hat man das Außenfort besetzt und telegrafisch aus Berlin einen Oberleutnant zugesagt bekommen. Na so ein Zufall! Ich halte erst mal einen ausgiebigen Mittagsschlaf – ich konnte ihn gut gebrauchen. Abends bin ich im Fort. Es ist ein uraltes Gemäuer, ähnlich wie Fort Hahneberg. Die Mannschaften und Unteroffiziere liegen in den Kasematten, düster und unfreundlich – wie beim Alten Fritz. Das Ganze ist von einer hohen Mauer mit Brustwehr umgeben. Auf der Ostseite befindet sich ein runder Turm, von unten nur über eine Eisenleiter zu erreichen. Das wird mein Domizil. Eineinhalb Meter dicke Mauern umspannen einen kleinen runden Raum mit einem Tisch, einer Schlafpritsche und einem kleinen Beistelltisch. Ein winziges Fenster, früher wohl Schießscharte, läßt durch die dicke Mauer nur einen Lichtstrahl hinein. Die einzige Stahltür führt direkt auf die Brustwehr hoch über den Kasematten. Es ist eine kahle Zelle, ungemütlich und beengend, aber ruhig. Und einen Luftangriff hält dieser Turm auch aus, wenn es nicht grad eine Zehnzentnerbombe ist. Die Front ist noch weit weg, man hört sie jedenfalls noch nicht. Aber wenn sie kommen, kann ich sie von meiner hohen Warte wenigstens früher sehen.

Die Landschaft ist einzigartig schön. Ein weites Tal, von allen Seiten von Bergen umgeben, weit im Norden das Altvatergebirge. Der Dienst für die Mannschaften besteht aus Wachestehen, Appellen und Waffenpflege. Ausgang gibt es nicht. Mein Spieß, ein Feldwebel, der in Rußland ein Auge verloren hat, ist hervorragend – wir verstehen uns glänzend. Ich brauch mich um nichts zu kümmern.

Nachts stehe ich stundenlang auf der Brustwehr, manchmal bis zum Morgen, sehe Sternschnuppen fallen, höre die Nachtvögel rufen, erlebe beim ersten Sonnenstrahl auf das Kloster Heiligenberg das Erwachen der Natur. Oft ziehe ich mich um Mitternacht in meine Zelle zurück und beim Licht einer Kerze beginne ich zu schreiben.

Heiligen Berg

Dunkelheit liegt über dem Land. Von Osten her wächst ein fahler Schein, läßt die schattenhaften Umrisse der Berge ahnen, die finster drohend vor mir liegen. Heller wird der Schein, aber noch hüllt sich die Welt in Schweigen, noch liegt die Welt als dunkle Masse vor mir, nichts preisgebend von ihrer Schönheit. Nur dort, wo erste Dämmerung über das Gebirge greift, dort scheinen die Grate der Berge zu tanzen, Kobolden gleich, Vertreter finsterer Mächte. Jetzt bricht ein erster heller Schein sich an dem Kamm des Gebirges. Breiter wird der Streifen matten Graus.

Vor mir wachsen wie eine Ahnung zwei dunkle Spitzen gegen den erwachenden Morgen, mahnend und kündend tritt *Heiligen Berg* in den grauen Tag. Langsam verblassen die Sterne und aus dem Wallen und Woben der Nebel formt sich die Landschaft, doch horch – weit droben in den erwachenden Tag hinein steigt eine Lerche – jubelnd klingt ihr Gruß in den jungfräulichen Tag. Und nun sind es mehrere bereits, die den jungen Morgen begrüßen – ein jubelnder Chorus steigt empor, während sich der Horizont schärfer und klarer vom Silbergrau des Himmels abhebt. Da bricht ein erster goldener Strahl hervor und kleidet die kleine Wolke über mir in leuchtendes Gold und nun läßt sich der Morgen nicht länger mehr halten. Eine Fülle von Silber und Gold ergießt sich über den Himmel, die Wolke und die zierlichen Lerchen, die all diese Pracht mit ihrem Jubellied grüßen.

Ernst liegen nun die Berge dort, Nornen gleich, geheime Mächte, durch deren Hände der Schicksalsfaden dieses jungen Tages rollt, Freud und Leid, Glück und Not, Triumph und Niederlage in ihrem Schoße tragend.

Und jetzt hebt sich das Sonnenrad langsam über den Kamm des Gebirges und überschüttet die vor mir liegende Welt mit all ihrem Glanz und all ihrer Pracht.

Grünende Äcker liegen mir zu Füßen, ein letzter Hase hoppelt über braune Muttererde und ein leichter Morgenwind streichelt sanft und zart eine kleine Birke, die mit dem leisen Rauschen ihres jungfräulichen Schmuckes geschwisterlich den jungen Morgen grüßt. Und von Fern grüßen majestätisch und gebieterisch die Berge und von dem Gipfel vor mir läuten hell und klar die Glocken des Klosters Heiligen Berg den Tag ein. Ein Hymnus von Glockenklang und Vogelgesang erfleht den Segen des Herrn für diesen herrlichen jungen Tag und von fern vereinen sich die ersten Klänge der Arbeit mit dem Jubellied der Natur zu einer großen, gewaltigen Sinfonie des Lebens – uns den Weg des Tages weisend: Ora et labora! – Bete und arbeite!

Der Tag ist erwacht – ans Werk denn, Gesellen!

An manchen Tagen fahre ich mit einem Landauer in die umgebenden Berge mit manchem versteckten Kunstwerk.

Maria Schnee

Weihevolle Stille. Gedämpftes Licht bricht matt sich durch bemalte Scheiben. Weit liegt das Kirchenschiff vor mir. Ganz vorn am Altar ein Weib mit einem Kind im Arm – Maria Schnee. Ein faltig grün Gewand umfängt sie – Güte strahlt aus ihren Augen. Über ihr am Kreuz der Menschensohn.

Hoch über mir Gemälde – Gold ringsumher – Gold und Pracht, soweit das Auge reicht. Ich steh' und schaue auf den Menschensohn am Kreuz – ein Nichts im weiten Raum. Mich fröstelt – ich spüre, Einsamkeit umgibt mich hier. Da geht ein Ahnen durch das weite Rund – auch mich erfüllt's. Ich steh' und lausche. Und aus der Tiefe des Raumes hebt sich ein Ton, tastet sich leise schwingend durch die Weite der Halle, steigt anschwellend empor – empor zum Licht, bricht sich an den Kapitelen, wächst weiter, findet zu den höchsten Höhen, braust zurück und erfüllt das ganze Kirchenschiff mit seinem Jubel. Töne greifen ineinander, vereinen sich zu einem gewaltigen Chorus, füllen den Dom mit ihrer Macht und umbranden triumphierend den gequälten Menschensohn dort am Kreuz, umschmeicheln sanft die leidgebeugte Mutter Gottes, verebben langsam, tönen lange noch, ein letzter Ton schwebt lange noch im Raum, verliert sich leise in dem weiten Rund, klingt einmal noch aus einem fernen Kreuzgang nach und ist verstummt. Stille wieder um mich her. Und doch hängt in dem weiten Kirchenschiff ein Jubel noch, um den matt glänzenden Altar liegt es wie Glorie – am Kreuz der Menschensohn – er scheint zu lächeln.

Wieder liegt der weite Raum vor mir, umfängt mich weihevolle Stille, doch spür' ich keine Einsamkeit mehr um mich her – ich fühl' es wohl – ich bin geborgen.

Ich blicke auf. Gedämpftes Licht bricht matt sich durch bemalte Scheiben. Weihevolle Stille ringsumher.

*

Nicht nur die Zelle ist karg – das Essen ist es auch. Über eine Woche lang müssen wir mit vier Scheiben Brot pro Mann und Tag auskommen. Da hier Frieden herrscht, nehmen es alle mit Fassung, suchen im Wald und Feld nach Früchten und Wurzeln. Meine Ordonnanz hat ein großes Glas Senf organisiert. Meine Tägliche Mahlzeit: Morgens, mittags, abends und nachts eine Scheibe Brot fingerdick mit Senf beschmiert. Das lindert den Hunger.

Aber auch hier dauert der Friede nicht ewig. Am 18.4.1945 abends kommen die ersten Flieger, nachts grummelt irgendwo in der Ferne die Artillerie. Am Morgen des 20.4.1945 erhalte ich Befehl zur Marschbereitschaft. Die 150 Mann sollen mit Lastwagen an die schnell herankommende Front gebracht werden. Auch hier sind die Schleusen jetzt gebrochen. Und auch hier verfolgt mich wie ein Gespenst ein Mann des Grauens. Oberbefehlshaber ist hier seit kurzem Generalfeldmarschall Schörner, der Mann, der en passant hunderte von deutschen Soldaten am

Straßengraben umlegen ließ – „mit Härte das Letzte herausholen" – um dann in letzter Minute mit einem zurückgehaltenen Fieseler Storch, gekleidet in einen maßgeschneiderten Trachtenanzug, feige die verließ, deren Kameraden er in den Tod getrieben hat. Das ist Feigheit – Hitler und einer seiner getreuen Paladine – erbärmlichste Feiglinge, die Deutschland je hervorgebracht hat.

Aber vorher habe ich den Befehl, den „Führer" zu feiern, zu seinem – letzten – Geburtstag.

Ich lasse die gesamte Mannschaft antreten, im Karree: „Männer! Heute, an dem Tag, an dem der Mann geboren ist, dem ihr alle diese Schinderei, die Angst und Not zu verdanken habt, heißt es für jeden von Euch unbeirrt seine Pflicht zu erfüllen – und diese Pflicht ist die Eurer Familie, Euren Frauen und Kindern, Bräuten und Freunden gegenüber – die Pflicht, am Leben zu bleiben und gesund zu ihnen zurückzukehren, damit auch für Deutschland wieder ein neuer Anfang gemacht werden kann. Wie ihr das schaffen könnt, kann ich Euch nicht sagen. Jetzt muß jeder von Euch im Gedanken an seine Lieben selbst handeln. Habt jetzt den Mut, für Euch selbst die Verantwortung zu übernehmen. Wir gehen jetzt wohl den letzten Gang in diesem Krieg – ich wünsche Euch allen von Herzen Glück, das Ihr braucht und eine gute und gesunde Heimkehr. Glück auf!"

Bis auf ganz wenige verkniffene Gesichter überall strahlende Augen. Viele schütteln mit die Hand. „Viel Glück Herr Oberleutnant."

Fünf LKW und ein Kübelwagen fahren vor. „Aufsitzen, Marsch!" Und nun geht es Schlag auf Schlag. Es wird ein Absinken die finstere Nacht. Diese Nacht beginnt für mich mit einem furchtbaren Schlag für mein ganzes restliches Leben.

Nach stockender Fahrt im Morgengrauen Halt vor einer alten Kaserne. Wir sollen hier eine Alarmeinheit ablösen. Die Männer frieren im Hof, ich gehe hinauf zu dem Leiter der Einheit, einem Oberleutnant, etwa im gleichen Alter wie ich. Er sieht bekümmert aus, ja, verzweifelt – kein Wunder bei der Lage. Nach wenigen Worten führt er mich ans Fenster, zeigt hinunter auf einen hinter der Kaserne liegenden Garten. Ein paar Soldaten stehen dort herum, schauen offensichtlich unbeweglich auf das Geschehen in der Mitte des Gartens. Dort graben zwei Landser ein etwas zwei mal zwei Meter großes Loch, es ist wohl einen Meter tief. Am Rande stehen zwei andere Landser, sehen zu. Mein Gegenüber sagt mit heiserer Stimme: „Das sind zwei Leute vom Sonderkommando, die sind mit den beiden anderen heute nacht angekommen, haben von mir im höchsten Befehl eine Feldwache gefordert und erklärt, die beiden anderen müßten sofort erschossen werden. Jetzt graben sie sich ihr Grab." Ich frage: „Wissen sie, was die beiden verbrochen haben sollen, ob sie verurteilt sind?" – „Ich weiß nichts, gar nichts, nur, daß die beiden Befehlt hätten, mich festzunehmen, wenn ich ihren Anweisungen nicht folge." Ich zögere einen Moment – einen Moment zu lange: „Kommen Sie!" Wir laufen die Treppe hinunter, wir waren im zweiten Stock, kommen aus dem Haus, stehen vielleicht zehn Meter von der Gruppe entfernt. Die Lage hat sich geändert. Die beiden Landser stehen am Rande des Grabes mit dem Gesicht in die Tiefe, hinter ihnen die beiden vom „Sonderkommando", jeder seine Pistole im Genick eines der beiden. Ich komme nicht mehr dazu hinzulaufen, zwei harte Knalle, die beiden torkeln, fassen in die Luft, fallen langsam kopfüber in das Grab, das sie sich heute nacht gegraben haben. Ich zittere am ganzen Leib, bin fast gelähmt, höre nur noch aus weiter Ferne ein gebieterisches „lassen Sie das da zuschaufeln", das Anfahren eines Kübelwagens. Ich habe nur noch gesehen, daß beide feldgraue Uniformen trugen, ohne jedes Rangabzeichen und ohne jeden Hinweis auf einen Truppenteil. „Sonderkommando, – Gestapo in feldgrauer Uniform!" Mein Gegenüber ist wachsbleich, starr wie eine Maske, reicht mir eine zitternde Hand „ich rücke jetzt ab mit meinen Leuten, machen Sie es gut!" Ich stehe lange an dieser Stelle, merke nicht, daß ich schon eine ganze Weile allein bin – ich habe versagt, bin schuldig geworden. Ich hätte die beiden wenigsten erschießen sollen. Unfaßbar – die Alternative lautet nur: wieder töten. Wieder ist etwas in mir zerbrochen – tief drinnen, nie wieder in Ordnung zu bringen. In der Stunde meines Lebens, in der ich wirklich als Mensch gefordert war – habe ich versagt! Ich trage Mitschuld – kann nur auf Gnade hoffen.

Was sind das für Menschen? Sind das noch Menschen? Kaltblütig zwei junge Männer durch einen Schuß ins Genick in das Grab zu befördern, das sie sich selbst graben mußten – und sie haben regungslos zugesehen – – – und wir auch! Aber von dieser Stunde an weiß ich endgültig: Alles, was gegen dieses Regime und gegen diese Menschen unternommen und getan wird, ist Recht!

Ich lasse die beiden begraben – sie erhalten ein Kreuz. Ein kurzes Gebet am Grab – wir haben schon wieder Marschbefehl. Ich warte, das hat jetzt Zeit. Ich lasse noch auf das Kreuz schreiben: „Hier liegen zwei unbekannte deutsche Soldaten – ermordet von der Gestapo."

Es geht nun zu Fuß weiter. Außer uns, die wir noch eine geschlossene Einheit bilden, gibt es hier nur noch zusammengewürfelte Alarmeinheiten. Männer allen Alters, irgendwo aufgegriffen, aus Lazaretten geholt, Versprengte – keiner kennt den anderen, jeder ist bemüht, blad wieder die entgegengesetzte Richtung einzuschlagen. Keine Führung, meist Unteroffiziere aller Dienstgrade, einige Offiziere; niemand weiß, wie viele Leute zu seiner Einheit gehören. Verpflegung wird zum Teil „organisiert" – Landsknechte. Sonst viel SS und Kettenhunde. Ich bin der einzige Offizier in unserem Marschbataillon.

Wir erreichen einen Ort, stehen dort herum, keiner weiß, was los ist. Eine Alarmeinheit liegt auch dort, etwa 100 Mann, geführt von einem Oberleutnant. Wir machen uns bekannt, besprechen die Lage, sind uns einig: unser Ziel liegt hinter uns – aber wie dahin kommen? Wir brauchen LKWs.

Da kommt einer, beladen mit 30 bis 40 Mann – Richtung Front. Ein Hauptmann springt ab, kommt zu uns herüber. Wir sind schnell beim Thema. Er kommt von dort, ist ganz offen und informiert uns. Die einzige Rettung läge bei Pilsen, dort seien die Amerikaner im Anmarsch. Aber der Weg dorthin wimmelt von SS. Es sei kein Durchkommen – es sei denn mit Gewalt. Aber das sei aussichtslos bei den zusammengewürfelten, schlecht bewaffneten Haufen gegenüber der gut organisierten SS – versehen mit allen Waffen. Nein – das Heil läge anderswo, wo, wisse er nicht – es sei jetzt alles Kismet. Wir trennen uns.

Überall gibt es irgendwelche „Leitstellen". Einige haben sogar Funkverbindung mit irgendwohin. Sie regeln den „Einsatz" all dieser Haufen. Wir erhalten Befehl, uns einem Alarmbataillon anzuschließen. Das sieht tatsächlich nach einer Art Bataillon aus. Bataillonsführer ist ein Major, ein Adjutant und ein Bataillonsstab mit Fernmeldeeinheit ist auch da, Feldküche, alles vorhanden. Abmarsch nach vorn – in die Richtung, aus der der Russe erwartet wird. Wir marschieren über weite Flächen, Felder und Äcker, auf einer Straße. Bereitstellung vor einem kleinen Ort. Wir sollen den Ort besetzen – vom Gegner nichts zu sehen. Es geht einen kleinen Hang zum Dorf hinunter. Langsam tasten wir uns im Straßengraben links und rechts der Straße vor, erreichen den Ort. Am jenseitigen Ende des Dorfes führt eine Bahnstrecke entlang, quer vor uns. Ich bestimme die eingleisige Bahnstrecke als HKL (Hauptkampflinie), beziehe selbst meinen Gefechtsstand im Keller eines kleinen Hauses, 150 Meter dahinter. Die Bewohner sind da – es sind Tschechen. Sie haben Angst vor den Russen – sind sehr freundlich zu uns, bringen uns Obstsäfte.

Ein Melder kommt von vorn: „Herr Oberleutnant, wir liegen am Bahndamm, aber auf der anderen Seite liegen Russen – etwa 25 Meter entfernt." Schon bin ich vorn, krieche langsam auf den Bahndamm hinauf, hebe den Kopf – schaue einem Mongolen ins Gesicht. Weg – herunter! Ich gebe Befehl, zunächst dort zu bleiben und sich bei Gefahr langsam zurückzuziehen – bis zu der Anhöhe, von der wir gekommen sind. Ich gehe zurück zum Gefechtsstand, muß eine Straße überqueren, die quer durch den Ort läuft. Jetzt geht es los. MG rattern. Die Russen haben das Ende der Straße besetzt, liegen dort mit zwei MG. Man kommt nur noch im Sprung über die Straße. Lange warten – dann Springen. Das erschwert die Verbindung mit der HKL ganz gewaltig. Es knallt jetzt ganz schön, von mehreren Seiten, nur von vorn ist es merkwürdigerweise ruhig. Unsere Quartierswirte fragen mich, ob wir bleiben – ich schüttele den Kopf, was große Niedergeschlagenheit hervorruft. Es sind nette, anständige Leute. Ihr Schicksal? Langsam wird es dämmerig. Ein Melder von vorn: „Herr Oberleutnant, wir haben keinen Anschluß mehr nach rechts, da ist niemand mehr – und links sind die Russen."Kurz entschlossener Befehl: „In allergrößter Ruhe einzeln zurückziehen, Straße im Sprung überqueren, es wird ja jetzt dunkel, sammeln auf der Höhe." Nach wenigen Minuten sind die ersten da – ich schicke alles nach hinten. Die Dunkelheit nimmt zu – erleichtert das Absetzen. Da kommen noch ein paar Mann. „Herr Oberleutnant, wir sind die Letzten, es sind alle gut weggekommen, der Russe hat noch nichts gemerkt." Ich gebe unseren Wirten die Hand, bedanke mich „Viel Glück!" Sie haben Tränen in den Augen.

Auf der Höhe habe ich meinen Haufen beisammen, ohne Verluste, habe aber eine Stinkwut. Der Bataillonsgefechtsstand ist abgezogen, ohne uns zu benachrichtigen.

Wir marschieren los. Hinter uns bleibt es ruhig, es waren wohl Vorhuten. Gegen Morgen erreichen wir ein tief eingeschnittenes Tal, fast wie eine Balka. Unten, etwa 40 Meter tiefer, liegt ein Dorf. Das Tal ist unten vielleicht 100 Meter breit, drüben geht es steil hinauf bis auf unsere Höhe. Unten im Dorf Soldaten. Ich schaue durch's Glas – erkenne im Morgengrauen unser Bataillon. Wir ziehen hinunter – das Dorf ist verlassen. Fast jedes Haus hat einen Garten. Wir beziehen Quartier, das Bataillon hat seinen Gefechtsstand etwa 200 Meter seitlich hinter uns. Leitungen werden verlegt – wir halten Verbindung. Na, der Major ist auch noch nicht an der Front gewesen. Eine Schnapsidee, das ganze Bataillon in dem tief eingeschnittenen Tal unterzubringen – das ist doch eine Mausefalle! Abends stellt der Major wenigstens auf der Höhe, aus der wir gekommen sind, Spähbeobachter auf. Jetzt fangen auch meine Leute an zu plündern – allerdings nur Lebensmittel, viel Eingemachtes. Kann ich sie daran hindern? Sie haben seit Tagen kaum etwas zu essen bekommen. Es wird aber nichts zerstört. Den Tag über tut sich nichts.

Auch die Nacht vergeht ruhig. Wieder wird es hell. Ich gehe vor das Haus, schaue zur Höhe – das kann doch nicht wahr sein. Ein Blick durch das Glas bestätigt, daß ich keine Fatamorgana habe. Oben auf der Höhe, aus der wir kamen, stehen acht Panzer – T 34. Alarm – ich drehe am Feldtelefon – tot. Ich rase zum Bataillonsgefechtsstand. Verlassen – kein Mensch mehr. Alle Leitungen sind liegengeblieben – ein trostloser Anblick. Da fallen schon die ersten Schüsse. Ich schreie nur noch: „Alles rauf auf die Höhe!“ Da rennen sie schon. Alles bleibt liegen„ manche laufen ohne Koppel – aber soweit ich sehe hat jeder seine Waffe. Schon krachen die ersten Einschläge der Panzerkanonen. Es ist viehisch, den steilen Hang 40 Meter hinauf – in den Strahlen der aufgehenden Sonne Zielscheibe für Panzer, MG und Karabiner. Schweißüberströmt werfe ich mich oben nieder, schreie nur noch „Los! Los“ Drüben fahren die ersten Panzer hinunter. Die Letzten sind oben. Wieder Glück gehabt – ein paar Verletzte, aber alle gehfähig. Zwei MG sind mitgekommen, mit Munition – eine bravouröse Leistung. Sie gehen in Stellung, verzögern den russischen Vormarsch. Den Verwundeten werden in aller Eile Notverbände angelegt – schon geht es weiter. Nach drei Stunden taucht vor uns ein kleiner Hügel links der Straße auf. Wer steht dort? Unser Bataillonsstab.

Sie stehen um den Major herum. Jetzt ist es aus. Ich rufe einen Feldwebel und zehn Mann zu mir, befehle „entsichern!“ Nach wenigen Minuten stehen wir auf dem Hügel vor dem Major. Er will gerade losgehen, da sage ich in voller Ruhe, die entsicherte Pistole in meiner Hand: „Herr Major! Das war das zweite Mal, daß Sie sich feige zurückgezogen und uns im Stich gelassen habe. Es war auch das letzte Mal. Jetzt bleiben Sie in unserer Mitte.“ Er zieht jetzt auch seine Pistole, die Leute um ihn herum stehen wie angenagelt. Meine Männer heben ihre Karabiner in Hüfthöhe. „Herr Major, wir marschieren jetzt weiter; Sie bleiben unmittelbar vor uns. Diese Männer gehen mit entsichertem Karabiner hinter Ihnen – wer von Ihnen zur Waffe greift wird erschossen!“ Er sieht mich mit glasigen Augen an, steckt seine Pistole weg, winkt seinen Leuten zu. Der Marsch wird fortgesetzt, in der Form, die ich angeordnet habe.

Ich will genauso türmen wie der Major und wie wir alle – aber so geht das nicht. Wenn auch von Hitlers Gnaden – wir sind nun einmal Offiziere und tragen Verantwortung für diese Leute hier. Wer will kann gehen – aber nicht um den Preis des letzten Verrats an diesen Männern, um den Preis ihres Verreckens.

Nach drei Stunden Marsch über die Hochebene, kein Baum, kein Strauch, geht es wieder hinab. Ein großer Talkessel mit einem Dorf liegt unter uns, wieder ungefähr 40 Meter tiefer.

Es soll mein zweites Cannae werden. Die Häuser sind fast alle zerstört, es gibt viele deutsche Soldaten, Landser und SS. Wir marschieren hinunter, erfahren, daß der Ort gestern von russischer Luftwaffe fast pausenlos bombardiert worden ist.

Wir beziehen Stellung am Ortsrand – schlechte Lage mit Blick nach oben auf die Höhe. Der Stab ist wieder verschwunden, diesmal ganz. Die Hälfte meiner Leute hat sich im Gewühl verkrümelt. Mein Feldwebel und ich liegen mit den kümmerlichen Resten vor den letzten Hausruinen und sind fertig. Nach einer Weile sagt mein Begleiter: „Herr Oberleutnant, ich gehe mal erkunden.“ – „Gut, Weber.“ Auch Du mein Sohn Brutus? Mit diesem Gedanken schlummere ich ein. Als ich wach werde ist es Nacht, Sterne funkeln über mir – es herrscht große Stille. Neben mir liegt mein Feldwebel, also doch ein getreuer Paladin. Er liegt schon eine Weile dort und sichert, wollte mich nicht wecken. „Herr Oberleutnant, ich hab den Weg – ein prima Fluchtweg. Übrigens, Hitler ist tot!“ – „Wo haben Sie denn das her? Das ist doch eine Scheißhausparole.“ „Nein, ich hab es selbst bei einem Stab im Sender gehört. Er ist in Berlin vor einigen Tagen gefallen.“ Also vor Berlin sind sie auch schon. Aber das löst doch für die ganz korrekten Herren das Problem des Fahneneides, der hier soviel gilt. Die sind doch alle nur auf den „Führer“ vereidigt. „Weber, was haben wir heute eigentlich für einen Tag?“ – „Heute ist der 4. Mai.“ Wir bleiben, wo wir liegen – die Nacht bleibt ruhig. Hinter uns rücken irgendwelche ab, vor uns ist kaum noch jemand.

Es wird hell. Das große Abenteuer kann beginnen – es wird eins. „Herr Oberleutnant, kommen Sie.“ Wir durchqueren den Ort nach rückwärts, queren zur anderen Seite des Kessels an den Hang rechts hinter uns, steigen etwa 20 Meter einen kaum sichtbaren Pfad entlang nach oben. Er endet vor einem Loch, einer kleinen Höhle, aus der ein unterirdischer Gang in den Berg führt. Einzelne Landser sind auch hier schon unterwegs. Hinein ins Dunkel. Der Gang geht ungefähr 60 Meter eben weiter. Vorn ist wieder ein Loch, von oben fällt Licht ein. Wir kriechen durch das Loch, stehen in einem Brunnen. An der Seite führen Steigeisen nach oben. Der Weg ist ziemlich lang, der Brunnen vielleicht 30 Meter tief, er hat kein Wasser. Oben eine Brüstung, hinüber, wir stehen vor einem ganz gewöhnlichen Brunnen – hier müssen mal Feen gelebt haben. Oben verteilen sich die „Begleiter“ blitzartig nach allen Seiten, sind weg. Weber und ich gehen auf ein kleines Wäldchen zu, hinter uns ist alles ruhig. Im Wald gibt es viele Pilze.

Drüben ein großes Ackergelände, vielleicht 400 Meter breit, dann wieder ein Wald. Wir laufen los, wollen möglichst schnell hinüber. Kaum sind wir 30, 40 Meter weit – da kommt sie, eine Ratta – sie haben uns schon gesehen. Die Nase senkt sich, sie kommt genau auf uns zu; hinein in die nächste Ackerfurche. Verdammt, das war knapp. Auf – weiter gejagt, mit einem Auge auf die Ratta schielend, sie wendet schon – kommt zurück. Die Einschläge sind vielleicht sechs Meter weg.

Schon hat sie wieder gewendet. Sie jagt uns wie Hasen auf dem offenen Feld, fliegt vielleicht 30 Meter hoch. Vier Anflüge müssen wir überstehen, bis wir den Waldrand erreicht haben. Insgesamt haben sie 30 bis 40 Schuß abgefeuert, alle lagen in 1½ bis 6 Meter Entfernung um uns herum. Wir keuchen, hauen uns hin, die Ratta rauscht ab, im Wald sind für sie kein Ziel. Keine Verzögerung – die Pumpe jagt – aber wir müssen weiter. Es geht jetzt zehn Minuten lang durch den Wald, dann kommt wieder ein großes Feld, wieder etwa 400 Meter bis zum nächsten Waldrand – in etwa 300 Meter Entfernung steht ein Bauernhaus. Diesmal kommt nichts aus der Luft. Wir gehen beschleunigten Schrittes, aber eilig auf das Bauernhaus zu. Es scheint leer zu sein. Ich klopfe, die Tür geht auf, ein unsympathisch aussehender Kerl mit Stoppelbart vor uns – na ja, das kann Voreingenommenheit sein. Wir haben einen Mordsdurst. Ich frage, ob wir ein Glas Wasser haben können. Er ist Tscheche „nix deitsch verstehn“. Wir gehen hinein, er läßt es ruhig zu. In der großen Bauernstube ist niemand. Wir stehen einen Moment, dann sage ich: „Weber, sehen Sie doch mal nach, ob wir in der Küche Wasser finden.“

Da regt sich unser Wirt – er spricht plötzlich deutsch – „warten Sie, Sie sind erschöpft, brauchen etwas.“ Er verschwindet, da ist wohl die Küche. Weber meint „Der ist nicht echt.“ Dieser Meinung bin ich auch, er kommt zurück. Da, das kann doch nicht wahr sein! Er trägt ein Tablett mit zwei Gläsern und einer Milchkanne und einer großen Schüssel Buchteln, noch warmer Buchteln. Er stellt das Tablett auf den Tisch. „Essen Sie, soviel Sie wollen.“ Wer denkt in solch einem Augenblick an Gift? Wir stürzen die Milch hinunter, schlingen die Buchteln in uns hinein – es sind die köstlichsten Buchteln, die ich je gegessen habe – nicht nur wegen unserer Situation Es ist ein böhmisches Hefegebäck, mit Pflaumen gefüllt, es wird warm mit viel Soße, meist Vanillesoße übergossen. Vier Stück habe ich schon intus – wenn das gut geht, Buchteln sind schwer. Ich beobachte den Bauern argwöhnisch, mißtrauisch, fühle genau, da stimmt etwas nicht. Plötzlich, wie ein Blitz hab ich es. Er steht die ganze Zeit am Fenster, schaut dauernd hinaus. Schon stehe ich neben ihm. „Weber, raus!“ Da kommen sie, sowjetische Infanteristen, 40, 50 Mann weit auseinandergezogen über den Acker auf unser Haus zu, vielleicht noch 60, 70 Meter entfernt. Wir haben keine Zeit mehr, die Hintertür zu suchen, springen zum rückwärtigen Fenster hinaus, nicht ohne, daß sich W. noch ein paar Buchteln einsteckt. Wieder laufen wir um unser Leben, gegen den Waldrand.

Ein kurzer Blick zurück. Der Bursche steht vor dem Haus, gestikuliert mit zwei, drei Russen. Es scheint, daß er erst einmal Schwierigkeiten bekommt. Um uns kümmert sich keiner – sie haben uns wohl auch nicht gesehen. Weiter geht es durch den Wald, jetzt halten wir uns links – wir haben keine Karte von hier. Wir marschieren durch den Wald – immer noch Buchteln kauend, wohl eine Stunde lang. Links geht es hinunter, unten läuft eine Straße abwärts. Wir erreichen die Straße – da kommt die dritte Überraschung dieses herrlichen, strahlenden 4. Mais. Wir haben kaum die Straße betreten, sind wir umringt – fünf, sechs Kettenhunde nehmen uns in die Mitte, führen uns zu einem kleinen Haus 100 Meter rückwärts. Dort sind Offiziere. Kurze Frage an mich: „Was suchen Sie hier?“ – „Meine Alarmeinheit ist getürmt – auf der Verfolgung sind wir von russischen Tieffliegern angegriffen worden und haben die Orientierung verloren. Wir haben keine Karte von der Gegend, es ist ja alles saumäßig organisiert.“ Er verhandelt leise mit den anderen, kommt dann zurück: „Ein Stück weiter vorn sind ungefähr 150 Mann, die wir alle hier aufgegriffen haben. Übernehmen Sie die Führung und gehen Sie einfach die Straße entlang bis Sie zur HKL kommen. Es ist nicht weit“ und leise setzt er hinzu „lassen Sie sich hier nicht noch einmal blicken.“ Na welch ein Glück, ich habe wieder eine Alarmeinheit, und was für eine. Auf die Burschen wird Verlaß sein – Reisende lassen sich nur ungern aufhalten. Die Kerle haben nicht mehr viel bei sich, aber fast alle ihre Waffe. Wir marschieren los.

Nach 25 Minuten stehen wir vor unserem Ziel: es ist unser Dorf, das wir heute früh auf so raffinierte Weise verlassen haben. Drei Mal haben wir Glück gehabt – aber ein bißchen komisch ist der Tag schon. Er sollte noch viel komischer werden.

Im Ort sind kaum noch Landser – aber einige SS-Einheiten stehen herum, haben Fahrzeuge und Geschütze bei sich. Ein hoher SS-Führer führt gleich das große Wort. „He, Sie da“ – und das bin ich – „Sie gehen mit Ihrer Einheit oben auf die Höhe und sichern. Bei Feindeinwirkung kämpfen Sie bis zum letzten Mann!“ Ich erwiderte „Warum übernehmen Sie nicht die Sicherung? Sie haben beste Ausrüstung, meine Leute haben zum Teil noch nicht einmal Karabiner, außerdem kenne ich keinen einzigen von den Leuten.“ Das stimmt nicht ganz, es sind eine ganze Menge von unsere Leuten dabei. Er mimt den hohen SS-Führer, gibt mir leutselig eine Erklärung „Wir haben strikten Befehl, uns sofort in die Alpenfestung zurückzuziehen, dabei haben uns alle Truppenteile zu unterstützen!“ – Mir rutscht es heraus „das nutzt nichts mehr, der Führer ist tot!“ Er läuft rot an „das ist nicht wahr – das ist eine infame Lüge!“ Er will es wohl nicht glauben. Ich bleibe ruhig. „Streiten wir nicht.“ Er weist auf einen Haufen weggeworfener Waffen, damit soll ich meine Leute ausrüsten. Ich gehe, lasse alle, die keine Waffen haben einen Karabiner nehmen und nehme außerdem 3 MG mit reichlich Munition mit. Ich stelle zwei MG-Trupps von unseren zbV-Leuten zusammen. „Auseinanderziehen, marsch!“

Es ist die Höhe, von der wir gestern ins Dorf heruntergekommen sind. Wenn jetzt die Russen kommen, sind wir im Eimer. Auf halber Höhe quert eine Rinne, vielleicht einen Meter tief, 1½ Meter breit, den Hang. Ich befehle meinen Leuten, in dieser Rinne Stellung zu beziehen, bleibe selbst auf der Straße. Da haben wir es wenigstens nicht so weit bis unten – da haben wir noch eine Chance. „Kämpfen bis zum letzten Mann – das ist in dieser Situation etwas für Spinner; meine Leute wollen leben – und ich auch."

„Herr Oberleutnant, die da unten wollen etwas von Ihnen." Unten steht der SS-Bonze, ruft herauf „Ganz oben auf die Höhe" – ich antworte „Wir bleiben hier!" Er gibt einige Anweisungen. Eines seiner MG geht in Stellung in Richtung auf uns. „Wenn Sie meinem Befehl nicht sofort folgen, lasse ich schießen!" Ich handle automatisch, drehe mich um und rufe meinen Leuten zu: „Beide MG kehrt – Feuer frei auf die SS!" Es dauert nur Sekunden, dann rattern meine MG los. Unten so etwas wie Panik, ein Mann von der MG-Bedienung wird zurückgeschleift, das MG abgebaut. „Feuer einstellen!" Ich kann den Dingen in Ruhe entgegensehen, wir haben gegenüber denen da unten eine hervorragende Stellung – sollen sie nur kommen. Es vergeht eine lange Zeit, es wird Nachmittag, nichts geschieht – weder von oben noch von unten. Ich habe inzwischen einen Spähtrupp nach oben geschickt. Ergebnis: vor uns niemand, aber eine Menge Panzer mit aufgesessener Infanterie ziehen links an uns vorbei.

Unten wird es lebhaft – Motorengeräusche. Durch die Bäume und Büsche sehen wir, daß die SS abrückt. Bald ist kaum noch jemand im Dorf. Jetzt gebe auch ich den Rückzugsbefehl. Wir kommen unten an; Weber und ich sind bemüht unsere Schäflein zusammenzuhalten. Es ist inzwischen 18 Uhr geworden. Aber der Tag ist für mich immer noch nicht zu Ende.

Der Vorfall ist nicht unbemerkt geblieben. Ein aufgeregter, zappeliger Major hat es inzwischen tatsächlich geschafft, ein Standgericht zusammenzutrommeln. Das ist wohl das Vermächtnis des SS-Führers. Ich werde in Gewahrsam genommen, komme in ein einigermaßen intaktes Haus, muß warten; man läßt mir aber meine Pistole. Mir ist das alles so gleichgültig geworden, ich bin übermüdet und ziemlich fertig nach den Abenteuern dieser letzten zwei Tage. Man muß mich wecken, als das hohe Gericht zusammentritt. Hinter einem Tisch – man hat sogar einen alten Vorhang aufgegabelt, der vor dem Tisch hängt – „das Gericht". Den Vorsitz führt ein Intendanturrat mit Wabbelbacken, als Beisitzer ein Hauptmann und sogar ein Oberleutnant. Den beiden ist nicht wohl in ihrer Haut – eine Minute vor zwölf und dann so etwas! Der Vorsitzende erklärt, das Standgericht sei auf Befehl des Korps zusammengetreten – gibt es hier noch so etwas? Ich kann es nicht nachprüfen. Er stellt die Fragen, hat aber – gottlob – von Prozeß und Prozeßordnung keine Ahnung. Der als Zeuge anwesende Major braucht nicht gehört zu werden. Ich gebe zu, den Feuerbefehl auf die SS erteilt zu haben. Ich mache außergesetzlichen Notstand geltend und erkläre im übrigen, nach dem Tode des „Führers" habe die SS kein Befehlsrecht mehr. Der Vorsitzende ist etwas verwirrt, hat solche Sachen in seinem Leben wahrscheinlich noch nicht gehört. Er fängt sich aber, plustert sich auf und fragt: „Bedauern Sie wenigstens, was Sie getan haben?“ Ist das ein Witzbold. Grinsend meine ich, „das einzige, was ich bedaure ist, daß es nicht gelungen ist, diesem aufgeblasenen SS-Führer das Licht auszublasen.“ Der Intendanturrat haut mir der Faust auf den Tisch – das morsche Ding bricht fast zusammen – der Hauptmann kann ein Lächeln nicht unterdrücken und der Oberleutnant wendet sich ab, die beiden stehen gleich auf. Der Vorsitzende schließt die „Verhandlung“, ich muß hinaus, sitze bewacht in einem Nebenraum. Ob der wohl schießen würde? Aber der arme Kerl kann ja auch nichts dafür, also lieber abwarten. Mal sehen, wie diese Komödie endet. Es dauert lange, ist inzwischen 21 Uhr 30 geworden. Die Beratung ist beendet. Ich werde zum Tode verurteilt, die Vollstreckung ausgesetzt, bis das Urteil durch den zuständigen Gerichtsherrn bestätigt wird. Das habe ich den beiden Offizieren zu verdanken – die haben den auf's Kreuz gelegt. Nur keine Verantwortung jetzt noch für eine Erschießung übernehmen, die Russen sind doch schon an uns vorbei. Im Hinausgehen sagt der Hauptmann leise zu dem Oberleutnant, als beide an mir vorübergehen „Ich schätze in einer Stunde sind wir über alle Berge.“

Mich sperrt man in einen Hasenstall. Hasen gibt es keine mehr, aber Heu und Stroh. Ich haue mich hin, sehe noch ein einfaches Vorhängeschloß, das vor die Tür gehängt wird, höre noch einen Wachposten aufziehen, dann schlafe ich schon wieder ein mit dem Gedanken, es sei noch Zeit, daß Schloß aufzuschießen.

Ich werde wach, als sich einer mit dem Schloß zu schaffen macht, dann bin ich hellwach. Es ist mein Feldwebel. Ein Knacken, das Schloß ist offen – ich bin draußen. W. lacht „Herr Oberleutnant, wir sind hier die letzten Deutschen, sonst nur noch Eulen und Mäuse, aber auch keine Russen.“ Ein gespenstisches Bild – im Mondlicht die Ruinen, dahinter der Wald. Ich schaue zur Uhr: 23 Uhr 45. Der Hauptmann hat Recht gehabt. Ich strecke mich – die Freiheit hat mich wieder, noch am 4. Mai – wie lange noch? – „Kommen Sie, Herr Oberleutnant, sehr wohl ist mir hier doch nicht.“ Er geht an das nächste Haus, da stehen zwei Fahrräder, die Fahrradständer bepackt mit Lebensmitteln. Ein tüchtiger Mann – mein Feldwebel. Er hat Recht, mir ist auch nicht sehr wohl hier – war überhaupt ein unfreundlicher Ort.

Aber vor unserem Aufbruch gibt es noch etwas zu erledigen. Wir pilgern ja jetzt allein, ohne Einheit durch die immer unangenehmer werdende Welt. Es hilft nichts – wir brauchen zumindest Papiere. Und da hilft nur – Vorsorge. Wir gehen in eine Scheune, W. macht vorsichtig die Taschenlampe an, ich ziehe meinen linken Stiefel aus und nehme einen Umschlag mit vorbereiteten und gestempelten Dienstreiseausweisen heraus. Sie werden schnell ergänzt. Bis jemand dahinterkommt, daß da etwas nicht stimmt, muß er erst einmal da nicht mehr existierende Ersatzbataillon gefunden haben. Jetzt bin ich sophistisch – ich bin ja schließlich noch „Einheitsführer“. Nachdem den Angehörigen des „Standgerichts“ihr

Leben lieber war als die „Zersetzung" einer bereits total zersetzten Wehrmacht – und damit die Papiere sogar echt! Es war wirklich mehr eine Komödie. Das „Urteil" konnte nicht vollstreckt werden, weil „das Gericht" aus Feigheit vor dem Feind jämmerlich desertiert ist – sic!

Nun aber sind wir startbereit. In der Nacht vom 4. zum 5. Mai 1945 radeln zwei deutsche Soldaten – ein Feldwebel und ein Oberleutnant – durch die weiten Wälder Böhmens, nicht wissend, was die nächste Stunde bringt. Wir treffen niemand. Die Gegend ist total verlassen. Der Morgen dämmert, der Wald hört auf, keine Seele. Schon kommen die ersten Sonnenstrahlen über den Hügel, da geht rechts eine Straße ab in ein kleines Wäldchen. Wir schauen im Vorbeiradeln hinunter – es geht leicht abwärts – da stehen deutsche Landser. Kurze Beratung – es ist nicht gut, daß der Mensch alleine sei, vor allem in dieser Lage. Unten kommen wir an ein Bahngleis, ein Zug, beladen mit Baumstämmen steht da. Auf den Stämmen sitzen, liegen und hocken Dutzende deutscher Landser aller Dienstgrade.

„Herr Oberleutnant, kommen Sie herauf, der Zug fährt gleich ab." Wir stellen unsere Räder an einen Baum, nehmen unser „Freßpäckchen" und hocken uns zu den anderen. Es herrscht auch hier Stille, nur unterbrochen durch das leise Zischen einer Lok. Wir hocken und warten. W. erzählt mir leise, daß bald nach meiner „Verurteilung" Landser mit dem Schreckensruf gekommen seien „die Russen sind im Dorf, wir sind jetzt die letzten deutschen Soldaten" – weg waren sie und fluchtartig danach alle anderen, den Hauptmann habe er schon vorher nicht mehr gesehen.

Da, ein leises Rucken – der Zug rollt – rollt tatsächlich noch nach Westen. Was wird uns dieser Tag wohl bringen? Langsam zuckelt der Zug durch die erwachende, wunderschöne böhmische Landschaft. Gelegentlich sieht man in weiter Ferne auf den Straßen Truppen ziehen. Deutsche? Russische? Sonst ist das Land wie ausgestorben, keine Seele zu sehen. Am späten Vormittag erreichen wir einen Bahnhof – Böhmisch-Trübau. Der Zug endet hier. Aber auf dem Gleis gegenüber steht ein langer Personenzug voller Landser; es gibt sogar Offizierabteile – auch sie vollgestopft. Ich nehme Kontakt auf. Nein, hier handele es sich nicht um einen Einsatz – es geht nur noch um die Frage, ob man es schaffe, das Reichsgebiet zu erreichen oder nicht. Im übrigen herrscht hier noch volle Ordnung, Offiziere 2. Kl., Unteroffiziere und Mannschaften 3. Kl. Es sei zugesagt, daß der Zug versuchen wolle noch über Prag nach Pilsen zu kommen. Die allgemeine Stimmung ist heiter, bei den Offizieren gibt es ein paar verkniffene Gesichter, bis zum Major ist alles vorhanden – aber keine geschlossene Einheit – alles zusammengelaufenes Volk. Die höheren Ränge haben sich wohl mit ihrem Wagen abgesetzt. Ich gehe zu den Offizieren, muß mich vorübergehend von W. trennen, er bleibt aber in der Nähe. Es ist besser so – wegen der Informationen. Nach langem Hin und Her fährt der Zug ab. Es geht ziemlich langsam, aber ohne Unterbrechung. Jetzt wird es von Stunde zu Stunde verrückter. Halt auf dem nächsten Bahnhof. Auf dem Bahnsteig Patrouillen mit Karabiner und Armbinde: Tschechische Miliz

– keine deutschen Soldaten. Die Tschechen haben in der Nacht den Aufstand geprobt, es wird verhandelt zwischen einem Major von uns und einem Tschechen, korrekt verhandelt. Wir erhalten freie Fahrt. Auch auf den nächsten Bahnhöfen, die wir durchfahren, tschechische Posten unter Gewehr. Nachts passieren wir Pardubitz. Von einer Brücke aus sehen wir in den Straßen eine ganze Menge bewaffneter tschechischer Miliz. Auf dem Bahnhof Halt. Auch hier Miliz, sie nehmen aber keine Notiz von uns. Auf dem gegenüberliegenden Gleis stehen zwei Güterwagen, bewacht von zwei deutschen Soldaten, ebenfalls mit Gewehren. Auf Frage wird erklärt, die Waggons enthielten Nachschub an hochwertiger Verpflegung, dürften aber nicht geöffnet werden. Strenger Befehl, bei Gewalt ist Waffe anzuwenden. Oi Gewalt – deutsche Verblendung. Ein Hauptmann geht auf den einen Posten zu, nimmt ihm das Gewehr weg – ein Wink, die Waggons sind schon aufgebrochen. Sie sind voller Schokolade, Schokakola und anderen hochwertigen Stärkungen. Der deutsche Schwachsinn geht bis zum Exzeß. Auf dem Bahnhof patrouillieren schon bewaffnete tschechische Milizen, da verteidigen zwei bewaffnete Hansel noch beste Nahrungsmittel mit der Waffe in der Hand – gegen ihre eigenen Kameraden. Alles versorgt sich mit dem Besten. Wir können beim besten Willen nicht 1/10 mitnehmen, den Tschechen bleibt noch genug. Als der Zug weiterfährt, haben sich die beiden schon unter das andere Volk gemischt – Trittbrettfahrer, sie kommen mit.

Wir sind kurz von Neu-Kolin. Ein Ruck, ein Schütteln, der Zug steht. Die Schrauben an den Gleisen waren gelöst. Ein Leutnant und ein paar Mann jagen schon durch ein großes Getreidefeld, halbhoch bewachsen – wohl Wintersaat. Sie jagen drei Zivilisten, erwischen sie und bringen sie zu uns. Ein Major aus meinem Abteil befiehlt: „Alle drei vor den Zug führen – erschießen!“ Jetzt reicht es mir wieder einmal. Ich rufe: „Halt! Menschenskind, wissen Sie noch, was Sie tun? Wir kommen vielleicht noch zehn Kilometer weit und dann kriegen wir den Genickschuß.“ Ich ziehe meine Pistole – ein letztes Mal in diesem Krieg – richte sie auf den Major und sage zu den dreien: „Los, Ihr seid frei!“ Sie zögern. Ein Hauptmann wendet sich an mich: „Stecken Sie die Waffe weg. Die von Ihnen vorgeschlagene Lösung ist die einzig mögliche. Wer ist dafür, daß die drei entlassen werden?“ Fast alle Hände gehen hoch – vielleicht fünf oder sechs von insgesamt 40 Offizieren sind dagegen. Die drei ziehen ab, sind schnell verschwunden. Der Hauptmann wendet sich an den Major: „Wer hat Ihnen eigentlich Befehlsgewalt hier gegeben? Erlauben Sie sich keine Unbesonnenheiten.“ Das ist kaum zu glauben.

Noch ist der Krieg nicht ganz zu Ende, da macht der Demokratisierungsprozeß ja schon enorme Fortschritte. In der Deutschen Wehrmacht wird schon – mit Erfolg – abgestimmt. Mir fällt auf, das ich in letzter Zeit schnell am „Ziehen“ bin – und nur gegen Deutsche – seit der Ermordung der Beiden durch Genickschuß.

Nach zwei Stunden sind die Schienen notdürftig geflickt – langsam rollt der Zug über die beschädigte Stelle, rollt noch 800 Meter weiter in den vor uns liegenden

Bahnhof – dann ist die Reise zu Ende. Auf dem Bahnhof kommandiert ein wohlbeleibter, älterer tschechischer Major in voller Uniform des tschechischen Heeres eine Miliz von etwa 200 Mann. Das Lokpersonal steigt aus, entfernt sich. Uns wird gesagt, die Sicherheit für eine Weiterfahrt sei nicht gewährleistet. Sonst tut sich nichts. Diskussionen in den Abteilen. Neue Weisung von draußen, der Zug darf nicht verlassen werden. Neue Diskussionen – abenteuerliche Pläne – Ausbruch nach der anderen Seite. Wir sind vielleicht 500 Mann, alle bewaffnet. Und dann? Eine größere Anzahl von Offizieren bleibt besonnen. Mir reicht es jetzt – meine Entscheidung ist gefallen. Ich öffne die Tür, steige aus, gehe auf den Major zu, ziehe meine Pistole – nun wirklich zum letzten Mal – und reiche sie ihm mit den Worten: „Herr Major, ich stelle mich unter Ihren Schutz“ Er nimmt die Waffe, wendet sich zurück, spricht mit seinen Leuten; aha, da sind auch unsere Partisanen von vorhin. Ich sehe meinen Feldwebel aussteigen und herüberkommen. Auch ergibt seine Waffe ab, kapituliert. Der Major wendet sich wieder an mich: „Sie sind frei, können gehen wohin Sie wollen.“

Ich verlasse den Bahnhof, mein Feldwebel begleitet mich, niemand hindert ihn. Draußen setzen wir uns unter einen Apfelbaum, beraten. Hinter uns, im Bahnhof, ist jetzt wieder Bewegung. Die Landser steigen aus, werfen ihre Waffen auf einen Haufen, die Offiziere schließen sich ihnen an – alle, Gott sei Dank. Es ist der Nachmittag des 5. Mai 1945 – trotz aller Gefahren – ich bin noch immer frei. W. und ich überlegen lange. Ein paar Mädchen kommen, sie sprechen deutsch, sind aber Tschechinnen. Sie sind freundlich und erzählen uns, daß in der benachbarten Stadt der Teufel los sei. Ein Durchkommen halten sie für unmöglich. Wir haben unseren Entschluß gefaßt. Ich schenke den Mädchen meine Orden und dann gehen wir zurück zum Bahnhof. Hier ist es schon ziemlich leer geworden. Große Mengen Handwaffen liegen zusammengeworfen da. Ich gehe zum Major und erkläre ihm, daß ich mich als Kriegsgefangenen betrachte. Er nickt und meint, das sei die klügere Lösung. Zwei Milizmänner kommen, wir müssen vorangehen, eine kleine Straße entlang. Links geht ein Heckenweg ab, links und rechts übermannshohe Hecken, weit vorn biegt der Weg nach rechts ab. Wir müssen in diesen Weg einbiegen, die Hände hochheben, die beiden drücken uns ihre Gewehre in den Rücken: „Vorwärts!“ Die Stelle ist gut ausgewählt, Kompliment, Herr Major – nun kommt also doch unser Genickschuß. Wir gehen betont langsam, fühlen den Lauf der Waffe im Rücken, eine verteufelt häßliche Lage. Schade, ich hatte den Major für einen anständigen Kerl gehalten. Drei, vier Minuten vergehen, Schritt für Schritt, Sekunde um Sekunde und immer noch kein Schuß. Wir erreichen die Wegbiegung, gehen nach rechts, noch zehn Meter – ein weiterer freier Platz liegt vor uns, dahinter eine Mühle. Mitten auf dem Platz steht eine Feldküche, es wimmelt von deutschen Soldaten aller Dienstgrade, die Milizionäre senken ihre Waffen.

Wir sind lebend unter Lebenden, aber unsere Stirnen sind schweißnaß – das war so etwas wie eine Generalprobe für den Tod. Ich habe im Leben schon Besseres kennengelernt. Aber ich nehme alles zurück, Herr Major.

Wir erhalten warmes Essen, kalte Verpflegung – es ist alles gut organisiert. Einige tschechische Offiziere, ein paar Milizmänner, im übrigen sind wir uns selbst überlassen. Es herrscht eine fast heitere Gelassenheit – man ist froh: es ist überstanden. Nur wenige Schwachköpfe gibt es immer noch. Ein Oberleutnant spricht mich an: „Haben Sie schon gesehen? Die hauen uns jetzt raus!" Er geht an eine Ecke, zeigt hinaus. In vielleicht zwei Kilometer Entfernung ist eine Straße – unendliche Panzerkolonnen fahren dort in Richtung Osten – nach Osten? Ich frage einen Milizsoldaten, was das für Truppen seien. Er gibt bereitwillig Auskunft: eine russische Panzerdivision, die schon auf dem Rücktransport sei. Im übrigen würden uns morgen die Russen übernehmen. Also doch!

6. Mai 1945 früh 8 Uhr. Nach einem reichlichen Frühstück wird zum Antreten befohlen – in Dreierkolonnen. Es erscheinen russische Wachsoldaten, ältere Semester, bei uns wäre das etwa Landsturm. Sie sehen ganz gemütlich aus, sind gut genährt und verhalten sich sehr manierlich. Marsch – in Richtung auf die große Straße. Dort ziehen nach wie vor unendliche Kolonnen, jetzt Infanterie und Motkolonnen. Wir sind kaum auf die Straße eingebogen, fallen Schwärme von russischen Soldaten über uns her. „Uri! Uri!" Vereinzelt werden auch Schuhe vereinnahmt, der bisherige Besitzer darf barfuß weitergehen. Einer der deutschen Soldaten hat vorgesorgt – er hatte seine Uhr im Stiefel versteckt, ein gefährliches Unterfangen. Sie machen Kontrollen, Leibesvisitationen, bei denen es im allgemeinen ohne Tätlichkeiten abgeht. Ausgerechnet er muß Schuhe und Strümpfe ausziehen; die Uhr wird gefunden, er sofort erschossen.

Ich binde schon meine Armbanduhr ab, eine herrliche Uhr mit Schweizer Präzisionswerk, winke den ersten, mir entgegenkommenden Russen zu mir. Er kommt prompt, ich gebe ihm die Uhr „hier Kamerad!" – „Danke, Du nach Aus!" Ich bin wohl einer der wenigen, dem für seine Uhr wenigstens „danke" gesagt worden ist.

Im übrigen ist alles Glückssache. Viele der Vorbeikommenden kümmern sich nicht um uns. Manche hauen dem Außenmann in die Fresse, trösten ihn lachend mit den Worten „Du Sibirj!" Andere schlagen ihnen kameradschaftlich auf die Schulter „Du nach Aus!" Alle aber bestätigen „Wojna kaputt!"

Der 6. Mai hat also damit begonnen, daß ich einen neuen sozialen Stand erhalten habe, ich bin jetzt „Wojenny Plenny" – Kriegsgefangener!

Unsere Wachposten sind unbeteiligt, tun uns nichts – von ihnen hat sich nicht einer eine Uhr genommen.

Die Stadt kommt näher. Kaum haben wir die ersten Häuser erreicht, da wird uns der Ernst der Lage sehr schnell klar. Je sechs Deutsche, an den Füßen mit dicken Eisenketten zusammengeschmiedet, jeder zweite eine dicke Eisenkugel mit sich ziehend, fegen mit großen Besen die Straße. Hinter ihnen tschechische Milizen mit Ochsenstriemern, schlagen erbarmungslos auf die Menschen ein – überall Blut auf den Straßen – finsteres Mittelalter! Uns sehen sie feindlich an, tun uns aber nichts – noch nichts. Wir stehen unter dem Schutz der sowjetischen Soldaten. In der ganzen Stadt solche „Reinigungstrupps“.

Hinter dem Ort tippt mir mein rechter Hintermann auf die Schulter: „Herr Oberleutnant, halten Sie es für gut, noch Ihre Offiziersabzeichen zu tragen?“ Er hat Recht. „Geben Sie mir mal Ihre Feldbluse.“ Ich ziehe sie aus, reiche sie rüber. Er kramt in seiner Tasche, hat noch eine Schere – wir sind noch nicht gefilzt. Er trennt im Gehen säuberlich die Kragenspiegel ab, wirft sie in den Straßengraben, geht rechts raus – der Posten duldet es – und reibt den Kragen der Feldbluse mit Schlamm aus dem Graben ab. Jetzt ist sie zwar dreckig, aber ihre frühere Erscheinungsform ist ihr nicht mehr unbedingt anzusehen. Dann zieht er die Offiziersschulterstücke heraus, wirft sie ebenfalls weg, überlegt kurz, zieht sich dann eine Mannschaftsschulterklappe heraus und macht sie an meiner Feldbluse fest. Er reicht mir meine Feldbluse wieder herüber „so müßte es gehen, haben wir eben nur eine Schulterklappe.“ Mein Soldbuch liegt längst im Graben.

Wie recht dieser ruhige, weitblickende Mann hatte. Nach zwei Stunden taucht links ein einzelner Gasthof auf; davor Russen – Soldaten und Offiziere. Das Ganze Halt, links um. Drei Offiziere gehen langsam die Front ab, prüfen jeden einzelnen, holen jeden Offizier in das Gasthaus – wir warten. Nach wenigen Minuten fallen im Keller eine Reihe von Schüssen. Ein russischer Offizier erscheint in der Tür: „Rechts um, marsch!“ Eine Reihe deutscher Offiziere haben es übrigens abgelehnt ihre Rangabzeichen abzulegen.

Wir marschieren, nein wir schleichen weiter. Zu essen und trinken gibt es nichts – wir haben aber unsere Feldflaschen und zum Teil auch die Kochgeschirre behalten. Es wird dunkel. Die Kolonne hält. Die Russen beraten eine Weile, überlassen uns in dieser Zeit uns selbst. Dann kommen sie, scharen jeder eine Gruppe um sich. Mein „Kommandant“ sagt in gebrochenem deutsch „Dunkel kommt, nix gut. Nacht hier schlecht – Tschechen schießen alles. Ihr jetzt auf Acker, weit verteilen und ganz klein machen. Wenn Sonne kommt, wir treffen auf Straße!“ , das sind ja feine Sitten. Im Nu ist die Straße leer – die russischen Kolonnen auf der Straße haben aufgehört. Ich liege 200 Meter von der Straße entfernt in einer Ackerfurche – wieder einmal – und bleibe dort, bis es langsam hell wird. W. liegt in der Furche neben mir, unser russischer Posten rechts vor mir. Sie sind so wenig sicher wie wir. Die ganze Nacht hören wir die Tschechen suchen, ununterbrochen wird geschossen – aber auf den Acker sind sie nicht gekommen; ein bißchen Respekt haben sie wohl doch noch vor den Russen.

Drei Tage schleichen wir jetzt voran. Es gibt kein Essen. Wo ein Brunnen steht, läßt man sich vollaufen – mit Wasser. Aber an den meisten Brunnen unterwegs stehen Tschechen – mit Peitschen. Am Abend des dritten Tages erreichen wir den Stadtrand von Prag – werden jetzt von tschechischen Milizen übernommen. Ich gehe rechts, neben mir ein junger Milizmann. Nachdem die Dunkelheit hereingebrochen ist, spüre ich seine Hand an meiner Hand; er drückt mir eine Schachtel Zigaretten und eine Schachtel Streichhölzer in die Hand, dann flüstert er mir zu: „Ihr kommt heute Nacht auf einen Kohlenplatz. Dort ist ein großer Kokshaufen. Eingraben in den Koks bis zum Kopf – es wird die ganze Nacht geschossen, viel Glück!" Ja, eine Welle von Glück durchflutet mich – welche in Gefühl, in solch einer Situation eine menschliche Geste zu finden. Jetzt ahne ich, wie es den jüdischen Verfolgten ergangen sein muß – und das über Jahre.

Ich überstehe die Nacht im Kokshaufen, der voller Landser steckt. Morgens geht es einigermaßen dreckig in ein großes Sportstadion. Glühende Hitze – wieder kein Essen, aber wenigstens Wasser. Hier wird uns alles Geld abgenommen – in Säcken weggeschleppt. Mehrere tausend Gefangene warten auf ihr weiteres Schicksal. Hier trennt sich auch W.'s Weg von meinem. Er ist als Einäugiger als untauglich ausgesondert worden und soll bald entlassen werden. Ich wünsche es ihm. Wir nehmen herzlich Abschied voneinander – ich habe in ihm einen prächtigen und zuverlässigen Kameraden gehabt.

Vor dem Weitermarsch gibt es für jeden eine dicke Scheibe Brot. Wir verlassen Prag nach Norden und biegen dann nach Westen, wieder unter der Aufsicht russischer Soldaten. Sie sorgen jetzt dafür, daß wir wenigstens an die Brunnen heran können. Es wird Abend. Gegen 21 Uhr beginnt vorn alles zu rennen. Eine Groteske eigener Art beginnt. Was ist los? „Alles, was bis Mitternacht die Moldau überschritten hat, wird den Amerikanern übergeben – nach 24 Uhr wird die Demarkationslinie gesperrt!" Jetzt rennt alles. Ausgemergelte, geschwächte Gestalten bewegen sich im Dauerlauf in der Dunkelheit der Nacht durch böhmisches Land – es gibt kein Halten – auch alle russischen Wachmannschaften laufen mit, lachend, fluchend, je nach Temperament – sie machen mit! Wir schaffen es. Kurz vor Mitternacht haben wir eine eiserne Trägerbrücke erreicht, überqueren sie mit letzter Kraft im Endspurt. Drüben Leere, gähnende Leere, Dunkelheit, sonst nichts. Die Gespenster der Angst haben uns genarrt. Für viele ist in dieser Nacht die letzte große Hoffnung zerbrochen – für immer.

Wir marschieren jetzt in einer Marschsäule von ungefähr 2000 Mann. Nach kurzer Rast in der Nacht und einem langen Schluck am nächsten Brunnen geht es weiter. Wir haben nur noch Wasser im Bauch, schleichen teilnahmslos durch die Lande – wie lange kann das ein Mensch? Die russischen Bewacher sind anständig, aber sie haben eine andere Mentalität, für uns kaum zu verstehen. Ich unterhalte mich mit einem älteren Soldaten, der lange Zeit neben mir geht. Es geht jetzt alles in gebrochenem deutsch – würde jemand erfahren, daß ich russisch verstehe, wäre ich in Sekunden ein toter Mann: „Du Spion, verstehst?" Vorsicht auch gegenüber dem Nebenmann, man ist vor keinem mehr sicher.

Kurze Rast. Marschschritte nähern sich von rückwärts. Dann kommen sie – ein Trupp von etwa 60 SS-Männern, mit vollem Gepäck, in tadelloser Uniform, die Tornister mit Steinen beladen. Sie marschieren im Stechschritt – im Parademarsch, Kilometer um Kilometer im Stechschritt – sie sehen niemand mehr. Wir trotten hinterher, erreichen eine Stunde später einen Ort. Hier treffen wir sie wieder – auch sie haben Rast, sechs von ihnen für immer – sie hängen an den schönen Linden auf dem Dorfplatz. Wir hören, in jedem Ort, durch den sie kommen, werden sechs von ihnen gehenkt. Man nimmt wenig Anteil, hat viel mit sich zu tun. Haben sie nicht auch? Wie lange ist das her – eine Ewigkeit? Nein, es sind nur Tage – die Hölle aber wird zur Ewigkeit!

An uns vorbei fahren unentwegt Fahrzeuge, Kräder – viele kommen uns entgegen. Es gibt für die Außengehenden manchen Knuff – aber auch gelegentlich ein aufmunterndes „Du nach Aus, Wojna kaputt!“ Ein Motorradfahrer hält neben mir. „Komm!“ Das kann alles bedeuten – eine Scheibe Brot oder den Tod – meist letzteres. „Du mir geben Schuhe!“ Ich ziehe ergeben meine Stiefel aus, gebe sie ihm. Er ist großzügig, überläßt mir seine – Größe 45 oder mehr. Aber was macht's? Ich latsche mit den Dingern weiter – es hätte schlimmer kommen können.

Eine halbe Stunde später rast von hinten ein Krad heran, eine Hand legt sich auf meine Schulter – mein Freund von vorhin, er fährt barfuß, trägt meine Stiefel in der Hand. „Schuhe nix gut, zu klein. Hier Du haben wieder – gib mir meine!“ Nichts lieber als da. Aber wer soll das verstehen? Er sucht mich als Sieger eine halbe Stunde lang, um mir meine Schuhe wiederzugeben.

Vorn wird gehalten. Ein russischer Offizier kommt, spricht gut deutsch. Er erklärt: „Es wird jetzt in Gruppen von je 80 Mann mit Abstand 50 Meter voneinander gelaufen. Da drüben ist der Ort Lidice – oder das, was von ihm übrig geblieben ist. Ihr wißt, was das bedeutet?“ Viele wußten es nicht. „Vorn an der Straße steht die Bevölkerung – Ihr müßt Spießrutenlaufen – wir können und wollen dagegen nichts tun. Jede Gruppe rennt so schnell sie kann mit ihrer Bewachung durch die Gasse, verstanden?“ Er geht los. Wir kommen heran. Da stehen sie, links und rechts mit Keulen, Ketten, Dreschflegeln, Sensen und Stöcken, schlagen zu, wo immer es geht. Wir sind dran – tief Luft holen – ab, marsch, marsch. Die Gasse ist an die 100 Meter lang – ich komme ohne Blessur durch – viele hat es arg erwischt, einige bluten; wir klauben die letzten Verbandspäckchen zusammen. Die meisten hat es am Rücken getroffen. Den Einsatz von Sensen konnte der russische Offizier verhindern. Das sind die Früchte des Zorns. Jetzt ernten wir, was Hitler gesät hat. Ich bin betroffen – aber verurteilen kann ich sie nicht. Alle Männer von Lidice mußten nach Heydrichs Tod dran glauben, der Ort wurde dem Erdboden gleichgemacht. Es bleibt nichts ungesühnt.

Ab und zu brechen einige zusammen, bleiben liegen. Einer meiner Nebenmänner fällt in den Graben – er ist ohnmächtig – kann nicht mehr. Mein Wachposten geht hin, gibt ihm einen Genickschuß, kommt zurück. Ich frage: „Warum hast Du das getan?“ Er sieht mich an, schüttelt den Kopf: „Ich kann nicht sehen, wie er leidet. Du wissen, was Tschechen mit ihm machen, wenn wir vorbei? Ich Erbarmen – jetzt er Frieden.“ Wer versteht noch die Welt? Er war ein guter Mensch – nur seine moralischen und ethischen Grundsätze waren andere als meine.

Abends kommen wir zum ersten Mal in ein geschlossenes Gebäude – eine leere Fabrik nimmt uns auf. Wir kommen in eine riesige, leere Halle, nur Berge von weißer Wolle liegen in den Ecken. Wie die Hyänen stürzen sich die Landser drauf, wollen weich schlafen heute nacht. Schreie, Blut und Jammern beenden die kurze Freude – es war Glaswolle.

Ich bin am Ende. Seit wieviel Tagen nichts mehr zu essen? In den letzten Tagen pro Tag 10 Gramm Brot – man kaut den ganzen Tag. Ich schleiche mit meinen letzten Kräften zum Zaun. Draußen geht ein Weg, Menschen gehen vorbei. Ich knie am Zaun, die Arme hochgereckt. „Bitte, bitte, Herr, ein kleines bißchen Brot – habt Erbarmen, Mutter, eine Scheibe Brot!“

Und sie haben Erbarmen. Bald kommen sie aus dem Ort, Deutsche, die vor dem Ende stehen, aber auch Tschechen, bringen Brot und einige auch ein paar belegte Brote. Andere haben sich neben mir eingefunden – wir schlingen wie die Tiere – oh Gott, wie tief sind wir gefallen? Aber es hilft. Ich gehe zurück zur Gruppe, zu der ich eingeteilt bin, sie zählt sieben Köpfe. Wir dösen vor uns hin – einige beginnen zu fantasieren. Abends werden Essenholer zur Sammelstelle gerufen. Ich habe mich etwas erholt, nehme die vorhandenen Kochgeschirre, es sind drei, gehe und stelle mich an. „Jeder gibt an, wie stark seine Gruppe ist – wer mehr sagt, wird erschossen.“ Ich bin dran. „Wieviel?“ – „Neun.“ Es geht gut. Man steht hier immer mit einem Bein im Grab. Der Hirsebrei schmeckt köstlich – und wir haben reichlich. Nachts kann ich das erste Mal wieder ein paar Stunden schlafen.

Am nächsten Morgen geht es schon weiter und zwar in Richtung Deutschland – nach Sachsen. Es geht jetzt weiter ins Gebirge, ins Erzgebirge. Nicht mehr ganz so ausgehungert – aber schlapp, müde und zerschlagen setzten wir Fuß vor Fuß – teilnahmslos für alles um uns herum, fast teilnahmslos. Abends geht es auf einen Acker, der an einen Hügel grenzt. Wir erhalten Befehl, uns in eine Ackerfurche zu legen – sie haben es mir anscheinend angetan – und bis zu einem entsprechenden Befehl am nächsten Morgen nicht den Kopf zu heben. Wir haben jetzt sowjetische Offiziere bei uns. Auf der dem Hügel gegenüberliegenden Seite bauen die Russen drei MG auf – Feuer über unsere Köpfe hinweg, die ganze Nacht hindurch, unberechenbar, wann das Feuer wieder über einen hinweggeht. Die brauchen keinen Zaun – und den Hinweis, den Kopf nicht zu heben, hätten sie sich sparen können. Früh um 5 Uhr Aufstehen. Völlig zerschlagen, zermürbt und entnervt schaukelt die lange Kolonne weiter nach Norden. Mittags fängt es an zu regnen – auch das noch. Die meisten haben nichts mehr, womit sie sich gegen die Nässe schützen können. Abends Übernachtung auf einer großen Wiese, einer Sumpfwiese. Ich liege total im Wasser. für die Sicherung eine neue Variante – hier gibt es keine Hügel. An jeder Ecke des Lagers wird ein MG aufgebaut, das die ganze Nacht einen „Zaun“ aus blauen Bohnen schießt, einfach in die Gegend hinein. Auch da ist kein Hinauskommen. Morgens kann ich mich kaum erheben, jede Faser meines Körpers schmerzt. Von der Kleidung rinnen

Ströme von Wasser. Alle quälen sich herum. Wieder nichts zu essen. Der Marsch tut heute direkt gut. Es hat aufgehört zu regnen, die Sonne kommt sogar heraus – die Sachen trocknen. Jetzt quält wieder der Hunger, Wasser gibt es von Zeit zu Zeit. Hinter mir spinnen zwei Mann Fluchtpläne. Nach dem Überschreiten der Grenze soll es losgehen. Dort erscheint ihnen ein besseres Untertauchen, dort wohnen Deutsche. Gegen Mittag erreichen wir die Grenze – es kommt ein Wald. Der Wachposten wird abgelenkt, ich höre „Achtung, los!" Schon brechen sie nach links in den Wald hinein. Sofort Schüsse der hinteren Wachposten. Hinter uns war auch ein Bereitschaftskommando. Das Ganze Halt! Schüsse im Wald. Wir liegen eine halbe Stunde auf der Straße. Vier Mann werden herausgeholt, die Posten gehen mit in den Wald. Nach zehn Minuten sind sie wieder da, schleppen die Leichen an die Spitze des Zuges, legen sie an die Seite. Auf, marsch! Alles defiliert an den Toten vorbei, der Worte durch die Russen bedarf es nicht, sie schweigen – wir schweigen.

Noch eine Überraschung – diesmal gibt es für jeden drei Scheiben klitschiges Brot – dann ziehen wir in Pirna ein. Außer russischen Soldaten ist keine Menschenseele auf den Straßen. Wir kommen in eine riesige, von Kriegsgefangenen schon überfüllte Kaserne. Dort gibt es die erste warme Verpflegung seit dem Hirsebrei. Ich lande in einem großen Mannschaftsraum. Alle Betten sind belegt, auf allen Tischen liegen Landser. Ich finde noch zwei nebeneinanderstehende Spinde, auf denen ich mich oben häuslich einrichte. Ein bißchen luftig – aber es geht. Nachts muß man einen ruhigen Schlaf haben – sonst liegt man unten, fällt aber weich; denn auf dem Fußboden liegen sie auch.

Am nächsten Tag beginnen die Russen, uns „Kultur" beizubringen. Als erstes lernen wir uns waschen. Jeder muß sich nackt vor einer Wasserstelle aufstellen, erhält eine kleine Ecke Rohseife und muß sich völlig waschen. Das wäre ganz erfrischend, wenn nicht eine russische Ärztin daneben stünde und Anweisungen gäbe, auch mal hier und dort hingrapscht.

Andere Landser, vor uns gekommen, sind schon bei der nächsten Beschäftigung – Latrinen säubern.

Die Landser motzen leise – die Offiziere liegen drüben in einem abgeschlossenen Teil der Kaserne, erhalten anständige Verpflegung und brauchen sich all diesen entwürdigenden Beschäftigungen nicht zu unterziehen.

Ehe wir an die Latrinen kommen, müssen wir antreten, in langer Reihe – vorn stehen Hocker. Dort wird allen eine Glatze geschoren – das ist auch für russische Muschkoten üblich, wegen der Hygiene. Jetzt habe ich die Sache satt. Ich schere aus. Ein Wachposten kommt, will mich zurücktreiben, ich sage: „Ich will Offizier sprechen." Er ist nicht m geringsten beeindruckt. Er führt mich zu einem deutsch sprechenden Offizier. Ich erkläre ihm, ich sei Offizier und wünsche, als solcher behandelt zu werden. Er fragt: „Warum sind Sie hier bei den Mannschaften?" Ich erkläre es ihm – er hat volles Verständnis. Er bringt mich an ein gesichertes Tor, führt mich hindurch und sagt: „Gehen Sie dort hinein und melden Sie sich auf der Offiziersschreibstube, die gefangenen Offiziere haben Selbstverwaltung." Er geht – ich stehe im Offizierslager; habe ich richtig gehandelt? Auf der Schreibstube melde ich mich bei dem von den Russen eingesetzten Leiter, einem Oberstleutnant. Er hört mir zu, fragt: „Womit können Sie beweisen, daß Sie Offizier sind?" – „Gar nicht, Herr Oberstleutnant, ich habe alles vernichtet." – „Gut, geben Sie mir Ihr Ehrenwort." Ich tue es, erhalte einen Offiziersausweis und werde einem Zimmer zugewiesen. Dort gibt es Tee und Kekse, sie stehen auf den Tischen herum. Jeder hat sein Bett, doppelstöckig – eins ist noch frei. Ich beziehe es und bin wieder ein halber Mensch. Es gibt hier regelmäßige Mahlzeiten von Ordonnanzen gebracht, pro Tag außerdem täglich fünf Zigaretten. Das Essen ist gut und reichlich – und meine Kopfhaare darf ich auch behalten. Unter mir liegt ein ehemaliger Oberleutnant, von Beruf Förster im Spessart. Wir freunden uns an. Er warnt mich eindringlich: „Seien Sie vorsichtig, hier regieren die Nazis." Ich merke es sehr schnell. Es ist eine Atmosphäre wie auf einer Ordensburg. Wir beide schweigen und gehen viel draußen spazieren. Innerhalb des Offizierslagers sind wir keinen Einschränkungen unterworfen – man hält sich an die Genfer Konvention. Den Landsern drüben geht es erbarmungswürdig dreckig.

Nach zehn Tagen – erholsamen Tagen – kommt jemand von der Schreibstube; es werden Freiwillige gesucht für einen Abtransport irgendwohin, näheres ist nicht bekannt. Wir beraten beide sehr lange – dann sind wir entschlossen, gehen zur Schreibstube und melden uns. Wir werden angenommen – diesmal ist ein russischer Offizier dabei – und werden Nachricht erhalten. Im allgemeinen ist es ja etwas gefährlich sich für irgend etwas freiwillig zu melden, aber angesichts der Lage im Zimmer halten wir es für das Beste. Auch auf dem Zimmer sind sie offenbar froh, uns loszuwerden.

Nach wenigen Tagen ist es soweit. Wir werden zu einer Transportkolonne zusammengestellt, Mannschaften, Unteroffiziere und wir zwei Offiziere. Es wird zu Fuß marschiert. Die Kolonne wird von russischen Soldaten bewacht. Offiziere sind dabei und wir werden von einem LKW mit Verpflegung begleitet.

Nach etwa 25 km unserer erster erschütternder Eindruck von dem Deutschland, das den totalen Krieg gewollt hat, oder besser, von dem, was übrig geblieben ist.

Dresden – wir marschieren quer durch die Stadt. Leere, soweit das Auge reicht, nur unterbrochen durch die Ruinen des Zwingers, einst eines der herrlichsten Bauwerke der deutschen Lande, und der Turmruine der Kirche. Sonst nur Schuttberge über Schuttberge, meterhoch, mit Baggern und Bulldozern eine zwei bis drei Meter breite Lücke gebahnt, die sich quer durch die Stadt zieht, über allen der süßliche Geruch des Todes – eines hunderttausendfachen Todes!

Hier scheiden sich die Geister – wer hier nicht lernt, wird nie lernen. Stumm quält sich die Kolonne durch den trümmerbedeckten Todesacker einer einst blühenden und lebenssprühenden Stadt.

Am anderen Rand der Stadt die ersten Hausruinen. Quer durch das Elbtal geht es, dann biegt der Weg nach Nordosten ab, allgemeine Richtung Senftenberg. Für den Rest des Tages wird schweigend marschiert.

Seit Dresden haben wir einen neuen Führer der Kolonne. Es ist ein etwa 30 Jahre alter, sympathischer Offizier, der keine Quälereien zuläßt, die über das Marschieren hinausgehen. Mehr Pausen – mehr Menschlichkeit. Einige, die vor Schwäche nicht mehr können, dürfen auf dem Begleitfahrzeug mitfahren. Er ist Russe jüdischer Abstammung, spricht fließend deutsch, er bleibt unpersönlich, zeigt aber keine Zeichen von Haß – einer der allen Grund dazu hätte.

Am Abend übernachten wir in einem Dorf, etwas abseits von der Straße auf dem Dorfplatz. Der russische Offizier läßt drei Männer aus dem Dorf zu sich kommen und befiehlt ihnen, für die Gefangenen eine warme Mahlzeit richten zu lassen. Die drei jammern, sie hätten selbst nichts, gar nichts, es täte ihnen leid. Er sieht sie lange schweigend an und befiehlt dann, eine Badewanne heranzuschaffen. Mit Hilfe einiger Gefangener und einiger russischer Soldaten gelingt das. Sie wird auf zwei Hürden gestellt, darunter Holz gestapelt. Dann erklärt der Offizier den Bauern: „In einer Stunde ist die Wanne mit Fleisch, Gemüsen und Fett gefüllt, dann wird Wasser aufgeschüttet und eine dicke Brühe gekocht – ausreichend für alle.“ Unpersönlich fährt er fort „wenn das nicht in der genannten Zeit erfüllt wird, lasse ich das ganze Dorf räumen, alles konfiszieren und alle Männer des Ortes schließen sich dem Zug der Gefangenen an.“ Zum ersten Mal hebt sich seine Stimme, zittert leicht vor Erregung „es sind Eure Landsleute, nicht meine, die ihr hungern lassen wollt.“ Nach wenigen Minuten kommen die ersten, ganze Speckseiten kommen zum Vorschein, Stücke besten Fleisches, alle möglichen Gemüsesorten, Fett. Schon nach 30 Minuten kann das Feuer angezündet werden. Um Mitternacht sind alle satt, alle müden, verdreckten und geschundenen Wojenny Plennies , denen ihre Landsleute, die das Glück hatten, zu Hause nicht ausgebombt zu sein, ihr Haus verboten hatten!

Früh geht es weiter – von den Einwohnern ist nichts zu sehen. Heut marschiert es sich besser. Am Nachmittag stehen wir vor dem Tor eines Lagers. Es ist das ehemalige Reichsarbeitsdienstlager Ruhland in der Lausitz. Endstation – oder Übergang? Wir müssen einzeln durch das Tor, werden registriert. In dem Moment, in dem ich dran bin passiert es – mein Darm entleert sich in die Hosen, die Nerven versagen. Ich schleppe mich weiter – meine erste Aufgabe in Ruhland wird sein, meine einzigen Unterhosen zu waschen. Es war das einzige Mal im ganzen Krieg, daß mir das widerfahren ist.

Der Förster Joachim L. und ich kommen in die Offizierbaracke. Es sind vier große Räume mit je acht doppelstöckigen Betten, die beiden Betten am linken Fenster eines Raumes sind frei. Achim nimmt das obere, ich da untere. Die Behandlung ist korrekt – Offiziere und Mannschaften werden gleich behandelt, die Offiziere aber nicht zu Arbeiten herangezogen. Das Essen ist knapp, das Brot schlecht, aber der Lagerkommandant gerecht und menschlich. Er kümmert sich um alles. Langsam zeigen sich Anzeichen von Ruhr. Täglich ganz früh werden fünf bis sieben Tote aus dem Lager in den Wald getragen, für diese Verhältnisse nicht viel bei ungefähr 1000 Gefangenen. Man ist bemüht, möglichst wenig Todesfälle zu haben, richtet ein Revier mit ärztlicher Betreuung ein. Im Ort gibt es keinen Zahnarzt mehr. Der Kommandant läßt die Einrichtung eines Zahnarztes beschlagnahmen, findet unter den Gefangenen einen Zahnarzt, den er in die Praxis einweist. Dieser geht nun morgens zur Arbeit im Ort, abends kommt er zurück. Er arbeitet für die Bevölkerung der Stadt. Für die Russen wird eine Kapelle aus Gefangenen zusammengestellt. Sie sind tagsüber im Russenlager; nach einer Woche ertönen flotte Weisen – viel Jazzmusik. Innerhalb des Lagers sind wir frei – es gibt einen Ordnungsdienst aus Deutschrussen, die schlagen schon mal zu, sind gefürchtet.

Weniger schön entwickeln sich die Dinge in unserem Barackenraum. Einer der Offiziere stellt sich als ehemaliger SS-Führer heraus, Aufsicht in einem KZ. Er hat schnell die Linientreuen gefunden. Es sind fünf Mann, sie werden bald eine verschworene Gemeinschaft. Die anderen sind uninteressiert, ducken sich aber. Wir zwei halten mit unseren Meinungen nicht zurück. Der SS-Führer schmiedet mit seinen Kumpanen Fluchtpläne. Er habe noch einige Säcke Zahngold vergraben, das „man den Juden herausgerissen habe". Langsam beginnt der Terror. Wir werden schikaniert. Zu allem Unheil bekomme ich einen schweren Gelenkrheumatismus, kann mich nicht mehr bewegen, muß zur Latrine getragen werden. Kommentar des SS-Führers „laß doch den in seiner Scheiße verrecken – sparen wir die Arbeit!" Bald traut sich – außer Achim – niemand, mir zu helfen. Achim hat den Russen einen Wink gegeben. Ein russischer Arzt kommt, versorgt mich mit Riesenmengen Vitaminen – Beutepackungen. Sie selbst haben auch nichts anderes. Plötzlich sind dauernd Russen bei uns im Raum. Jetzt packen auch die anderen wieder zu – trotz der Sticheleien der sechs „alten Kämpfer".

Alle zwei oder drei Tage wird „gefilzt". Alles muß die Baracke verlassen – ich darf bleiben. Ein russischer Offizier unterhält sich während dieser Zeit mit mir. Ich berichte noch nichts von den Verhältnissen in der Baracke. Aber das Mißtrauen der sechs wächst.

Im übrigen schätzen die Russen Anbiederungsversuche nicht. Vor einer Baracke legen die Landser „zur Verschönerung" einen kleinen Garten an, in der Mitte einer kümmerlichen Blumenrabatte einen Sowjetstern aus Kieselsteinen. Die Russen lassen die paar armseligen Blumen, den Sowjetstern zertreten sie.

Einige Gefangene arbeiten außerhalb des Lagers im Ort. Sie berichten, daß die Russen alles, was nicht niet- und nagelfest ist requirieren. Ganze Fabriken werden ausgeräumt – die Maschinen verladen. Dann packen auch unsere Wachtruppen ihre Sachen. LKW werden beladen – die Mannschaften behalten nur eine Art Sturmgepäck. Auf Fragen erklären uns die Russen, die Amerikaner hätten Atombomben auf Japan geworfen und würden nun auch wohl bald hier einmarschieren. Die requirierten Sachen werden fortgebracht, die LKW der Truppe stehen etwa 14 Tage beladen zur Abfahrt bereit. Einige Russen freuen sich, klopfen uns auf die Schulter „jetzt auch wir nach Aus!“ Nach zwei Wochen werden die LKW wieder abgeladen. Die Amerikaner sind nicht gekommen, die Russen sind beinahe fassungslos.

Unsere Lage wird inzwischen kritischer – mir geht es etwas besser, ich kann wieder aufstehen. Wir bekommen einen Hinweis von einem Insassen, der nicht zu den „Verschwörern „ gehört. Man will uns beide „kalt machen“. Er setzt hinzu, das sei ernst zu nehmen. Wir beschließen, ab sofort Schicht zu schlafen; einer wacht ständig, während der andere schläft. Die Schikanen nehmen zu, es kommt beiläufig zu Rempeleien und kleineren Tätlichkeiten – die haben ja Übung darin. Achim weckt mich um ein Uhr früh – Wachwechsel. Ich döse zum Fenster hinaus. Geräusche – ich bin hellwach, warte, fast zu lange. Ich sehe den SS-Führer neben Achims Bett stehen. „Achim, paß auf“. Er ist sofort hellwach, springt aus dem Bett, bekommt ihn zu fassen, er hat eine Schlinge aus dünnem Garn in der Hand. Er macht sich frei – geht in sein Bett zurück, alle anderen rühren sich nicht. Er will keinen nächtlichen Krawall im Lager – das könnte seinen Plänen gefährlich werden. Sie werden uns schon noch kriegen. Aber unsere Geduld ist nun zu Ende. Am Morgen gehen wir lange im Lager auf und ab. Dann ist unser Entschluß gefaßt.

Im Laufe des Tages bekommen wir eine neue Warnung. Einer der anderen hat Mut gefaßt – oder sein Gewissen läßt ihm keine Ruhe, die sechs hätten einen Tunnel unter dem Zaun gegraben und wollten heut oder morgen Nacht hinaus – aber vorher wollen sie mit uns „abrechnen“. Darum waren die nachts immer abwechselnd so lange draußen.

Es wird dunkel. Ich spaziere abseits unserer Baracke umher, mache mich an einen der deutsch/russischen „Aufseher“ heran und sage, daß ich einen russischen Offizier sprechen möchte. Auf die Frage nach dem Warum sage ich, es sei ein SS-Führer aus einem deutschen KZ im Lager, der mich und noch einen anderen umbringen wolle. Gut, ich solle nach Einbruch der Dunkelheit in ihre Baracke kommen.

Sie haben es nicht viel besser als wir – aber weitaus bessere Verpflegung. Im Raum – etwas abseits – sitzt ein sehr gut gekleideter Zivilist, der keinen Laut von sich gibt. Ich berichte kurz. Der Leiter der „Aufseher“ gibt mir einen Bogen Papier und einen Bleistift – ich solle alles gleich aufschrieben. Ich mache meinen Bericht, unterschreibe ihn, erhalte einen Teller kräftige Suppe und dann den Befehl in meine Baracke zurückzukehren und Achim zu schicken. Er geht und kommt nach einer halben Stunde zurück. Auch er hat einen Bericht schreiben müssen und seine Suppe erhalten. Ihm hat man dann bedeutet, wir sollten ruhig bleiben, unsere Baracke werde unauffällig überwacht. Im Fall einer Gefahr sollten wir die Fensterscheibe einschlagen. Man glaubt uns also offenbar.

Die Nacht vergeht, ohne daß etwas geschieht. Die sechs bleiben in dieser Nacht im Raum – einer von uns beiden steht ständig am Fenster – das macht sie nervös.

Auch am nächsten Tag ereignet sich nichts besonderes. In der darauffolgenden Nacht fallen draußen einige Schüsse, bei uns herrscht Ruhe.

Um 6 Uhr früh kommt ein Russe, ab 8 Uhr müsse sich alles in der Baracke aufhalten. Eine viertel Stunde vor 8 Uhr wird im Eingang ein Tisch und mehrere Stühle aufgestellt, russische Posten mit MP übernehmen die Bewachung. Punkt 8 Uhr kommt eine Kommission zur Vernehmung: der NKWD. Sie haben Papiere vor sich, hektografierte Listen und Bücher. Jeder aus der Baracke wird vernommen, auch wir. Truppenteil, wo gekämpft, welcher Art der Einsatz gewesen war. Die Vernehmung ist sozusagen „barackenöffentlich" – jeder kann mithören. Nach uns beiden kommen noch zwei andere, dann wird unser SS-Führer aufgerufen.

Und nun wird es dramatisch.

Kommissar: *Name, Beruf, letzter Truppenteil?*

SS-Führer: gibt entsprechende Auskunft. Als Truppenteil nennt er ein Panzergrenadierregiment.

Kommissar: *Welche Division?*

SS-Führer: nennt die Nummer einer Division.

Kommissar: *Name des Regimentskommandeurs und des Divisionärs?*

SS-Führer: nennt zwei Namen. Lange Pause. Der Kommissar blättert in den Papieren.

dann Kom.: *Sie sind ein schlechter Offizier.*

SS-Führer: *Warum?*

Kommissar: *Sie kennen weder die Nummer ihrer Division, noch die Namen ihres Regimentskommandeurs und des Divisionärs. Ihr Regiment gehörte zur x. Division und nicht der von Ihnen genannten. Ihr Divisionskommandeur hieß xy.*

Der Kommissar hatte mithin eine Liste aller im Osten eingesetzten Einheiten mit Unterstellung und Namen zumindest der Divisionskommandeure.

Kommissar: *Sagen Sie die Wahrheit – es ist besser für Sie!*

SS-Führer: *Ich habe die Wahrheit gesagt.*

Der Kommissar steht auf, ruft zwei Wachposten und sagt zu dem SS-Führer „*Kommen Sie mit!*" Nach zehn Minuten sind alle wieder da, inzwischen herrscht bei uns tödliche Stille. Der SS-Führer ist jetzt kreidebleich. Alle nehmen ihre Plätze wieder ein.

Kommissar: (Nach langer Pause) *Sie sind gar kein Offizier.*

SS-Führer: antwortet nicht.

Der Kommissar gibt einem anderen Zivilisten einen Wink. Dieser tritt vor und sagt zu dem SS-Führer: *„Ziehen Sie die Feldbluse aus und heben Sie den linken Arm."*

Der SS-Führer kommt der Aufforderung nach, kann aber ein Zittern nicht ganz verbergen.

Zivilist: *Woher haben Sie die Narben in der Innenseite des linken Oberarms?*

SS-Führer: *Von einer alten Verletzung.*

Zivilist: *Seltsam, genau dort befinden sich die Tätowierungen der SS-Leute.*

Der Kommissar schaltet sich wieder ein, fragt kurz und präzise: *„In welchem KZ waren Sie?"*

SS-Führer: schweigt.

Kommissar: *Nun gut, ich werde die Unterlagen anfordern. Wir haben Fotos von allen Bewachern sämtlicher deutschen KZ.*

Die Vernehmung ist beendet, danach geht es sehr schnell. Schließlich müssen wir draußen antreten. Wir sehen schon das ganze Langer in Zweierkolonnen über die Wege ziehen. Wir schließen uns an; es geht schnell. Abseits der Küchenbaracke stehen zwei Posten mit MP am Stacheldrahtzaun, davor ein Loch. Vor dem Loch liegt ein toter Landser, hinter dem Zaun zwei weitere. Sie hatten den Tunnel entdeckt und wollten in der vergangenen Nacht fliehen – das waren die Schüsse. Hierher hatte der Kommissar den SS-Führer geführt.

Ehe der normale Tagesablauf wieder beginnt erscheint nochmals der Kommissar bei uns mit zwei Wachposten und einem deutsch sprechenden Soldaten. Auf Wink verliest dieser zehn Namen – sie müssen vortreten, unsere sechs sind dabei. Kommissar: „Sollte irgend jemandem in dieser Baracke etwas zustoßen, werden diese zehn erschossen, do swidanje." Wie wir später erfahren, waren die vier anderen auch SS-Leute. Die Russen waren also tatsächlich gut informiert. Für uns beide bedeutete diese Ansprache des Kommissars so eine Art Lebensversicherung. Bei uns tritt nach diesem Vorfall dann auch Ruhe ein.

Dafür tut sich langsam anderes. Arbeitskolonnen werden eingeteilt. Eines Morgens steht auf dem Bahngleis im Wald neben dem Lager ein Güterzug. Die Arbeitskolonnen werden hinausgeführt. Abends berichten sie, daß sie in den Waggons eine kleine Latrine einbauen mußten und die Luken in den Waggons mit Stahlrohren und Stacheldraht verbarrikadieren mußte. Die Gesichter werden lang – das kann nur eins bedeuten – Sibirien!

Es gibt auch anderes. Bei uns im Offizierslager ist ein Zivilist, Ende 60. Wir beide unterhalten uns oft mit ihm. Er liegt in einem anderen Raum. Er hat saubere Ansichten und ist ziemlich verzweifelt. Er ist gar kein Soldat gewesen, kommt von der Nordseeküste. Irgendwo in seinen Papieren steht als Beruf: Deichhauptmann. Er ist Opfer eines Irrtums. Irgendwann erzähle ich das den „Aufsehern“ mit denen jetzt alle einen besseren Kontakt haben. Sie versprechen mir, diese Information den Russen weiterzugeben. Sie können es ja überprüfen.

Die Gefahr wächst: eine große russische Ärztekommission aus Moskau wird angekündigt. Letzte Hoffnung: als arbeitsunfähig aussortiert zu werden.

Es ist soweit: Barackenweise heraustreten. Die Offiziere bleiben vorerst unbehelligt. Die Landser treten in langen Reihen an, nackt und innerlich zitternd. Vorn befindet sich ein langer Tisch mit zahlreichen Zivilisten, weißbekittelten sowjetischen Offizieren und Schreibern. Die Ärzte sind fast alle Frauen. Die Leute werden untersucht. Die Entscheidung fällt nach kurzer Beratung: links oder rechts, links die Arbeitsfähigen, rechts die Arbeitsunfähigen. Rechts kommt extrem selten vor. Von den etwa 1000 Mann sind es zum Schluß wohl 50 bis 60. Die Prozedur dauert bis zum späten Nachmittag. Die Kommission reist wieder ab. Im Lager herrscht gedrückte Stimmung – aber jeder innere Widerstandswille ist gebrochen. Abends beim Spaziergang – Achim und ich gehen alleine – kommt der „Aufseher“ vorbei, an den ich mich gewendet hatte. Er flüstert im Vorübergehen „Ihr werdet entlassen, macht’s gut.“ Ihr Schicksal ist auch ungewiß.

Wenige Tage später geht der erste Transport ab. Ein zweiter und letzter Zug wird ausgerüstet. Nachdem auch dieser fahrbereit ist erscheint eine kleine Kommission. Die Insassen der Offiziersbaracke müssen antreten, werden in die Sanitätsbaracke geführt. Wir brauchen nur die Oberbekleidung abzulegen, stehen in einer Reihe, vorn der Chefarzt, dahinter der Lagerkommandant und ein Schreiber. Frauen gibt es hier nicht. Bei uns wird in drei Gruppen getrennt, links arbeitsunfähig, mitte arbeitsfähig, rechts Sonderbehandlung, SS-Leute und solche, die im Verdacht stehen, es gewesen zu sein. Die Untersuchung erstreckt sich sehr sorgfältig auf die Innenseite des linken Oberarms – die Tätowierungsseite. Wer dort Narben hat – viele SS-Leute haben sich kurz vor Schluß die Tätowierungen wegoperieren lassen, manche selbst zum Messer gegriffen – geht nach rechts. Unsere alten Freunde sind alle dabei und noch einige mehr.

Wir stehen hintereinander, das ist schlecht. Ungefähr 25 Mann sind abgefertigt, nur einer steht links. Noch zwei, dann kommt Achim. Der Kommandant flüstert dem Chefarzt etwas ins Ohr, dieser zeigt keinerlei Regung. Jetzt – Achim steht vor dem Chefarzt, ein kurzer Blick, linker Arm hoch: links. Ich stehe vor ihm, sehe ihm in die Augen – aus denen ist nichts zu lesen. Linker Oberarm hoch: links! Wir können es kaum fassen: Begnadigung zum Leben. Ich merke, daß jetzt noch einer neben mir steht – der Deichhauptmann, mehr werden es nicht. Nach dem Ende der Auswahl werden die drei Gruppen sofort getrennt. Wir arbeitsunfähigen bleiben in der Sanitätsbaracke, die Arbeitsfähigen müssen sofort packen, sind eine Stunde später schon im Güterzug – auch die „Sonderbehandlung“, allerdings getrennt von den Arbeitsfähigen. Am späten Nachmittag ein schrilles Pfeifen der Lok – wir hören, wie der Zug sich in Bewegung setzt, sehen können wir ihn nicht. Wir dürfen in die Baracke zurück – sind jetzt allein. Wir bleiben noch zwei Tage bei guter Verpflegung. Am dritten Tag sollen wir uns marschbereit machen. Der Kommandant hat einen Handwagen aus dem Ort besorgen lassen; der Bahnhof ist etwa 3 Kilometer entfernt. Ich werde auf den Wagen geladen, drei entlassene Wojenny Plennies müssen mich ziehen, ich sei zum Laufen zu schwach. Ich bin nach der Krankheit, die längst nicht abgeklungen ist, wirklich völlig entkräftet – aber bis zum Bahnhof hätte ich es wohl geschafft. Nachmittags erhalten wir Originalentlassungsscheine mit Unterschrift und Stempel – eine Rarität zur damaligen Zeit. Dann erfolgt der Abmarsch. Es ist so grotesk wie so manches in den vergangenen sechs Jahren. Am Tor steht der Kommandant, verabschiedet sich von jedem einzelnen mit Handschlag, wünscht auf deutsch „Gute Reise", hinter ihm spielt die Lagerkapelle „Muß i denn...!", das Küchenpersonal winkt mit Handtüchern und ein Teil der russischen Wachsoldaten steht Spalier.

Der kleine Zug der „Begnadeten" zieht langsam durch das Lagertor, trottet mit letzter Kraft zum Bahnhof, ich in der Mitte im Wagen – im Handwagen, notabene. Am Bahnhof ist alles vorbereitet. Die neue Stadtverwaltung empfängt uns mit „Freßpäckchen" – hier bekommen wir Reisepapiere – jeder kann fahren wohin er will, ob Ost, ob West. Wir sind frei – endlich frei! Zwei Stunden später kommen die Musiker, ein Teil des Küchenpersonals und der Zahnarzt, nur ein Zug kommt nicht. Der Bahnhof ist gedrängt voll, alles liegt und hockt durcheinander. Es wird dunkel – russische Soldaten und Polen schleichen durch den finsteren Bahnhof, die Frauen kriechen in den hintersten Winkel – aber es geschieht nichts. Gegen 22 Uhr kommt ein Zug – Fahrpläne gibt es nicht – ein Zug nach Westen. Abschied von Achim, ein langer Händedruck, er klemmt sich irgendwo in den überfüllten Zug, ich sehe ihn nicht mehr. Immer in kritischen Lagen habe ich gute und treue Freunde gefunden.

Gegen Mitternacht kommt ein Zug nach Berlin. Der Rest stürzt sich auf den total überfüllten Zug, sie hängen an Trittbrettern, fahren auf Puffern, liegen auf dem Dach – wie soll ich da mitkommen. Ein Anruf aus dem Zug: „He, Kumpel, komm her." Hilfreiche Hände langen herunter, ziehen mich durch ein schmales Fenster, ich bin im Klo, zusammen mit etwa zehn anderen. Der Zug fährt. Wir wechseln uns ab. Drei können immer mit einem Bruchteil ihres Hinterns auf der geschlossenen Brille sitzen, die anderen können nicht umfallen, es ist zu eng. Am nächsten Tag steht der Zug stundenlang in der Sonne – es ist glühendheiß – aber niemand verläßt den Zug, er käme nie wieder hinein. Erst nachts geht es weiter, langsam und stockend, russische Truppentransporte rollen immer wieder vorbei.

Am nächsten Vormittag Halt in Königswusterhausen. Man läßt mich zum Fenster hinaus „mach's gut Kumpel!" – der Zug fährt schon wieder – ich bin in der Heimat und schleiche 5 Kilometer die Straße nach Senzig entlang. An einer Biegung: „Stoj!" Mich befällt ein Zittern – bin fast gelähmt. Der Posten nimmt den Entlassungsschein, prüft ihn unbewegt, gibt ihn zurück: „Da waj!"

Einen Kilometer vor dem Ziel sitzt ein einzelner russischer Soldat im Straßengraben – er sieht mich, winkt, ich muß mich zu ihm setzen. Er gibt mir Machorka, ein Stück von der „Prawda“ und Feuer. Wir sitzen und qualmen, gehen dann langsam weiter – er hat die gleiche Richtung. Er schüttelt den Kopf „Du nix gesund“ , reicht mir seinen Arm und stützt mich, bis ich in Senzig an der Abzweigung „Am Fließ“ bin. Ich sage zu ihm „danke, jetzt bin ich zu Hause“ – er lacht „Choro scho, Du zu Aus, do swidanje!“ – Danke russischer Kumpel, Du hast mir mein Selbstvertrauen wiedergegeben.
Noch ein paar Schritte – ein paar Sekunden, ich weiß ja nicht, ob meine Eltern noch leben. Ich stehe an der Gartentür und klingle. Meine Mutter kommt heraus – Gott sei Dank – sie leben – sieht mich und ruft meinen Vater: „Paul, komm doch mal, da ist ein ganz zerlumpter Soldat – er weiß vielleicht etwas von Heinz.“ Meine eigene Mutter hat mich nicht mehr erkannt!

DANACH

Schuld

Dickbäuchige Bonzen – strahlender Siegesglorienschein,
Marschmusik – Uniformen und wehender Fahnenwald;
Sie haben alles – Frauen, Konfekt oder Wein –
Für Euch Brüder – haben sie Sachsenhausen und Buchenwald,
Für Euch haben sie Wassersuppe und Mühsal und Leid,
Vergeßt es nie – Gefährten einer dunklen Zeit!

Lächelnde Generale – metallene Orden auf leuchtendem Rot,
Saufgelage – sie alle vollgefressen und satt;
Sie haben alles – Spickgans gefällig oder Sardellenbrot –
Für Euch Brüder – haben sie Auschwitz und Theresienstadt,
Für Euch haben sie Tränen nur, Arbeit und Einsamkeit,
Vergeßt es nie – Gefährten einer dunklen Zeit!

Heute gehört uns Deutschland – morgen die ganze Welt!
Weiter gemordet – für sie gibt's ja doch kein zurück –
Millionen verreckt – wenn nur ihre Macht nicht zerfällt –
Auf Euch wartet das Ende in Dachau und Ravensbrück,
Vergeßt es nie – Gefährten einer dunklen Zeit!

Brandgeruch – Ruinen und schwelendes Trümmerfeld,
Durch Qualm und Rauch bricht matt der Sonnenschein,
Seht sie Euch an – die Helden einer teuflischen Welt,
Erbärmliche Wichte einer jämmerlichen Vergangenheit –
Vergeßt es nie – Gefährten einer dunklen Zeit!

Geschrieben während des Nürnberger Kriegsverbrecherprozesses im November 1945

Erwartung

Grelle Sonne flimmert über fernem Städtchen,
Weiße Wolken ziehen über reifes Land,
Doch seh ich nichts – ich bin bei Dir, mein Mädchen,
Und küß im Geiste Deine liebe, kleine Hand.

Gelbes Korn wellt sanft im weiten Rund,
Grüner Wald färbt dunkel sich im Abendlicht,
Vor mir lockt Dein süßer, roter Mund
Vor meinen Augen lacht Dein strahlendes Gesicht.

Voller Mond taucht alle Welt in silbermatten Schein,
Roter Fuchs schleicht voller Gier auf seine Wacht,
Doch ich, mein Lieb, denk nur an Dich allein
Ich wart auf Dich – und schaue fragend in die Nacht!

Geschrieben wenige Tage nach der Rückkehr aus sowjetrussischer Kriegsgefangenschaft an meinem 29. Geburtstag

Rückkehr

War ich noch Mensch zu nennen?
Einsam stand ich fiebernd zwischen Leid und Tod,
Lernt denn meine Jugend nie das Leben kennen –
Meine Augen sahen nur Elend und Not.

War ich noch Mensch zu nennen?
Gemeinheit oder Knechtschaft hieß die Wahl,
War es so schwer das Wahre zu erkennen –
Meine Ohren hörten Schreie nur und Qual.

War ich noch Mensch zu nennen?
Soll ich ein Opfer werden dieser irren Zeit –
soll ich in diesem Wahnsinn denn verbrennen –
Meine Seele schien gestorben schon in all dem Leid.

War ich noch Mensch zu nennen?
Verrauscht der Wahn – der Henker Traum zerronnen –
Wir können wieder frei uns zu uns selbst bekennen,
Doch ich blieb einsam – Auch als dieser neue Tag begonnen.

Bin ich noch Mensch zu nennen?
Seit ich Dich sah, mein Herz,
Lernt ich die Sehnsucht wieder kennen,
Du gabst mir wieder Kraft – ein Mensch zu sein!

Geschrieben im November 1945 zu Berlin

Schluß

Epilog

Ich habe die Schwelle zu einer neuen Zeit überschritten. Viele sind untergegangen im Strudel dieses Malstroms. Mir ist es vergönnt diese Stunde zu erleben. Wird es eine bessere Welt, wie ich es immer gehofft habe?

„Hesse's" und Günter werden in den Vereinigten Staaten von Amerika eine neue Heimat finden. Eine Heimat? Wo sie doch die alte – trotz all dem furchtbaren Grauen und dem furchtbaren Leid – nicht vergessen können? Poldi wird seine neue Zukunft in München suchen, in Bayern, dem Land seiner Herkunft.

Und was wird uns die Zukunft bringen?

Ich treffe Marianne Ende 1945 bei Familie Hass unerwartet wieder. Am 4. Mai 1946, am Jahrestag meiner Verurteilung zum Tode haben wir in Berlin geheiratet und der kleine Junge aus Neu-Tempelhof wurde mir ein geliebter Stiefsohn. Der kleine, bunte Stein muß wohl ein Glücksstein gewesen sein, für ihn, für seine Mama, für mich! Und nun wird das Schicksal uns eine neue Chance in einer deutschen Landschaft geben, in die der Krieg mich einmal für wenige Stunden geführt hat. Wir alle, alle alten Freunde und Gefährten werden zerstreut werden in alle deutschen Lande, in alle Welt.

Werden alle ihre Chancen nutzen? Wird uns die Gnade zuteil, werden wir wieder leben dürfen? Oder werden wir nur zum Leben verdammt sein? Gnade und Erbarmen setzen das Eingeständnis der Schuld und – Reue voraus. Schuld hat es genug gegeben. Werden alle ihre Chance wahren und ihre Schuld eingestehen? Ihre Schwäche, ihre Feigheit? Oder werden sie einen Schlußstrich ziehen – nur nichts mehr hören wollen von all dem was hinter uns liegt – um unbekümmert ein neues, fröhliches Leben zu beginnen?

Ich habe da so meine Zweifel!

INHALTSVERZEICHNIS

Heinz Droßel
Die Zeit der Füchse

Herstellung: Waldkircher Verlagsgesellschaft mbH.
79183 Waldkirch

Umschlagzeichnung: Roland Silabetschki, Simonswald
II. Auflage
ISBN: 3-87885-338-6

Die Deutsche Bibliothek - CIP-Einheitsaufnahme

Droßel, Heinz:
Die Zeit der Füchse / Heinz Droßel.
2. Aufl. - Waldkirch : Waldkircher Verl.-Ges., 2001
ISBN 3-87885-338-6